diasa díograise

Diasa Díograise

Aistí i gcuimhne ar Mháirtín Ó Briain

in eagar ag
MÍCHEÁL MAC CRAITH agus PÁDRAIG Ó HÉALAÍ

Cló Iar-Chonnachta
Indreabhán
Conamara

An Chéad Chló 2009
© Na húdair / Cló Iar-Chonnachta 2009

ISBN 978-1-905560-44-8

Dearadh & Clóchur: Deirdre Ní Thuathail / TypeIT
Dearadh clúdaigh: Abigail Bolt

Foras na Gaeilge

Tá Cló Iar-Chonnachta buíoch de Fhoras na Gaeilge as
tacaíocht airgeadais a chur ar fáil.

the arts
council
schomhairle
ealaíon

Faigheann Cló Iar-Chonnachta cabhair airgid
ón gComhairle Ealaíon.

National University *of* Ireland, Galway
Ollscoil na hÉireann, Gaillimh

Fuarthas deontas i gcabhair don fhoilseachán seo ó
Chiste Foilseacháin Ollscoil na hÉireann, Gaillimh

Clóchur: Cló Iar-Chonnachta, Indreabhán, Conamara
              Teil: 091-593307 Facs: 091-593362 r-phost: cic@iol.ie
Priontáil: Brunswick Press, Baile Átha Cliath 12.

clár an ábhair

v

BROLLACh

Saolaíodh Máirtín Ó Briain i mBaile Átha Cliath sa bhliain 1953 de bhunadh Bhrianaigh Bhaile an tSléibhe, an Spidéal. Ba é Micheál Ó Briain, aisteoir le compántas na Mainistreach, ab athair dó, agus ba í Kathleen Whelan ó Thigh Damhnata i gCo. Mhuineacháin a mháthair. Tar éis dó freastal ar Choláiste Belvedere chuaigh sé go dtí an Coláiste Ollscoile, Baile Átha Cliath, áit ar bhain sé B.A. le Céad Onóracha amach sa Léann Ceilteach chomh maith le Scoláireacht Theach an Ard-Mhéara. Rinne sé M.Phil. i Léann na Meánaoise ina dhiaidh sin agus bronnadh Céad Onóracha ar an tráchtas a rinne sé ar fhilíocht Chinaéda Uí Artacáin i 1978. Tar éis seal a chaitheamh ag léachtóireacht i Hamburg agus i nDún Uí Chiara, Baile Átha Cliath, chaith sé tréimhse sa Roinn Gnóthaí Eachtracha. Bíodh go raibh an-ghealladh faoi san earnáil seo, is i léann na Gaeilge a bhí a chroí i gcónaí. Fógraíodh post léachtóireachta i Roinn na Nua-Ghaeilge (Scoil na Gaeilge níos déanaí), Coláiste na hOllscoile, Gaillimh, sa bhiain 1979, agus nuair a ceapadh Máirtín ann, bhí sé ag filleadh ar fhód an dúchais ó thaobh léinn agus taobh tíre.

Ba shaibhriú ar obair na Scoile a shuim scolártha i ngach tréimhse den tsaíocht dúchais agus ba bhall fíorluachmhar den fhoireann léachtóireachta é dá bharr sin. Bhí sé dícheallach cáiréiseach pointeáilte i mbun cúram ar bith a leagtaí air, idir léachtóireacht, scrúdaitheoireacht agus riarachán. Díol suntais na cúrsaí nua a dhear sé chun béim a leagan ar an ngné réigiúnach de shaíocht na Gaeilge agus é ag tabhairt aitheantais do shaibhreas cultúrtha na gceantar sin as a dtagann tromlach na mac léinn a fhreastalaíonn ar Ollscoil na hÉireann, Gaillimh. Déanta na fírinne, bhí cúrsaí agus teagasc Mháirtín 'mac léinn-lárnach' i bhfad sular éirigh an téarma sin faiseanta i mbéarlagair na hOllscoile.

Ní háibhéil ar bith a rá go raibh sé ar dhuine de mhórscoláirí

Gaeilge na linne seo agus bhí an t-ádh dearg ar Scoil na Gaeilge go príomha, agus ar Ollscoil na hÉireann, Gaillimh, i gcoitinne, scoláire chomh hildánach sin a bheith ar a bhfoireann. I ré seo na cúngspeisialtóireachta b'eisceacht amach is amach é an Brianach sa mhéid gur shaineolaí é ar an iliomad réimse den chultúr Gaelach, agus gurbh fhéidir leis an tSean- agus an Mheán-Ghaeilge a láimhseáil chomh paiteanta céanna leis an Nua-Ghaeilge. I ngeall ar an aclaíocht teanga seo – nó teangacha, níor mhiste a rá – bhí bua ar leith ag Máirtín chun móitífeanna a leanúint go pointeáilte ó fhíorthús an traidisiúin go dtí an lá atá inniu ann, agus aird dá réir sin a tharraingt ar neart agus solúbthacht an traidisiúin chéanna. Is é an bua seo ach go háirithe a dhéanann *tour de force* dá thráchtas Ph.D., 'Seanchas agus Oileamhain Oisín mhic Fhinn'. I dteannta an tsaineolais ar thraidisiún na Fiannaíochta, léiríonn an tráchtas seo sainchur amach an Bhrianaigh ar an miotaseolaíocht chomparáideach agus ar luathlitríochtaí na hEorpa trí chéile. Is dea-scéala dúinn go mbeifear ag díriú go luath ar an tráchtas sin a fhoilsiú.

Teist bhreá ar an seasamh náisiúnta a bhí ag Máirtín i léann na Gaeilge is ea gur ceapadh é mar bhall de Choimisiún Lámhscríbhinní na hÉireann sa bhliain 2000. Fianaise fhollasach ar a sheasamh idirnáisiúnta is ea líon na bpáipéar atá léite aige ag comhdhálacha agus in insitiúidí thar lear, ó Abertawe go UCLA. Dá tharraingtí iad na cuirí chun léachtaí a thabhairt thar lear, bhí Máirtín chomh fial céanna ag tabhairt léachtaí do chumainn áitiúla seanchais agus béaloidis. Ba bhreá leis léargas a thabhairt don phobal ar shaibhreas a n-oidhreachta féin ag léachtaí do chumainn áitiula, agus bhaineadh sé an-taitneamh go deo as an gcaidreamh a leanadh na hócáidí seo. Ba thábhachtach leis i gcónaí a cheangal le dúiche a mhuintire. Is léiriú maith air sin an leacht cuimhneacháin ar scríbhneoirí agus lucht caomhnaithe an bhéaloidis i gceantar an Spidéil, arbh é Máirtín faoi dear, cuid mhór, í a bheith ina seasamh anois ar an bhfaiche bheag ansin cois trá.

Ní féidir Máirtín an scoláire a scarúint ó Mháirtín an duine. Is í an daonnacht seo a rinne múinteoir den scoth de, agus a d'fhág ina chomhghleacaí gnaíúil cúirtéiseach é. Bhí sé thar a bheith fial ag roinnt a chuid eolais, bíodh sin le scoláirí ón iasacht nó le mac léinn Chéad Bhliana a bheadh buartha faoi mhionphointe gramadaí. Bhí acmhainn iontach grinn aige agus cáil ar a chuid gearrchainte. Ba mhinic lena dheisbhéalaí an teannas a scaoileadh ag cruinnithe Scoile, nó rang a chur sna tríthí díreach nuair ba bhaol gur ró-thur leo an t-ábhar a bhí idir lámha. Ba bhreá an comhluadar é i ngeall ar a dheachaint bhurdúnach agus féith na híoróine a bhí go tréan ann. Bhí bua na haisteoireachta aige óna athair agus é in ann aithris ghrinn a dhéanamh ar dhuine idir ghuth agus gheáitsí – tréith a d'fhág go maolchluasach é uair nó dhó nuair a bhí an duine mícheart ag cúléisteacht!

Fuair a chairde éachtaint bhreise ar shéimhe agus ar fhoighne Mháirtín agus é i ngleic lena bhreoiteacht. Ba mhór an sampla dúinn ar fad an chrógacht agus an dearcadh spioradálta a léirigh sé ar a thinneas de réir mar a bhí sé ag dul chun donais. Buille tubaisteach ar an Léann Ceilteach in Ollscoil na hÉireann, Gaillimh, bás Mháirtín i 2004, bile dearscnach sa disciplín ar leibhéal náisiúnta agus idirnáisiúnta araon. Ba mhéala mór a bhás dúinn ar fad, ach ba bheag ár mbrón mar chomhghleacaithe le hais bhrón a chlainne, mar atá, Máirín, a bhean chéile; Dónall agus Éinne, a chlann mhac; Caitríona, a dheirfiúr; Cóilín agus Micheál Óg, a dheartháireacha.

Agus Scoil na Gaeilge ag dul i ngleic le bás Mháirtín, rinneamar cur is cúiteamh faoin mbealach ab fhearr le cloch a chur ar a charn. Ar deireadh beartaíodh comhdháil bhliantúil na Scoile a thiomnú dó i 2005, agus cuireadh a bheith rannpháirteach ann a thabhairt do chomhghleacaithe, iarscoláirí agus baill eile den aos léinn in Éirinn agus thar lear a raibh ceangal acadúil aige leo. Údar áthais dúinn anois go bhfuil páipéir na comhdhála sin ar fáil san fhoilseachán seo mar bhuanú ar chuimhne Mháirtín Uí Bhriain.

Mícheál Mac Craith
Pádraig Ó Héalaí

an tabharthach eiticiúil

ANDERS AHLQVIST

Tá an tabharthach eiticiúil ar eolas go maith ag duine ar bith a rinne staidéar ar na teangacha clasaiceacha nó ar chuid de theangacha Eorpacha ár linne. As Gaeilge, áfach, is beag plé air; ní heol domsa go fóill ach an méid seo a leanas, sa ghraiméar cailiúil Gréigise a d'fhoilsigh Mairghréad Ní Éimhthigh os cionn trí scór bliain ó shin:

Úsáidtear an Tabharthach Leasa seo ar dhá bhealach eile, gan dlúth-bhaint choimhréire idir é agus an chuid eile de'n abairt .i.

(a) ...

(b) chun a chur i n-iúl go bhfuil spéis ag cainnteoir sa rud atá sé a rádh, nó chun an spéis chéanna a mhúscailt sa t-é a bhfuil sé ag cainnt leis (**Tabharthach Aithspéise** nó **Tabharthach Eiticeamhail** a tugtar air seo, agus ní h-úsáidtear ach i gcás na bhForainm é .i. μοι, σοι, ἡμίν, ὑμίν: tabhair aire d'á n-aiceannughadh san):–

Μή μοι θορυβήσητε. 'Ná déanaidh gleo anois. [– Ba mhaith liom sin]'. *Ὡς καλός μοι ὁ πάππος.* 'Nach breágh atá deaideo! [Is maith liom sin]'. *Cf.* Quid *mihi* Celsus agit? 'Céard tá Celsus a dhéanamh? [Ba mhaith liom a fhios sin a bheith agam]'. (Ní Éimhthigh 1942, 347).

Tugann an méid sin an t-eolas riachtanach faoin rud atá i gceist, ach amháin maidir le rud beag ar leith .i. faoi bhunús an téarma. Ba shuimiúil an rud é a leithéid a chíoradh, ach níl d'acmhainn agam sin a dhéanamh san alt seo. Focailín beag, ámh, nach miste a rá ar an bpointe seo, is ea nach ina ghnáthchiall atá an téarma *eiticiúil* in úsáid anseo, fiú má bhí – agus tá – an ghnáthchiall sin thar a bheith oiriúnach i gcomhthéacs an duine a bhfuil an t-alt seo ina fhéirín beag dó. I gcás ar bith, is ceart béim a leagan ar thréith ar leith de chuid an tabharthaigh eiticiúil. Tá dlúthbhaint aige leis an gcaint, agus leis an gcomhrá ach go háirithe, mar a léiríonn staidéar údarásach Fraincise ar chomhréir na Gréigise:

> Le datif « **explétif** », qui est plus justement appelé datif
> **éthique**, devait être particulièrement fréquent dans la
> conversation: c'est un appel plein de vivacité à l'*intérêt*
> que l'interlocuteur peut porter *personnellement* à l'action ou
> à la personne dont il s'agit :
> Hdt. 5, 30 Ἀρταφρένης ὑμῖν Ὑστάσπεός ἐστι
> παῖς» Artaphrénès, *vous le savez*, est fils d'Hystaspe »
> (Humbert 1960, 288).

Sa chás seo, tá an t-aistriúchán suimiúil. Fiú má tá (mar a fheicfear ar ball) tabharthach eiticiúil ag an bhFraincis, níor bhain Humbert úsáid as leis an abairt thuas a aistriú. Dáiríre, nílim cinnte go mbeadh *vous* lom inghlactha ag cainteoirí Fraincise sa chás áirithe seo. Seans gur ceist stíle é. Thug mo chara an Dr John Charles Smith (Coláiste Chaitríona, Oxford) sampla Fraincise an-deas dom (a bhfuilim thar a bheith buíoch de as) nach bhfuil aon amhras faoi:

> *il te le lui a acheté* 'He bloody well went and bought it from
> him/her', 'He bought it from him/her, if you please'
> (Smith, le teacht, lch. 7).

Ar ndóigh, ní féidir *te* a aistriú go Béarla an lae inniu lom díreach. Ina ainneoin sin, tá an dá mholadh a dhéanann Smith thuas an-oiriúnach go deo. Measaim féin gur fearr den bheagán an dara ceann, ar an ábhar an-soiléir go dtugann sé forainm den dara pearsa isteach ann leis. Ar ndóigh, chonacthas cheana féin thuas (sa chéad tagairt ó pheann Ní Éimhthigh) gur le forainmneacha pearsanta amháin a bhaineann an tabharthach eiticiúil ó cheart.

Luaim dhá shampla Gearmáinise anseo thíos. Tá an chéad cheann soiléir go maith, mar atá míniú Eisenberg air:

> Mit dem Ethicus bringt der Sprecher sich selbst oder den Adressaten auf einer kommunikativ-pragmatischen Ebene ins Spiel. Seine Leistung ist zu Recht mit der von Abtönungspartikeln verglichen worden.
> *Du bist mir ein Schwätzer* (Eisenberg 1994, 299).

Tá an dara ceann níos neamhghnáthaí, mar nach Gearmáinis na Gearmáine de chuid an lae inniu atá i gceist ach sampla den Ghearmáinis a labhraítí sa bhFionlainn agus sna tíortha Nordacha eile, nuair a bhí sise fós ina gnáth-theanga laethúil ag formhór na ndaoine a raibh oideachas orthu sna tíortha sin:

> *Hast Du mir gesehen?* 'Kan du tänka dig!' 'Hör och häpna!';
> 'sehr schnell', 'ganz plötzlich' (Tandefelt 2002, 192).

Ní gá na gluaiseanna Gearmáinise a aistriú do lucht léite an ailt seo, ach ní miste aistriúcháin a chur ar fáil don chéad phéire (gur as Sualainnis dóibh): 'an féidir leat a shamhlú!' agus 'éist agus déan iontas!'. Fiú, is dóigh liom nach mbeadh lucht labhartha Fraincise míshásta ar fad leis an tiontú Fraincise seo: *est-ce que tu m'as vu [ça]* ? Annsin, bheadh an fheidhm cheannann chéanna ag *m'* na Fraincise is atá ag *mir* sa cheann Gearmáinise.

Nuair a chuaigh mé ar scoil (fadó), bhí graiméar Laidine in úsáid againn, a thugann eolas úsáideach faoin nath cainte seo sa Laidin (feic freisin thuas) agus i dteangacha eile, mar seo:

> Dativus ethicus bestär av ett personligt pronomen och ger affektbetoning åt en sats[1]. Den måste ofta återges med adverb.
> [Forainm pearsanta atá sa tabharthach eiticiúil agus tugann sé béim mhothúcháin d'abairt. Is minic gá é a léiriú le dobhriathar.]

Quid *tibi* vis? Vad vill du *då* (*egentligen*)? ['Céard
atá uait (*dáiríre*)?']
Mihi illam laudas? Berömmer du *verkligen* henne?
['An molann tú *ó cheart* í?']

¹Jfr sv. [Cp. Sualainnis] 'Du var *mig* en stackare' [Tusa an
bochtán (dar liom)]; ty. [Gearmáinis] Du bist *mir* der
Rechte; fra. [Fraincis] 'Tu *m*'es un drôle de garçon'. –
'Regarde-*moi* cela (ça)!' (Sjöstrand 1960, 170).

Sa ghraiméar mór tagartha don tSualainnis a d'eisigh Acadamh na
Sualainne tamall ó shin, tá na samplaí seo nach furasta liom iad a
aistriú – focal ar fhocal, ar aon nós – go Gaeilge ná go Béarla, mar a
fheictear thíos. Ritheann aistriúchán Gearmáinise go réasúnta éasca,
ar an taobh eile den scéal.

Du var mig *en klurig en* ['M'anam gur cleasaí thú', 'Du bist
mir ein pfiffiger einer']
Det var mig *en skicklig pianist* ['M'anam gur pianadóir oilte
thú', 'Das ist *mir* ein fähiger Pianist'] (Teleman, Hellberg
& Andersson 1999 II 262; III 314-315).

Níl mórán dá leithéid ar fáil i gcineál ar bith Béarla. Maidir leis an
Sean-Bhéarla, tá an méid seo le rá ag údar mór amháin:

Another special case of the dative of personal interest is
the ethic dative – 'the dative when used to imply that a
person, other than the subject or object, has an indirect
interest in the fact stated' (*OED*, s.v *ethical* a. 3). No OE
examples of the ethic so defined have come to my
notice or to that of Visser (i, §695) (Mitchell 1987, I,
568).

Ina dhiaidh, aithnítear samplaí anseo agus ansiúd, mar a mhíníonn
Visser sa tsaothar ar tagraíodh dó ar ball beag:

The first indubitable examples – apart from the instance from *Patience* heading the subjoined list – seem to date from the beginning of the sixteenth century. From the end of the century there is a remarkable increase in frequency, reaching its height in the dramas of the Elizabethan and Jacobean period, with the result that in Pres. D. English the construction is hardly ever used in natural diction.

c1380 Patience 107, þe blyþe breþe at her bak, þe bosum he fyndes; He [sc. The wind] swenges *me* þys swete schip swefte fro þe hauen.

...

1592 Shakesp., Rom. III, i, 6 claps *me* his sword upon the table.

...

1858-65 Carlyle, Fredk. Gr. 2, 11, A terrible dragon of a woman...claps *you* an iron cap on her head, and takes the field when need is (Visser 1984, 631-2 [féach *OED Suppl.* maidir leis na giorrúcháin sa ghiota seo]).

Sula dtugaim aghaidh ar an nGaeilge, ní miste béim a chur ar rud amháin. Is teangacha Ind-Eorpacha agus fiú cinn de chuid Iarthar an hEorpa iad na teangacha a phléigh mé go dtí seo. Níl ach teanga neamh-Ind-Eorpach amháin agam .i. an Fhionlainnis. Cé gur féidir liom gach ceann de na habairtí i dteangacha éagsúla thuas a thiontú go dtí an teanga sin, ní go nádúrtha a thig liom iarracht a bhaint as forainm a choinneáil san aistriúchán sin.

Trí chineáltas mo chomhghleacaí an Dr Graham Isaac, fuair mé roinnt eolais shuimiúil faoi theanga neamh-Ind-Eorpach eile .i. ar an Aisteicis. Seo sampla deas amháin:

ma xinechquintlaqualtili in nochcahuan ['Gib (mir) doch meinen Schafen zu fressen!'] (Schoembs 1949, 48-49).

Ní féidir seo a mhíniú díreach faoin gceannteideal céanna leis an tabharthach eiticiúil de chuid na dteangacha Eorpacha thuas. Mar sin féin, tá cosúlachtaí suimiúla i gceist.

Ar dtús, ní miste cúpla focal leis an abairt a thaifeach: *ma, xi,* míreanna guítheacha agus ordaitheacha; *nech,* mír don chuspóir sa chéad phearsa uatha; *quintla,* mír bhriathartha do chuspóir iolra neamhdhaonna; *qualtili,* 'Applikativum' (feic thíos) den bhriathar *qualtiate* 'biathadh'; *in,* alt; *no,* mír shealbhach sa chéad phearsa uatha; *chcahuan,* foirm shealbhaithe de *ichcatl* 'caora'.

Is d'aonghnó nár chum mé focal Gaeilge le freagairt don cheann Gearmáinise *Applikativum.* (Fágaim sin faoi dhaoine eile, má bhíonn gá níos práinní amach anseo leis.) Tá a chiall soiléir, áfach, ón méid seo:

> Applikativa nennen die alten Grammatiker eine besondere Form abgeleiteter Verben, deren Personenobjekt zum Ausdruck bringt, zu wessen Nutzen oder Schaden oder mit Rücksicht auf wen die Handlung geschieht (Schoembs 1949, 48).

Fiú, déanann Schoembs (1949, 49) comórtas leis an tabharthach eiticiúil. Mar sin féin, is ceart a thuiscint nach san fhorainm atá feidhm an *Applikativum* lonnaithe ach sa bhriathar.

Sa Ghaeilge freisin, níor aimsigh mé sampla den tabharthach eiticiúil .i. ceann a bhfeileann an sainmhíniú thuas dó: gur forainm atá ann a chuireann in iúl go bhfuil spéis ag cainteoir sa rud atá sé a rá, nó chun an spéis chéanna a mhúscailt sa duine a bhfuil sé ag caint leis.

Ina ainneoin sin, luann foclóir mór stairiúil na Gaeilge ceithre shampla a dtagraíonn sé don tabharthach eiticiúil iontu, agus iad á lua aige. Is é an ceannfhocal atá i gceist ann an réamhfhocal *do* (*DIL* 222, 175.37-38):

> Used as the Lat. *dativus ethicus* (dative of person interested in a statement) with an imperative; only with pronouns:

an dún 'we pray thee to wait' (Hogan 1892, § 6; *DIL* 222, 175.38-39).

apair dam fri mac Saráin 'Say for me to the son of Saran' (O' Neill 1907, 96; *DIL* 222, 175.39-40).

Teilg-siu dūn orchur forru 'do thou have a cast at them' (Meyer 1906, 32 § 3; *DIL* 222, 175.40).

ling duinn leim dona leimennuibh sin anois rolingthea it ghealtacht 'leap for us now one of the leaps you used to leap when you were mad' (O'Keeffe 1910, 62 § 39; *DIL* 222, 175.40-41).

Bhreathnaigh mé ar chomhthéacs na samplaí seo. Maidir leis an gcéad cheann, tugtar faoi deara gur thug muintir an fhoclóra aistriúchán eile air seo seachas mar atá ag Hogan (1892, 9): 'wait for us'; beagáinín níos déanaí (1892, 11), aistríonn sé an nath céanna ar bhealach rud beag difriúil: 'stay with us', mar nach bhfuil an comhthéacs díreach mar an gcéanna. Ní dóigh liom go bhfuil ceachtar díobh inchomórtais dáiríre leis na samplaí thuas den tabharthach eiticiúil ó theangacha éagsúla. Braithim go bhfuil na trí cinn eile níos oiriúnaí. Mar sin féin, tá siad difriúil ón tabharthach eiticiúil ceart sa mhéid go mbaineann réamhfhocal leo ar fad.

I Nua-Ghaeilge an lae inniu agus i mBéarla na hÉireann, tá samplaí de nathanna cainte a mheabhraíonn an tabharthach eiticiúil dúinn, fiú oiread sin go mbaintear úsáid as an téarma féin, mar a fheictear sa ghiota fíorshuimiúil seo:

Detrimental relation expressed with the preposition *on*, dativus commodi et incommodi, and dativus ethicus are features of Hiberno-English as in the Irish language: *she hung up (the phone) on me*, for example, is frequently heard, as is *you're after breaking it on me; it will fall apart on you* (mid Roscommon) and *he spoilt it on you* (Cork city) are further examples, and it was announced on national radio recently that a man was killed recently *when his turf-cutting machine turned on him* – foreign tourists may have misunderstood! [...] and *I don't know for 'ou* (Beara) as in *ní fheadar duit* employs dativus ethicus (Ó hÚrdail 1997, 190; cf. Filppula 1999, 220).

Arís, áfach, tá réamfhocail i gceist ionas nach féidir tabharthach eiticiúil ceart a thabhairt ar a leithéid seo ach oiread leis na samplaí a luann *DIL*. Éiríonn an cheist, mar sin, cén chúis atá le gan é a bheith ann sa Ghaeilge. Is dóigh liom go bhfuil an freagra simplí go maith. Fiú sa tSean-Ghaeilge, ní bhíodh ach úsáid theoranta go maith á baint as an bhfeidhm thabharthach i gcomhthéacs forainm de chineál ar bith. Bhíodh tuairim eile faoin gceist ag scoláirí fadó, ach léirigh Thurneysen an scéal i gceart agus go críochnúil:

> So wird man sagen müssen, daß dativische Funktion im Altirischen nicht üblich ist, daß aber doch bei einer kleinen Gruppe von Ausdrücken in Verbindung mit passiven Praeterita ein älterer, [...] Gebrauch in die historiche Periode hineinragt (Thurneysen 1917, 50).

Is iad an fhaí chéasta agus an briathar substainteach na cineálacha seanúsáide atá i gceist aige. Tharla nach raibh tuiseal tabharthach fiú den ghnáthchineál ag an teanga, ní haon iontas nach raibh fo-aicme den chineál seo aici ach oiread.

Tá ceist níos leithne le freagairt chomh maith agus tá sise i bhfad níos deacra. Cérbh as do thabharthach eiticiúil de chuid na dteangacha a bhfuil sé acu? An forás é a tharla go neamhspleách sna teangacha éagsúla? Nó an amhlaidh gur múnlaíodh ar dtús sa Ghréigis é agus gur uaithise a fuair teangacha Eorpacha eile ar ball é? Chomh maith, tá ceist an Bhéarla le cíoradh. Chonacthas a theoranta atá an tabharthach eiticiúil sa Bhéarla. An féidir nach trí sheans é, ach gur ceann é seo freisin dá chosúlachtaí (féach Filppula agus Klemola 2002, 22-3) leis na teangacha Ceilteacha?

LEABHARLIOSTA

DIL: Dictionary of the Irish Language 1913–1983 Acadamh Ríoga na hÉireann.

Eisenberg 1994: P. Eisenberg, *Grundriß der deutschen Grammatik*, Stuttgart.

Filppula 1999: M. Filppula,, *The Grammar of Irish English, Language in Hibernian Style*, London.

Filppula agus Klemola 2002: M. Filppula agus J. Klemola, 'Early Contacts between the English and the Celtic Languages', in M. Filppula, J. Klemola agus H. Pitkänen, eag., *The Celtic Roots of English*, Joensuu, 1-23.

Hogan 1892: E. Hogan, eag., *Cath Ruis na Ríg for Bóinn*, Dublin.

Humbert 1960: J. Humbert, *Syntaxe grecque*, Paris.

Meyer 1906: K. Meyer, eag., *The Death-Tales of the Ulster Heroes*, Dublin.

Mitchell 1987: B. Mitchell, *Old English Syntax* I, Oxford.

Ní Éimhthigh 1942: Mairghréad Ní Éimhthigh, *Graiméar Gréigise* II *Cóimhréir*, Baile Átha Cliath.

Ó hÚrdail 1997: R. Ó hÚrdail, 'Hiberno-English: Historical Background and Synchronic Features and Variation', in Hildegard Tristram, eag., *The Celtic Englishes*, Heidelberg, 180–200.

OED: The Oxford English Dictionary III D–E, London 1933.

OED Suppl.: The Oxford English Dictionary Supplement and Bibiography, London 1933.

O'Keeffe 1913: J.G. O'Keeffe, eag., *Buile Suibhne*, Irish Texts Society 48, London,

O'Neill 1907: J. O'Neill, eag., 'The Rule of Ailbe of Emly', *Ériu* 3, 92-115.

Schoembs 1949: J. Schoembs, *Aztekische Schriftsprache: Grammatik (mit Lautlehre)*, *Text und Glossar*, Heidelberg.

Sjöstrand 1960: N. Sjöstrand, *Ny latinsk grammatik*, Lund.

Smith, le teacht: J. C. Smith, 'French "Ethic" Pronouns: Some Preliminary Considerations.'

Tandefelt 2002: Marika Tandefelt, 'Rothe-Wahlska', in Tandefelt, eag., *Viborgs fyra språk under sju sekel*, Esbo, 167–233.

Teleman, Hellberg & Andersson 1999: U. Teleman, S. Hellberg agus E. Andersson, *Svenska Akademiens grammatik* II *Ord*, III *Fraser*, Stocalm.

Thurneysen 1917: R. Thurneysen, 'Dativische infigierte Personalpronomen', *KZ* 48, 48–50.

Visser 1984: F. Th. Visser, *An Historical Syntax of the English Language* I, Leiden.

Bailiúchán Sheosaimh uí
Dhálaigh ó Pheig Sayers

BO ALMQVIST

Maidir le *homo sapiens* de, is rídhealraitheach go raibh an comhrá agus an eachtraíocht á gcleachtadh aige le céad míle bliain sular ceapadh an scríbhneoireacht in aon chor. Fós féin, thuairimeoinn ná fuil léamh ná scríobh ag leath de phobal an domhain. Ní beag linn, dá réir sin, an tábhacht a bhaineann le staidéar ar an mbéalchultúr; agus cad é is mó tairbhe dúinn a dhéanamh ná díriú ar na scéalaithe is oilte agus ar an ealaín is cleachtach leo? Níl tuiscint chomh maith ag daoine ar an méid sin is ba cheart dóibh bheith acu; ach níl aon amhras ná gur thuig Máirtín Ó Briain go maith é. Ós rud é gur ag comóradh Mháirtín atáimid leis an bhfoilseachán seo, ní miste dúinn díriú ar scoth an bhéalchultúir agus bailiúchán Sheosaimh Uí Dhálaigh ó Pheig Sayers a chur san áireamh.

Léaráid 1: Peig Sayers lasmuigh dá teach i mBaile Bhiocáire 1946. (Grianghraf: Harriet Hjorth Wetterström. Le caoinchead Nordiska muséet Stockholm)

Meastar Peig Sayers (1873-1958, léaráid 1) ina banríon ar lucht scéalaíochta. Saolaíodh í i mBaile an Bhiocáire, i nDún Chaoin, Co. Chiarraí. An mórscéalaí Tomás Sayers a hathair, fear a tháinig go Baile an Bhiocáire ó pharóiste Fionntrá. Bhog sí amach ar an mBlascaod Mór nuair a phós sí Pádraig Ó Gaoithín ('Peatsaí Flint'), Blascaodach a bhí ina scéalaí fónta, chomh maith, agus ba ar an Oileán a chaith sí an chuid is mó dá saol go dtí gur aistrigh sí thar n-ais ar an míntír sa bhliain 1942 (Mac Conghail 2001, 156-61). Tá cuntas tugtha aici ar a saol féin sa leabhar *Peig* (Sayers 1936,1998), leabhar a bhíodh ar eolas ag mórán de dhaltaí scoile na hÉireann, agus tá a thuilleadh eolais le fáil in *Machtnamh Seana-Mhná* (Sayers 1939), leabhar a dheachtaigh sí ar chuma an leabhair eile dá mac Mícheál Ó Gaoithín ('An File'). Tá scéal beatha na máthar tugtha, leis, ag Mícheál i leabhar dá chuid féin (Ó Gaoithín 1970). Ar na cúiseanna atá leis an gcáil atá uirthi, tá méid agus tréithiúlacht agus snastacht a scéalta. Gan aon ábhar eile a chur san áireamh, tá breis mhaith is trí chéad scéal bailithe uaithi, agus ilghnéitheacht as cuimse iontu siúd mar scéalta. Aithnítear go mba chainteoir fuinte líofa thar an ngnách í, le stóras fíorshaibhir focal agus cumas iontach ar a cuid scéalta a chur in oiriúint dá lucht éisteachta (Delargy 1945, 15; Flower 1944, 48-59; Jackson 1961,7; Ó Dálaigh 1989, 105-7; Almqvist 1999).

Léaráid 2 : Seosamh Ó Dálaigh i mbun bailithe c. 1936. (Grianghraf: Tomás Ó Muircheartaigh. Le caoinchead CBÉ)

Duine de na mórbhailithoirí lánaimseartha a chuir Coimisún
Béaloideasa Éireann ag obair i 1936 ab ea Seosamh Ó Dálaigh (1909-
1992, léaráid 2).[1] Níorbh é Seosamh Ó Dálaigh – nó Joe Daly mar a
thugtaí de ghnáth air – an t-aon duine amháin a chuaigh ag bailiú ó
Pheig, ná níorbh é an chéad duine acu é ach an oiread. Ina measc siúd
ba thúisce chúici bhí beirt Shasanach – Robin Flower (dá ngairmtí
'Bláithín'), a thosnaigh ag bailiú uaithi sna 1920í agus a chuir mórán ar
taifead eideafóin uaithi sa bhliain 1930 (Almqvist 1998a);[2] agus
Kenneth Jackson, a bhailigh lear mór ábhair uaithi idir na bliana 1932
agus 1937, ábhar ar foilsíodh a fhormhór faoin teideal *Scéalta ón
mBlascaod*. (Jackson 1998 [1938]; feach, leis, Jackson 1934 agus 1971-
73, maraon le Almqvist 1998b).[3] Ina measc siúd eile a bhailigh uaithi
ina dhiaidh sin bhí an tEilvéiseach Heinrich Wagner (féach Almqvist
2004), a d'fhoilsigh an mórchuid dá cnuasach sa leabhar úd *Oral
Literature from Dunquin* (1983).[4]

Scoláirí go mórcháil ab ea Flower, Jackson agus Wagner, agus bhí
cáilíochtaí acu ná raibh ag Joe. Ba scoláirí ar na clasaicigh agus ar an
meánaoiseachas Flower agus Jackson, agus iad go maith ábalta malairtí
cianársa ar scéalta Pheig a ríomh. Maidir le Jackson agus Wagner, bhí
oiliúint thar barr orthu siúd i ngné na foghraíochta den teangeolaíocht.

Ach bhí buanna áirithe ag Seosamh Ó Dálaigh a d'fhág ná raibh
éinne eile mar é chun dul ag bailiú béaloidis ó mhuintir Chorca
Dhuibhne agus ó Pheig go háirithe. Rugadh agus tógadh é in aon
pharóiste agus sa bhaile fearainn ceannann céanna le Peig, agus bhí an
teanga is an chanúint chéanna aige ón gcliabhán is a bhí aici siúd. Bhí
sé ar maos san oidhreacht áitiúil sin as a óige – bhí béaloideas bailithe
san áit cheana ag a athair, Seán Ó Dálaigh ('An Common Noun' mar
a thugtaí air), agus níor bheag é cumas a mháthar, Nóra Ní Mhurchú,
ar scéalta a insint.[5] Bhí éirim aigne go soilseach i Joe féin, bhí teacht
i láthair thar na bearta ann, agus bhí cion agus meas aige ar dhaoine.
Rud eile, agus ní beag an rud seo, dob é Joe an t-aon duine amháin a
bhí ag bailiú ó Pheig mar chúram lánaimseartha. Mar fhostaí de chuid
Choimisiún Béaloideasa Éireann ón mbliain 1936 ar aghaidh, bhí
treoir aige ó scoláirí gairmiúla béaloidis, go háirithe ó Stiúrthóir an

Choimisiúin, Séamus Ó Duilearga, agus ó Chartlannaí an Choimisiúin, Seán Ó Súilleabháin.

Ní miste a lua, leis, nár chuaigh Joe i mbun bailiúcháin ó Pheig go dtí go raibh lán cheithre bliana tugtha aige mar bhailitheoir lánaimseartha. Dá thoradh sin, bhí buaicphointe bainte amach aige i gceird an bhailitheora agus i gcur amach ar an traidisiún.

Is é fírinne an scéil, dá mbeadh cead a chinn tugtha dó, go mbeadh Joe dulta i mbun an bhailiúcháin ó Pheig sa chéad bhliain dá fhostaíocht leis an gCoimisiún. I litir dá chuid go dtí Seán Ó Súilleabháin, dár dháta an 17ú lá de Dheireadh Fómhair, 1936, luaigh sé go raibh fonn air dul ar an mBlascaod, mar a raibh cónaí ar Pheig san am sin. Dar leis go mbeadh cnuasach maith le déanamh uaithi sin agus ó dhaoine eile, toisc, mar a deir sé, 'na daoine a bheith díomhaoin ann anois agus gan aon "laethanta breátha" a bheith ann'.[6] Ba thapaidh an Súilleabhánach ag casadh freagra chuige, áfach, á rá leis – i litir ar an 21ú de Dheireadh Fómhair – gan dul ar an Oileán go dtí go ndéarfaí leis é. An chúis a thug Seán ná gur 'bhailigh Dr. Robin Flower a lán stuife ann le heideafón' agus 'nár scríobh sé fós iad'. Lean Seán air: 'Caithfimid fanúint go bhfaighimid scéala uaidh sin féachaint cad tá bailithe aige ó dhaoinibh áirithe cheana féin, ar eagla go mbeitheá-sa ag déanamh na hoibre céanna.'

Ba chosúil ná raibh dul amach fós le linn an ama sin ag Seán Ó Súilleabháin ná ag Séamus Ó Duilearga ar an tábhacht a bhaineann leis an athbhailiú – is é sin nach miste ábhar a bhailiú arís agus arís thar n-ais. Is féidir glacadh leis, chomh maith, dar ndóigh, gur síleadh go mbeifí ag cur isteach ar Bhláithín dá mbeadh daoine eile ag dul ag bailiú ó Pheig san am céanna leis siúd.

D'fhág seo ar fad nár thug Seosamh aghaidh ar an mBlascaod chun dul ag bailiú ann go ceann ceithre bliana, beagnach, ina dhiaidh sin – i 1940. Ní raibh aon srian á chur leis ag a fhostóirí ansin. Bhí an Cogadh Mór tagtha agus gan fáil ag Bláithín ar theacht anall. Agus ní hamháin sin, ach ba léir ná beadh ar chumas Bhláithín go deo an t-ollstóras ábhair a bhí ar taifead aige ó Pheig a scríobh amach, gan trácht ar a thuilleadh a lorg.

Tá cuntas iomlán le fáil ar thuras bailitheoireachta Joe ar an mBlascaod sna tuairiscí seachtainiúla a bhreac sé don Choimisiún, agus ina dhialanna agus ina chuid litreacha chomh maith. Cuir leis sin arís a bhfuil taifeadta agam féin agus ag mo chuid mac léinn ar théip ó Joe agus é ag cur síos ar a shaothar le Peig agus le daoine eile. Níl aon bhun, mar sin, lena bhfuil scríofa ag Pádraig Tyers (1999, 9-10) sa leabhar úd *Abair Leat*, ag áiteamh gur beag ar fad a bheadh ar eolas faoi shaothar bailiúcháin Joe mura mbeadh na hagallaimh a dhein sé féin leis. Nílim ag tabhairt le fios, dar ndóigh, ná fuil luach le leabhar Tyers ón taobh seo de nuair a chuirtear a bhfuil ann leis na foinsí eile atá againn.

Léaráid 3: *Iontráil Sheosaimh Uí Dhálaigh i gCuntas na mBailitheoirí, 16-22 Meitheamh 1940, an tseachtain inar dhein sé a chéadbhailiúchán ó Pheig. (Le caoinchead CBÉ)*

Pé scéal é, ba ar an 20ú lá de Mheitheamh, 1940, a chéadbhreac Joe ábhar ó Pheig don Choimisiún. Ag a dó dhéag meán lae a tosnaíodh ar an seisiún sin, agus lean sé ar aghaidh go dtí a leathuair tar éis a sé um thráthnóna, de réir mar a scríobh sé ina thuairisc seachtaine (léaráid 3). De thoradh an mheasa ar fad a bhí aige uirthi, bhí a scar féin den chúthaileacht ag baint le Joe ag dul i mbun na hoibre. Mar a scríobh sé féin: 'Bhí na daoine móra seo, na scoláirí móra, tar éis bheith ag bailiú san Oileán; agus cá mbeinnse ag dul ag bailiú ina ndiaidh sin' (Ó Dálaigh 1989, 105). Arís dó agus é ag caint ar théip liomsa sa bhliain 1977:

> Bhí saghas scáth orm bheith ag bailiú ó Pheig, mar bhí sí ina húdar an uair sin agus gradam mór uirthi. Aon duine a bhíos ag bailiú uaidh ní raibh aon scáth ná eagla orm rompu – bhíos saghas mar mháistir, ach ní rabhas ach im bhuachaill aimsire ag dul isteach go dtí Peig, an dtuigeann tú? Ach ní raibh an scéal mar sin níos déanaí, nuair a chuireamair aithne cheart ar a chéile.

Cé go raibh breis is seasca leathanach lámhscríofa, agus formhór den ábhar sin ar fheabhas, sa mhéid a bhailigh Joe ó Pheig an lá sin agus an lá dár gcionn (CBÉ 701:205-39, 268-294 agus 307-310), is maith a thuig Joe ná raibh na coinníollacha bailithe den dul sin le moladh ar fad. Bhí deabhadh curtha aige ar Pheig, sa tslí ná raibh ach achoimrí tugtha i gcás cuid de na scéalta. 'Níl ann ach cnámha an scéil', a bhreac sé mar nóta leis an insint ar 'Mac an Diabhail ina Shagart' mar a bhailigh sé ar an ócáid sin é (CBÉ 701: 231-5). Rud eile, ní raibh an t-eideafón tugtha leis go dtí an tOileán aige, agus bhí air dá réir sin, gach aon ní a scríobh síos go díreach ó bhéal Pheig le peann. Ach, mar a dúirt Joe, bhí an ceann bainte den obair: 'Dheineas aon rud amháin: do chuireas aithne ar Pheig Sayers agus do chuir Peig aithne orm; agus bhí an cath briste' ('Bhí sí seal inár measc' 1959).

Mar sin féin, bhí dhá bhliain eile istigh sula raibh rath ceart ar an saothar. I Meán Fómhair na bliana 1942, d'fhág Peig agus a mac Mícheál, An File, an Blascaod Mór agus bhogadar go Baile an

Bhiocáire i nDun Chaoin, an baile fearainn céanna sin arbh as Peig ar dtús. Ní raibh ach cúpla lá caite ansin acu nuair b'eo Joe ar cuairt chucu. Fuair sé Peig trína chéile go maith roimis, mar a scríobh sé ag an am: 'Mar ná fheadair sí cá bhfuil aon ní, ach nach aon ní caite thall is abhus' (CBÉ 943: 85).

Dá bharr seo, agus ar chúiseanna eile, níor fhill sé ar Pheig go ceann dhá mhí. Ar deireadh, ar an 6ú lá de Shamhain na bliana sin, is ea a cuireadh tús leis an mbailiúchán mór cuimsitheach a lean go ceann naoi mbliana – anall go Lá na Naomh Uile sa bhliain 1951, nuair a d'éirigh Joe as a phost mar bhailitheoir lánaimseartha. I gcaitheamh an ama sin, thug sé breis is 275 cuart uirthi, an chuid is mó acu ag maireachtaint idir dhá agus trí huaire an chloig. Dob é a iomlán seo 3200 de leathanaigh lámhscríofa (féach Aguisín 2), mórán de bhreis ar ar bhailigh na scoláirí go léir uaithi go dtí sin, agus iad sin uile curtha le chéile. Bhí sé ar cheann de na cnuasaigh ba mhó a breacadh riamh ón aon scéalaí amháin.

Ach, faoi mar atá luaite cheana, ní hé méid an chnuasaigh amháin is díol suntais. Tá éagsúlacht san ábhar seo chomh maith, ná fuil san ábhar a bhailigh na scoláirí eile. Seanscéalta fada ar fad beagnach a raibh a n-aird siúd orthu, ach bhí Joe ag díriú ar sheanchas de gach aon saghas. Dhein sé cúram de réimse mór leathan nósanna agus piseog, de chreidiúintí agus de shaothar agus de chaitheamh aimsire agus mar sin de, mar a bhíodh ag pobal an Oileáin. I bhfad sular chuaigh sé i mbun oibre le Peig, dar ndóigh, bhí treoir tugtha do Joe maidir le tábhacht na nithe sin ar fad. Cuir i gcás, mar seo a scríobh Séamus Ó Duilearga i litir chun Joe ar an 13ú lá d'Eanáir na bliana 1938:

> Iarraim ort anois iarracht mhór a dhéanamh ar sheanchas do bhailiú. Caithfidh tú tosnú láithreach agus feidhm a bhaint as an *Láimh-Leabhar Béaloideasa* sin le Seán [Ó Súilleabháin]. Ceistigh go cúramach i dtaobh gach pointe sa leabhar, ag tosnú ar leathanach a haon agus ag dul go mall cúramach síos tríd an leabhar.

Foilsíodh mórshaothar Sheáin Uí Shúilleabháin, *A Handbook of Irish Folklore* (leagan mórmhéadaithe den *Láimh-Leabhar Béaloideasa*), sa bhliain 1942, rud a d'éascaigh go mór an seanchas ilghnéitheach faoi shaol na ndaoine a bhailiú. Ní foláir, mar sin, aitheantas ceart a thabhairt do thábhacht an leabhair sin, maraon le tábhacht na dtreoracha a tháinig ón gCoimisiún, ach ní miste a dhearbhú chomh maith ná raibh éinne oiriúnach i gceart chun dul ag bailiú an tseanchais seo ar fad ó Pheig ach Joe – fear a bhí lomlán d'eolas agus de thuiscint ar an áit, agus de spéis i ngach aon ní dá raibh ar siúl ann. Duine dá leithéid sin a bhí ag teastáil don bhailiú, duine a raibh léargas faoi leith aige ar an bpobal lenar bhain scéalaíocht Pheig.

Tuigfear gurb é bailiú an tseanchais ilghnéithigh seo an gad ba ghaire don scornach, nuair a chuimhnítear go raibh cuid mhaith de scéalta fada Pheig bailithe uaithi cheana ag Bláithín. Bailithe, ach ní scríofa amach, agus faoi thús na bliana 1944, ní raibh aon dóchas fanta go n-éireodh le Bláithín iad a scríobh amach go deo. Ar an gcúis seo, fuair Joe treoir eile ó Shéamus Ó Duilearga in Eanáir na bliana sin. Seo mar a scríobh an Duileargach:

> N'fheadar an mbeadh aon tseans go neosfadh Peig Sayers cuid do sna scéalta fada ar an eideafón. Is dócha gur chualaís go bhfuair Robin Flower stróc agus go bhfuil a chuimhne imithe uaidh. Ábhar buartha agus tinnis dom gan na scéalta san 'fháil. Chuala cuid acu fadó, agus beirim *sway* do Pheig mar bhansheanchaí Éireann ar a fheabhas a d'inis sí an chuid a chuala. Dein do leordhícheall lena mealladh!

De thoradh an iarratais seo, sna blianta 1944 agus 1945, thaifead Joe ar an eideafón agus scríobh sé amach líon mór de na scéalta gaisce agus de na scéalta iontais ab fhearr dá raibh ag Peig. Orthu sin bhí cuid mhaith scéalta a bhí inste cheana aici do Bhláithín nó do Jackson. Fágann sin ar uaire go bhfuil leaganacha níos iomláine agus níos fearr ar fáil ná mar a bhí cheana; agus ní hamháin sin, ach de réir treorach ón gCoimisiún bhí breis mhór eolais faighte faoi chúlra na scéalta sin

– cé uathu a bhíodar tagtha chun Peig, cuir i gcás, cathain a insítí iad agus cén bonn a bhí lena n-insint. Eolas é sin go léir atá fíorluachmhar don scoláire a bheadh i mbun staidéir ar an mbéaloideas. Agus ansin, ar an 16ú lá d'Eanáir na bliana 1946, fuair Bláithín bás. Tá scéal fada le n-insint ar an gcuma ar éirigh le Coimisiún Béaloideasa Éireann teacht ar na fiteáin chéarach eideafóin a bhí déanta aige sa bhliain 1930 – lán céad is trí fichid acu. Ach tugadh go hÉirinn iad go háirithe. Thuig Séamus Ó Duilearga ansin gurbh é Joe an t-aon duine amháin a bheadh oiriúnach do scríobh an ábhair uathu, agus mar sin cuireadh ag triall air go Dún Chaoin iad. Níor bheag an t-iontas a dteacht chun na háite sin ar an 19ú lá de Dheireadh Fómhair, 1946 – iad mar sheachadadh speisialta ag lorraí de chuid Chóras Iompair Éireann go dtí oifig an phoist, an áit a raibh deirfiúr Joe mar mháistreás phoist. Bhí Joe féin ar an bhfód, gan dabht, agus tá cuntas gléineach tugtha aige ina chín lae ar an gcúrsa: 'Bhí an tiománaí ana-chúramach timpeall na fiteáin, agus dúirt sé liom, "Ní foláir nó tá ana-luach sa bhosca san, má tá luach trí mhíle púnt ann!"' Is maith a thuig Joe gur geall lena thuarastal bliana cúig uaire déag i ndiaidh a chéile a bheadh sa mhéid sin, agus ar seisean go gonta: 'Is dócha é!' (CBÉ 1045:478-9).

Bhí na fiteáin sin ag titim as a chéile agus ba dheacair thar meon an chaint a bhí orthu a dhéanamh amach, rud a d'fhág go raibh Joe gafa leis an scríobh go deireadh na bliana sin agus gur shín an obair isteach i gcuid mhaith den bhliain a lean í. Níorbh fhéidir an obair a dhéanamh in aon chor murach an cur amach thar na bearta a bhí aige ar an teanga agus ar an gcanúint agus mura mbeadh na leaganacha eile a bhí bailithe aige féin cheana. Rud eile, níor bheag an chabhair dó Peig féin agus a mac Micheál a bheith ar fáil chun léamh ar shleachta a bhí doiléir amach is amach (léaráid 4). Is é a fhaid is a ghiorracht é ná gur cheart an scríobh amach sin a mheas mar éacht mhór eile de chuid Joe, an scoláireacht agus lucht a déanta curtha faoi chomaoin arís aige, agus buíochas gach n-aon dá dtugann gean don scéalaíocht air an athuair.

Níl slí anseo scagadh a dhéanamh ar an bhfuílleach a bhí bailithe ag Joe ó Pheig sna blianta 1947 go 1951. Is leor a rá anseo go raibh nach mór gach uile cheist as Láimhleabhar an tSúilleabhánaigh clúdaithe aige i ndeireadh na dála, agus gur thaifead sé cuid mhaith scéalta eile ar an eideafón. Cuid de na scéalta sin, bhíodar breactha aige lena láimh ó bhéal an scéalaí cheana, ach bhí an chaoi anois aige ar iad a chur ar fhuaimthaifead agus iad a scríobh amach ar a shuaimhneas. Tá léargas le fáil as siúd againn ar an difear a eascraíonn as modhanna éagsúla bailithe.

Léaráid 4: CBÉ 938:404, sampla de thrascríobh Sheosaimh Uí Dhálaigh ar thaifeadadh a dhein Robin Flower ar Pheig i 1930. Tabhair faoi deara an sliocht marcáilte PS 1947 mar ar shlánaigh an scéalaí í féin giota a bhí dochloiste sa taifeadadh bunaidh.
(Le caoinchead CBÉ)

Fiú tar éis dó éirí as mar bhailitheoir lánaimseartha, agus tar éis dó éirí as an múinteoireacht ina dhiaidh sin arís, lean Joe ar shaothar fiúntach maidir le hoidhreacht Pheig a thabhairt chun solais – cuir i gcás, ábhar a bhí taifeadta uaithi do Raidió Éireann ag Séamus Ennis agus ag Seán Mac Réamoinn a scríobh amach (féach Aguisín II).

Tá iarracht déanta agam ar chur síos ar chuid de na tréithe a fhágann luach chomh suntasach sin a bheith ag an gcnuasach a dhein Joe de bhéaloideas Pheig. Ach b'fhéidir ná fuil béim mór a dóthain leagtha agam ar an rud ba mhó tábhacht ar fad. Más ea, tagraím anois dó, le hathfhriotal ar Joe agus é ag fágaint slán aici nuair a bhí sé ag éirí as bheith ag bailiú go lánaimseartha don Choimisiún Lá na Naomh Uile na bliana 1951. Seo mar a scríobh sé sa chín lae an uair sin:

> D'fhágas slán ag Peig. Rug sí ar láimh orm agus phóg sí go dúthrachtach mo lámh agus do tháinig cnead inti agus do ghoil sí. 'Tá oiread uaignis orm id dhiaidh, a Joe,' ar sise,' agus 'bhí i ndiaidh aoinne clainne liom.' Ní fhéad sí a thuilleadh a rá ansan, agus ní fhéadas féin focal a rá ach a lámh a dh'fháscadh. Cá mbuailfidh leithéid Pheig Séars mar chuideachta liom?' (CBÉ 1292:617-8, léaráid 5).

Léaráid 5: Sliocht as dialann Sheosaimh Uí Dhálaigh, 31 Deireadh Fómhair 1951, an lá a chríochnaigh sé a bhailiúchán ó Pheig. (Le caoinchead CBÉ)

Agus seo mar ba chuimhin leis an cás de réir cuntais eile a thug sé
do Phádraig Tyers (1999, 90-1) tríocha bliain níos déanaí nach mór:

> Is cuimhin liom go maith an lá a chuas suas chúici agus
> a dúrt léi go rabhas ag stad do bheith ag bailiú. Tháinig
> tocht ar Pheig nuair a rugas ar láimh uirthi agus tháinig
> tocht ormsa leis. Níor labhramar focal. Ní raibh a fhios
> agam go raibh cairdeas chomh mór eadrainn. Ba bhreá
> liomsa bheith ag éisteacht le Peig agus ba bhreá le Peig
> bheith ag insint domsa, mar bhí a fhios aici gur thuigeas
> go maith cad a bhí ar a haigne, agus bhí a fhios aici go
> maith leis gur bhaincas-sa taitneamh an bhreá ar fad as
> an méid a bhí le tabhairt aici dom.

Agus gach aon ní curtha san áireamh, ba é ba mhó den iomlán an
chomhthuiscint nó an bháidh phearsanta seo idir an scothscéalaí agus
an scothbhailitheoir. Ba é sin a d'fhág an chraobh acu beirt agus iad i
mbun an chúraim a raibh gean a gcroí tugtha acu dó.[7]

AGUISÍN I

Mionbhailiúcháin ó Pheig

Is dócha gurb é Cormac Ó Cadhlaigh (1884-1960) an chéad duine a bhailigh
béaloideas ó Pheig. Dhein Ollamh le Nua-Ghaeilge sa Choláiste Ollscoile,
Baile Átha Cliath, de in am trátha (féach Breathnach agus Ní Mhurchú 1990,
76-7). Ina dhírbheathaisnéis neamhfhoilsithe, a bhfuil cóip di in CBÉ, luaitear
teidil ar naoi gcinn d'amhráin a bhreac sé ó Pheig sa bhliain 1907 (féach lch
180). Ní cosúil go bhfuil aon fháil ar na téacsanna sin anois, ach bhailigh
Robin Flower agus Seosamh Ó Dálaigh an chuid is mó de na hamhráin sin ó
Pheig ina dhiaidh sin.

Duine eile a bhailigh ábhar go luath ó Pheig ab ea Cosslett Ó Cuinn
(1907-1995), ach ní raibh i gceist ansiúd ach ceathrú amháin filíochta atá
curtha i leith fhile an Bhlascaoid, Piaras Feiritéar (CBÉ 89:144 – sa bhliain

1930). Maidir leis an gCanónach Ó Cuinn, féach Ó Glaisne 1996 agus Ní Mhurchú agus Breathnach 2003, 122-5).

Tá dhá sheanscéal ó Pheig i gcló ag an scoláire Ceiltise Marie-Louise Sjoestedt-Jonval, 'Máire Francach', (Sjoestedt 1932,406-19; 1938:188-203). Maidir léi, féach Breathnach agus Ní Mhurchú 1994,170-71; Ó Lúing 2000,110-24. Tá an chuma ar chúrsaí gur bhailigh sí a thuilleadh ó Pheig, ach níl aon ní dá leithéid aimsithe fós.

Scoláire eile ón iasacht a thug gearrchuaird ar an mBlascaod ab ea an tIoruach Carl Borgstrøm. Ar iarratas Shéamuis Uí Dhuilearga, bhreac sé sin leagan fada den scéal 'Seán Ó Sé na Bánóige' ó Pheig sa bhliain 1932 (CBÉ 34:312-20). Dhein Ollamh in Oslo de níos faide anall.

Ina measc siúd a raibh baint fhadmharthanach acu leis an mBlascaod, ní miste Pádraig Ó Braonáin a lua. Ba as Contae Thiobraid Árann dó siúd, agus phós sé Blascaodach mná, Cáit 'Sheáisí' Ní Chearnaigh. Naoi gcinn de sheanscéalta fada a bhailigh sé ó Pheig sa bhliain 1934 (CBÉ 35:25-121 agus 202-69).

Bhí baint ag an múinteoir deireanach ar an mBlascaod, Máire Nic Gearailt, nó 'Minnie Fitz' (1911-1992) le scéal a bhailiú ó Pheig sa bhliain 1935 (CBÉ S 418:171-6) – féach Ó Dubhshláine 2000: 68; Nic Craith 1995, 130-33.

I gcaitheamh na tréimhse 1936-38, chuir an Blascaodach mná, Máire Ní Ghuithín nó 'Máire Mhaidhc Léan' (1909-1988) – údar na leabhar An tOileán a Bhí (1978) agus Bean an Oileáin (1986) – beagán leis an méid a bhí bailithe ó Pheig (CBÉ 201: 254-69 agus CBÉ 459: 345-9). Maidir léi siúd, féach Ní Mhurchú agus Breathnach 2003,167.

Ait go leor, tá dhá scéal de chuid Pheig ar coimeád i dteangacha eile seachas Gaeilge. Tá scéal faoin teideal 'Donal na Neelough', i gcaibidil 14 de leabhar le Thomas Mason, The Islands of Ireland (1936). Deir Mason gur aistriúchán é ar scéal a bhailigh a mhac Dermot ó Pheig le linn dó siúd bheith ina mhac léinn. Deir Dermot (a rugadh i 1918 agus atá ina chónaí anois i nDún Laoghaire) liom gur bhreac sé cuid mhaith scéalta eile uaithi, ach tá sé buartha go bhfuil na scríbhinní sin caillte anois.

Sa leabhar Irlandskust tá cuntas tugtha ar Pheig ag an iriseoir agus scríbhneoir taistil Sualannach Harriet Hjorth Wetterström (1908-1977). Tá tagairt déanta ag Harriet do scéalaíocht Pheig, agus tugann sí chomh maith, achoimre ar scéal a d'inis Peig – cuid de i mBéarla agus cuid i nGaeilge, de réir dealraimh – le linn cuairte a thug Harriet uirthi i gcomhluadar Heinrich Wagner (Hjorth Wetterström 1947,126-35; Hjorth 1971,75-81; féach, leis, Almqvist 2004,49-58).

Aguisín II

Ábhar bailithe ag Seosamh Ó Dálaigh

Tá an t-abhar a bhailigh Seosamh Ó Dálaigh féin ó Pheig ar fáil in CBÉ 701: 205-39, 268-94, 307-10; 834: 439-59, 489-504; 847: 46-7, 50-7, 60-79, 82-4, 99-144, 197-207, 243-302, 305-360, 466-74, 494-506, 509-80; 858: 2-5, 18-75, 78-170, 282-294, 325-62, 365-79, 385-430, 432-48, 458-78, 481-527, 531-5, 575-81; 859: 104-96, 200-39; 335-53; 374-86. 410-4, 417-72, 475-82, 511-5; 908: 2b-103, 150-202, 243-86, 318-52.355-510. 524-34, 540-50; 554-65; 909: 195-247, 361-84, 400-30, 433-623, 529-34, 579-84; 910: 1c, 4-9. 734-83, 136-227, 230-41, 310-20, 323-4, 371-94, 398-403, 406-7, 4533-513, 516-31, 538-43. 563-566a; 911: 23-47. 68-88. 94-108, 141-50, 238-47, 274-320, 358-63, 398-458, 496; 934: 13-55, 42-79, 83-144, 174-79, 293-310, 436-48, 476-89; 936: 233-55, 352-55; 506-44; 965: 86-187, 423-542, 565-670; 966: 1-20, 61-133, 158-288,319-74, 378-407, 453-77; 967; 287-325, 327-414, 448-81, 529-74; 968: 49-60, 106-121; 23-71, 304-11. 314-30, 334-42,395-431, 458-84, 511-28; 978: 472-91, 494-520, 523-30, 534-36,540-9; 979: 1-23, 43-8, 96-9, ; 103-108, 112-4, 117-23, 125-38, 167-71, 211-5; 1152: 456-62; 1201: 1-96, 125-94, 211-602; 1202: 1-232, 263-80.

Tá le cur leis seo ar fad an t-ábhar a scríobh Seosamh amach ó shorcóirí eideafóin Flower: CBÉ 983: 3- 425; 984: 3-10; 18-26, 42-47, 56-96, 221-3, 227-59, 263-78, 263-78, 310-4, 315-53, 358-70, 405-23, 427-40, 444-56, 469-91 agus 985:1-17, 102-9, 249-52, chomh maith leis an méid a scríobh sé ó thaifeadtaí de Pheig a dhein Séamus Ennis agus Seán Mac Réamoinn d'Aonad Taifeadta Raidió Éireann (CBÉ 1859: 1931: 65-94). Chun tuiscint iomlán a a fháil ar thábhacht Sheosaimh Uí Dhálaigh mar bhailitheoir, ní miste cuimhneamh gur bhailigh sé ollstóras béaloidis ó scata mór daoine ar fuaid Chorca Dhuibhne. Díol spéise ar leith is an cnuasach 2700 i leathanaigh lámhscríofa a dhein sé i bhFionntrá, mar gur as an bparóiste sin d'athair Pheig. Bhailigh Seosamh a thuilleadh ábhair fós i gCiarraí Thuaidh, agus i gcontaetha Chorcaí, Luimnigh, Thiobraid Árann, Phort Láirge (maidir leis an gcontae deiridh sin, féach Verling 1999 agus 2002).

Nótaí

1   Níl aon mhórstaidéar déanta fós ar bheatha agus ar éachtaí an Dálaigh. Féach, áfach, Tyers 1999 agus Almqvist 1992-93, maraon le Ní Mhurchú agus Breathnach 2003, 130-1 agus na tagairtí ansiúd.
2   Maidir le Robin Flower agus a chuid scoláireachta i gcoitinne, féach Ó

Duilearga 1956: viii-xxii; Ó Lúing 1989, 101-43; Ó Lúing 2000: 95-109; Breathnach agus Ní Mhurchú 1992, 31-33, agus na saothair eile ata áirithe ansiúd, maraon le hailt de chuid údar éagsúil in de Mórdha 1998.

3   Maidir le Kenneth Jackson agus a chuid scoláireachta i gcoitinne, féach Ó Murchú agus Breathnach 2003, 55-6.

4   Féach, leis, Wagner agus McGonagle 1987 agus 1991. Tá scéalta bailithe ó Pheig ag leathdhosaen eile ar a laghad – féach Aguisín I thuas.

5   Maidir le tuismitheoirí Sheosaimh, féach Ó Dubhshláine 2000; Breathnach agus Ní Mhurchú 1990, 97-8.

6   Tá blaiseadh áirithe den Chaighdeán Oifigiúil curtha i bhfeidhm ar na sleachta anseo agus romhainn.

7   Tá mórbhuíochas ag dul don Ollamh Dáithí Ó hÓgáin a thug gach cabhair dom agus mé ag ullmhú an ailt seo.

Foinsí Neamhfhoilsithe

Cnuasach Bhéaloideas Éireann (CBÉ) i Lárionad Uí Dhuilearga do Bhéaloideas na hÉireann, an Coláiste Ollscoile, Baile Átha Cliath, mar a leanas:

Príomhlámhscríbhinní (CBÉ)
Lámhscríbhinní Scoile (S)
Comhfhreagras
Téipthaifeadtaí

RTÉ:

Bhí Sí Seal inár Measc. Clár léirithe agus láithrithe ag Aindrias Ó Gallchóir, a craoladh den chéad uair 27 Samhain 1959.

LEABHARLIOSTA

Almqvist 1992-93: B. Almqvist, 'Seosamh Ó Dálaigh 1909-1992', *Béaloideas* 60-61, 295-302.

—— 1998a: B. Almqvist, 'Bláithín agus an Béaloideas', in de Mórdha 1998, 97-116..

—— 1998b: B. Almqvist, 'Réamhrá' in Jackson 1998, [1-II].

—— 1999: B. Almqvist, 'Oidhreacht Scéalaíochta Pheig' in Máire Ní Chéilleachair 1999.

—— 2004, B. Almqvist, 'The Scholar and the Storyteller: Heinrich Wagner's collections from Peig Sayers', *Béaloideas* 72, 31-59.

Breathnach agus Ní Mhurchú 1990: D. Breathnach agus M. Ní Mhurchú, *1882-1982: Beathaisnéis a Dó*, Baile Átha Cliath.

—— 1992, D. Breathnach agus M. Ní Mhurchú, *1882-1982: Beathaisnéis a Trí*, Baile Átha Cliath.

—— 1994, D. Breathnach agus M. Ní Mhurchú, *1882-1982: Beathaisnéis a Ceathair*, Baile Átha Cliath.

Delargy 1945: J. H. Delargy, The Gaelic Story-teller. With Some Notes on Gaelic Folk-tales, Proceedings of the British Academy xxx, Rhys Memorial Lecture for 1945, London.

Delargy – féach leis Ó Duilearga.

de Mórdha 1998: M. de Mórdha, eag., *Blaithín: Flower. Ceiliúradh an Bhlasacaoid* 1, An Daingean.

Flower 1930: R. Flower, 'Sgéalta ón mBlascaod', *Béaloideas* 2, 97-111, 199-210..

—— 1944: R. Flower, *The Western Island or The Great Blasket*. Oxford.

—— 1957: R. Flower, "Measgra ón Oileán Tiar., *Béaloideas* 25, 46-106.

Hjorth 1971: H. Hjorth, *Irlandskust*, Stockholm.

Hjorth Wetterström 1947: H. Hjorth Wetterström, *Irlandskust;* Stockholm.

Jackson 1934: K. H. Jackson, 'Dhá scéal ón mBlascaod', *Béaloideas* 4, 202-11.

—— 1961, K. H. Jackson, *The International popular tale and early Welsh Tradition*, The Gregynog Lectures 1961, Cardiff.

—— 1998, K.H. Jackson, *Scéalta ón mBlascaod*. Baile Átha Cliath (foilsithe ar dtús in *Béaloideas* 8 [1938], agus arís mar leabhar an bhliain chéanna agus in eagráin éagsúla ina dhiaidh sin).

—— 1971-73: K. H. Jackson, 'The Baby without a Mouth', *Béaloideas* 39-41, 157-64.

Mac Conghail 2001: M. Mac Conghail, *The Blaskets: People and Literature*, Dublin.

Mason 1936: Th. Mason, *The Islands of Ireland*, London.

Ní Chéilleachair 1999: Máire Ní Chéallachair, eag., *Peig Sayers Scéalaí 1873-1958. Ceiliúradh an Bhlascaoid* 3. Baile Átha Cliath.

—— 2001, Máire NÍ Chéallachair, eag., *Oideachas agus Oiliúint ar an mBlascaod Mór, Ceiliúradh an Bhlascaoid* 6, Baile Átha Cliath.

Ní Ghaoithín 1974: Máire Ní Ghuithín, *An tOileán a Bhí*; Baile Átha Cliath.

Ní Ghaoithín – féach leis Ní Ghuithín.

Ní Ghuithín 1986: Máire Ní Ghuithín, *Bean an Oileáin*, Baile Átha Cliath.

Ní Mhurchú agus Breathnach 2003: D. Breathnach agus M. Ní Mhurchú, 1983-2002 *Beathaisnéis*, Baile Átha Cliath.

Nic Craith 1995: Máiréad Nic Craith, 'Primary education on The Great Blasket 1864-1940'. *Journal of the Kerry Archaeological and Historical Society* 28, 1995, 77-137.

Ó Dálaigh 1989: S. Ó Dálaigh, 'Béaloideas an Oileáin', in A. Ó Muircheartaigh 1989, 100-8.

Ó Dubhshláine 2000: M. Ó Dubhshláine, *An Baol Dom Tú? Muintir Chorca Dhuibhne agus an Ghaeilge 1860-1940*, Baile Átha Cliath.

Ó Duhshláine 2001: M. Ó Dubhshláine, 'Scoil an Bhlascaid Mhór 1864-1940' in Ní Chéilleachair 2001, 38-71.

Ó Duilearga 1956: S. Ó Duilearga, 'Réamhrá' agus 'In Memoriam' in *Seanchas ón Oileán Tiar*, T. Ó Criomhthain do dheachtaigh, R. Flower do sgríobh, S. Ó Duilearga do chuir i n-eagar, Baile Átha Cliath.

Ó Duilearga – féach leis Delargy.

Ó Glaisne 1996: R. Ó Glaisne, *Cosslett Ó Cuinn*, Baile Átha Cliath.

Ó Guithín 1970: M. Ó Guithín, *Beatha Pheig Sayers*, Baile Átha Cliath.

Ó Lúing1989: S. Ó Lúing, *Saor Theangan*, Baile Átha Cliath.

—— 2000, S. Ó Lúing, *Celtic Studies in Europe and Other Essays*, Dublin.

Ó Muircheartaigh 1989: A. Ó Muircheartaigh, eag., *Oidhreacht an Bhlascaoid*, Baile Átha Cliath.

Ó Súilleabháin 1937: S. Ó Súilleabháin, *Láimh-Leabhar Béaloideasa*, Baile Átha Cliath.

Ó Súilleabháin 1942: S. Ó Súilleabháin, *A Handbook of Irish Folklore*, Dublin, (athchló Chicago 1970).

Sayers 1936: P. Sayers, *Peig .i. tuairisc do scríobh Peig Sayers ar imeachtaibh a bheathadh féin*, eag., M. Ní Chinnéide, Baile Átha Cliath.

—— 1939: P. Sayers, *Machtnamh Seana-Mhná*, eag., M. Ní Chinnéide, Baile Átha Cliath,

—— 1998: P. Sayers, *Peig. A scéal féin*, eag. M. Ní Mhainnín agus L. P. Ó Murchú, An Daingean,

Sjoestedt 1932: Marie-Louise Sjoestedt, 'Deux contes en dialecte de l'Ile Blasket', *Revue Celtique* 49, 406-36.

Sjoestedt –féach leis Sjoestedt-Jonval.

Sjoestedtl-Jonval 1938: Marie-Louise Sjoestedt-Jonval, *Description d'un Parler irlandais de Kerry*, Bibliothèque de l'École des Hautes Études 270, Paris.

Tyers 1999: P. Tyers, eag., *Abair Leat. Seosamh Ó Dálaigh ag caint le Pádraig Tyers*, An Daingean.

Verling 1999: M. Verling, 'Seosamh Ó Dálaigh sa Rinn', *An Linn Bhuí: Iris Ghaeltacht na nDéise* 3, 6-18.

———— 2002, M.Verling, 'Camchuairt ar na nDéise, *An Linn Bhuí: Iris Ghaeltacht na nDéise* 6: 1-15.

Wagner agus Mac Congáil 1983: H. Wagner agus N. Mac Congáil, *Oral Literature from Dunquin, County Kerry*, Belfast.

Wagner agus McGonagle 1987: H. Wagner agus N. McGonagle 'Phonetische Texte aus Dunquin, County Kerry (Punkt 20 des "Linguistic Atlas and Survey of Irish Dialects")', *Zeitschrift für Celtische Philologie* 42, 219-41.

———— 1991, H. Wagner agus N. McGonagle, 'Phonetische Texte aus Dunquin, County Kerry (Punkt 20 des "Linguistic Atlas and Survey of Irish Dialects")', *Zeitschrift für Celtische Philologie* 44, 200-35.

Ar fálróid sa chathair ghríobháin
léamh ar shaothar ðhara uí chonaola

GEARÓID DENVIR

Tá draíocht
do mo tharraingt
go dtí ríochta
osnádúrtha.
Inis dom
cá bhfuil mo thriall ...

Oscail do mheabhair
Más mian leat fanacht
Is leatsa ar fad
An áit chragach
("Spáin dom na hOileáin', gan dáta, 7).

Turas fionnachtana le linn 'aistir phearsanta an ealaíontóra' (2000, 36) atá i saothar cruthaitheach Dhara Uí Chonaola ar fad – na cnuasaigh ghearrscéalta *Mo Chathair Ghríobháin* (CG) agus *Amuigh Liom Féin* (ALF), an novella *Misiún ar Muir* (MM) agus riar gearrscéalta agus dánta a foilsíodh in irisí éagsúla ó na 1980í i leith. Rianaíonn an saothar 'fálróid intinne' an reacaire 'i gceartlár (a) shamhlaíochta' ('An Damhán Alla', CG 44) agus é 'ag foghlaim cleasa an tsaoil (ina) bhealach féin' (1999, 51). Ní haon ghnáth-thuras é seo a bhfuil túsphointe, mapa bóthair agus ceann scríbe aige ach turas gan tóin ná ceann air bunáite an ama. Mar a d'admhaigh reacaire 'Fága 2' faoina aistear farraige féin:

> Soitheach a chaithfear a thabhairt ar an deis iompair atá
> againn. Ní soitheach í, ar ndóigh. Ach tá sí ag snámh.
> Bíonn muid ag cur cuma shoitheach uirthi. Tá stiúir
> againn uirthi. Cur i gcéill de stiúir. Ní chasann sí an
> soitheach. Ní dhéanann sí maith ar bith. Imíonn an

soitheach léi ina rogha bealach. Is cuma linne sa mí-ádh
cá ngabhfaidh sí. Nach mar a chéile chuile áit anseo.
Farraige chuile thaobh. Tonnta chuile thaobh. Iad ag
déanamh ort taobh amháin. Ag imeacht uait an taobh
eile. Muide eatarthu ... (CG 35).

Ní feasach reacaire an scéil seo, ach an oiread le reacairí bhunáite
scéalta eile Uí Chonaola, cá bhfuil sé, cá as a bhfuil sé ag teacht, ná
cá bhfuil a thriall. Deir reacaire 'An Deoraí' go bhfuil sé ina 'shampla
leathdheoranta ag seoladh in aghaidh an tsrutha go dtí Tír Áit a' Bith,
an áit nach bhfuil na trí chontae buailte ar a chéile' (1991, 69). Ní léar
do reacaire aon scéil ach éigeantas inmheánach an taistil, na
sireoireachta, na fionnachtana atá ginte ann ó nádúr, 'an féirín atá ag
gineadh i mbroinn na cinniúna dom' ('Fága 1', CG 10) agus é ag
fanacht 'le treoir ó fhoinse nach dtuigim' ('Fága 1', CG 11), go fiú agus
é cinnte san am céanna nach aon dea-chríoch atá i ndán dó, nach
mbeidh 'aon réiteach againn, déarfainn' ('Fága 2', CG 34).

Is é túsphointe an turais seo ná staid ghnáthláithreach an duine atá
beo go heisiach faoi na cúinsí saoil ina bhfaigheann sé é féin, agus atá
ag gluaiseacht san am céanna i dtreo éigin nach léar dó, ach é mar a
bheadh sé ag síortheacht chun beithe nó feasa. Níl aon chiall ná
réasún leis na cúinsí saoil sin a cheistiú – níl ansin ach 'ceisteanna
leibideacha ... nach bhfiafraíonn ... aon cheo, an rud is iondúil le ceist
a dhéanamh' ('Fága 1', CG 18). Is ann don duine agus sin an fhíric ar
gá dul i ngleic léi sa nóiméad láithreach:

> Tá mé anois. Mé gar don áit a bhfuil mé. Is mise mise,
> beagnach. Ar ball beidh mé ann. San áit a bheas mé. San
> áit a bhfuil mé, beagnach (1990b, 25).

Dearbhaíonn reacaire 'Fága 1' gurb é atá i dturas na beatha,
gluaiseacht neamhstaonach ó mhilleasoicind go chéile, ó staid amháin
go dtí an chéad staid eile, gluaiseacht a thabharfadh chun cuimhne
dán Uí Ríordáin, 'Rian na gCos' gona 'Ní raibh sé ann gur imigh sé/Ní
hann go has go brách' (1964, 11):

Tharla an méid sin ráite agam is féidir liom a dhul ar aghaidh píosa beag eile. Go dtí staid. Go dtí mionstaid bheag eile. Is éard atá ann uilig ná staideanna. Staid gach uile lá, gach uile mheandar, gach uile sheal. As staid thorach éigin a thiocfas scéala chugamsa (CG 19).

Dá réir sin *flux* síoraí atá sa bheatha, sruthán beo a thugas leis an duine ar an aistear:

Ach is mise an toradh atá air uilig. Mise an sruthán. An deoir aille. Ach thar aon rud eile is é an damhsa a chaithfeas mé a thabhairt chun cruinnis. Caithfidh mé é a ligean amach, deoir i ndiaidh deoir, an sruth ag líonadh i dtreo na haille, blogam ar bhlogam (1990b, 25).

Ainneoin aistiúlacht agus aduaine cuid mhaith de shuímh na scéalta i súile an reacaire, agus go háirithe i dtús na hinsinte, glacann an reacaire leis an gcnámh seo atá sínte ag an gcinniúint chuige. Deimhníonn sé in 'Mo Chathair Ghríobháin', mar shampla, fiú agus é ag imeacht roimhe go héidreorach i ndomhan scéiniúil, coimhthíoch, 'Bhí sé chomh maith dom, ó casadh ann mé, a raibh d'iontais ann a fheiceáil' (CG 8). Is é an dála céanna é sa scéal 'Londain', áit a ndearbhaíonn sé go raibh 'rún, agus misneach freisin, agam a dhul píosa beag níos faide ar mo chosán gríobhánach inniu' (1999, 54).

'Aistear eachtrúil' (MM 10) a bhíos ann i gcónaí, an reacaire ag fálróid roimhe ar chúrsa atá réamhshocraithe ag an gcinniúint, é mar a bheadh 'téad choise de chineál éigin' (1999, 54) air lena ghaibhniú taobh istigh de pharaiméadair nach léar dó ach a thuigeas sé a bheith ann. Téann sé san am céanna thar theorainneacha a chríoch agus a chleacht aitheantais ag déanamh ar sprioc nach féidir a shainiú ach i dtéarmaí samhlaíocha amháin – 'oileáin na n-anam. Na hoileáin dhorcha. Oileán na nAirní. Na hoileáin dheireanacha' (MM 50) – agus é 'ar thóir na n-oileán aoibhinn' (MM 68) atá amuigh ansin san alltar in áit éigin. Cúrsa aistreánach, contúirteach, scéiniúil a bhíos ann freisin mar is léar ón tuairteáil a fhaigheas paisinéirí an bháid in 'Fága 2' agus *Misiún ar Muir* chomh maith leis an gcontúirt fhisiciúil a dtéann an reacaire ann i scéalta ar nós 'Mo Chathair Ghríobháin' nó 'An Dá Ghadhar' in *Mo Chathair Ghríobháin*.

Cuirtear an duine ar mhíthreoir le linn an aistir go minic agus is é an diomú agus an easpa comhlánaithe a bhíos roimhe ar deireadh thiar mórán i gcónaí. An buachaill óg a raibh cuma slánaíodóra air nuair a shiúil sé ar an uisce, mar shampla, thréig sé foireann an bháid in 'Fága 2', agus níor fhéad lucht an bháid a dhul i dtír ar na hoileáin dheireanacha i ndeireadh a n-aistir in *Misiún ar Muir* – agus gan san áit chéanna ar aon nós ach 'faoileáin agus cailleachaí dubha' (MM 70). Is léar, dá réir sin, tharla gan aon cheann cúrsa inaitheanta ann ó thús, gurb é an turas féin an sprioc, turas trína bhféachann an duine, chomh fada lena chumas, le 'meabhair a bhaint as na comharthaí sóirt. Ag leanacht mo chuid marcanna bealaigh' (1990b, 27) agus é ar thóir féineolais agus féinaithne.

Gné shuntasach leanúnach den turas seo tríd an saothar uilig is ea go dtosaíonn an reacaire amach ar a aistear eachtrúil go hiondúil i suíomh aitheantais dá chuid féin – an teach sa bhaile, garraí áirithe, a oileán féin, mar shampla. Bíonn bonn láidir 'sóisialta' agus 'cultúrtha' ag an suíomh seo fiú más gann iad na tréithe aiceanta a dhéanfadh sainiú cinnte ar leith air. Téann an reacaire i mbun a chuid fálróide éidreoraí agus is gearr go gcastar spás tairseachúil air, spás idir dhá shaol nó idir dhá pheirspictíocht saoil – crosbhóthar, tobar, bearna, doras, geata – a dtéann sé thairis isteach i saol eile, i gcruinne ailtéarnach, eachtra a sheolas an reacaireacht chun cinn i dtreo pé ar bith cén sprioc nó cúraimí a bhíos ag an scéal áirithe.

Dá réir sin, sa scéal 'Amuigh Liom Féin' tagann an páiste, atá scaoilte amach ag a sheanathair ainneoin fhainic a mháthar, chuig tobar an bhaile in aice láimhe áit a gcuireann sé báidín seileastraim amach ar snámh 'go dtí an cuan a bhí taobh thoir den tobar' (ALF 3). Déantar codarsnacht láidir sa scéal idir dearcadh saoil na máthar, gona fainicí críonna, ciallcheannaithe ar an seanathair gan 'an fear beag' a ligean amach ná a ligean i ngar don tine, agus dearcadh Dhaideo, 'a bhí ar an mbeagán daoine a chonaic an leipreachán' (ALF 3) ag an tobar, dearcadh atá ar aon rian le meon an leaidín óig a chuir foireann ar an mbád seileastraim leis ag dul anonn chuig an saol eile. Ar an gcuma chéanna sa scéal 'Dá mbeadh a fhios acu é', feictear cró agus doras air a bhfuil 'aistiúlacht bheag' (CG 39) ag roinnt leis, an doras céanna a dhúnas an reacaire amach ar an bhfeairín beag docharach a bhfuil cónaí air sa chró. Ar an gcaoi seo sáinnítear an feairín ar an taobh thall, d'fhonn is go dtiocfaidh an reacaire féin slán ar a chuid mioscaise ar an taobh abhus. Casadh feairín de mhianach eile ar fad do reacaire 'Fios na Faille' ag crosbhóthar agus é ag fálróid roimhe ag tóraíocht a shaibhris. Chaith an reacaire go fial leis an bhfeairín agus, ar an ábhar sin, fearacht chúntóir soilíosach an tseanscéil, 'Gaiscíoch na gCéad', a bhfuil scéal Uí Chonaola bunaithe air, chuir an feairín comhairle a leasa air, thug treoir dó maidir lena iompar san alltar taobh thall den chrosaire agus d'imigh leis ina dhiaidh sin sa cheo. Eachtra den chineál céanna a tharla do reacaire 'Mo Chathair Ghríobháin' a bhí ag fánaíocht leis sa chathair nuair a 'Chuaigh mé isteach doras. Doras saoil eile' (CG 4) áit ar casadh riar daoine agus eachtraí 'aisteacha' ina threo.

Seo iad na hionaid thairseachúla á bhíos ina dteorainneacha idir an saol iarbhír agus saol na samhlaíochta, idir cruinne réalaíoch leithéidí na máthar cúramaí a facthas in 'Amuigh Liom Féin', agus cruinne fantaisíochta an tseanathar sa scéal céanna a ndeir an mháthair faoi go mbíonn sifil bheag air. Díol suntais i gcomhthéacs seo an idirspáis thairseachúil gurb é staid láithreach reacaire 'Fága 1' i dtús an scéil, 'Oileán beag i gclab mór mantach na mara móire a scarann an Domhan Thoir ón Domhan Thiar' (CG 11), san áit arb é an Domhan Thoir an t-alltar aduain, an saol eile sin a dtugann laoch na sceanscéalaíochta aghaidh air ina chuid fálróide, agus gurb é an Domhan Thiar an domhan eoil, gnáthchruinne na beatha laethúla.

Tairseach eile fós a chuirtear i láthair go rialta sna scéalta mar idirspás is ea na tréimhsí idir dhá sholas le crónachan nó le breacadh lae nuair nach bhfuil lá ná oíche i réim. Feictear, mar shampla, in 'Fuadar Oíche', an seanreithe a bhí 'cuibhrithe laistigh dá ghiodán féin'

(ALF 23) i gcaitheamh an lae ag tapú dheis a shaoirse le titim na hoíche d'fhonn scód a scaoileadh lena dhúil a mharós an reithe óg i ndeireadh na feide. Mar mhalairt ar an iarmhairt dhocharach sin, léiríonn an scéal 'Damhán Alla' fálróid inmheánach an reacaire, é dúisithe ach gan é ina shuí fós, 'ag machnamh liom ar eachtraí na hoíche agus an chodladh, a ndeirtear faoi gur deartháir don bhás é, ar mo chúraimí sa saol agus ar an lá a bhíonn romham amach' (CG 43). Ba leis an maidneachan freisin, agus le bua an tsolais ar an dorchadas, a d'éirigh le reacaire 'An Neach' an neach oilbhéasach a raibh an oíche caite aige ag caraíocht leis a dhíbirt (CG 24).

Fearacht na scéalta béil ar fuineadh an oiread de shaothar Uí Chonaola as an gcruinneshamhail chéanna leo, bíonn na neachanna neamhshaolta seo mar a bheidís ina ngardaí sna limistéir thairseachúla, iad ina n-idirghabhálaithe idir an dá shaol nó sin ina bhfoinsí eolais don té a bheadh ag dul anonn is anall eatarthu. Bíonn cuid acu soilíosach, tuilleadh fós acu oilbhéasach. Mar a deir reacaire 'An Bréagán', 'Deirtear go mbíonn cuid de na púcaí cairdiúil agus cuid eile a bhíonn neamhchairdiúil' (ALF 46). Dearbhaíonn máthair Mháire an Túirne an rud céanna, á rá go bhfuil, 'dhá chineál daoine maithe ann, an chuid atá cairdiúil agus an chuid nach bhfuil' (ALF 36). Bíonn cuid de na neachanna soilíosacha ina gcúntóirí ag reacaire an scéil ach bíonn a mbunáite oilbhéasach, mailíseach, agus gan ar intinn acu ach mísc de chuile chineál a dhéanamh. Seo an dream bagrach ar 'leo an oíche' ('Máire an Túirne', ALF 36), na dúile buile a chuireas síoruamhan ar an duine a bhíos amuigh ar an domhain le linn a aistir 'mar mhadra allta an fhaitís ag teannadh leis na ceathrúnaí deiridh' ('Fága 1', CG 15).

Déantar cur i láthair thar a bheith beo agus réalaíoch ar na neachanna seo d'fhonn a chruthú, mar dhóigh de, gurb ann dóibh go fírinneach mar phearsana beo i ndomhan na scéalaíochta, rud a léiríos nach mbíonn an domhan iarbhír agus an domhan samhailteach rófhada óna chéile in am ar bith i gcruinne Uí Chonaola. Ach an oiread leis na neachanna neamhshaolta i saothar Nuala Ní Dhomhnaill, a ndeir sí féin fúthu gur teilgin shíceacha iad ar chlaonta bunúsacha de chuid an duine (Denvir 2002), fórsaí bunúla, príomhúla sa duine atá i gceist leo i saothar Uí Chonaola freisin agus bíonn siad i láthair de shíor. Mar a deir reacaire 'An Neach':

> Bhí neach oilbhéasach do mo leanúint... Lá agus oíche; thoir agus thiar; chuile sheomra; chuile áras, chuile bhóithrín: is iomaí duine nach seasfadh a leath. Ar nós galar doleigheasta nó marach coirp a chuaigh mé ina chleachtadh. Is fada an lá i mo dhiaidh é. Déarfainn go raibh sé ann ó thús (CG 21).

Difríocht shuntasach, áfach, idir filíocht Ní Dhomhnaill agus scéalta fileata Uí Chonaola is ea an láimhseáil a dhéanas siad araon ar chur i láthair an tírdhreacha. Dinnseanchas anama atá i gcuid mhaith de shaothar Ní Dhomhnaill atá fréamhaithe go sonrach in áit ar leith, mar atá, dúiche inaitheanta a sinsear i gCorca Dhuibhne (Denvir 2003). Ainneoin a chúlra Gaeltachta, agus ainneoin na húsáide a bhaineas sé as an traidisiún béil, cruinne eile ar fad a chruthaíos Ó Conaola ina shaothar. Tá bunáite a chuid scéalta suite i dtírdhreach fantaisíochta gan críocha, gnéithe aiceanta ná teorainneacha so-aitheanta ar bith seachas cruinne shíoraí na samhlaíochta, nó sin, cathair ghríobháin na haigne daonna. Ní luaitear ach ainm áite amháin in *Mo Chathair Ghríobháin* ar fad – asal sa scéal 'Mo dhá Mháistir' a tháinig as Co. an Chláir. Leantar den nós céanna in *Amuigh Liom Féin*, áit a luaitear Éire agus Meiriceá uair amháin agus an méid sin i dtéarmaí an-ghinearálta nó ionann is cineálacha.

Cuirtear áiteanna in iúl den chuid is mó de réir cineáil – an gleann, an t-oileán, an fharraige, an charraig, an chathair, an bóithrín, an róidín – seachas mar áiteanna is féidir a aimsiú ar aon léarscáil, nó sin cumtar ainmneacha samhailteacha ar mhúnla an tsaoil iarbhír ach gan aon bhunús 'fírinneach' ná cartagrafaíoch leo. Dá réir sin, is eisceacht shuntasach sa saothar an suíomh seo thíos sa scéal 'Fios na Faille', tharla gur in áiteanna 'fírinneacha' in Inis Oírr a lonnaítear an eachtra:

Ghlan siad amach Crogán a' Cheannaigh. Creig na gCrúibíní. Róidín an Phríosúin. Buailtín 'n tSagairt. I dtreo Mhacha–an Macha Mór. I dtreo Cheann an Bhóthair (ALF 25).

Agus an t-imeartas soiléir focal ar chathair ghríobháin a fhágáil as an áireamh, díol suntais a mhinicí a luaitear 'an chathair' mar ionad na heachtraíochta i scéalta Uí Chonaola. Deir sé féin 'gur geall le brionglóid' an chathair agus go 'dtéann tú isteach i saol eile' (1984a, 15) ann. Is mar ionad aduain a dtéann an duine ar strae ann a chuirtear in iúl i gcónaí í. Fiú sa scéal 'Londain', agus ar neamhchead don teideal, níl aon bhlas ann a chuirfeadh Londain Shasana ar a shúile go sonrach don léitheoir, mar a bheadh ag Pádraic Ó Conaire, mar shampla, fiú in *Deoraíocht* ar úrscéal fantaiseach ar go leor bealaí é. Tá an aduaine chéanna i scéalta eile ar nós 'Mo Chathair Ghríobháin' agus 'An Bhean Ghorm' agus in *Misiún ar Muir*.

Is é an scéal céanna é maidir le hainmneacha pearsanta sa saothar. Aithnítear daoine de réir a bhfeidhme, a dtíopa, seachas de réir aon tsainiúlacht ar leith a bheadh ag roinnt leo féin mar indibhidí uathúla iontu féin: an buachaill cliste a chuir lucht an iomraimh amú in 'Fága 2', sagart mór na n-irisí beannaithe a bhí in aghaidh na Gaeilge in 'Mo Chathair Ghríobháin', an feirmeoir saibhir in 'Fios na Faille'. Ó thráth go chéile tugtar ainm pearsanta ar charachtar, ach déantar i gcónaí é ar bhealach a thabharfadh le fios gur samhail dá leithéid féin seachas duine ar leith atá ann: Máire an Túirne sa scéal den teideal céanna, Máire Bhán agus Deaideo in 'Amuigh Liom Féin'.

Murab ionann is saothar leithéidí Uí Chadhain, Phádraic Breathnach, Sheáin Uí Churraoin, Joe Steve Uí Neachtain agus scríbhneoirí eile Gaeltachta ina bhfeictear an duine sa bhaile ina dhúiche aitheantais féin (pé ar bith céard faoi a bheith sa bhaile leis féin), tá an domhan seo a chruthaíos Ó Conaola ar easpa aon mhapa ná comhordanáidí fisiciúla a thabharfadh treoir ar fónamh don té atá ag fálróid roimhe. Dá bharr seo bíonn carachtair na scéalta mar a bheidís ar foluain san am agus sa spás agus iad ag féachaint lena mbealach a dhéanamh tríd an gcathair ghríobháin ina maireann siad uilig ar a n-iomramh diamhair i soitheach nach bhfuil de thoisí inti ach a gcumann siad féin, iad ag déanamh ar cheann scríbe nach feasach iad céard é féin ná cá bhfuil sé, agus iad mar a bheidís faoi stiúir an Chaiptín Dhofheicthe a chastar orainn in *Misiún ar Muir*.

Dona go leor, a chaiptín, a deir tú, ach tá tuilleadh iomraill san iomramh, mar atá, cúrsaí cumarsáide idir áitreabhaigh an domhain aduain seo. Leitmóitíf leanúnach tríd an saothar ar fad atá sa teanga (nó sa ghuth) daonna mar mheán cumarsáide idirdhuineata.[1] Ar an leibhéal is bunúsaí aithnítear gur i nGaeilge atá an t-allagar agus déantar sin go minic mar thagairt chomhfhiosach théacsúil sna scéalta nuair a deir an reacaire go sonrach gur labhair sé le duine éigin i nGaeilge. Sin mar a bhí in 'Mo Chathair Ghríobháin', mar shampla, agus cumarsáid ar fónamh a thaitin leis an gcomhluadar an toradh a bhí air ainneoin an tsagairt fhrith-Ghaelaigh sa scéal. Ní hamháin sin, ach tagraíonn an reacaire go drochmheasúil do dhearcadh frith-Ghaeilge Dhónaill Uí Chonaill sa scéal 'I nGleic' (1979b), fiú más scéal atá ann a bhaineas le heaspa cumarsáide idir dhaoine.

Is minic a fhéachas carachtair sna scéalta leis an mistéir atá ina dtimpeall a bhlaiseadh, a léirmhíniú, a thuiscint trí bhithin an fhocail, nó sin, trí bhithin na cruthaitheachta. Ag sin feidhm an ghutha i dtús 'Mo Chathair Ghríobháin' a eascraíos as 'poll domhain éigin' (CG 1) i bhfo-chomhfhios an duine, a chuireas 'rudaí ar mo shúile' (CG 1) don reacaire, agus a chuidíos leis 'greim a choinneáil ar na haislingí' (CG 3) trí phróiseas cruthaitheach an ghuthaithe. Éiríonn le corrdhuine ó thráth go chéile an méid seo a bhaint amach, mar a tharla i gcás an bhuachalla óig leis an láimh chithréimeach sa scéal 'An Lámh' a réitigh achrann idir a athair féin agus comharsa dhoicheallach trí bhithin a chumais chainte. Ar an gcuma chéanna sa scéal 'An Rince', beireann an rinceoir ar an mbrionglóid, ar an uain bheo, trí chruthaitheacht a chuid rince. Díol suntais go gcuirtear tionchar na héachta seo ar an slua in iúl i dtéarmaí teanga, agus ina theannta sin, go dtarlaíonn an eachtra mar a bheadh sé i lár srutha, nó in idirthréimhse mar a léiríodh thuas inar stop sruth an ama ar feadh meandair agus a thugas 'léargaisín beag fánach' don duine ar an am síoraí:

D'éirigh tú. Nuair a d'éirigh, bhraith tú an ceol i (sic) do ardú leis. An sruth, an eite. An guth ... Ansin, an bhfuil a fhios a'd céard a rinne tú, a muise, mo ghoirm faoi dhó thú, ach stopadh go tobann agus thú mar sin, cois roimh an gcois eile, thú fós ag coiseáil an cheoil ag gluaiseacht go sruthánach is gan cor asat, rud nár dearnadh ariamh, agus is beag bídeach nár plúchadh a raibh sa mbrionglóid ag coinneáil a n-anáil ag dúil le haoibhneas an damhsa lánstadach ceolmhar mínrithimeach.

Ansin bhuail siad na bosa go tiubh agus léim siad ina seasamh agus chaith siad a gcuid hataí in aer, ag cuir (sic) in iúl gur thuig siad do theanga, gur bhlaiseadar an sruth ar a raibh draíocht na síoraíochta ina chreatlacha gur tusa draoi diaga an damhsa an t-aon neach daonna a thuig an teanga agus a bhronn le croí maith mór. Gur tú an laoch (1990b, 26).

Is é críoch an scéil, áfach, gur dhúisigh an rinceoir as a bhrionglóid agus gur chinn air foirfeacht a chuid rince a athchruthú sa domhan iarbhír, gur aithin an slua sin agus go gcuirtear an méid sin in iúl an uair seo mar theip na teanga: 'Níor thuig mé an teanga a bhí acu rómhaith' (1990b, 27).

Is é an easpa cumarsáide agus an easpa cumas cumarsáide seo is coitianta sna scéalta agus is gné eile fós é den choimhthíos agus den aduaine a léirítear sa saothar. Mar a chan reacaire an dáin 'Ceist agus Freagra':

Níor thuig aonduine mo chanúint
Níor tugadh air aird
Is muid ag dul ar aghaidh
Dhár n-iompar ag rothanna beaga
An tsaoil álainn, aistreánach (1998b, 26).

Go deimhin, bíodh is gur léar go mbíonn ar chumas riar de na reacairí cuid mhaith teangacha a labhairt (agus cuid de na teangacha sin an-aisteach i dtéarmaí réalaíocha – bhí teanga na mór-iasc, teanga an mhadra alla, teanga na gcat, teanga na n-éan agus teanga an choileáin chiúin ag reacaire *Misiún ar Muir!*), is iondúil nach n-éiríonn leo aon chumarsáid ar fónamh a dhéanamh lena gcomhbhádóirí. Mar a mhaíos reacaire *Misiún ar Muir* agus é ag déanamh gaisce as na seacht dteangacha a bhí ar a thoil aige:

> I gcogar a labhair mé le grá don chaoithiúlacht ach ar ndóigh níor ghá dhom sin: d'fhéadfainn labhairt chomh hard is bhí mé in ann agus ní thuigfí mé, mar bhí fhios agam nach raibh na teangacha seo ar eolas ag aon duine eile (MM 62).

Is é an tsiocair leis an easpa tuisceana agus cumarsáide seo an duine a bheith d'uireasa 'teanga bhunaidh dhearmadta' (2000, 363) a chinnteodh an chumarsáid fhoirfe idirdhuineata. Barr ar an méid sin, géaraíonn an easpa cumarsáide seo ar choimhthíos na gcarachtar sna scéalta, agus méadaíonn ar an mbagairt a bhíos orthu ón alltar amuigh, mar is léar ón dearbhú in 'An Bréagán' gurb iad na púcaí is measa 'a thagann as na tíortha coimhthíocha mar nach dtuigfeá an teanga a bhíonn acu' (ALF 46). Dá réir sin, ní hamháin gur teanga nach dtuigfeadh ach corrdhuine atá sa Laidin (MM 36, ALF 48), ach is í an teanga í a bhíos ag na dúile buile a bhíos ag fiach ar an duine in 'Mo Chathair Ghríobháin' agus iad 'ag sioscadh in bhur gcuid Laidine nach dtuigfeadh aon duine mara dtuigfeadh an Charraig' (CG 18). Cuirtear an mothú diúltach gruama céanna in iúl athuair le meafar na teanga daonna gan feidhm in 'Fáirnis' nuair a chuireas an reacaire an mothúchán aisteach mínádúrtha a bhí air ó d'éirigh sé ar maidin in iúl mar, 'Níor thuig sé an teanga fhuafar. Teanga dhiamhair. Bhí sí á bhrostú' (1987, 71). Ainneoin go n-aithníonn sé an teanga dhiamhair sin, teanga na n-iasc, a bhí á mhealladh ar ball, ní raibh sé in ann coinneáil air níos faide agus is é críoch a scéil go bhfágtar é, fearacht bhunáite na gcarachtar i saothar Uí Chonaola, d'uireasa an gheisfhocail a scaoilfeadh nodaireacht rúnda na cruinne.

Ainneoin an choimhthís seo uilig, fuintear cuid mhaith de scéalta agus de chiútaí reacaireachta Uí Chonaola as domhan aitheantais na scéalaíochta agus an traidisiúin bhéil a thug sé leis óna dhúchas

Árannach. Ar an gcéad léamh tá an-chosúlacht ag na scéalta le domhan soineanta na scéalaíochta béil áit a bhfeictear ainmhithe (agus go fiú na clocha féin) ag caint, draíocht á hoibriú agus an uile ní á reic go fíorshimplí. Fearacht na scéalaíochta béil, tosaíonn an reacaireacht amach go hiondúil *in medias res* agus mealltar an léitheoir siar isteach i ndomhan na samhlaíochta ar théarmaí an scéil féin. Labhrann an reacaire go minic leis an leitheoir/éisteoir, nó sin, déantar talamh slán de go bhfuil a leithéid ann – trí chiútaí mar cheist roscach a chur tar éis ráitis, mar shampla, mar dhóigh de ina dhearbhú ar fhírinne an ráitis sin. Bíonn an reacaireacht féin réadúil, nithiúil, tuairisciúil, oibiachtúil. Forbraítear an plota ar mhodh díreach, líneach, croineolaíoch, fiú i réimse na brionglóide agus an tsaoil eile, ar an gcuma chéanna leis an scéal béaloidis. Ina theannta sin, bíonn modúlacht agus tuin na reacaireachta tomhaiste, aontoiseach agus dá réir sin ní bhaintear siar as an léitheoir san inseacht, murab ionann is carachtair na scéalta go minic.

Maidir leis an scríbhneoireacht féin ar mhicrileibhéal an téacs, abairtí gearra (ionann is *stacatto*) a úsáidtear den chuid is mó, iad lom go maith, gan mórán dobhriathra ná aidiachtaí, agus iad gann go maith ar chaint bhláfar, mheafarach, ardliteartha. Aidiachtaí bunúsacha simplí cineáil a úsáidtear den chuid is mó ar mhodh na míreanna brí nó coigneolaíocha atá coitianta sa litríocht bhéil: 'leic mhór mhillteach' (MM 28), 'an lá geal seo' (MM 20), 'an mhaidin gheal seo' (MM 36), 'hata mór leathan' (CG 22), 'scáil mhór thoirtiúil' (CG 53).[2] Ar an gcuma chéanna meafair bhunúsacha a faightear i gcónaí, iad fuinte as an saol nithiúil i dtimpeallacht an scéalaí agus as domhan meafarach na litríochta béil araon – an dúlra, an fharraige, ainmhithe, éanacha, éisc den chuid is mó.[3] Ina theannta sin, tarraingíonn Ó Conaola ar mhóitífeanna de chuid na scéalaíochta – 'biorán suain' (CG 6; MM 62), 'cuaille comhraic' (CG 40), 'ceangal na gcúig chaol' (MM 62). Baineann sé gaisneas freisin as téamaí ón scéalaíocht bhéil ar mhacraileibhéal a chuid reacaireachta sa mhéid agus go mbunaíonn sé scéalta ó thráth go chéile ar scéalta atá (nó a bhí) sa traidisiún béil: tá 'Fios na Faille' bunaithe ar an scéal coitianta

'Gaiscíoch na gCéad', agus tá 'Máire an Túirne' bunaithe ar an scéal a insíos mar a díbríodh na daoine maithe trína chur i gcéill go raibh a n-áras cónaithe, Cnoc Meá, trí thine. Ainneoin cuma na simplíochta a bheith ar chuid de scéalta bunúla seo Uí Chonaola, áfach, is mór idir iad agus *Cor in aghaidh an Chaim* nó *An Gaiscíoch Beag*, athinseachtaí glana dá chuid ar sheanscéalta béaloidis. Áitíonn Máirín Nic Eoin (2005, 340) go léiríonn stíl seo Uí Chonaola 'meascán sainiúil ... den fhileatacht, den drámatúlacht, is de nádúrthacht is de cheolmhaireacht na béalaithrise ... stíl shimplí fhileata ... atá an-dílis ag an am céanna do chaint dhúchasach na muintire'.

Is é sainchomhartha nuálach shaothar Uí Chonaola, áfach, an cumasc idir dhá dhomhan, idir dhá pheirspictíocht, le dul i ngleic le ceisteanna bunúsacha a bhaineas le cinniúint an duine dhaonna, atá le fáil ina chuid scéalaíochta. Meascann sé an réalachas nithiúil agus an fhantaisíocht osréalaíoch trína chéile ar chuma na scríbhneoirí is cruthanta a chleachtas an réalachas draíochta mar a aithnítear go hidirnáisiúnta anois é – leithéidí Franz Kafka, Gabriel Marcia Marques agus Salman Rushdie – gan trácht ar an earra céanna níos gaire do bhaile ag scríbhneoirí mar Phádraig Mac Piarais (i scéalta ar nós 'Eoinín na nÉan' agus 'Íosagán'), Séamas Mac Annaidh ina úrscéal *Cuaifeach mo Lon Dubh Buí* agus Mícheál Ó Conghaile i gcuid de na gearrscéalta is deireanaí uaidh in *An Fear a Phléasc* agus *An Fear nach nDéanann Gáire*. Ar an gcéad amharc déarfaí nach féidir aon réiteach a shamhlú idir an dá dhomhan seo, an saol seo agus an saol eile, mar a thabharfadh Nuala Ní Dhomhnaill orthu. D'áiteofaí go bhfuil an dá pheirspictíocht chomh fada óna chéile go dtabhódh ceann nach bailí ná dlisteanach don cheann eile. Is é bua an réalachais draíochta, áfach, go dtugtar an dá dhomhan seo, domhan cairtéiseach na hintleachta agus an réasúin ar láimh amháin, agus domhan instinniúil fantaiseach an osnádúir agus na samhlaíochta ar an láimh eile, ina chéile i gcumasc nua a bhfuil a loighic inmheánach féin ag roinnt leis. Dá réir sin, glactar leis an osnádúr, le heachtraí 'aisteacha', le neachanna neamhshaolta, mar chuid normálta de réalachas na cruinne a chruthaigh Ó Conaola ina shaothar liteartha. Mar a shonraíos Zamora agus Faris:

> In ... magic realism texts ... the supernatural is not a
> simple or obvious matter, but it *is* an ordinary matter, an
> everyday occurrence admitted, accepted, and integrated
> into the rationality and materiality of the literary
> realism. Magic is no longer quixotic madness, but
> normative and normalizing. It is a simple matter of the
> most complicated sort (1995, 3).

Níl aon chall, dá réir sin, do rannpháirtithe na scéalta an feiniméan
seo a 'thuiscint', a 'mhíniú' ná a 'chosaint', ná a dhéanamh amach gur
eachtraí nó nithe 'neamhghnáthacha' a tharlaíos. Tá an uile rud mar a
thaibhsíos sé a bheith agus eascraíonn eachtraí na scéalta as an
túsphointe sin. Sin an fáth nach n-athraíonn tuin na reacaireachta ó
thús deireadh agus a ndéantar an reacaireacht de shíor i nguth
oibiachtúil, tomhaiste, ionann is monotónach, guth nach n-athraíonn,
cuma cé na heachtraí "iontacha' nó 'aisteacha' a ndéantar cur síos
orthu. Mar a shonraigh Seosamh Ó Murchú (1987, 29) tá cumasc
anseo den ghreann áiféiseach osréalaíoch agus den scéin uafar, den
tsoineachtacht oscailte agus den bhagairt dhorcha, fiú contúirteach,
agus freagraíonn an méid sin, ar ndóigh, do réalachas síceolaíoch an
duine dhaonna mar is léar dúinn é i scothlitríocht an lae inniu.

Níl aon amhras faoi, mar a áitíos Ó Murchú san aiste chéanna, go
bhfuil tionchar bunúsach ag a oidhreacht phearsanta agus cine ar Ó
Conaola mar ealaíontóir ó chuaigh sé i mbun pinn. Tagraíonn sé féin
do 'dhiamhaireacht' na seanscéalta agus meabhraíonn go mbíodh
seanscéalta ag a athair agus ag a mháthair (1984a, 14). Déanann sé
saothrú comhfhiosach bisiúil ar an oidhreacht liteartha agus
chultúrtha seo ina shaothar, saothar atá i bhfad ón domhan criólach a
dtagraíonn Máirín Nic Eoin dó agus cuireann ar fáil 'litríocht bhisiúil
atá ar ancaire fós i máithreach shaibhir Ghaeilge na Gaeltachta mar a
bhí sí á labhairt le linn óige' (2005, 339) an údair. Trí bhithin a chuid
samhlaíochta liriciúla agus a chuid cruthaitheachta instinniúla cumann
Ó Conaola mar a bheadh gramadach saoil eile, cruinne ailtéarnach a
dhiúltaíos do fhlaitheas na réasúnaíochta cairtéisí agus a fhéachas le

léarscáiliú fiontraíoch a dhéanamh ar chathair ghríobháin na haigne daonna. Dá réir sin, ní amuigh leis féin ar fálróid atá sé i ndeireadh thiar ach ár dtreorú uilig inár misiún ar mhuir mhór an tsaoil!

Nótaí

[1] Díol suntais sa chomhthéacs seo gur mar *voice* a aistríos Gabriel Rosenstock 'teanga' in *Misiún ar Muir*.

[2] Baineann scríbhneoir eile de dhúchas Árann, Liam Ó Flaithearta, gaisnseas as an gcineál céanna stíle atá thar a bheith simplithe in *Dúil*. (Féach Denvir 1991).

[3] Mar shampla: an fharraige CG 10, 4, 2, 1, 20, 23, 30; an dúlra CG 22, 38; ainmhithe CG 15, 27, 28, 38; iasc CG 36; éan CG 38.

Leabharliosta

Saothar Dhara Uí Chonaola
Ó Conaola 1977: D. Ó Conaola, 'An Dún seo a bhFuil muid Ann', *Feasta*, Eanáir, 7-12.
—— 1978a: D. Ó Conaola, *Cuairt ar Oileáin Árann–Guide to the Aran Islands*, Ceardshiopa Inis Oirr Teo., Inis Oírr.
—— 1978b: D. Ó Conaola, 'Leabhair nach léitear', *Combar*, Feabhra, 16.
—— 1978c: D. Ó Conaola, 'Scéala ón Oileán Bheag', *Combar*, Iúil, 9.
—— 1979a: D. Ó Conaola, *An Gaiscíoch Beag*, An Gúm, Baile Átha Cliath.
—— 1979b: D. Ó Conaola, 'I nGleic', *Combar*, Feabhra, 15-17.
—— 1981: D. Ó Conaola, *Mo Chathair Ghríobháin*, An Gúm, Baile Átha Cliath.
—— 1982: D. Ó Conaola, 'Cuisle na hÉigse, *Combar*, Iúil, 30.
——1983: D. Ó Conaola, *Cor in aghaidh an chaim*, Ceardshiopa Inis Oírr Teo., Inis Oírr.
—— 1984a: D. Ó Conaola, 'Comhar-Rá le Gabriel Rosenstock', *Combar*, Bealtaine, 14-15.
—— 1984b: D. Ó Conaola, 'Aistear eachtrúil: Sliocht as mionúrscéal atá idir lámha ag Dara Ó Conaola', *Combar*, Bealtaine, 15-17.
——1985: D. Ó Conaola, 'Taobh thiar den teach', *Feasta*, Meitheamh, 12.
—— 1987: D. Ó Conaola, 'Fáirnis', *Combar*, Nollaig, 70-1.

—— 1988a: D. Ó Conaola, *Amuigh Liom Féin*, Ceardshiopa Inis Oírr Teo., Inis Oírr.

—— 1988b: D. Ó Conaola, *An Teaichín Ceann Tuí–Thatched Homes of the Aran Islands*, Ceardshiopa Inis Oírr Teo., Inis Oírr.

—— 1989: D. Ó Conaola, 'Ceiliúradh', *Oghma I*, 31-34.

—— 1990a: D. Ó Conaola, *Night Ructions*, Cló Iar-Chonnachta, Indreabhán.

—— 1990b: D. Ó Conaola, 'An Rince', *Comhar*, Bealtaine, 25-27.

——1991: D. Ó Conaola, 'An Deoraí', *Oghma 3*, 60-71.

——1992: D. Ó Conaola, *Misiún ar Muir–Sea Mission*, Ceardshiopa Inis Oírr Teo., Inis Oírr.

—— 1996a: D. Ó Conaola, *Saol agus Saothar Albert Power*, Ceardshiopa Inis Oírr Teo., Inis Oírr.

—— 1996b: D. Ó Conaola, 'Direach Roimh Nollaig', *Oghma 8*, 32-34.

—— 1998a: D. Ó Conaola, 'Ní Maith Liom' (Dán), *Feasta*, Bealtaine, 54.

—— 1998b: D. Ó Conaola, 'Ceist agus Freagra' (Dán), *Feasta*, Nollaig, 26.

—— 1998c: D. Ó Conaola, 'I bProinnteach na Mac Léinn' (Dán), *Feasta*, Nollaig, 26.

——1998d: D. Ó Conaola, 'TnaG agus ár dtuairim di!', *Feasta*, Meitheamh, 12.

—— 1999: D. Ó Conaola, 'Londain', *An Aimsir Óg*, Eag., Mícheál Ó Cearbhaill, 51-58.

—— 2000: D. Ó Conaola, 'An raibh sí dilis?', *An Aimsir Óg: Cuid a hAon*, Eag., Mícheál Ó Cearbhaill, 363-4.

—— gan dáta: D. Ó Conaola, "Spáin dom na hOileáin" (Dán), http://homepage.tinet.ie/~daraoc/Aranislands.net/Aranwriter/Scriobhneoir.html, 6.

Saothair eile

Denvir 1991: G. Denvir, *An Dúil is Dual*, Indreabhán.

—— 2002: G. Denvir, 'Ní Sean go Nua is Ní Nua go Sean: Filíocht Nuala Ní Dhomhnaill agus Dioscúrsa na Gaeilge', in M. Ó Briain agus P. Ó Héalaí, eag., *Téada Dúchais: Aistí in Ómós don Ollamh Breandán Ó Madagáin*, Indreabhán 25-58.

—— 2003, G. Denvir, 'An Áit is Cuí? Dámh Áite i bhFilíocht Ghaeilge an 20ú hAois', *Bliainiris*, 250-303.

Mac Annaidh 1995: , S. Mac Annaidh *Cuaifeach mo Lon Dubh Buí*, Baile Átha Cliath.

Mac Piarais 1979: , P. Mac Piarais, *Gearrscéalta an Phiarsaigh*, eag., C. Ó Háinle, Baile Átha Cliath.

Nic Eoin 2005: M. Nic Eoin, *Trén bhFearann Breac*, Baile Átha Cliath.

Ó Conghaile 1997: M. Ó Conghaile, *An Fear A Phléasc*, Indreabhán.

Ó Conghaile 2003: M. Ó Conghaile, *An Fear Nach nDéanann Gáire*, Indreabhán.

Ó Fearáin 1991: S. Ó Fearáin, 'Saol agus Saothar Dhara Uí Chonaola', Tráchtas neamhfhoilsithe, Roinn na Nua-Ghaeilge, Ollscoil na Ríona, Béal Feirste.

Ó Flaithearta 1953: L. Ó Flaithearta, *Dúil*, Baile Átha Cliath.

Ó Murchú 1987: S. Ó Murchú, 'Córas Iompair is ea an Guth', *Comhar*, Nollaig, 28-33.

Ó Ríordáin 1964: S. Ó Ríordáin, *Brosna*, Baile Átha Cliath.

Zamora. agus Faris 1995: L.P. Zamora agus W. Faris, *Magic Realism: theory, history, community*, Durham.

communication between ireland and britain, ad 800-1200

BENJAMIN HUDSON

The topic of 'communication' was one of lifelong interest to Máirtín Ó Briain. Although remembered today as one of the leading Irish scholars of his generation, Máirtín took a wide view of the world. His researches into other vernaculars such as Welsh and Old Norse broadened the outlook of his work from his beloved Ireland to Britain, Scandinavia, and continental Europe. This small tribute to Máirtín follows his sweep of scholarship in considering the topic of communication, particularly the movement of texts or information, between Ireland and Britain during the ninth to twelfth centuries.

Let us begin with a busy man, a difficult question, and an impatient messenger. In 1081, Archbishop Lanfranc of Canterbury visited Gloucester. Unexpectedly, he received a letter from Ireland, from Bishop Domnall Úa hÉnna of Dál Cais. Bishop Domnall asked for advice on the question of the communication of infants, but the letter was essentially a friendly overture. Lanfranc replied briefly and mentioned that he would prefer to explain the matter more fully, but the messenger refused to wait (Clover and Gibson 1979, 156). This letter is significant for this essay, because it presents the question of the how texts circulated. By what means did Irish materials pass to Britain, and vice versa; and what were the circumstances? For the letter from Bishop Domnall and Archbishop Lanfranc's reply, the physical circumstances are not obscure. Gloucester communicated with Ireland via the river Severn. Since the letter had to cross the sea to reach Lanfranc, the mysterious messenger was probably a sailor. His insistence that he could not wait suggests that his ship was standing by to sail on the tide that waits for no man.

History and literature provide details of what geography makes plain, the proximity of Britain and Ireland ensured that there was more than casual contact. There were pseudo-historical memories of princes who ruled both Ireland and Britain. The eighth-century stratum of Irish genealogies preserved in the twelfth-century Oxford, Bodleian MS Rawlinson B. 502, claims that six pre-historic kings of Leinster had ruled both Ireland and Britain, as far as the English Channel (O'Brien 1979, 99). When those genealogies were written there were Gaelic-speaking princes ruling in both Britain and Ireland. The kingdom of Dál Riata, with its Gaelic-speaking princes, extended from modern Co. Antrim in Ireland to the Hebrides and Argyllshire in Britain. Within Dál Riata was the church of Iona, one of the important intellectual centres of Europe.

The courts of Gaelic-speaking princes on two islands were avenues for the transmission of literature. Poetry, to take one example, was a travelling craft. A clever and ambitious verse-speaker (à la Flann O'Brien) took a wide view of the insular world. Throughout the Atlantic region in the tenth or eleventh century, poets such as Cináed ua hArtacáin or Gunnlaug 'Serpent's tongue' paraded their geographic knowledge. They were part of an older tradition. The catalogue of names and places in the Old English poem *Widsth*, probably composed in the seventh century, preserves a gazetteer of one Anglo-Saxon poet's travels through the kingdoms of the Welsh, Picts, and Irish: *ond Wala rices/Mid Scottum ic wæs ond mit Peohtum* (Krapp and Dobbie 1931-42, III, 152). Poets presented these verses in terms that interested their audience. One poet identified his travels through kingdoms in Ireland and Britain with descriptions of their royal ales; this poem is appended to the Old Irish tale *Scéla Cano meic Gartnáin* (Binchy 1963, 17-9). Drinking kingly ale was a symbol of sovereignty. Internal evidence suggests the poem in *Scéla Cano meic Gartnáin* is a mid-eighth century composition, about two generations later than *Widsth*. The poet admires the ales of Dál Riata, for which the warriors performed great deeds, and the bitter ales of the Saxons of Inber in Ríg (possibly Port Ríg in the Rhinns of Galloway). The honours, however, belong to the

Picts of Magh Gerginn (Angus and the Mearns) with ales that tasted like wine.

As the princes of Dál Riata pushed their lordship eastwards across northern Britain, the enlarged Gaelophone region with its shared language, religion, and customs ensured easy and frequently unnoticed contact. There were exchanges of scholarly and popular stories at the *óenach*, usually anglicised as 'fair'. Eleventh-century descriptions survive for two: the Leinster *óenach* at Carman and the Uí Néill gathering at Teltown (Gwynn, 1903-30, IV, 20 and 28). The poem on Teltown says merely that there was knowledge and eloquence for the body and soul, meaning both secular and religious stories. More informative are the verses for Carman. The literature includes tales of Finn and the Fianna, destructions, raids, wooings, books of lore, satires and riddles, proverbs, *dindshenchus*, the teachings of Cairpre and Cormac, death and destruction tales, synchronizations of the race, the king's lineage, and his battle deeds. Exchanges of stories explain an otherwise cryptic remark in the *dindshenchus* for the river Boyne, that its names are different in Scotland from Ireland.

The movement of literature might owe something to the movement of noble individuals. Cano, the hero of *Scéla Cano meic Gartnáin*, was a prince forced to flee his home on the Isle of Skye and live as a mercenary. In the story, the fictional Cano explains the circumstances of his flight to his hosts. Interestingly, the contemporary annals mention the historical Cano and his family. Literature could imitate reality. The collapse of the North British kingdoms in the period 600-700 coincided with information about them in the Irish annals, which could be explained by the appearance of war bands of Britons fighting as allies of Irish princes. These British nobles served as mercenaries for noble Irish families (Mac Neill 1919, 202-3). The flight of the future Anglo-Saxon king Harold Godwinsson to Ireland in 1051, along the trade route from Bristol to Wexford, might explain why his sister Gunnhild gave relics of St. Brigit to a church at Bruges (Ó Fiaich, 1986, 68-9).

Marriage was another reason for the movement of nobles, which also might explain the appearance of certain information at certain times. There are, for example, items connected with northern Britain that appear in Irish texts during the late ninth and tenth centuries. This coincides with the marriage into important Irish families of two descendants of Cináed mac Alpín, the founder of the medieval Scottish kingdom. They were his daughter Máel Muire (d.913) and his great-great-grandson King Cináed II mac Máel Coluim (d. 995). Máel Muire married two titular high-kings, first Áed mac Néill (d.879) and then Fland mac Máele Sechlaind (d. 916). She was resident in Ireland at least by 868, for her son Niall Glúndub, a future high king, was fifty years old when he died at the battle of Dublin in 919. This coincides with the date for the composition of the extant version of *Scéla Cano meic Gartnáin* (Binchy 1963, xii). Cano was a distant relative of Máel Muire, and the princess' entourage might have introduced the tale into Ireland, where it was reworked into its extant form. One reason for this suggestion is that the verses in the narrative are older than the prose and they contain the northern British place-names.

Two generations later, Máel Muire's relative Cináed II made his Irish alliance. The details are vague, but according to the eleventh-century Prophecy of Berchán, he married a princess from a northern Leinster kingdom along the river Liffey (Hudson 1996, 52). Their son was Máel Coluim II, whose Scottish-Irish origins explain his fulsome eulogy in the Annals of Tigernach as the 'glory of the west of Europe'. Cináed's Irish connection might be the reason for the historical interpolation in *Saltair na Rann* ('Metrical Psalter') where there is a list of the princes who reigned in Ireland, Britain, and on the continent in the latter part of the tenth century (Stokes 1883, 34). This poem is an interpolation, as is clear from its internal structure that differs from the surrounding verses. A Scot probably composed the poem, for Cináed receives a fulsome and overgenerous tribute. He is the first prince in the list and his domain extends from Northern Britain to Ireland. The list has a deliberate focus on Britain and it concludes with the king of Strathclyde named Máel Coluim, which happened to be also the name of Cináed's father and son. How this poem came to be included in a work that was, possibly, a southern Irish production, could be explained by Leinster ties.

To the south, another family had ties with Ireland that could be responsible for communication between the islands as well as the movement of manuscripts. This was Cenwulf of Wessex and his family. The Annals of Ulster record Cenwulf's death and the obits of some of his descendants. The ties were primarily intellectual and religious, but, as suggested below, there is also a hint of military cooperation. Within Wessex was the ancient religious house of Glastonbury. By the ninth century, some believed that it held the tomb of St. Patrick. Cenwulf's son Alfred gave gifts to churches in Ireland and in 891 three Irish pilgrims visited his court. During the reign of Alfred's son Edward 'the Elder' the death of *Uirgilius abbud of Scottum* in 903 is recorded in the Anglo-Saxon chronicle, at this time essentially a court record.

There was a pronounced north of Ireland element at the court of Edward's son AEthelstan (Hudson 1994, 162-3). An Irish visitor was Bishop Dubinnse (d. 953) of Bangor. Bishop Dubinnse learned to play a game called 'Gospel dice', taught to him by a Frank and a Roman (Kenney, 1979: 647). More than games could be involved. Dubinnse's church of Bangor was in the territory of the Ulaid. A generation earlier in 913, a fleet from Ulaid had fought the Vikings in a naval battle off the coast of England south of the Solway Firth, during the reign of AEthelstan's aunt AEthelflaed, in Mercia. The Irish had been there before, because the Annals of Ulster claim that this was a new fleet. Were they settlers or were they mercenaries hired to fight the Vikings as part of the English reconquest of the area?

AEthelstan presented a Gospel to Christ Church, Canterbury, now known as either Mac Durnan's Gospels or AEthelstan's Gospels (London, Lambeth Palace MS). The presentation inscription (at *folio* 3v) notes that Abbot Máel Brigte (d. 927, the *comarbae* of Armagh and Iona) faithfully taught the Gospels throughout the *triquadam*, but AEthelstan presented the volume to Canterbury in perpetuity. Máel Brigte mac Tornáin, whose patronymic is written 'mac Durnan' in the text, was one of the most internationally minded of the Irish higher clergy. He was the head of the *paruchiae* of Patrick and of Columba, the two most powerful ecclesiastical federations in Britain and Ireland. He saw himself as the protector and promoter of foreign clergy. In 913, he travelled to Munster in order to ransom Welsh pilgrims who, according to the *Fragmentary Annals*, survived shipwreck on the Irish coast.

Contacts between Armagh and Canterbury continued. During the reign of AEthelstan's brother Edmund, a Scottish priest named Catroe who had studied at the seminary at Armagh, visited him on his journey to the continent, where, perhaps not coincidently, also visiting was Archbishop Oda of Canterbury (reigned 941-58) (Anderson 1922, i, 442). There is also cartographical evidence. The earliest accurate representation of Ireland and Britain comes from a map in a manuscript from the first half of the eleventh century that seems to be a Canterbury production (British Library Cotton MS Tiberius B. V). The map appears to be a copy of a tenth-century original. The British towns are London, Winchester, and Canterbury while, in Ireland, there is a symbol with the inscription *Arama*, for Armagh.

One of the most important proponents of Irish culture was a successor of Oda named Dunstan, the tenth-century English ecclesiastical reformer. Obits for Dunstan and his royal patron Edgar are in the Irish annals; Edgar's in the Annals of Ulster, which has an Armagh stratum at this time, and the Annals of Tigernach; while the Annals of Tigernach record Dunstan's death (Mac Niocaill 1975, 20).

Dunstan was educated at Glastonbury by Irish teachers. His respect for their scholarship encouraged him to collect and have transcribed Irish texts. Many were in the library of Worcester Cathedral in the Middle Ages. One example is the copy of the Irish Pseudo-Augustine's *Exposition on the Apocalypse* (Oxford, Bodleian MS Hatton 30), which was written at Glastonbury on the order of Dunstan sometime between 940 and 957. Dunstan probably took the volume with him upon his transfer to Worcester. He might also have been responsible for the deposit at Worcester of a manuscript that contains a leaf of computistical notes claiming to be by the Irish scholar *Duncabt* who lectured on Martianus Capella, the manuscript came from Rheims during the tenth century (British Library Royal MS 15 A xxxiii). More influential was another Worcester manuscript (Oxford, Bodleian MS Hatton 42), probably transcribed in Brittany in the second half of the tenth century. This volume has several tracts with Irish connections. One is the treatise on dietary regulations known as the *Canones Adomnani;* the connection with, presumably, the seventh-century abbot of Iona comes from the title. More important in light of Dunstan's reforming agenda is the summary of church regulations known as the *Collectio Canonum Hibernensis;* this manuscript has the 'B' recension of the text. In the back of the manuscript, in a twelfth-century hand is the legend *Liber S. Dunstani.*

Students travelled from Britain to Armagh. Catroe studied at Armagh before his return to Scotland and his subsequent relocation on the continent. An increased number of British students could explain the chapel dedicated to Columba at Armagh mentioned in the Annals of Ulster in 1011. Teachers came from Britain; such as the lecturer in the Old Testament named Dubthach the Scotsman (d. 1065). He was important enough to be included in the poem on the bishop of Armagh, and he might be the main author of the Prophecy of Berchán (Hudson 1996, 120-1). Beyond the church of Armagh was the street of the third of the Saxons that burned in 1092; the name suggests an English presence, possibly students.

Students from Ireland studied in Britain. The 'Colloquy of the Two Sages' probably written in the tenth century, claims that the young protagonist Neide was attending the school of Echu Horsemouth in Scotland when he learned the news of his father's death. His route back to Ireland followed in reverse what might have been the route taken by the first colonists from Dál Riata: Kintyre to Rind Snóc to Port Ríg and thence to Rind Ros in Ireland (Stokes 1905, 11). Scottish schools were famous. St. Andrews had a school whose scholars welcomed Eadmer of Canterbury for his brief and unhappy tenure as *episcopus electus* in 1121, and it still had a *fer léighinn* in the thirteenth century. Eadmer's *Historia novorum in Anglia* is one of the principal sources of information about Irish and English relations in the late eleventh and early twelfth centuries. There were *scológa* in Galloway in the twelfth century, according to Reginald of Durham who mentions them in his 'Life of Cuthbert', in the region visited by Malachy (Raine 1835, 179). By the twelfth century, the *scológ* had become little more than a labourer on the church lands, but he is a sign of where a school had been and might still be flourishing.

Farther south, the future Bishop Patrick of Dublin (1074-84) trained for his monastic vocation at Worcester, a church communicated with Ireland, like Gloucester, via the river Severn. He might have been attracted there by the library. By the eleventh century, the library of Worcester Cathedral had an important collection of materials with an Irish connection (Bethell 1971, 117). The addition of other texts to the manuscripts connected with Dunstan provides an illuminating list. They ranged from the writings of the fifth-century St. Patrick (British Library Cotton MS Nero E 1), to the seventh-century work of Psuedo-Augustine (Bodleian MS Hatton 30), to the ninth-century scholar Smaragdus (Bodleian MS Hatton 40) to the eleventh-century Pope Gregory VII's letter to Tairdelbach Ua Briain (British Library Cotton MS Claudius A 1).

Schoolmen carried information and texts. The earlier ties between Armagh and Canterbury might explain why Patrick's successor Donngus (Donatus II) trained at Canterbury. Donngus' nephew Samuel was sent for training at St. Alban's. On his elevation to the episcopal dignity, Donngus received books, among other items, from Lanfranc, which Samuel dispersed. AElfric, the hereditary priest of Hexham and father of the great Cistercian writer Ailred of Rievaulx, gave his copy of a *vita* of St. Brigit to Laurence of Durham (Hoste 1960, 249-65). The amanuensis of the eleventh-century chronicler Marianus Scotus travelled across Scotland on his journey from Ireland to the Empire (Waitz 1844, 558). That information explains why the margins of the copy of his manuscript, jointly written by Marianus and his amanuensis, have precise dates for the deaths of the Scottish kings Máel Coluim II (d. 1034), Duncan I (d. 1040), Macbeth (d. 1057) and

Lulach (d. 1058). This information was unknown in Ireland, and the Annals of Ulster even reverse the deaths of Lulach and Macbeth.

Perhaps one more example of textual movement comes from the death of Macnia hUctáin, the *fer léighinn* of Kells. For the period 1020-34, the Irish annals have more items of Scottish interest than for the periods immediately before or after. The explanation might begin with a fire at Dunkeld in 1027, which destroyed the church. In 1034, Macnia drowned, together with thirty other men, while returning to Ireland from Britain. Also lost were the *cuilebad* (liturgical fan) of Columba and three reliquaries. Kells was the sister church of Dunkeld, the head of the Columban federation in Britain, and Macnia might have been carrying books and relics to the church to replace those lost in the destruction of the church by fire in 1027. The contact between Kells and Dunkeld could account for the Scottish information.

Occasionally texts went full circle. In the mid-eleventh century, an Irish scholar named Concubran visited England to find a *vita* of the foundress of a house of nuns at Kileevy. She was Darerca, but took the name in religion of Mo-Ninna or Monenna. The following century, a British abbot, Geoffrey of Burton-on-Trent, sent to Ireland for materials to complete his work on the similarly named St. Modwenna. Like Archbishop Lanfranc, a messenger carried his letter to a bishop in Ireland. In reply, he received a volume: Concubannus' *vita;* a copy of which was at Burton-on-Trent (Kenney 1979, 368-9).

By the end of the eleventh century, the native religious houses were recognized links for scholars in the movement of texts to and from the Gaelophone region. The sorts of texts they circulated sometimes are unexpected, as a glance at a library catalogue reveals. The earliest known library catalogue from Scotland, *circa* 1150, is for the community of Céli Dé serving the church of St. Serf's at Loch Leven. The catalogue contains some expected volumes such as Bibles and theological treatises. In addition, there are more recent works. There are the *Sentenciis Abbatis Clareuallensis,* by Bernard of Clairvaux and the *Origo Mundi* of Honorius of Autun, who died in 1140 (Lawrie 1908, 210-1 and 445-6).

The catalogue of St. Serf's library had been prepared because of the introduction of canons regular. They were part of the introduction of new religious orders: Augustinian canons, Cistercians, or the Savigniac monks (who merged with the Cistercians in the mid-twelfth century). They have been considered solely as a 'modernizing' force, but less appreciated has been their work in the movement of texts from Ireland to Britain. One of their patrons was St. Malachy, the sometimes archbishop of Armagh and confidant of St. Bernard of Clairvaux. According to Laurence of Durham, Malachy was one of several Irish clergy who gave the Scottish King David I information about the Irish birth of St. Cuthbert (Hoste 1960, 263). The eventual outcome of this exchange of information at the Scots court could be the anonymous fourteenth-century *vita* of Cuthbert that elaborates on his Irish origins, for which it claims that among its sources were 'Scots books'.

The example of the Irish Bishop Malachy and the Scottish King David shows how scholarly research and royal interests merged. David, his brother and predecessor Alexander I, and their sister Matilda, queen of the English King Henry I, were celebrated antiquarians (Hudson 2001, 158-61). Alexander I was the recipient of a poem celebrating Columba of Iona, and a donor of books to the church of St. Andrews. Matilda commissioned the *vita* of her mother Margaret; and probably commissioned the translation of the 'Voyage of St. Brendan' into French. William of Malmesbury commented on her love of literature and of her generosity to authors (Stubbs, 1887-9, ii, 493-5).

Texts literally sailed between Ireland and Britain; by the eleventh century, the Irish clergy were using the harbours of the Viking towns. The earlier, Latin, *vita* of St. Abban claims that he left Ireland for a visit to Rome by an unspecified means. The later, Irish, version of his *vita* states that Abban sailed from Wexford (Plummer 1910, i, 16, and Plummer 1922, i, 6-7). The Viking settlements were cultural border towns. They were part of the Norwegian cultural orb; until the mid-thirteenth century, the Norwegian colonial empire extended as far south as the Isle of Man, and occasionally beyond to Dublin. The poet Þórgils Grouse Poet, mentioned in *Landnámabók*, lived at the court of Olaf Cuáran, and Gunnlaug 'Snake's tongue' visited the court of Olaf's son Sitric Silkenbeard. Ecclesiastically, by 1100 the Viking towns were under the jurisdiction of Canterbury. Merchants from Dublin or Waterford as well as clerics travelling along trade routes could have been responsible for information about Irish saints in England. A probable example is at London where there was a church dedicated to St. Brigit of Kildare in an area for foreign merchants. Pre-Conquest English calendars include Patrick, Brigit, and Columba, while the monastery of Abingdon had a hand bone from Columbanus, a rib from Columba, and clothing from Brigit among the relics in its treasury in the early twelfth century (Stevenson 1858, ii, 158).

The Vikings in Ireland had a literary culture that complemented and drew from Gaelic culture. The afore-mentioned poems on the *óenach* of Teltown and Carman note contact between the Viking colonists and Irish, with gatherings of foreigners in the noisy crowd. The compiler of the extant version of *Cocad Gáedel re Gallaib* claims that he had consulted the 'historians of the Vikings' for information about the battle of Clontarf in 1014 (Todd 1867, 188). There were rudimentary annals by the later eleventh century, now preserved in volumes such as the Black Book of Christ Church and the so-called Annals of St. Mary's, Dublin. Bishop Patrick of Dublin was a native of Dublin as well as an historian who composed a tract on the wonders of Ireland that was a forerunner of the much better known history and topography of Ireland by Gerald of Wales (Hudson 2005, 164). Aubrey Gwynn was probably correct in stating that Patrick began the keeping of historical records at Christ Church, starting with the memorials of his predecessor Donatus (Gwynn 1955, 4). The originality of these records is suggested by a name. The Irish regularly referred to the Viking settlers as 'foreigners', but that word is absent in the records from Christ Church and St. Mary's, where they are 'the men of Dublin'.

Movement of texts, Viking colonists, new religious communities, and a renewed interest in historical writing merge in a masterpiece of medieval literature, the Icelandic *Njáls Saga*. The climax of the saga is the battle of Clontarf, fought on 23 April 1014 in what is now a neighbourhood of Dublin. There are two accounts of the battle in the saga. The first is a prose narrative that covers almost a dozen pages in the modern printed edition. Here the battle is a conflict between the Irish King Brian and the Vikings Sitric Silkenbeard and Jarl Sigurd of the Orkneys. Sitric and Sigurd employ men who are pagan and violently anti-Christian, such as the chieftain Brodor. This episode in *Njáls Saga* has a number of details in common with Irish accounts, especially *Cocad Gáedel re Gallaib* (Hudson 2002, 256-7). Brian has three companions and three sons named correctly in *Njáls Saga*, and his wife, Gormflaith, is blamed for inciting the principals to battle. A leader of the Viking army is named Brodor, an unusually high tide carries the boats of the invaders into the middle of the Liffey, and in his moment of victory Brian is left unguarded and slain by Brodor.

The second account of the battle of Clontarf in *Njals Saga* is very different. This is a poem of eleven stanzas known as *Darraðarljóð* (the 'Spear' or 'Banner' song). The poem is usually dated to the first quarter of the eleventh century, and probably was composed in Ireland or Britain. The imagery is pure pagan. A man looks into a mound where he sees Valkyries weaving on a loom made of weapons and human limbs. They sing that they ride into battle where their whims determine who lives or dies. In this battle, a great king and a jarl die, but the young king of a people who live on the coast is victorious. In short, this heathen hymn claims that the Vikings, not the Irish, won the battle of Clontarf.

These two passages from *Njals Saga* demonstrate the changing nature of communication between the Viking colonies in Ireland and the wider Scandinavian orb. *Darraðarljóð* is representative of the type of oral tale that circulated in aristocratic halls. The prose narrative in which it is embedded, however, must have been dependent on a text. The amount of detail in *Njáls Saga* that coincides with information from Irish works, especially *Cocad Gáedel re Gallaib*, is too numerous and too precise to be from oral memory. A sensible explanation is that a written account of the battle of Clontarf, similar to that in *Cocad Gáedel re Gallaib,* travelled from Ireland to Iceland. How did that type of work go from Ireland to Iceland, and survive long after the battle itself had become merely one of many historical events?

One suggestion is that the avenue for movement of the text was through the churches serving the Scandinavian world, a world that extended from Iceland to Dublin. By the early twelfth century, this included religious houses among which texts could move. Some of these were part of non-native or reformed religious orders. There were Benedictines at Holy Trinity (now Christ Church), Dublin. There was the Savigniac Order at St. Mary's, Dublin, and at Rushen on the Isle of Man. By 1154, Rushen was part of the diocese of Trondheim; it encompassed the churches in the Hebrides, such as Iona and Skye, which had had a bishop's seat in the early twelfth century. The diocese included the Orkney and Shetland Islands and Iceland. The clergy in these churches were deliberately gathering historical materials. A chronicle now known as the Chronicle of the Kings of Man and the Isles was begun in the second quarter of the twelfth century, shortly after the foundation of St. Mary's, Rushen. Its earliest unique information begins in the mid-eleventh century with the saga of a prince from Dublin who conquered the Isle of Man. His name was Godred Crovan and he is the King Orry of legend. The churches were storehouses of historical materials; they had international contacts, and had men who were deliberately seeking antiquarian information.

This paper has looked briefly at a complex topic. Some general observations can be offered. First, there was a variety of contexts for the lines of communication. Royal marriages, clerical education, and commercial intercourse all played a part. Throughout this period, the ecclesiastical element was crucial; religious houses had the literate members and the resources for recording information. Nevertheless, their information could be influenced by marriage alliances, as has been suggested for the Scottish royals Máel Muire and Cináed II. They also could be influenced by individual tastes, such as Dunstan's enthusiasm for Irish works that probably began the collection of Irish texts at Worcester. The twelfth-century interest in antiquarianism was responsible for the transmission of information about Irish battles through a Norwegian diocese or hagiography at the Scottish court.

In the tenth century, two churches are particularly visible in communication between islands: Armagh and Canterbury. A bible from the head of the church of Armagh eventually rests at Canterbury. A student of Armagh makes a detour on his journey to the continent to visit an English king playing host to the archbishop of Canterbury. A later archbishop of Canterbury collected texts with Irish tracts, while a map drawn in a Canterbury manuscript has the earliest cartographical representation of Armagh.

Skipping ahead to the twelfth century, two agencies often considered the foes of Gaelic culture – the new religious orders and the Viking colonists – were active in the preservation and transmission of Irish culture and history out of the island. Bishop Patrick of Dublin wrote a treatise on the wonders of Ireland, copies of which survive only outside of Ireland. The Savigniac communities at Dublin and on the Isle of Man began sets of annals. The champion of the reformers, St. Malachy, carries news of antiquarian Irish materials to King David I, the great 'modernizer' of the Scots kingdom. By the middle of the twelfth century, Trondheim joins Armagh and Canterbury as an avenue for communication.

This essay began with Archbishop Lanfranc and an impatient messenger. The episode illustrates that communication at this time often was rushed, incomplete, and evidence for it survives only haphazardly. The importance of this contact is clear from the difficulties overcome by medieval individuals to further it. Letters sent by busy bishops, tales recited at royal revelries, and books requested by arduous abbots all are evidence of curiosity and the desire to commune. These traces of routes and materials are evidence of what the poet Donne eloquently noted: 'No man is an island, entire of itself'.

BIBLIOGRAPHY

Anderson 1922: A. O. Anderson, *Early Sources of Scottish History A.D. 500-1286*, Edinburgh.

Bethell 1971: D. L. T. Bethell, 'English Monks and Irish Reform in the Eleventh and Twelfth Centuries, *Historical Studies VIII*, ed., T. Moody, 111-35.

Binchy 1975: D. A. Binchy, ed., *Scéla Cano meic Gartnáin*, Dublin.

Clover 1979: H. and M. Gibson (1979), *Letters of Archbishop Lanfranc of Canterbury*, Oxford.

Gwynn 1903-30: E. Gwynn, *Metrical Dindshenchus* , I-V, Dublin.

Gwynn 1955: A. Gwynn, *The Writings of Bishop Patrick, 1074-1084*, Scriptores Latini Hiberniae V, 1, Dublin.

Hoste 1960: A. Hoste, 'A Survey of the Unedited Work of Laurence of Durham with an Edition of His Letter to Aelred of Rievaulx', *Sacris Eruderi* 7, 249-65.

Hudson 1994: B. Hudson, 'Kings and Church in Early Scotland', *Scottish Historical Review* 73, 145-70.

────── 1996: B. Hudson, *Prophecy of Berchán*, Westport.

────── 2002: B. Hudson, 'Brjáns Saga', *Medium Aevum* 71, 241-68.

────── 2005: B. Hudson, *Viking Pirates and Christian Princes*, Oxford.

Kenney 1979: J. Kenny, *Sources for the Early History of Ireland: Ecclesiastical*, ed., L. Bieler, Dublin.

Krapp and Dobbie 1931-42: George Krapp, and Elliot Van Dobbie, *The Anglo-Saxon Poetic Records*, I-VI, New York, 1931-42.

Lawrie 1908: Sir A. Lawrie, *Early Scottish Charters*, Edinburgh.

Mac Neill 1919: E. Mac Neill, *Phases of Irish History*, Dublin.

Mac Niocaill 1975: G. Mac Niocaill, *Medieval Irish Annals*, Dublin.

O'Brien 1976: M. A. O'Brien, *Corpus Genealogiarum Hiberniae*, Dublin, reprint.

Ó Fiaich 1986: T. Ó Fiaich, *Gaelscrínte san Eoraip*, Dublin.

Plummer 1910: C. Plummer, *Vitae Sanctorum Hiberniae*, Oxford.

────── 1922: C. Plummer, *Bethada Náem nÉrenn*, Oxford.

Raine 1835: J. Raine, *Reginaldi monachi Dunelmensis Libellus de admirandis Beati Cuthberti virtutibus quae novellis patrate sunt temporibus*, London.

Stevenson 1858: J. Stevenson, *Chronicon Monasterii de Abingdon*, London.

Stokes 1883: W. Stokes, *The Saltair na Rann, a Collection of Early Middle Irish Poems*, in *Anecdota Oxoniensia*, Medieval and Modern Series, 1, 3, Oxford.

────── 1905: W. Stokes, 'The Colloquy of the Two Sages,' *Revue Celtique* 26, 4-64.

Stubbs 1887-9: W. Stubbs, 'William of Malmesbury', *De Gestis Regum Anglorum*, London.

Todd 1867: J. H. Todd, *Cogadh Gaedhel re Gallaibh*, London.

Waitz 1844: G. Waits, *Mariani Scotti Chronicon*, Monumenta Germaniae Historica, Scriptores, V, 481-564.

'torann a dheireadh' sa bhreatain bheag freisin!
eascateolaíocht as traidisiún na breatnaise

GRAHAM R. ISAAC

Is mar fhonóta fada a shamhlaím an páipéar seo, fonóta le leabhar Mhichíl Uí Chearúil dár teideal *Torann a Dheireadh! Léas ar Eascateolaíocht, ar an mBean Sí agus ar an Lia Fáil*, a foilsíodh sa bhliain 2003. Déanann an leabhar sin staidéar ar na traidisiúin atá ar fáil i dtéacsanna na Sean- agus na Meán-Ghaeilge faoi dheireadh an domhain agus faoi na tuartha a fheicfear, mar a shamhlaítí iad in Éirinn sa Mheánaois, nuair a thiocfaidh am don domhan chun a rith mór a chríochnú.

Níl dada le rá agam anseo nach ndúradh roimhe seo. Ní thaispeánfaidh mé aon anailís ná ábhar nua sa pháipéar seo nár foilsíodh cheana féin in áiteanna eile (seachas leabhar Uí Chearúil, féach Isaac 1994, 1996, 2001). Ach ba mhaith liom smaoineamh gur féidir an páipéar a chosaint de bhrí nach bhfacthas nó nár chualathas as Gaeilge ariamh na rudaí atá agam á rá. Maidir le leabhar Mhichíl Uí Chearúil, ní gá mionchuntas a thabhairt anseo air. Níor chóir a rá ach gur chruinnigh an t-údar réimse leathan ábhair as litríocht na Luath-Ghaeilge a shoiléiríonn na coincheapa de dheireadh an domhain san am sin. Soláthraíonn sé go leor samplaí comparáideacha as litríocht na Meán-Laidine, as an mBíobla, agus as scríbhinní na n-údar Clasaiceach Laidine agus Gréigise a thugann pictiúr dúinn, fiú más neamhiomlán féin é, de chreideamh Shean-Cheiltigh na Mór-roinne a bhí cosúil le creideamh na nGael sa Mheánaois. Cé go dtugann sé faoi deara sa leabhar go bhfuil roinnt fianaise ar thraidisiúin chomhchosúla i dtéacsanna na Meán-Bhreatnaise freisin, déanta na fírinne, tá i bhfad níos mó den saghas seo eolais sa Bhreatnais ná mar atá taispeánta ag Ó Cearúil. Is staidéar é an páipéar seo ar na traidisiúin Bhreatnacha seo faoi dheireadh an domhain sa Mheánaois, agus ar a gcosúlacht leis na traidisiúin Ghaelacha ar an ábhar seo. Ní déarfaidh mé dada anseo faoin mBean Sí ná faoin Lia Fáil. Is éard is mian liom ná ábhair chomparáideacha eile a thabhairt agus a shoiléiriú nár thug Ó Cearúil faoi deara ina leabhar, cé nár chóir a thuiscint go bhfuil mé á lochtú de bhrí nár thug sé faoi deara iad. Níl uaim breithiúnas a thabhairt ar an leabhar anseo, ach amháin fírinne na léargas atá ann a leathnú agus a dhoimhniú le samplaí eile den saghas céanna ábhair. Ní bheidh mé ag leanúint ord na gcoincheap i leabhar Uí Chearúil, de bhrí go gcuireann na samplaí agamsa a n-ord áirithe féin ar an bplé.

Tonnta móra ceann de na tuartha a bhíos ceangailte le deireadh an domhain i litríocht na Meánaoise, agus taispeánann Ó Cearúil an chaoi a n-úsáidtí samhail na dtonnta freisin mar straitéis reitriciúil agus fileata chun forneart na laochra a nochtadh, mar shampla, sa dán seo a leanas as *Agallamh na Seanórach* (Ó Cearúil 2003, 85; leagan Nua-Ghaeilge ag Ó Floinn 1969, 69) :

> *Canas a tic in tond tuile*
> *asin aicén foltbuidhi?*
> *cá tír asa luidh lith co n-ádh?*
> *cred dobeir suan na sianán?*
>
> *Inní tond Rudhraigi ruaidh*
> *tic andes nó tic atuaidh?*
> *nó inní in tond báidhes ille*
> *gáires i tráig n-Eothaile?*
> ...

> Cad as a dtigeann Tonn Tuile
> tríd an aigéan mongshilte,
> cá tír ó dtig faoi ádh is rath,
> céard bheir anseo an rabharta?
>
> An é Tonn Ruairí dubh duairc
> thig andeas nó thig aduaidh.
> nó an é an tonn ó dheas i leith
> bhúirtheann i dTrá Eochaille?
> ...

I gcomhthéacs eile, thug Ó Cearúil faoi deara dán Breatnaise amháin ina n-úsáidtear an tsamhail seo; is dán é seo as Leabhar Taliesin (Evans 1910, 20–2; Williams 1960, 5; Williams/Williams 1968, 5) :

Tauav gvas yr drvs
gvarandav py trvst
ae dayar a gryn
ae mor adugyn.
cyngan dygvynyc
vrth y pedyt.

Féach, a bhuachaill, ar an dorus,
éist céard é an torann;
an crith talún atá ann?
An í an fharraige fheargach?
Is amhrán áthasach é
óna chos-slua!

Ach is féidir sliocht eile as Leabhar Taliesin a lua a réitíonn níos fearr leis an dán as *Agallamh na Seanórach*. Sin é an sliocht seo a leanas, ina moltar neart, cumhacht agus glóir an laoch-rí Urien Rheged (Evans 1910, 63.8–10; Williams 1960, 9; Williams/Williams 1968, 10) :

mal rot tanhvydin dros eluyd.
mal ton teithiavc llvyfenyd.
mal kathyl kyfliv gven a gveithen.
Val mor mvynuavr yv Vryen.

Mar roth tintrí os cionn an domhain,
is mar thonn rí ceart Llwyfenydd,
mar dhán idir urnaí agus dán catha,
is mar fharraige ar mór é a maoin, Urien.

Ach breathnaímis ar an sliocht seo as *Mesca Ulad*, a thug Ó Cearúil (2003, 89; Watson 1941, 22):

Ba sed a barbardacht at-raachtatar cuna fargaib sleg ar aidlind
ná scíath ar berraidi ná claideb ar alchaing i Temair Lúachra na
torchair. Cach teg ara rabi tuigi i Temair Lúachra at-rochair 'na
línbrattaib dermáraib de. Ba samalta combo hí in muir tísad dar
múraib ₇ dar cernaib in betha chucu.

Bhí a n-ionsaí chomh barbartha sin nár fhág sé aon sleá
ar an seastán sleánna, ná aon sciath ar an mbacán, ná
aon chlaíomh ar an raca arm i dTeamhair Luachra ach
gur thuit sé. Gach teach ar a raibh tuí i dTeamhair
Luachra, thuit sí de ina mbrait lín ollmhóra. Ba chosúil
go dtagadh an fharraige thar mhúrtha agus thar chearnaí
an domhain chucu.

Is dóigh liom go dtugann an sliocht seo a leanas as Leabhar Taliesin
samhail an-chosúil leis na focail as *Mesca Ulad* (Evans 1910, 56.19–21;
Williams 1960, 2; Williams/Williams 1968, 2) :

ny nodes na maes na choedyd
tut achles dy ormes pan dyuyd.
mal tonnavr tost eu gavr dros eluyd.

Níor thug machaire ná coill cosaint,
a thearmainn na bpobal, ar d'ionsaí, nuair a tháinig sé
mar thonnta, ar gharbh í a ngáir, os cionn an domhain.

Sa dá chás feicimid samhail de na laochra ina bhforneart mar
thonnta a scuabann gach rud sa domhan rompu, agus is cinnte go
gcuireann an forneart seo uamhan ar na daoine a mbíonn sé de
mhífhortún orthu a bheith sa bhealach – an oiread seo uamhain,
b'fhéidir, agus a mheabhródh dóibh go bhfuil deireadh an domhain
tagtha. I gcás an dáin Bhreatnaise, go deimhin, tá deireadh an
domhain tagtha, ar a laghad do naimhde Urien agus a laochra!
Ní ar an bhfarraige amháin a bheidh oibriú neamhrialta nuair a
chríochnaíonn an domhan. Tá go leor fianaise ann go raibh an
smaoineamh coitianta i measc na gCeilteach, ar an Mhór-roinn agus

in Éirinn, go dtitfeadh an spéir ar an gcruinne mar thuar eile de dheireadh an domhain. Tugann Ó Cearúil an sliocht iomráiteach seo a leanas as saothar Strabo (Geografaíocht 7.3.8 in Jones 1924, 202–3; Isaac 1996, 420; Ó Cearúil 2003, 6;) :

φησὶ δὲ Πτολεμαῖος ὁ Λάγου κατὰ ταύτην τὴν στρατείαν συμμῖξαι τῷ Ἀλεξάνδρῳ Κελτοὺς τοὺς περὶ τὸν Ἀδρίαν φιλίας καὶ ξενίας χάριν, δεξάμενον δὲ αὐτοὺς φιλοφρόνως τὸν βασιλέα ἐρέσθαι παρὰ πότον, τί μάλιστα εἴη ὃ φοβοῖντο, νομίζοντα αὐτὸν ἐρεῖν· αὐτοὺς δ' ἀποκρίνασθαι, ὅτι οὐδένα πλὴν εἰ ἄρα μὴ ὁ οὐρανὸς αὐτοῖς ἐπιπέσοι, φιλίαν γε μὴν ἀνδρὸς τοιούτου περὶ παντὸς τίθεσθαι.

Dúirt Ptolemy mac Lagos gur bhuail Ceiltigh éigin ó cheantar na mara Adriataí le hAlastar ar an bhfeachtas sin, cairdeas agus fáilte á dtairiscint acu. Bhí fáilte rompu, agus nuair a bhí an rí ar meisce, d'fhiafraigh sé díobh, céard ba mó a raibh eagla orthu roimhe. Roimhe féin a meas sé a déarfaidis. D'fhreagair siad, áfach, nach raibh eagla orthu roimh dhuine ar bith, ach amháin go dtitfeadh an spéir orthu, agus gur mhór leo cairdeas le fear mar é thar gach ní.

D'inis Arrian an scéal céanna, ach d'fhéach sé le cor a bhaint as freagra na gCeilteach, agus chuir sé críochbheart greannmhar leis an ndeireadh (Sluaíocht Alastair I. 4. 8 in Brunt 1976, 18-19; Isaac 1996, 421):

τῷ δὲ παρ' ἐλπίδα ξυνέβη τῶν Κελτῶν ἡ ἀπόκρισις. οἷα γὰρ πόρρω τε ᾠκισμένοι Ἀλεξάνδρου καὶ χωρία δύσπορα οἰκοῦντες καὶ Ἀλεξάνδρου ἐς ἄλλα τὴν ὁρμὴν ὁρῶντες ἔφασαν δεδιέναι μήποτε ὁ οὐρανὸς αὐτοῖς ἐμπέσοι, Ἀλέξανδρόν τε ἀγασθέντες οὔτε δέει οὔτε κατ' ὠφέλιαν πρεσβεῦσαι παρ' αὐτόν. καὶ τούτους φίλους τε ὀνομάσας καὶ συμμάχους ποιησάμενος

ὀπίσω ἀπέπεμψε, τοσοῦτον ὑπειπὼν ὅτι ἀλαζόνες
Κελτοί εἰσιν.

Ach ní raibh súil aige leis an bhfreagra a fuair sé óna
Ceiltigh. Bhí siad lonnaithe i bhfad ó chríocha Alastair
agus ina gcónaí i dtír aduain, agus bhí sé ar eolas acu gur
i dtreo eile a bhí Alastar ag cogaíocht. Dá bhrí sin, dúirt
siad nach raibh eagla orthu ach go dtitfeadh an spéir
orthu; ach go raibh mórmheas acu air, agus nach le
heagla roimhe ná le cuidiú a iarraidh air a tháinig siad
mar ambasadóirí chuige. Thug Alastar cairdeas dóibh,
agus é ar intinn aige chomhghuaillithe a dhéanadh
díobh. Ina dhiaidh sin, chuir sé uaidh iad, ach dúirt sé
freisin: 'Is bladhmairí iad na Ceiltigh!

Is féidir linn na sleachta seo a chur i gcomórtas, mar a dhéanann Ó
Cearúil, agus Kenneth Jackson roimhe, leis an sliocht seo a leanas as
Táin Bó Cúailnge (in O'Rahilly 1976, 121; Isaac 1996, 421; Jackson
1964, 13,31; Ó Cearúil 2003, 25):

> *'Gébma-ne íarom i mbale i tám,' ar na hóca, 'acht mani maidi in*
> *talam found nó an nem anuas foraind, nícon memsam-ne de sund.'*

> 'Coinneoidh muid greim ar an áit ina bhfuil muid in ár
> seasamh,' ar na laochra, 'ach amháin mura gcritheann an
> talamh fúinn nó mura dtiteann an spéir orainn, ní
> theithfimid uaidh seo.'

Tá sleachta i bhfilíocht na Meán-Bhreatnaise a léiríonn an
smaoineamh céanna – gur féidir leis an spéir a thitim ar an gcruinne
– gan mionsonraí a thabhairt i gcónaí. Féach ar an sliocht seo a leanas
as Leabhar Taliesin, i ndán faoi Alastar Mór (Evans 1910, 52.18–20;
Haycock, 1987, 28):

> *Ryfedaf na chiavr*
> *adef nef y lavr*
> *o dyfot rvyf gavr*
> *Alexander mavr*

Déanaim iontas de nach dtiteann
an spéir ar an talamh
nuair a thagann tiarna an chatha,
Alastar Mór.

Forleathnaítear an smaoineamh ar mhodh cliste sa sliocht seo a
leanas as Leabhar Aneirin (Huws 1989, 32.16–17; Williams 1938, 46;
Isaac 1996, 419–23, ina bpléitear an coigeartú):

Scwyt dan wodef.
ny ystyngei rac ne[f]
wyneb cared erythuaccei
diryeit o eirch meirch yg kyndor aur

Mar sciath i gceartlár na bruíne,
ní chromfadh sé an ceann ar eagla na spéire:
is le grá d'onóir a chothaíodh sé
na laochra fíochmhara i measc na gcapall breac i
dtosach an chatha.

Ní deirtear sa sliocht seo nach raibh aon fhaitíos ar an laoch go
bhféadfadh an spéir titim: b'fhéidir go raibh faitíos air, b'fhéidir nach
raibh. Ach is é a deireann sé ná: fiú dá dtitfeadh an spéir, bheadh an
laoch chomh láidir agus chomh calma sin agus go gcoinneodh sé a
áit sa chath. Dá bhrí sin, bhí an laoch Breatnach níos calma ná na
laochra in *Táin Bó Cúailnge* a choinneodh a n-áit siadsan ach amháin
mura dtitfeadh an spéir orthu!

Is fíor nach luaitear deireadh an domhain féin sna sleachta seo uile.
Tá fianaise eile sa Mheán-Bhreatnais, áfach, ina gceanglaítear titim na
spéire agus deireadh an domhain. Sin é an sliocht seo a leanas as
Leabhar Dubh Carmarthen (Evans 1888 agus 1907, 62.12–15; Jarman
1982, 35):

Hoian a parchellan a parchell rymi.
Tenev vy llen nid llonit ymi.
Yr Gueith Arywderit nu nim dorbi.
kyn duguitei awir y lavr. a llyr en lli.

Mo chreach, a bhainbh bhig, a bhainbh a fhanfaidh liom,
tá mo chlóca scagach, níl aon chiúnas agam;
níl ciúnas agam ó Chath Arfderydd
nó go dtitfeadh an spéir ar an domhan agus an fharraige
ina lán.

Sa sliocht seo, léimid mar a deir an fáidh Myrddin, nach mbeidh
aon chiúnas aige sula dtitfidh an spéir agus sula dtiocfaidh an fharraige
os cionn an domhain. I bhfocail eile, ní bheidh aon chiúnas aige go dtí
deireadh an domhain.

Is tuartha dheireadh an domhain iad na samplaí a chonacthas go
nuige seo a tógadh as gnéithe aiceanta an domhain. Fad a chasann
roth na séasúr, ba chóir don spéir a bheith os ár gcionn agus ba chóir
don fharraige fanacht ar an taobh eile den trá. Ach ag deireadh gach
ruda, is é sin deireadh na córa cirte, brisfear an chóir cheart, agus
fágfaidh na gnéithe aiceanta seo na h-ionaid is dual dóibh. Sin í an
tsamhail a thugtar sna sleachta a fuarthas go dtí seo. Ach tá toise eile
le deireadh an domhain, toise nár thug Ó Cearúil faoi deara chomh
soiléir sin. Ní hé an domhan nádúrtha amháin a bhrisfear ag an
deireadh ach an domhan daonna freisin, domhan na sochaí daonna
agus a cuid rialacha. Is é seo a fheictear i gceann de na sleachta is
soiléire ar ábhar dheireadh an domhain i litríocht na Sean- agus na
Meán-Ghaeilge, sliocht, áfach, nár thug Ó Cearúil ar chor ar bith ina
leabhar. Sin fáistine na Baidhbhe, nó na Morríghne, ag deireadh an
scéil *Cath Muige Tuired* (Gray 1982, 72):

> Boí-si *iarum* oc tairce*tul* deridh an be*th*a ann beus, ₇ *oc* tairngire
> cech uilc nobíad ann, ₇ cech teadma ₇ gac[h] díglau; *conid* an
> rocachain a laíd-se sís:

> Ni accus bith
> nombeo baid:
> sam cin blatha,
> beti bai cin blichda,
> mna can feli,
> fir gan gail
> Gabala can righ

...
feda cin mes.
Muir ca̱n toradh.
...
sen saobretha.
Brecfásach mbrithoim
braithiomh cech fer.
Foglaid cech ma̱c.
Ragaid ma̱c i lligie a atha̱r.
Ragaid atha̱ir a lligi a me̱ic.
Cliamain cach a bratha̱r.
Ni sia nech mnai assa tigh.
...
olc amse̱r
imme̱ra ma̱c a atha̱ir,
imera inge̱n ...

Thairngir sí freisin deireadh an domhain, agus gach olc
a tharlóidh ansin, agus gach tinneas agus gach díoltas;
agus chan sí an dán seo a leanas:

Ní fheicfidh mé domhan
a mbeidh mé geal dó:
samhraí gan bhláthanna,
beidh beithígh gan bhainne,
mná gan bhanúlacht,
fir gan chalmacht.
Gabhálacha gan rí
...
Coillte gan mheas.
Farraige gan toradh.
...
Saobh-bhreitheanna ag seanóirí.
Fasaigh bhréagacha ag dlíodóirí,
agus gach fear ina bhrathadóir.
Agus gach mac ina chreachaire.
Rachaidh an mac isteach i leaba an athar,
rachaidh an t-athair isteach i leaba an mhic.
Is é deartháir céile a dhearthár gach fear.
Ní bhfaighidh sé aon bhean ó theach eile.

...
Am olc a bheidh ann,
meallann an mac an t-athair,
meallann an iníon ...

Seo an domhan ina bhfuil gach riail shóisialta briste. Má thiteann an spéir ar an gcruinne agus má thagann an fharraige isteach uirthí, i measc na ndaoine freisin ní bheidh aon chóir cheart anois. Tá pictiúr comhchosúil ar fáil sa tSean-Lochlainnis, sa dán *Vǫluspá* san *Edda*, fáistine eile a chuirtear i mbéal banfháidh (Neckel agus Kuhn 1983, 10–1):

Brœðr muno beriaz	*oc at bǫnom verðaz,*
muno systrungar	*sifiom spilla;*
hart er í heimi,	*hórdómr mikill,*
sceggǫld, scálmǫld,	*scildir ro klofnir,*
vindǫld, vargǫld,	*áðr verold steypiz;*
mun engi maðr	*ǫðrom þyrma.*

Brothers will fight and come to blows,
cousins will commit incest;
gravely at home, heinous adultery,
age of the battle-axe, age of the sword, shields will be cloven,
age of storm, age of wolves, before the world is toppled;
no man will spare another.

Agus feicimid an pictiúr céanna arís go díreach i sleachta eile sa dán Breatnach as Leabhar Dubh Carmarthen a luadh thuas, dán a chuirtear i mbéal an fháidh Myrddin (Evans 1888 agus 1907, 54.7–9, 56.11–12, 61.8, 61.11–13, 62.11; Jarman 1982, 30, 31, 34, 35; Isaac 1994):

A mi disgoganaf e bid divisci.
o ymlat mab a thad gulad ae guybi.
...
A riev enwir. edwi fruytheu.
...
Karant ny pharchant eu kerenhit.

...

Kertorion allan heb ran teithi.
kyn safont in y drvs tlus nys deupi.

...

Gwraget heb gvilet. gwir heb gurhid

...

Agus tairngrím domhan crucháis,
agus mac agus athair ag troid in aghaidh a chéile, beidh
a fhios ag an tír uile

...

Agus ríthe bréige, agus na torthaí ag feo

...

Ní bheidh ómós ag gaolta dá nginealach.

...

Beidh filí taobh amuigh gan a gcearta a fháil.
Cé go mbeidh siad ina seasamh ag an doras, ní
bhfaighidh siad aon seoid.

...

Mná gan bhanúlacht, fir gan chalmacht.

...

Is leis na focail dheireanacha seo a dhéantar an comórtas is sonraí
idir an sliocht seo i mbéal Myrddin agus fáistine na Baidhbhe nó na
Morríghne a luadh thuas, agus an chiall chéanna ag an nGaeilge agus
atá ag an mBreatnais: *mna can feli, fir gan gail; gwraget heb gvilet, gwir heb
gurhid:* mná gan bhanúlacht, fir gan chalmacht.

Chonacthas thuas cé chomh láidir a bhí an ceangal idir na smaointe
faoi dheireadh an domhain ar an dá thaobh de Mhuir Meann.
Taispeánann an comórtas deireanach seo nach sna smaointe amháin a
bhí an ceangal sin, ach sna focail féin freisin. Bhí mé ag plé dheireadh
an domhain anseo, ar lorg Mhichíl Uí Chearúil. Ach taispeánann na
focal a d'úsáid na Sean-Ghaeil agus na Sean-Bhreatnaigh chun
labhairt faoina gcuid smaointe ar an ábhar seo nó chun cur síos a
dhéanamh orthu, go raibh siad ina gcónaí sa domhan ceannann
céanna, idir fhaitíos agus chalmacht, idir fhilíocht agus chreideamh.

NÓTA

¹ Is leis an údar an t-aistriúchán Nua-Ghaeilge ar an sliocht seo, agus is leis freisin na haistriúcháin ar na sleachta eile thuas.

LEABHARLIOSTA

Brunt 1976: P. A. Brunt, eag., *Arrian, Anabasis of Alexander*, I, Cambridge, MA.

Evans 1888: J. G. Evans, eag., *Facsimile of the Black Book of Carmarthen*, Oxford.

Evans 1907: J. G Evans, eag., *The Black Book of Carmarthen*, Pwllheli.

Evans 1910: J. G. Evans, eag., *Facsimile & Text of the Book of Taliesin*, Llanbedrog.

Gray 1982: Elizabeth A. Gray, eag., *Cath Maige Tuired: The Second Battle of Mag Tuired*, London.

Haycock 1987: Marged Haycock, ' "Some Talk of Alexander and Some of Hercules": Three Early Medieval Poems from the Book of Taliesin', *Cambridge Medieval Celtic Studies* 13, 7–38.

Huws 1989: D. Huws, eag., *Llyfr Aneirin: Ffacsimile*, Aberystwyth.

Isaac 1994: G. R. Isaac, 'The end of the world in Welsh and Irish: a common disaster', *Studia Celtica* 28, 173–4.

——— 1996: G. R. Isaac, *The Verb in the Book of Aneirin: Studies in Syntax, Morphology and Etymology*, Tübingen.

——— 2001: G. R. Isaac, 'Myrddin, Proffwyd Diwedd y Byd: Ystyriaethau Newydd ar Ddatblygiad Ei Chwedl', *Llên Cymru* 24, 13–23.

Jackson 1964: Kenneth Jackson, *The Oldest Irish Tradition: A Window on the Iron Age*, Cambridge.

Jarman 1982: A. O. H. Jarman, eag., *Llyfr Du Caerfyrddin*, Caerdydd.

Jones 1924: H. L. Jones, eag., *The Geography of Strabo*, III, Cambridge, MA.

Neckel agus Kuhn 1983: G. Neckel agus H.Kuhn, eag., *Edda: Die Lieder des Codex Regius nebst verwandten Denkmälern*, Heidelberg.

Ó Cearúil 2001: M. Ó Cearúil, *Torann a Dheireadh! Léas ar an Eascateolaíocht, ar an mBean Sí agus Lia Fáil*, An Daingean.

Ó Floinn 1969: T. Ó Floinn, *Athdhánta*, Baile Átha Cliath.

O'Rahilly 1976: Cecile O'Rahilly, eag., *Táin Bó Cúailnge: Recension I*, Baile Átha Cliath.

Watson 1941: J. Carmichael Watson, eag., *Mesca Ulad*, Baile Átha Cliath.

Williams 1938: I, Williams, eag., *Canu Aneirin*, Caerdydd.

——— 1960: I. Williams, eag., *Canu Taliesin*, Caerdydd.

——— 1968: I. Williams, eag., J. E. Caerwyn Williams aist., *The Poems of Taliesin*, Dublin.

an ollscolaíocht ghaeilge mar acmhainn forbartha

PEADAR MAC AN IOMAIRE

I lár na bhfichidí den chéad seo caite bhí Coláiste na hOllscoile, Gaillimh i gcontúirt a dhúnta. Chuidigh an rialtas lena choinneáil oscailte trí chúram faoi leith a chur air, i.e. an ollscolaíocht trí Ghaeilge a fhorbairt. I 1929 ritheadh Acht in Oireachtas Éireann a thug bunús reachtúil don chúram sin. Fágann sin go bhfuil traidisiún ochtó bliain ag an Ollscoil seo i bhforbairt agus i seachadadh cúrsaí ollscoile trí mheán na Gaeilge. Cuid den traidisiún sin is ea go dtagann líon mór de bhunadh na Gaeltachta, ó Ghaeltachtaí uile na tíre, chuig an Ollscoil seo lena gcúrsaí tríú leibhéal a dhéanamh. Tagann go leor ó Ghaeltachtaí Dhún na nGall agus Chiarraí. Tá ceantar Gaeltachta láidir suite ar thairseach na hOllscoile agus ar feadh na mblianta is amhlaidh a bhí an Ollscoil seo ag tabhairt cuireadh don phobal teacht isteach agus a gcuid ollscolaíochta a fháil ar champas na hOllscoile anseo i nGaillimh.

Tar éis leathchéad bliain ag seachadadh cúrsaí ollscoile trí mheán na Gaeilge ar champas na hOllscoile, chinn an Ollscoil Ionad Gaeilge Ollscoile a fhorbairt sa Ghaeltacht mar chuid lárnach dá straitéis leis an nGaeilge Labhartha a láidriú i measc na mac léinn. Thug Ollscoil na hÉireann, Gaillimh ceannródaíocht phobail trína cuid ollscolaíochta ó lár na seascaidí i leith. Rinne an tOllamh Gearóid Mac Eoin rúnaíocht ar Chomhchoiste Ghaeltacht Chonamara os cionn deich mbliana agus é mar aidhm coistí pobail a bhunú i ngach ceantar séipéil sa Ghaeltacht, mar réiteach d'údarás daonlathach pobail don Ghaeltacht. Rinne Pádraig Mac Diarmada agus Séamus Ó Grádaigh ina dhiaidh sin obair mhór i bhforbairt an aosoideachais agus chuidigh siad siúd leis an Ollscoil a thabhairt chuig na pobail. Thug daoine mar an tOllamh Micheál Ó Cinnéide, an tOllamh Chris Curtin, an tOllamh Gearóid Ó Tuathaigh agus go leor eile a n-am go fial ar mhaithe le léachtaí agus cúrsaí i ngnéithe éagsúla léinn a sholáthar do phobail a raibh sin uathu.

Cuidíodh freisin leis an gcaidreamh idir Ollscoil agus pobal a neartú trí fheachtais phobail, mar shampla, an feachtas le hÚdarás Gaeltachta a fháil, Raidió na Gaeltachta, TG4, riachtanais phobail mar sholáthar uisce, áiseanna pobail mar pháirceanna imeartha, hallaí tionóil agus seirbhísí pobail eile mar chúram don aosach, cúram don óige agus eile, trí cháipéisí taighde a ullmhú san Ollscoil seo ar mhaithe le cás a dhéanamh le hacmhainní a fháil do na seirbhísí sin. Cuidíodh le bunú struchtúir áitiúla pobail, agus freisin tugadh faoi phleanáil straitéiseach a dhéanamh ag leibhéal pobail le comharchumainn agus eagraíochtaí eile pobalbhunaithe. Bunaíodh Ionaid Ghaeilge, faoi scáth Ollscoil na hÉireann, Gaillimh, agus le cabhair ón Roinn Gnóthaí Pobail, Tuaithe agus Gaeltachta, ar an gCeathrú Rua, i gCarna agus i nGaoth Dobhair ar mhaithe le láidriú na Gaeilge mar phríomhtheanga an phobail sa Ghaeltacht. Ach freisin d'fheidhmigh na hIonaid Ghaeilge sin mar réiteach d'ionaid oideachais trí Ghaeilge sna háiteanna ina raibh siad lonnaithe.

Is fiú ár n-aird a dhíriú ar ról straitéiseach na nIonad Gaeilge sa Ghaeltacht sa lá atá inniu ann. Chomh maith le tacú le cur chun cinn na Gaeilge, is cuid lárnach de ról na nIonad, mar ionaid ghradamúla, tacú le slánú na Gaeltachta mar phobal beo bríomhar ar bhonn teanga, eacnamaíochta, cultúrtha agus sóisialta. Tá bunú agus gníomhaíocht na nIonad Gaeltachta tar éis an bonneagar a chruthú agus an cur chuige a léiriú óna bhfuiltear anois in ann ollscolaíocht trí Ghaeilge a shíolú sa Ghaeltacht den chéad uair – ollscolaíocht a bhfuil pobal na Gaeltachta ag déanamh a chuid féin di. Tá sé sin ag tarlú mar go dtuigtear don phobal in abhanntrach na nIonad Gaeilge, tábhacht na Gaeilge féin mar acmhainn, tábhacht an oideachais trí Ghaeilge mar bhealach leis an teanga Ghaeilge a fhorbairt le bheith in ann feidhmiú i saol iomlán an lae inniu. Tá na hIonaid Ghaeilge ag léiriú agus ag béimniú thábhacht na Gaeilge mar phríomhacmhainn don Ghaeltacht. Tuigtear gur as an acmhainn sin a chruthófar fostaíocht eolasbhunaithe agus teangalárnaithe.

Tá sé riachtanach pobal na Gaeilge a réiteach trí oideachas agus trí oiliúint le bheith in ann an Ghaeilge agus an cultúr Gaelach a aithint agus a chothú mar mhóracmhainn cruthaithe fostaíochta. Is é an gníomh mór atá le déanamh san obair sin, forbairt, seachadadh agus riaradh a dhéanamh ar dheiseanna oideachais fadsaoil, ar chumasú teanga, ar thacaíocht a thabhairt d'fhorbairt bonneagair shóisialta, chultúrtha agus phobail. Beidh de thoradh ar sin go mbeidh pobal inspreagtha agus ardoilte ar fáil. Beidh cumas freagrachta agus ceannaireachta á ghlacadh aige ar fhorbairt na Gaeltachta mar phobal beo bríomhar ar leith – pobal atá ag iarraidh a bheith chomh nua-aimseartha le haon phobal ar ár n-aithne.

Tá tábhacht leis an Ollscolaíocht Ghaeilge le dul i ngleic le bánú na tuaithe. Tá stráicí móra den fhíorGhaeltacht á mbánú. Tá an daonra ag titim agus tá go leor d'aos óg na Gaeltachta á shú amach as an nGaeltacht go ceantair chathrach ar fud na tíre le hoideachas agus fostaíocht a fháil. Tá daoine ag teacht isteach chun na Gaeltachta nach bhfuil cumas ná suim acu sa teanga ná i mbealaí maireachtála mhuintir na Gaeltachta. Tá an Ollscoil ag tairiscint raon leathan cúrsaí agus cláir thaighde i réimsí comhaimseartha sa Ghaeltacht. An toradh atá air seo, go bhfuiltear ag iarraidh an óige a choinneáil sa Ghaeltacht, céimithe a bheith ar fáil i réimsí a bhfuil tábhacht ar leith ag baint leo d'fhorbairt na Gaeltachta mar phobal Gaeilge, le saineolas i réimsí éagsúla léinn. Leanann poist an t-eolas. Tuigeann Údarás na Gaeltachta tábhacht na straitéise thuasluaite mar bhealach lena gclár forbartha fostaíochta féin a chur i gcrích. Tá sé fíorthábhachtach staid agus próifíl na Gaeilge a láidriú sa phobal. Caithfear bá agus tacaíocht a chruthú don Ghaeilge mar theanga chomhaimseartha, bhríomhar agus í a neartú agus a bhuanú le go mbeidh sí á húsáid go forleathan i ngach uile ghné de shaol na Gaeltachta.

An gníomh atá le déanamh len é sin a bhaint amach, cúrsaí foghlama sa Ghaeilge agus trí Ghaeilge ag leibhéil éagsúla a sholáthar, cúrsaí i réimsí a mbeidh tionchar mór acu ar láidriú na Gaeilge, m.sh., an chumarsáid, an t-aistriúchán, ateangaireacht, reachtaíocht agus dlí, modhanna múinte teanga, teicneolaíocht na faisnéise, sealbhú agus pleanáil teanga, cultúr agus oidhreacht, riarachán gnó, forbairt óige agus cúram aosach. Nuair a bheidh sin déanta tríd an ollscolaíocht, is é an toradh a bheidh air, go mbeidh íomhá dhearfach don Ghaeilge agus leathnú ar thuiscint an phobail ar na deiseanna nua a bhaineann léi – deiseanna atá ag éirí as Acht na dTeangacha Oifigiúla, stádas oifigiúil agus oibre ag an nGaeilge san Aontas Eorpach, chomh maith le fostaíocht in earnálacha nua. Is cinnte go dtiocfaidh ann d'fhostaíocht teangalárnaithe mar tá an folús atá fágtha ag lagú na dtionscal déantúsaíochta ag cur go mór leis an riachtanas atá le fostaíocht eolasbhunaithe agus teangalárnaithe ó cheann ceann na Gaeltachta. An gníomh nach mór a dhéanamh anseo, cúrsaí fochéime agus iarchéime sa Chumarsáid agus sa Ríomhaireacht (a áiríonn M.Sc. trí thaighde i dTeicneolaíocht na Faisnéise, Taighde agus Forbairt, agus cur chuige nuálaíochta) a fhorbairt trí infheistíocht mhór a dhéanamh i gcruthú na timpeallachta cuí lena n-aghaidh. Beidh de thoradh air seo ar fad go dtiocfaidh céimithe ardoilte chun cinn a bhfuil féith na fiontraíochta iontu agus atá in ann tacú le forás thionscail eolasbhunaithe chomh maith le bheith ábalta seirbhísí nua-aimseartha trí Ghaeilge sa Ghaeltacht a chur ar fáil.

I réimse na forbartha pobail, tá sé riachtanach go mbeadh raon leathan saineolais agus taithí ag daoine a chuideodh le coistí agus le grúpaí deonacha, tionscnaimh ar mhaithe leis an bpobal dúchasach a fhorbairt agus a fheidhmiú sa Ghaeltacht. Faoi láthair tá roinnt mhaith ball foirne fostaithe ag Ollscoil na hÉireann, Gaillimh, sa Ghaeltacht. Glacann siad sin páirt agus ceannasaíocht i gcoistí agus i ngrúpaí sa Ghaeltacht. Roinneann siad a gcuid saineolais le linn do phleananna forbartha teanga agus pobail a bheith á gcur chun cinn ina bpobal. Tá de thoradh ar an gcleachtas seo go bhfuil próiseas pleanála teanga comhtháite le forbairt phobail. Tá dearcadh dearfach á chruthú i leith na Gaeilge mar mhóracmhainn fhorbartha i measc an phobail. Tá an pobal ag glacadh úinéireachta ar an acmhainn seo agus tá sé páirteach sa phleanáil Ghaeilge lena caomhnú, lena cothú agus lena forbairt.

Tá sé mar chuspóir ag Ionaid Ghaeltachta na hOllscoile agus ag na Fo-hionaid Ollscolaíochta atá fásta astu, bonneagar Gaeltachta teangalárnaithe a fhorbairt. Tá sé riachtanach go ndéanfaí sin le go mbeadh acmhainní na Gaeltachta, idir acmhainní fhisiciúla, dhaonna, eagraíochtúla agus nádúrtha dírithe ar iompar agus ar bhuanú na Gaeilge mar phríomhtheanga an phobail sa Ghaeltacht. Feidhmíonn na hIonaid mar lárionaid eolais, ag soláthar áiseanna, acmhainní agus sainchomhairle i gcaitheamh na seachtaine uilig. Is cuid lárnach anois iad na hIonaid Ghaeilge sa Ghaeltacht de bhonneagar na gceantar Gaeltachta ina bhfuil siad lonnaithe. Tá tionchar mór ag foireann na nIonad seo ar mhúnlú an bhonneagair shóisialta, chultúrtha agus eacnamaíoch atá báúil do chur chun cinn na Gaeilge.

Céard é mar sin an spriocráiteas atá ag an struchtúr ollscoile atá á riaradh, Acadamh na hOllscolaíochta Gaeilge? Is é spriocráiteas Acadamh na hOllscolaíochta Gaeilge:

> Ceannródaíocht a spreagadh agus a léiriú i measc phobal na Gaeilge sa Ghaeltacht agus taobh amuigh di – ceannródaíocht a chuirfidh le forbairt shóisialta, chultúrtha, eacnamaíoch agus teanga an phobail sin agus phobal na tíre trí chéile.

Tá sé de chuspóir ag an Acadamh a spriocráiteas a chomhlíonadh trí fhorbairt inbhuanaithe a dhéanamh ar chúrsaí, ar thaighde, ar sheirbhísí agus ar ghníomhaíochtaí Ollscoile eile trí mheán na Gaeilge agus iad a sheachadadh agus a riaradh. Is é an mana atá ag an Acadamh, *Déanfaidh muid gaisce le chéile*. Seo iad na páirtithe atá sa ghaisce sin: an comhluadar Ollscoile, an stát agus an pobal. Tá go leor comhpháirtithe ag Acadamh na hOllscolaíochta Gaeilge; ortha sin tá: An Roinn Gnóthaí Pobail, Tuaithe agus Gaeltachta, An Ollscoil féin, Údarás na Gaeltachta, An Roinn Oideachais agus Eolaíochta agus An tÚdarás um Ard Oideachas, chomh maith le heagraíochtaí pobalbhunaithe.

Tá clár leathan cúrsaí léinn ag an Acadamh:

M.A. (Teagasc Teangacha – Gaeilge)

M.A. (Pleanáil Teanga)

Ard-Dioplóma / M.A. Léann an Aistriúcháin
M.A. (Ateangaireacht Comhdhála)
M.A. (Aistriúchán Reachtaíochta agus Dlí)
B.A. sa Riarachán Gnó
B.A. sa Chumarsáid
B.A. i Léann an Aistriúcháin
Ard-Dioplóma sa Chumarsáid Fheidhmeach
Ard-Dioplóma sa Drámaíocht
Ard-Dioplóma sa Teicneolaíocht Faisnéise
Dioplóma sa Ghaeilge
Dioplóma i Scileanna Teilifíse
Dioplóma i Scileanna Raidió
Dioplóma sa Ríomhaireacht Fheidhmeach
Dioplóma sa Ríomhaireacht don Riarachán Gnó
Dioplóma i dTeicneolaíochtaí Gnó
Dioplóma sna Dána – Sealbhú Teanga agus Forbairt
Leanaí
Dioplóma sna Dána – Cóiriú agus Stáitsiú an Cheoil
Thraidisiúnta
Dioplóma sna Dána i Scileanna Aistriúcháin
Dioplóma sna Dána i Léann an Traidisiúin
M.Sc. / Ph.D. sa Teicneolaíocht Faisnéise
Dioplóma sna Dána – Scileanna Aistriúcháin.

Tá clár taighde agus comhairleoireachta ag an Acadamh atá dúshlánach. Tá taighde déanta aige ar staid reatha na scoileanna Gaeltachta; tá staidéar teangeolaíoch ar an nGaeltacht díreach foilsithe; tá digitiú a dhéanamh ar Chartlann Raidió na Gaeltachta; tá digitiú á dhéanamh ar bhailiúchán béaloidis ó Iorras Aithneach; tá pleanáil fheidhmeach teanga ar siúl le pobail éagsúla; tá obair ar siúl le Foras na Gaeilge agus le roinnt comharchumann sa Ghaeltacht.

Is léir óna bhfuil ráite go bhfuil an ollscolaíocht trí Ghaeilge agus na hIonaid Ghaeilge mar acmhainn agus mar shnáth ceangail i bhforbairt na bpobal Gaeilge. Is féidir anois glacadh leis go mbeidh níos mó de na mic léinn iarArdteistiméireachta ag freastal ar chúrsaí tríú leibhéal in Ionaid Ghaeltachta na hOllscoile a bheidh ag cur le beocht na bpobal. Is féidir a bheith ag súil go mbeidh níos mó mac léinn páirtaimseartha ag freastal ar chúrsaí ollscolaíochta trí Ghaeilge. De bhrí gur sna pobail Ghaeilge atá siad ina gcónaí cheana, nuair a bheidh a gcuid cáilíochtaí oideachais bainte amach acu, is sna pobail sin a fhanfaidh cuid mhaith díobh lena gcuid oiliúna agus saineolais, agus gur sna pobail sin a bheas toradh a gcuid staidéir agus a gcuid léinn á roinnt acu, agus go mbeidh sin á roinnt acu lena bpobal trí mheán na Gaeilge.

Tá i bhfad níos mó mac léinn ag glacadh oideachais den dara seans sa Ghaeltacht ó thosaigh an Ollscoil ar a cuid gníomhaíochtaí sa Ghaeltacht. Tugann sé sin dóchas faoi leith dúinn le fostaíocht eolasbhunaithe a chur chun cinn agus comhoibriú a leathnú agus a mhéadú idir an ollscoil, tionsclóirí agus lucht cruthaithe fostaíochta ar mhaithe leis an bhfostaíocht eolasbhunaithe a chruthú agus a chothú. Tá obair mhór déanta le hÚdarás na Gaeltachta ar mhaithe le hIonaid Taighde a bhunú sa Ghaeltacht a bheas cuid mhór ar aon dul leis an tacaíocht a thagann ó chistí PRTLI agus SFI d'ollscoileanna ar fud na tíre. Cuideoidh an obair thaighde seo le mic léinn a cháiliú le hiarchéimeanna a bhaint amach, ach chomh maith leis sin, go mbeidh toradh an staidéir atá á dhéanamh dírithe ar réimsí léinn atá fíor-úsáideach d'inmharthanacht na bpobal Gaeilge.

Is gá i bhfad níos mó airgid a chaitheamh ar thaighde, ar fhorbairt agus ar nuálaíocht. I dtuarascáil an OECD (2004) ar an Ardoideachas in Éirinn, cuirtear béim faoi leith ar na réimsí seo. Seo réimsí inar féidir le hOllscoil na hÉireann, Gaillimh, an dea-chomhoibriú idir Ollscoil agus pobal atá molta ina Plean Straitéiseach a chur i bhfeidhm.

Tá an tosaíocht pholaitiúil atá taighde agus forbairt a fháil sa tír seo léirithe sa Phlean Forbartha Náisiúnta, áit a bhfuil tacaíocht curtha ar fáil ag an rialtas do thaighde, teicneolaíocht, nuálaíocht agus forbairt. Is é rún an rialtais go mbeadh aitheantas idirnáisiúnta againn i dtaighde agus i nuálaíocht. Le go dtarlóidh sin ní mór leanacht ar aghaidh leis an soláthar dó i mbuiséid bhliantúla agus cur leis. Faoi 2010, tá de sprioc ag an rialtas .58% dá olltáirgíocht baile (GDP) a infheistiú i dtaighde. Ní mór cuimhneamh go bhfuil géarghá freisin le hardú san infheistíocht i dtaighde agus i bhforbairt ó ghnó agus ó thionscail. Is é an uair a bheidh Éire in ann dul i ngar don sprioc de 3% a leagadh síos i Lisbon a shroichint, nuair a bheidh gnó agus tionscail toilteanach dhá dtrian den chostas a sheasamh, mar atá a gcomhghleacaithe a sheasamh sa chuid is mó de na tíortha forbartha.

Le hinfheistíocht i dtaighde, i bhforbairt agus i nuálaíocht a bhaineann le forbairt Ghaeltachta a chur chun cinn, tá dúshláin agus seansanna romhainn sa réimse comhoibrithe idir ollscoil, stát agus pobal. Is san atmaisféar sin atáthar ag bunú na nIonad Taighde ar champais na hOllscoile sa Ghaeltacht. Fágfaidh sin Acadamh na hOllscolaíochta Gaeilge i gcomhar le hÚdarás na Gaeltachta ag tairiscint ní hé amháin cúrsaí léinn ag leibhéal bunchéime agus iarchéime, ach freisin ag aimsiú trí infheistíocht i dtaighde, i bhforbairt agus i nuálaíocht, modhanna nua cruthaithe fostaíochta do ghnónna eolasbhunaithe agus teangalárnaithe. Ina theannta sin, gheobhfar bealaí nua le seirbhísí a sheachadadh ar bhealaí a láidreoidh iompar agus buanú na Gaeilge sna pobail Ghaeilge.

I dtuarascáil Dearing 1997 ar Ardoideachas sa Bhreatain, tugtar suntas don leas atá Ollscoil na nGleann, mar a thugtar uirthi, a dhéanamh sa Bhreatain Bheag, trí sheansanna ardoideachais a thabhairt d'fhoghlaimeoirí aosacha ó chúlraí míbhuntáistiúla. Cuirtear béim ansiúd ar thaighde ar mhaithe le borradh a chur faoi thionscail dhúchasacha agus infheistíocht sheachtrach a mhealladh chuig na hinstitiúidí taighde. Deireann Dearing chomh maith go bhfuil ról tábhachtach ag institiúidí ardoideachais sa Bhreatain Bheag i gcaomhnú teanga, litríocht agus cultúr na Breatnaise trí thaighde agus trí léann. Aithnítear an cúram a bheith ar na hinstitiúidí sin chomh maith dóthain cainteoirí Breatnaise a sholáthar le freastal ar Acht Teanga na Breatnaise. Tá cláir léinn deartha ag institiúidí ardoideachais sa Bhreatain Bheag ag baint le hobair theilifíse, scríbhneoireacht chruthaitheach srl, le tacú le fás thionscal na meán sa Bhreatain Bheag. Aithníonn Dearing freisin gur gá d'institiúidí ardoideachais freastal ar an riachtanas atá ann cainteoirí Breatnaise a fhostú, áiseanna aistriúcháin a sholáthar agus foilseacháin dhátheangacha a chur ar fáil ag an am céanna. Molann sé gur gá soláthar do na costais le cois a bhaineann leis seo a bheith ar fáil d'institiúidí sa chóras a airgeadaíonn iad (Dearing 1997, 360-3).

Tá daoine agus eagraíochtaí ann a chreideann gur acmhainn d'ollscoileanna in Éirinn cúrsaí agus seirbhísí a chur ar fáil saor in aisce, agus tá daoine eile ann a chreideann go n-íocann táillí bunchéime agus iarchéime as na costais iomlána a bhaineann lena soláthar. De réir chóras na n-aonad costais tá costas de os cionn €9,000 le gach mac léinn a choinneáil i gcúrsa bunchéime ollscoile trí Bhéarla. Tá costas mór le cois ag dul le mac léinn a choinneáil i gcúrsa bunchéime ollscoile trí Ghaeilge. Cosnaíonn mac léinn i gcúrsa iarchéime trí Bhéarla €13,000; bheadh costas le cois ag dul le cúrsa iarchéime trí Ghaeilge. Baineann costais bhreise le cúrsaí trí Ghaeilge a sholáthar ar a n-áirítear forchostais fhorbartha (margaíocht agus oifig fhorbartha), forchostais acadúla ar a n-áirítear ceapadh smaointe, coincheapa, teoiricí agus tograí nua trí Ghaeilge, oifig aistriúcháin agus téarmaíochta, téacsleabhair, bogearraí ríomhaireachta, téipeanna agus dlúthdhioscaí leis an teagasc/foghlaim trí Ghaeilge a éascú, áiseanna teagaisc, mórobair thaighde agus smaointeoireachta a fhorbairt trí Ghaeilge, riachtanais fhoirne le freastal ar ghrúpaí beaga, riachtanais oiliúna agus forchostais struchtúrtha.

Tá súil agam go bhfuil aitheantas tugtha do na barrchostais sin i dtuarascáil atá seolta ag Coiste Idir-rannach chuig an Roinn Oideachais agus Eolaíochta le tamall, agus freisin sa Phlean 20 Bliain don Ghaeilge. Tá súil agam go n-éascóidh forbairt na hollscolaíochta trí Ghaeilge san ollscoil seo agus in institiúidí eile.

Sula bhfágfaidh muid ceist an chostais ag baint le hollscolaíocht agus ollscolaíocht trí Ghaeilge go háirithe, is fiú aird a thabhairt ar dhearcadh an OECD faoi choimhlint agus faoi chomhoibriú in institiúidí tríú leibhéal na hÉireann. Deir an OECD, cé go moltar coimhlint idir institiúidí go hidirnáisiúnta ar mhaithe le forbairt institiúidí agus ardú caighdeáin, go bhfuiltear ag moladh comhoibriú in áit coimhlinte idir institiúidí in Éirinn mar go bhfuil a méid agus a líon róbheag do ghéariomaíocht (OECD 2004, 20).

Is é an cás céanna é leis an ollscolaíocht Ghaeilge – is gá ollscoil amháin le feidhmiú mar sheaimpín don bheartas agus go rachadh an seaimpín i bpáirt le hinstitiúidí eile páirtíocht a ghlacadh san ollscolaíocht trí Ghaeilge, agus go mbeadh a luach saothair dá bharr i gcomhréir lena gcuirfeadh na hinstitiúidí isteach ann. Is gá freisin go n-aithneodh an stát an cleachtas sin, mar go dtí seo, ní raibh institiúidí ag baint na sála dá chéile ag iarraidh léann, taighde ná comhairleoireacht trí Ghaeilge a thabhairt chuig na pobail Ghaeilge.

Tá dul chun cinn suntasach déanta ag Acadamh na hOllscolaíochta Gaeilge i gcomhar lenár gcomhghleacaithe in Ollscoil na hÉireann, Gaillimh agus le tacaíocht ón Roinn Gnóthaí Pobail, Tuaithe agus Gaeltachta agus ó Údarás na Gaeltachta. Is gá dul chun cinn an Acadaimh a choinneáil ag fás, a dhaingniú agus a cheiliúradh go rialta. Ní mór an difríocht atá idir a chur chuige agus an cur chuige atá ag an earnáil thraidisiúnta ollscolaíochta a aithint agus a choinneáil. Ba mhaith linn go bhfeicfí an tAcadamh mar bheocht agus mar dhíograis nua san fhorbairt i seirbhísiú phobal na Gaeilge sa Ghaeltacht agus taobh amuigh di. Freastalaíonn an tAcadamh ar raon leathan feidhmeanna agus tá struchtúir bhainistíochta an Acadaimh leagtha amach leis sin a éascú don Acadamh, dá fhoireann agus go háirithe do phobal léinn agus forbartha.

Tá úinéireacht á glacadh ag pobail Ghaeilge ar na forbairtí ollscolaíochta atá ag tarlú ina bpobail féin. Tá i bhfad níos mó mac léinn fásta ón nGaeltacht ag teacht ar chúrsaí céime agus iarchéime san Ollscoil seo de bharr ghníomhaíochtaí an Acadaimh sa Ghaeltacht. Sa chomhoibriú leanúnach idir an Ollscoil, an stát agus pobal na Gaeilge sa Ghaeltacht agus taobh amuigh di, oibrimis i gcomhar le chéile le go gcinnteoidh muid go mairfidh an Ghaeilge mar theanga bheo bhríomhar agus go mbeidh ár leithéidí arís ann.

TAGAIRTÍ

Dearing 1997: R. Dearing, *Higher Education in the Learning Society. Main author: The National Committee of Inquiry into Higher Education (Great Britain),* chaired by Sir Ron Dearing.

OECD 2004: *Review of Higher Education in Ireland Examiners' Report,* 13 *September* 2004.

Cúlra Bhunú Choláiste Gaeilge Bhéal Feirste, Coláiste Chomhghaill, 1905

NOLLAIG MAC CONGÁIL

Cuid lárnach de rath Chonradh na Gaeilge ó thús an chéid seo caite ar aghaidh a bhí sna Coláistí Gaeilge. D'aithin an Conradh tábhacht an chórais oideachais in Athbheochan na Gaeilge, agus nár leor a bheith i dtuilleamaí Rialtas an ama sin le beart cuí a dhéanamh ar an ócáid, agus nár leor a bheith ag brath ar dhíograiseoirí Gaeilge mar a bhí go dtí sin leis an Ghaeilge a theagasc go héifeachtach:

> The early teachers in the League were untrained voluntary workers, but among them were a few who appreciated the need for effective teaching methods, for teaching aids, and for qualified teachers (Mac Aodha 1972, 21-2).

Ar bhealach, d'fhéadfaí a rá go rabhthas ag teacht ar an tuiscint go mbeadh gá feasta le hoiliúint agus le gairmiúlacht i gcur chuige theagasc na Gaeilge:

> Shan Ó Cuív[1] proposed in August 1903 that a special school be established to provide intensive training courses for the League's teachers, and particularly for the travelling teachers.[2] The proposal was accepted and the first Irish College – Coláiste na Mumhan in Ballingeary – was opened the following July. In 1905 three similar colleges were established – one in Tourmakeady, one in Ring and one in Belfast, while two more were added the following year – one in Cloghaneely, the other in Dublin.

Cuireadh an chéad Choláiste Gaeilge nó Coláiste Múinteoireachta mar a thugtaí go minic orthu ar bun, mar atá, Coláiste na Mumhan i mBéal Átha an Ghaorthaidh, Co. Chorcaí, sa bhliain 1904. Chuir sin tús ceart le Coláistí Gaeilge eile a bunaíodh thall is abhus ar fud na tíre ina dhiaidh sin agus a bheadh bunaithe cuid mhaith ar a raibh á chur i gcrích i gColáiste na Mumhan. Rinne na Coláistí eile aithris ar Choláiste na Mumhan ar thrí chúis:

- B'ionann cuspóir do na Coláistí Gaeilge ar fad go bunúsach
- B'ionann an curaclam agus an cur chuige agus an mhodheolaíocht a bhí i bhfeidhm iontu uilig
- Rinneadh cuid mhór den fhoireann teagaisc sna Coláistí Gaeilge a oiliúint ar chúrsaí Choláiste na Mumhan, nó fuair siad oiliúint ó mhúinteoirí a d'fhreastail ar chúrsaí ansin.

Cuspóir na gColáistí Gaeilge

Cuimhnítear ar chuspóirí na gColáistí Gaeilge i gcoitinne óir b'ionann iad ó cheann go ceann:

> The object of the college will be to afford means by which teachers in Gaelic League branches and secondary and primary schools may obtain a thoroughly efficient training in the best methods of language teaching as applied to Irish. Special attention will be devoted to the requirements of teachers who are at present unacquainted with Irish.[3]

Bhain teagasc na Gaeilge ag leibhéil éagsúla go lárnach leis an scéal ach bhí a thuilleadh i gceist fosta. Díríodh ar ghnéithe eile de stair agus de theanga agus de litríocht na Gaeilge gan trácht ar chultúr na Gaeilge i gcoitinne. Dá thairbhe sin, ba léir nach cúrsa feidhmeach i sealbhú agus i seachadadh theanga na Gaeilge amháin a bhí i gceist, ach cúrsa a bhí ag cur go maith le cuspóirí éagsúla na hAthbheochana.

Bunaíodh na chéad Choláistí Gaeilge i gceantair Ghaeltachta, mar atá, Coláiste na Mumhan i mBéal Átha an Ghaorthaidh sa bhliain 1904 agus an bhliain dár gcionn, Coláiste na Rinne, Co. Phort Láirge, agus Coláiste Chonnacht, Co. Mhaigh Eo. Bunaíodh Ard-Scoil Cholm Cille (Coláiste Uladh), Co. Dhún na nGall, sa bhliain 1906.[4] Bhain eilimintí láidre éagsúla leis na Coláistí sin nár bhain leis na Coláistí Gaeilge a bunaíodh i mBéal Feirste (Coláiste Chomhghaill sa bhliain 1905) agus Coláiste Laighean (Baile Átha Cliath sa bhliain 1906). I gcomhthéacs idé-eolaíocht agus bholscaireacht Chonradh na Gaeilge ón tús,[5] bhain tábhacht mhór leis na ceantair Ghaeltachta nó is ansin a bhí anam na nGael, is ansin a bhí oidhrí dlisteanacha an chine Gael ina gcónaí. B'ionann an Ghaeltacht agus tobar na Gaeilge, lárionad an dúchais agus an ceangal gan bhriseadh le chuile ghné d'oidhreacht na Gaeilge ón am fadó a bhí an tír seo ina lóchrann léinn is creidimh d'iarthar na hEorpa. Chuidigh an bholscaireacht sin ar son na Gaeltachta, agus cúis eile, mar atá, go raibh na cúrsaí sin ar siúl i rith an tsamhraidh – aimsir shaoire, aimsir mhaith, áilleacht na háite, siamsaíocht a bhain leis na cúrsaí, éalú ón chathair, caidreamh le héagsúlacht daoine idir fhir agus mhná – chuidigh na rudaí sin uilig le daoine a mhealladh ó achan chearn den tír agus den domhan, féadaim a rá, agus cha raibh na daoine sin fuar ná falsa ag déanamh bolscaireachta ar son na gColáistí sin sna meáin chlóite.

Cúis thábhachtach eile a chuidigh le daoine a mhealladh ionsar na Coláistí Gaeilge sa Ghaeltacht, go raibh an Ghaeilge á labhairt ansin ó dhuine liath go leanbh agus gurbh fhéidir blaiseadh de thraidisiún na hamhránaíochta agus na scéalaíochta agus iad beo beathach i measc na ndaoine. Rud eile atá ar shlí a ráite faoi na Coláistí Gaeilge luatha amuigh faoin tír, is cainteoirí dúchais ó na Cúigí inar lonnaíodh na Coláistí na chéad mhúinteoirí den chuid is mó. I dTuar Mhic Éadaigh, bhí Micheál Breathnach, Pádhraic Ó Domhnalláin agus Máire Ní Thuathail (Coiste Oidhreachta Thuar Mhic Éadaigh, 2005,159-64). I gColáiste na Mumhan bhí 'Feargus Finnbhéil,' an Dr. Risteárd Ó Dálaigh agus Áine Ní Raghallaigh (Ó Nualláin 1950, 49). Canúint Chonallach ó chainteoirí dúchais as Tír Chonaill i gcás thromlach na múinteoirí a bhí i bhfeidhm i gColáiste Uladh. Éistear, mar shampla, leis an bholscaireacht seo faoi Choláiste Uladh:

> As is already known the object of this College is to help in the revival of the Northern dialect of Irish. The great object of placing the College in Cloghaneely is that here the pupils can gain proficiency in a colloquial knowledge of the language. Nowehere could they have greater advantages. For twenty miles round they will hear Irish spoken. 'Irish in the home, the school, the church.' And no better opportunity could be found in the North by those anxious to obtain certificates for teaching Irish in the schools by the new and direct method. Irish is not a dead language in Cloghaneely, but very much alive, and its people are a great example to the rest of Ulster. In spite of going to England and America for a livelihood, they still uphold their own language, and the children talk it far more freely than the tongue of the foreigner which has, alas! so successfully invaded almost every other part of Ulster (*The Irish Peasant*, 11.8.06, 3).

Bhí cuid mhór de na heilimintí tábhachtacha sin ar iarraidh maidir leis na Coláistí Gaeilge a lonnaíodh i mBéal Feirste agus i mBaile Átha Cliath. Rinneadh iad a reáchtáil i gcathracha móra gallda a bhí lán toite agus tormáin i ndúlaíocht an gheimhridh istigh faoi dhíon. Ní raibh rud ar bith rómánsach ná draíochtúil ag baint leis na gnoithe ach cúis dháiríre fhoghlaim na Gaeilge i measc daoine aosacha a chónaigh in abhantrach na gColáistí sin. Rud eile atá ar shlí a ráite anseo maidir le Coláiste Chomhghaill de, níor chuidigh sé le canúint Chúige Uladh ag an tús: *It is an anomaly that Munster Irish should be taught in Belfast* (*The Irish Peasant*, 11.8.06, 3).[6] Is léir mar sin, má bhí pointí láidre gaoil idir na Coláistí geimhridh sa ghalltacht agus na Coláistí samhraidh sa Ghaeltacht, bhí difríochtaí ollmhóra eatarthu chomh maith.

B'fhéidir, áfach, nach miste pointe tábhachtach maidir le bunú coláistí Gaeilge i gcathracha na Galltachta a lua anseo. Luadh na

buanna a bhain lena mbunú i dtimpeallacht na Gaeltachta ach bhí an
méid seo a leanas le rá ag an Athair Pádraig Ó Duinnín i mBéal Feirste:

> The problem of the Irish districts closely concerns the
> entire island. The attitude towards the Irish language
> displayed by the people in every corner of the island has
> a powerful and direct influence on that problem. But it is
> especially from the large and important centres of
> population like Belfast, Dublin, Cork, Derry, Waterford,
> Limerick, that we may expect the greatest help or the
> most obstructing hindrance in the solution of this
> problem. These cities, if they be affected towards the Irish
> language as they ought, will be like the sheltering woods
> that protect our garden from the biting North wind in the
> winter. If Irish is held in honour in Belfast, it will be held
> in honour in Gweedore … (*Sinn Féin*, 6.10.06, 1).

Curaclam Choláiste Chomhghaill

Caithfear cuimhneamh nach i bhfolús ná *in vacuo* a bunaíodh Coláiste
Chomhghaill. Cuid de phlean chuimsitheach náisiúnta a bhí ann ar
cuireadh tús leis le bunú na gColáistí Samhraidh. Is léir go raibh aontas
maidir le haidhm, cuspóir agus cur chuige eatarthu uilig nó, mar rud
amháin, bhíodh comhdháil ag na 'Coláistí Gaelacha' seo anois is arís
le ceisteanna áirithe a bhain leo féin ach go sonrach a phlé. Mar
shampla, tionóladh cruinniú de theachtairí ó na Coláistí seo ar 8.6.07
in Áras Choláiste Laighean, Baile Átha Cliath, agus ag an chomhdháil
sin phléigh siad An Bord Náisiúnta, An Clár Dátheangach, Scrúduithe
sna Coláistí, Príomhtheastais sna Coláistí, Táillí srl. Ar ócáid eile chuir
siad liosta comónta téarmaíochta le chéile a bheadh in úsáid sna
Coláistí ar fad.

Seo a leanas, mar shampla, an cúrsa a bhí i bhfeidhm sa *Munster
Training College* sa bhliain 1904:

1. Linguistics, comprising phonetics, grammar and
    prose composition, poetry, reading, recitation and
    story-telling.

2. Methods of teaching, including lectures on methods,
   demonstration of methods, and practice in same.
3. History of literature.
4. History of Ireland.
5. Vocal music.
6. Dancing.
7. Lectures on miscellaneous subjects.
8. Games and amusements
(The United Irishman, 4.6.04, 1).

Tá a fhios againn go raibh an curaclam a bhí i bhfeidhm i gColáiste Chonnacht agus i gColáiste Uladh gar go maith do cheann Choláiste na Mumhan.

Cuid lárnach de chlár teagaisc na gColáistí Gaeilge an cúram a rinneadh de mhodh teagaisc na Gaeilge, nó chuige sin go bunúsach a cuireadh na Coláistí ar bun an chéad lá riamh. Is eol dúinn go raibh *An Modh Réidh* nó *Díreach* in úsáid agus is modh é sin a bhí bunaithe ar an lámhleabhar teagaisc de réir an Mhodha Dhírigh darbh ainm *An Modh Réidh leis an nGaedhilge do Mhúnadh* a scríobh Pádraic Mac an Fhailghe (g.d.).[7] Ba mhór an dul chun cinn a bhí sa chóras teagaisc seo ar a raibh ann roimhe sin agus is cinnte gur chuir idir lucht teagaisc agus lucht foghlama fáilte is fiche roimhe. Rud inspéise eile, léirigh sé go raibh fonn ar lucht an Chonartha san am an *modus operandi* ab éifeachtaí agus ba nua-aimseartha a bhí ar fáil san am le teagasc na Gaeilge a aimsiú agus a chur in úsáid. Is cinnte gur chuidigh an córas nua seo le hoiliúint ghairmiúil a chur ar na múinteoirí ó thaobh an teagaisc de.

Is breá gur fhág Seaghán Ó Catháin (Breathnach agus Ní Mhurchú 1986, 55-6) cuntas ar an mhodh teagaisc a chuir sé féin i bhfeidhm ar Choláiste Chomhghaill óir ba mhúinteoir é a chreid: *If Irish is not taught efficiently on oral, rational, up to date methods, it is almost as well not to trouble about teaching it at all (The Irish Peasant, 30.12.05, 3):*

Direct Method lessons in Irish conversation, including a lesson from **Cainnt** (Ó Catháin 1905)[8] each night, chiefly occupies us during this first hour. Rarely, if ever, is any English used, all the instruction being visualised and noted and a number of devices introduced which render English unnecessary. The students enter into the spirit of the work with great animation. They appear to enjoy it, in fact the 'practising class' I mentioned above sails along as gaily as the others. This part of the work is also made to serve as a Demonstration Lesson in Method for here, as in most things, example is much better than precept and theory. These latter have their uses too.

Conversation and Home Work

This lecture is followed by conversational lessons of an advanced nature and on methodical lines. English is here rigidly tabooed. There is no necessity for it and its introduction would only distract the students, would in every respect indeed be a serious mistake linguistically. Dent's large language charts of the seasons serve as a basis for conversation, and by their aid one can make the work as varied and as interesting as is necessary. A short piece of excellent Irish prose is also made to serve as a centre of instruction in conversation and grammar and so on. There is, however, no teaching of grammar as such, the subject being taught inductively. Similarly, in regard to the home work, there are no translation and grammar exercises, the students' minds being concerned only with the Irish language itself during the whole work of the school. Practically every lesson is given as a model or demonstration lesson and it is very satisfactory to be able to add that a large number of the teachers who attend have already begun to follow, in their own teaching of Irish, the method of this Training School (*The Irish Peasant*, 30.12.05, 3).

Bhí an-tóir go deo sna Coláistí Gaeilge ar an fhoghraíocht maidir le teagasc teanga, a bhuíochas sin do thionchar na scoláirí Eorpacha agus a gcuid oibre sa réimse seo. Charbh eisceacht ar bith é Coláiste

Chomhghaill sa chás seo. Seo a leanas Seaghán Ó Catháin ag cur síos ar an ábhar:

> **The Fascination of Phonetics**
> A lecture on Irish Phonetics, usually lasting about twenty minutes, is the next item in our evening's work. I understand there were some amusing conjectures as to this same Phonetics course before we started. Some could think of it only in connection with Pitman's shorthand, or the O'Growney Keywords! There were others whose aesthetic sense revolted at what they thought would be 'a phonetic rendering' similar to what Irish singers occasionally treat us. Fortunately, a few of the students were already good Irish phoneticians, having sat at the Rev. Dr. O'Daly's feet during two summer courses at Ballingeary. I believe these reassured some of the other students. Now that they understand something of this science, and witness its application in the correct teaching of Irish sounds, I think they agree that a knowledge of Phonetics is as necessary to the teacher of Irish (or of any living language) as a knowledge of musical notes is to the teacher of music. When one gets beyond the preliminary stages, too, the study of Irish Phonetics is a most fascinating one. A lecture on Phonetics need never be without its humorous side, which is a blessing (*The Irish Peasant*, 30.12.05, 3).

An Dr. Risteárd Ó Dálaigh a chuir tús leis an réimse léinn seo sna Coláistí Gaeilge nuair a rinne sé cúrsa foghraíochta a theagasc i gColáiste na Mumhan ón bhliain 1904 ar aghaidh. Cuimhníonn an Dr. Gearóid Ó Nualláin ar an chúrsa chéanna sin:

> Bhí taighde cruinn beacht déanta aige ar fhoghraidheacht na Gaoluinne, agus muna mbeadh é, ar éigin a bheadh puinn trácht' ar an bhfoghraidheacht i gColáistíbh na Gaoluinne indiu. Bhí obair chruaidh roimis amach nuair a chrom sé ar a chur i dtuisgint do'n phobal Gaedhealach nárbh' ealadha dhóibh bheith ad'

iarraidh an Ghaoluinn d'aithbheochaint muna gcuirfidís
suim i bhfoghraidheacht na teangan. Adhbhar tur tirim
ab' eadh an fhoghraidheacht – do'n choitchiantacht.
Ach ní de'n choitchiantacht do'n Dochtúir Ó Dálaigh
(Ó Nualláin 1950, 50).

Gan amhras, thóg Séamus Ó Searcaigh (a d'fhreastail ar Choláiste na
Mumhan sa chéad bhliain) galar na foghraíochta agus chuaigh sé chomh
mór i bhfeidhm air gur scríobh sé *Foghraidheacht Ghaedhilge an Tuaiscirt*
blianta ina dhiaidh sin (Ó Searcaigh 1925). Seo a leanas é ag trácht ar an
ábhar sin maidir le hArd-Scoil Cholm Cille (Coláiste Uladh):

> Ealadha na Fogharachta a bhí ag Éamonn [Ó Tuathail]
> dá cur thríd a chéile. Mhol sé go mór an Dr. Ó Dálaigh
> as a bhfuil déanta aige ar son na hEaladhan so i nÉirinn.
> Measaim-se gurab é Risteárd de Heneberg, sagart, atá i
> nDéisibh Mumhan an chéad fhear a sgríobh leabhar fa
> dtaobh de fhogharacht na Gaedhilge. Acht 'sé an Dr. Ó
> Dálaigh a chuir sinn uilig a smaointiughadh uirthi.
> B'fhéidir go sílfidhe as a bhfuil ráidhte agam annso
> gur beag a ghníthear ag Fogharacht an bealach so.
> Caithtear uair gach lá ag gabháil di ar an Choláiste i
> gCloich Cheann Fhaolaidh. Ghníthear dhá rang de na
> sgoláiribh. Cuirtear duine i gcionn ranga aca a theagasc
> na healadhan dóbhtha i nGaedhilg (*An Claidheamh
> Soluis*,14.7.09, 4-5).

Bhí an cúrsa foghraíochta *de rigueur* sna Coláistí Gaeilge ar fad ón
tús agus meas mór ar an ealaín chéanna.[9]

Thar aon rud eile, bhí na Coláistí Gaeilge dírithe ar dhaoine a
bheadh ag teagasc na Gaeilge, mar atá, múinteoirí den chuid is mó.
Seo a leanas tuairim Sheagháin Uí Chatháin ar an téad seo:

> The teachers of Irish should, he maintained, be the real
> leaders of the Irish Language movement. All other phases
> of Gaelic League energy – the propagandist, the literary,
> the social – all aimed, or naturally should aim, at

developing, extending, improving, and, of course, obtaining facilities for the teaching of Irish. The teacher of Irish was the centre of the Gaelic League system, and the branch or committee of the League in which his counsel was not properly regarded was in an unhealthy condition, from the Gaelic point of view. He held the key to the situation, but this very responsibility should only make him all the more careful to equip himself properly for his important work and position, and to see that the legitimate objects of the Gaelic League were ever put before all other considerations. As the teacher of Irish did his work, so would the organization, of which he was the life and light. It behoved the teacher of Irish, therefore, to be a master in these three respects – to be a master, especially an oral master, of the Irish language; to be a master of the method of teaching it, and to be a master of his class. Irish teachers, take your rightful place in the life of the nation (*The Irish School Weekly*, 7.10.05, 208).

Bunú Choláiste Chomhghaill

Cuireadh tús le Coláiste Chomhghaill i mBéal Feirste ar 13 Deireadh Fómhair, 1905. Ní miste a rá anseo, dála an scéil, nach Coláiste Chomhghaill a bhí ar an Choláiste seo sna chéad bhlianta. Tugadh 'An Scoil Ghaelach, Béal Feirste' air nó, as Béarla, 'The Belfast Training College for Irish' nó 'The Belfast Irish Training School' nó 'Irish Training School,' óir ba mhinic an teideal ag athrú ó fhoinse go foinse nuair a bhítí ag cur síos air sna nuachtáin. Ag deireadh na bliana 1907 a athraíodh an t-ainm a bhí air go Coláiste Chomhghaill:

> As if to signify the great extension in the scope of the College, and to set a high ideal before all associated with it, its name has been changed from 'An Sgoil Ghaedhealach' to 'Coláiste N. Comhghaill,' after St. Comghall, the founder of the celebrated school at Bangor in the golden age of Irish learning. Under the former name the College has been widely and favourably known since its foundation in October, 1905 (*An Claidheamh Soluis*, 28.9.07, 9).

Ní miste a mheabhrú anseo fosta go raibh Coláiste Oiliúna de chuid an Rialtais ag feidhmiú ag an am chéanna i mBéal Feirste, mar atá, Naomh Muire – ach sin scéal eile agus lá eile dúinn á phlé sin. D'iarr Seosamh Cuipéir, Rúnaí Choiste Ceantair Bhéal Feirste ar Sheaghán Ó Catháin a bhí fostaithe mar oifigeach custaim agus máil i mBéal Feirste, agus a raibh baint aige roimhe sin le Coláiste na Mumhan, d'iarr sé ar Sheaghán: *whether I would not arrange to do something on the Ballingeary lines in Belfast* (*The Irish Peasant*, 30.12.06, 3). Foilsíodh an cuntas seo a leanas faoin scéim:

> An important step and one sure to be productive of beneficial and far-reaching results, has been taken by the Belfast Coisde Ceanntair in the establishment of a class for advanced pupils and teachers in that district. This class, though of course on a much less pretentious scale than the training Colleges of Ballingeary and Partry, will do for the Belfast teachers and students what those colleges have done for their respective provinces (*The Irish News and Belfast Morning News*, 3.10.05, 3).
>
> … A programme of work has been arranged to suit the varying requirements of the members of the class. Conversational lessons from language pictures and objects and from reading lessons will be the outstanding feature of the programme. Incidentally the lessons will be of value to teachers who desire to teach on similar lines. Arrangements will in addition be made, either before or after the conversational lessons, by which direct assistance in the method of teaching the language will be given. A course of Irish phonetics, which will be useful alike to teachers and students, will also be included. A course of home work will also be arranged and a composition exercise set weekly. This latter exercise will be suited to the capabilities of each student individually. The class programme will therefore suit the student who is only 'fairly advanced' as well as the advanced student, by the graduated lessons on conversation which will train each one to use his Irish

vocabulary orally. It will be particularly helpful to the teacher of Irish; whilst the student who intends presenting himself at Irish language examinations should find the work of the greatest assistance. It is hoped teachers preparing for the Irish Certificate of the National Board will attend the conversational lessons, and indeed every portion of the programme should benefit them. The class will be conducted by Seaghán Ó Catháin, in the League Rooms, Avenue Hall, on Friday evenings, from 8 to 9.30. The first meeting will be held on Friday, 13th inst., when every intending student should endeavour to be present (*An Claidheamh Soluis*, 7.10.05, 9).

Nuair a bhí cúpla seachtain curtha de ag an Choláiste, tugadh cuntas ar ar tharla go dtí sin. (Tugtar fá dear gur as Béarla chomh minic lena athrach a thráchtaí ar imeachtaí na gColáistí Gaeilge sna nuachtáin agus fiú amháin ar *An Claidheamh Soluis*. Bhain an nós sin le cúrsaí bolscaireachta ar son na Gaeilge ach bhain sé fosta le staid litearthachta na Gaeilge ag an am.)

The class recently established in Belfast for teachers and prospective teachers of Irish has now held two meetings. The attendance has been very satisfactory, over thirty students (including many college professors – clerical and lay – national teachers, Gaelic League teachers, etc.), some coming from a long distance, being present at each meeting. The greater part of the class time has been devoted to conversational exercises, which, in turn, are made to serve as demonstration lessons in the method of teaching Irish. Language pictures, short reading selections (a few lines of idiomatic Irish being written on the blackboard), and other devices, are made a basis for conversation work, which, however, is always connected and methodical. A short lecture on Phonetics, illustrated by diagrams, was given at each meeting. The value of phonetics, alike to the student and teacher of Irish was emphasized in these lectures. To the teacher of Irish in particular such a knowledge of the science as would enable him to teach Irish sounds thoroughly was, it was pointed out, as absolutely necessary as a knowledge of musical notes to the teacher of music. It was also explained that the province of the teacher of phonetics, as such, was more to suggest, to stimulate, to awaken the 'phonetic sense' of his pupils than merely to tell things which every intelligent person could, with a little guidance, observe for himself. As some students of the class have not quite such a ready oral command of the language as others, it has been arranged to hold, between 7 and 8 p.m., a preparatory class, of which (as in all the other work) Seaghán Ó Catháin will be in charge. All students are, however, at liberty to attend during the whole class time, viz. 7 p.m. to 9.30 p.m. on Fridays, in the Gaelic League Rooms, Avenue Hall, Belfast.[10]

Moladh Seaghán Ó Catháin as a fheabhas mar mhúinteoir:

Nobody who is not just now enjoying the pleasure of sitting every Friday evening at Mr. O'Kane's feet in his class in Belfast for teachers of Irish, can estimate the value of **Cainnt** as a factor in the speedy acquirement of an idiomatic speaking knowledge of the language. It is safe to say that the author's application of his methods is both illuminating and engrossingly interesting (*The Irish Peasant*, 16.12.05, 5).

Chuir Seaghán síos ar na daoine a rinne freastal ar an chúrsa.

Another healthy sign of the institution is that our membership roll now numbers fifty and, better still, that practically all this number attend every night. Ninety-five per cent of these have not missed a single lesson since they started. Gaelic League teachers and National School teachers comprise the majority of the students, but there are also seven college professors. The roll includes five clergymen, three or four B.A.s and an M.A. (Cambridge). In every respect there is therefore a good opportunity for making the principles and practices of rational teaching of Irish better known. These principles are being, more and more, put into practice and one of the best means of doing so is the establishment of Training Schools in all the large centres of Irish teaching. Efficiency will soon be the motto of the Gaelic League, in every department of its activity, le cúnamh Dé (*The Irish Peasant*, 30.12.06, 3).

Cosúil leis an nós a bhí i bhfeidhm i gColáistí Gaeilge eile, ba ghnách le scoláirí móra aoiléachtaí poiblí a thabhairt ar na cúrsaí, rud a chuir go mór le gradam agus le léann na gcúrsaí gan trácht ar chúrsaí bolscaireachta i gcoitinne. Mar shampla, sa bhliain 1913, tugadh liosta de na léachtóirí seo: Lord Ashbourne, Sir Henry Bellingham, Mrs. Alice Stopford Green, F.J. Bigger, MRIA, Rev. Canon F.W. O'Connell, QUB, Prof. Savory, J.J. Doyle, Carl Hardebeck etc (*The Derry Journal*, 15.9.13, 2). Castar na daoine céanna seo orainn arís agus arís eile ó Choláiste Gaeilge go Coláiste Gaeilge – léachtóirí taistil an teideal atá tuillte acu ar an ócáid.

Chan sclábhaíocht ná obair chrua na foghlama amháin a bhí ar siúl i gColáiste Chomhghaill. Bhí deis ann don ghreann, don chuideachta, do rudaí eile seachas cúrsaí foghlama, go háirid ag deireadh an chúrsa. Is maith gur fágadh corrleid faoi seo thall is abhus:

That the Sgoraidheacht then began in real earnest,
That the ladies sang exquisitely, and
That some of them weren't afraid to sport the new fashions.
That the 'people' in Limerick are droll, to ask if these new dresses are of Irish manufacture!
That sure the questions made us all laugh but
That *Luimneach na blathaighe* was always quare.
That the *cailin ar cuaird o Lunnduin* was a great favourite.
That 'himself' said she reminded him of old times, but
That 'herself' being present, he said it only in a *cogar* …
(*The Irish Peasant* 30.12.06, 3).

Bhí an dúshraith leagtha agus tús curtha le deis léinn agus chultúir a chuirfeadh go mór le leas na Gaeilge ó thuaidh go ceann na mblianta fada ina dhiaidh sin. Ba cheart comóradh cuí a dhéanamh ar stair iomlán agus ar éifeacht an Choláiste seo chomh luath agus is féidir ó tharla go bhfuil comóradh á dhéanamh ar na Coláistí Gaeilge eile.

NÓTAÍ

1 Bhí baint mhór aige le bunú Choláiste na Mumhan i 1904. Ag Dáil na Mumhan i Lúnasa 1903 ba é a mhol go mbunófaí coláiste 'chun cainteoirí Gaeilge d'ullmhú i gcomhair múinteoireacht na teanga' (Breathnach agus Ní Mhurchú 1990, 92).

2 B'fhéidir nach miste cuimhneamh ar chúlra iomlán na gcoláistí saoire/Gaeilge ar an ócáid seo: 'B'é Seán Ó Beoláin, M.P., a chéad-mhol (1900) bunadh na 'Scoileanna Saoire' mar tugadh orthu. Bhí sé tar éis a leithéid a fheiceáil sna Stáit Aontaithe. Ní sa Ghaeltacht amháin a bunaíodh iad … Agus ní chun múinteoirí d'oiliúint a cuireadh ar bun iad. Chuige sin na Coláistí Gaeilge a lean iad' (Mac Giolla Phádraig, 1952, 14).

3 *The Irish Peasant* (10.2.06, 4). Tá an méid sin luaite ar an *Irish Independent* (7.2.06, 4) agus cuirtear leis ansin ón tuarascáil a cuireadh le chéile maidir le Coláiste Múinteoireachta i mBaile Átha Cliath.

4 Cás ar leith a bhí i gceist le Coláiste na gCeithre Máistrí (Co. Dhún na nGall, 1906); féach, Mac Congáil, 2006, 10-4.

5 Tá alt cuimsitheach spéisiúil faoi seo ag McMahon (2003).

6 Mar leigheas éigin ar an scéal sin, tuairiscíodh ar *The Derry Journal* (3.10.10, 2): '[that] Mr. Sharkey had been appointed professor at St. Comgall's Irish College, Belfast.'

7 Tá cuntas fada ar an ábhar seo tugtha ag Seaghán Ó Catháin in 'Modern Language Teaching' ar *An Claidheamh Soluis* (11.9.09, 11).

8 Luaitear ar *The Leader* (16.9.05, 50) faoin údar go raibh sé ina *Lecturer in Method at the Munster Training College*. Scríobh Pádraig Ó h-Ógáin cuntas ar an leabhar seo agus foilsíodh é ar *The Irish Peasant* (16.12.05, 5). Scríobh sé mar seo a leanas faoi:

> *Cainnt* is a book which no teacher or learner of our native language can afford to do without. It embodies a method

of teaching a language hitherto scarcely dreamt of, a method, which, as applied to Irish, has proved that the last word has not been uttered on the subject of the easiest manner of acquiring a language.

9 Féach, mar shampla, Pádraig Ua Duinnín, 'Irish Phonetics' ar *The Leader* (9.9.05, 40-1).

10 'Cogarnach na gCraobh – Cúige Uladh', (*An Claidheamh Soluis*, 28.10.05, 10). Tá an cuntas céanna i gcló ar *The Freeman's Journal* (25.10.05, 8).

LEABHARLIOSTA

Breathnach agus Ní Mhurchú 1986: D. Breathnach agus M. Ní Mhurchú, *1882-1982 Beathaisnéis a hAon*, Baile Átha Cliath.

Breathnach agus Ní Mhurchú 1990: D. Breathnach agus M. Ní Mhurchú, *1882-1982 Beathaisnéis a Dó*, Baile Átha Cliath.

Coiste Oidhreachta Thuar Mhic Éadaigh 2005: Coiste Oidhreachta Thuar Mhic Éadaigh, *Coláiste Chonnacht: na Blianta Tosaigh i dTuar Mhic Éadaigh*.

Mac an Fhailghe g.d.: P. Mac an Fhailghe, *An Modh Réidh leis an nGaedhilge do Mhúnadh*, Baile Átha Cliath.

Mac Aodha 1972: B. S. Mac Aodha, 'Was This a Social Revolution?', in S. Ó Tuama, eag., *The Gaelic League Idea*, Corcaigh.

Mac Congáil 2005, N. Mac Congáil, 'Coláiste Chonnacht: na Blianta Tosaigh i dTuar Mhic Éadaigh,' *Feasta* (Meán Fómhair), 19-22; (Deireadh Fómhair) 19-23.

Mac Congáil 2006: N. Mac Congáil, 'Bunú Choláiste na gCeithre Máistrí,' *An tUltach*, Deireadh Fómhair, 10-4.

McMahon 2003: T. G. McMahon, 'To Mould an Important Body of Shepherds: the Gaelic Summer Colleges and the Teaching of Irish History', in L. W. McBride, eag., *Reading Irish Histories: Texts, Contexts, and Memory in Modern Ireland*, Dublin.

Ó Catháin 1905: S. Ó Catháin, *Cainnt*, Baile Átha Cliath.

Ó Nualláin 1950: G. Ó Nualláin, *Beatha Dhuine a Thoil*, Baile Átha Cliath.

Ó Searcaigh 1925: S. Ó Searcaigh, *Foghraidheacht Ghaedhilge an Tuaiscirt*, Béal Feirste.

Ionracas James MacPherson?

MÍCHEÁL MAC CRAITH

Tionscnaíodh an togra Oisíneach nuair a bhuail James Macpherson leis an drámadóir John Home i mbaile Moffat ag deireadh mhí Mheán an Fhómhair sa bhliain 1759. Tharlódh, áfach, nach trí thimpiste a chas siad ar a chéile. Bhí spéis á léiriú ag Home i gcultúr Gharbhchríocha na hAlban le deich mbliana roimhe sin ar a laghad. Chothaigh an fealsamh Adam Ferguson an spéis seo agus mheabhraigh sé do Home go raibh *relicks of ancient poetry* le fáil sna Garbhchríocha (Moore 2004, III, 374-5). Bhí laoithe Fiannaíochta á mbailiú ag Macpherson féin le tamall *for his own amusement* (Gaskill 1996, 50) agus chas sé ar Ferguson i dteach a athar go luath sa bhliain 1759. Ní hamháin sin ach tá an chuma ar an scéal gur scríobh Ferguson litir mholta do Macpherson le taispeáint do Home nuair a bhuailfeadh sé leis (Saunders1968, 64). Ar aon chaoi is é toradh a bhí ar an gcoinne seo i Moffat gur foilsíodh an chéad leabhar i sraith Oisíneach Macpherson i nDún Éideann, 14 Meitheamh 1760, *Fragments of Ancient Poetry, collected in the Highlands of Scotland, and translated from the Galic or Erse Language.*[1] Is deacair a fháil amach go beacht céard díreach a tharla sa tréimhse naoi mí idir coimpeart agus breith an tsaothair seo, ach tráthúil go maith tá neart litreacha ar fáil a thugann léargas tábhachtach dúinn ar an scéal. Tá na litreacha seo dírithe ar thriúr tábhachtach d'aos liteartha na linne: George Lawrie (1727-99),[2] ministéir in Eaglais na hAlban, pátrún mór liteartha agus an príomhidirghabhálaí idir Macpherson agus Hugh Blair; an file Thomas Gray (1716-71); agus an file William Shenstone (1714-63), file nach bhfuil an oiread sin iomrá air anois is a bhí nuair ba bheo dó.

Tosnóidh mé le George Lawrie ar scríobh Macpherson ceithre litir neamhfhoilsithe chuige idir 27 Feabhra 1760 agus 11 Aibreán 1760, agus atá ar coimeád i Leabharlann Beinecke do leabhair ghanna agus

lámhscríbhinní in Ollscoil Yale (Yale, Boswell Papers, C1869-72).[3]
Dealraíonn sé go raibh aistriúchán fileata ar fáil i dteannta na chéad
litreach dar dáta 27 Feabhra, ach níl sé ar marthain, faraor. Is cosúil go
raibh duine de lucht aitheantais Lawrie tar éis bunús na n-aistriúchán
a bhí déanta ag Macpherson a cheistiú, agus áitíonn Macpherson go
tréan sa litir seo gur dánta Albanacha agus nach dánta Éireannacha iad.
Ní hamháin sin ach is mór an dul amú atá ar na húdair sin a deireann
gurb iad na hÉireannaigh a choilínigh Albain. A mhalairt ar fad atá fíor.
Déanta na fírinne bhí cónaí ar na *Scots* in Albain *anterior to the highest
antiquity the Irish can avouch with certainty.* Cé go raibh teangacha an dá
thír cosúil lena chéile, níor ghá d'fhilí na hAlban a laochra liteartha a
thabhairt ar iasacht ó na hÉireannaigh, *who have never been famous for their
prowess or mighty exploits.* Maidir le dáta na ndántá atá á n-aistriú aige: *I
mistake them much if we have not some more than a thousand years old.*

Ceann de na nithe is conspóidí faoi shaothar Macpherson, go
háirithe sna tráchtais a scríobh sé faoi dhánta Ossian, is ea an
t-athscríobh a rinne sé ar stair na hAlban agus na hÉireann, agus fíricí
na staire á gcur as a riocht aige. Ach tugann an litir seo le fios go raibh
a intinn déanta suas aige faoi thús áite na hAlban fiú sular fhoilsigh sé
saothar Oisíneach ar bith.[4]

Maidir leis na trí litir eile, dar dáta 18 Márta, 24 Márta agus 11
Aibreán faoi seach, is fusa iad a thogáil mar aonad. Eascraíonn roinnt
tátal thar a bheith tábhachtach as na litreacha seo:

1) Níl oiread is tagairt amháin d'Ossian iontu.
2) Ní dhéantar tagairt ar bith ach an oiread d'eipic Albanach iontu.
3) Is éard a bhí beartaithe ag Macpherson i dtús báire leabhrán beag
   dhá dhán déag a fhoilsiú. Cúig mhír déag a bhí sna *Fragments* nuair
   a tháinig siad amach faoi dheireadh, agus ba shleachta ón eipic
   Fingal iad na trí cinn dheireanacha. Is fianaise bhreise an méid seo
   gur mall sa lá a tháinig an tuairim faoin eipic chun cinn.
4) Faoi 18 Márta bhí Macpherson tar éis cúig nó sé dhán a sholáthar
   do Lawrie, ach gan cóip ar bith a choinneáil aige féin. Theastaigh
   uaidh na dánta seo a fháil ar ais ó Lawrie. Dúirt sé fiú go raibh

dearmad déanta aige ar an ábhar a bhain le roinnt acu. Ba leor na dánta a bhí i seilbh Lawrie cheana féin, móide sé aistriúchán eile a bhí déanta ag Macpherson, leis an dosaen a shlánú.

Léiríonn faillí Macpherson maidir le cóipeanna a choinnéail dó féin nach raibh sé iontach tógtha le togra Home-Blair chun filíocht Ghaeilge na hAlban a fhoilsiú faoi chló an Bhéarla. Tugann sé le fios chomh maith nach raibh sé lánmhuiníneach as a chumas féin mar aistritheoir.

5) D'fhreagair Lawrie 20 Márta ach níor sheol sé ach ceithre dhán arais chuig Macpherson. Ansin fuair Macpherson amach go raibh seacht gcinn ina sheilbh aige féin, rud a d'fhág nach raibh sé ach ceann amháin gann. Ansin chuimhnigh sé gur sheol sé dán eile chuig Home i mí Dheireadh Fómhair nó i mí na Samhna, arís gan cóip a choinneáil dó féin. B'fhéidir go bhféadfadh Lawrie cóip a fháil dó, go háirithe má thug Home cóip do Ferguson nó do dhuine dá chairde. Díol suntais ainm Ferguson a bheith ag teacht chun cinn arís sna himeachtaí seo.

6) Chuimhnigh Macpherson ar dhán eile a bhí aistrithe aige, dhéanfadh sé sin trí cinn déag, dán a bhí curtha aige chuig *a certain noble person*. Ba dhóigh liom gurbh é Sir David Dalrymple, Lord Hailes, an duine a bhí i gceist, agus gurbh é 'The six bards' an dán a bhí faoi chaibidil. Níor foilsíodh an dán seo in éineacht leis na *Fragments* ach foilsíodh sa bhliain 1761/2 é mar fhonóta do 'Croma', ceann de na dánta gearra a foilsíodh in éineacht le *Fingal* (Gaskill 1996, 189-92)

Déanfar tagairt don dán seo arís nuair a bheidh comhfhreagras Thomas Gray agus William Shenstone á phlé againn.

7) Sa litir dar dáta 24 Márta luann Macpherson gur gheall Blair réamhrá a scríobh do na *Fragments* agus go gcuirfeadh sé féin an t-eolas ábhartha faoi gach dán ar fáil dó. Nuair a tháinig an leabhar amach fágadh an réamhrá gan síniú, agus an fhianaise is túisce a bhí againn go nuige seo gurbh é Blair an t-údar, bhí sí le fáil i litir a scríobh sé chuig Henry Mackenzie 20 Nollaig 1797 (Moore 2004, III, 371). Fianaise thábhachtach bhreise is ea litir seo Macpherson

gurbh é Blair údar an réamhrá, ach níl lua ar bith ar eipic inti, bíodh is gur achoimre ar an eipic a bhí fós le haimsiú an tríú cuid den réamhrá a scríobh Blair. Siúd is nach bhféadfadh an achoimre ar scéal na heipice teacht ó éinne eile ach ó Macpherson féin, dealraíonn sé gur ó Blair an smaoineamh go bhféadfaí teacht ar eipic i litríocht na nGarbhchríoch.

8) Bhí Macpherson lánchinnte go raibh na dánta ba dheireanaí a bhí aistrithe aige ar chaighdeán i bhfad ní b'fhearr ná na cinn luatha, *all of the mournful sort*. Gné an dúlra an tréith ba shuntasaí de na dánta deireanacha seo, cur síos a bhí ag teacht le

> the beautiful wildness of our hills … If there was ever any scenery it is here; but I am afraid much more natural and beautiful to me, who am brought up in the midst of wilderness itself; than to a citizen.

9) Admhaíonn Macpherson go ndearna sé roinnt leasuithe ar na dánta luatha agus gur choinnigh sé dréachta garbha de na dánta deireanacha *to prevent further trouble to you, or any other here after*. Tugann sé seo le fios go raibh cur chuige níos gairmiúla á chur i bhfeidhm aige ar a chuid aistriúchán agus go raibh níos mó muiníne aige as an togra ná mar a bhí í dtús báire.

10) Sa litir dheireanach gabhann sé buíochas le Adam Ferguson as geallúint dó go gceartódh sé na haistriúcháin sula gcuirfí i gcló iad.Tá aiféala air nach bhfuil Ferguson in aice láimhe le go bhféadfadh sé na bundánta a thaispeáint dó. Dá mbeadh sé seo indéanta, *the poems would be less spoiled in the translation*.

Uair amháin eile feicimid ainm Ferguson ag teacht chun cinn sa togra seo. Siúd is go bhfuil an tuairim go bhféadfaí aistriúchán a cheartú gan an bunsaothar a cheadú beagáinín aisteach, tharlódh gur cheap Macpherson gur leor líofacht Ferguson i nGaeilge na hAlban, móide an cur amach a bhí aige ar fhilíocht na teanga sin, chun breithiúntas iontaofa a dhéanamh ar dhílseacht na n-aistriúchán.

11) Cé go dtugann na litreacha seo chuig Lawrie le fios go raibh scéim níos eagraithe agus níos gairmiúla á cothú ag Macpherson de réir a chéile, is é doicheall an aistritheora roimh an togra an mothú is láidre a eascraíonn ó na litreacha seo. Féach an sliocht seo a leanas ón litir dar dáta 18 Márta:

> Tho I made a sort of a promise to Doctor Blair of sending more of our Highland Rhapsodies, I would rather chuse he would dispense with it on several accounts.
>
> I could not make out more among my northern correspondents, who, they say themselves, have been at pains to procure them. The truth is they think as little of them as I did myself and reckon me unreasonably curious. I have so little esteem for my own abilities that I have no desire my translations should appear in publick. Some may find beauty in these fragments, but the generality will not understand them; neither has one so much prospect of fame or proffit as to make it worthwhile either, to write notes or illustrations on them, were his abilities and leisure greater than mine. However I shall transmit a dozen in a few weeks to the Doctor, and let him and the rest of the genii do what seems fit. I am sure they will not readily expose me, if they are not worth the attention of the public, as it was with reluctance and out of no desire of applause I began to translate them at all.
>
> I shall be glad for the honour of my country if they are approven, and if otherwise, I have the comfort my expectations of them are not high. I am sorry I have no better subject to entertain you with, or to merit your acquaintance with something more than a flimsy bit of poetry.

Agus arís 24 Márta:

> You see what trouble there is in having public spirit; if you had allowed the translator of the poems lie concealed you would have none of these troubles; nor do I think the public would be much injured if you had ...

If they be published you will have enough of them;
but if they won't take their blood be upon your head.

Agus sa litir dheireanach:

The publick is ungrateful to men of merit. What could
a blockhead then expect from its hands? Few of my
countrymen like to be laughed at, nor am I myself very
fond to partake the risibility of many at my expense. I
would with all my heart contribute to the mirth of the
world on any other terms, than that of giving them the
pleasure of censuring me.

Cé go bhfuil litreacha seo Macpherson go Lawrie iontach
luachmhar, ní chlúdaíonn siad ach ach achar gearr ama ó dheireadh
Feabhra go lár Aibreáin. Ach is féidir léargas breise ar stair
réamhfhoilsiú na *Fragments* a aimsiú i gcomhfhreagras Thomas Gray
agus a chairde. Bhí Hugh Blair chomh tógtha sin leis na samplaí is
túisce a sholáthair Macpherson dó gur theastaigh uaidh iad a chur
timpeall a thúisce agus ab fhéidir. Toisc go bhfuair David Dalrymple,
Lord Hailes, a chuid oideachais in Eton, agus aithne dá réir sin aige ar
go leor de *literati* Shasana, bheartaigh Blair leas a bhaint as Dalrymple
chun na téacsanna a chur timpeall. I litir dar dáta 28 Eanáir 1760 agus
nach bhfuil fáil uirthi níos mó, sheol Dalrymple dhá shampla
d'aistriúcháin Macpherson chuig Horace Walpole, agus tá a fhios
againn go raibh *Fragment XI* ar cheann acu.[5] Sheol Walpole chuig
Thomas Gray iad agus chuir seisean cóipeanna chuig Richard
Stonehewer, William Mason agus Dr. Clerke. I litir gan dáta scríobh
Gray ar ais chuig Walpole agus é ag lorg tuilleadh dánta, ach
ceisteanna faoin údaracht á n-ardú aige freisin:

I am so charmed with the two specimens of Erse poetry,
that I cannot help giving you the trouble to enquire a
little further about them, and should wish to see a few
lines of the original, that I might form some slight idea
of the language, the measures, and the rhythm.

Is there anything known of the author or authors,
and of what antiquity they are supposed to be?
Is there any more to be had of equal beauty, or at all
approaching it?
… I make this enquiry in quality of an antiquary, and
am not otherwise concerned about it: for, if I were sure
that any one now living in Scotland had written them to
divert himself and laugh at the credulity of the world, I
would undertake a journey into the Highlands only for
the pleasure of seeing him (Toynbee agus Whitley 1935,
II, uimh. 310, 664-5).

Scríobh Walpole chuig Dalrymple 4 Aibreán agus litir Gray faoi
iamh aige. 24 Aibreán chuir Macpherson dhá dhán eile chuig Dalrymple
a seoladh ar aghaidh chuig Walpole agus Gray. Is cosúil go raibh
Macpherson i bhfad níos gafa leis an togra faoi seo ná mar a bhí agus é
i dteagmháil le Lawrie:

Inclosed, I send two short specimens of the Irish
versification: I found no time to review critically pieces of
great length; but, I hope the few lines sent will give an
idea of the measure – One is not too bypass'd against the
Harmony of the language for the many consonants in the
present specimen, as I could not express the sound of the
Erse otherwise in our characters. The Irish characters
differ in pronunciation from the few alphabets I am
acquainted with; and several of our Erse sounds are
inexpressible in any other but our own (Toynbee agus
Whitley1935, II, uimh. 310, nóta 3, 665).

Bhí ceithre dhán Oisíneacha feicthe ag Gray faoi seo agus bhí sé
chomh tógtha sin leo gur scríobh sé go díreach chuig Macpherson féin
i mí na Bealtaine agus fuair sampla eile uaidh, dán ar a dtugtar 'The Six
Bards or The song of the six bards', a ndearnadh tagairt dó cheana.
Rinne Gray mionphlé ar an dán seo i litir chuig Richard Stonehewer
dar dáta 29 Meitheamh. Díreach an lá roimhe sin scríobh Walpole

chuig Dalrymple agus ba thrua leis gur fágadh an dán seo amach as na
Fragments. Tá an chuma ar an scéal, mar sin, go raibh dhá chóip den dán
seo ag Gray, ceann a fuair sé ó Walpole/Dalrymple, an ceann eile ó
Macpherson féin. Seo mar a scríobh Gray chuig Stonehewer:

> There is another very fine picture in one of them. It
> describes the breaking of the clouds after the storm,
> before it is settled into a calm, and when the moon is
> seen by short intervals.
> The waves are tumbling on the lake,
> And lash the rocky sides.
> The boat is brim-ful in the cove,
> The oars on the rocky tide.
> Sad sits a maid beneath a cliff,
> And eyes the rolling stream:
> Her Lover promised to come
> She saw his boat (when it was evening) on the lake;
> *Are those his groans in the gale?*
> *Is this his broken boat on the shore?* (Toynbee agus Whitley
> 1935, II, uimh. 315, 685-6).

Díol spéise gur i bhfoirm véarsaíochta atá leagan Gray fad is gur mar
phrós rithimeach a foilsíodh an dán. Cé gur suntasach an t-athrú é seo,
ní mór a admháil nár ghá lena chur i gcrích ach ailíniú na línte a athrú.
Ina theannta sin b'fhiú le William Mason tagairt a dhéanamh do na
difríochtaí idir cóip lámhscríofa Macpherson agus an leagan foilsithe:

> ...it is remarkable that the manuscript in the translator's
> own hand, which I have in my possession, varies cons-
> iderably from the printed copy. Some images are
> omitted, and others added (Toynbee agus Whitley,
> 1935 II, uimh. 317, 690).

Cé gur foilsíodh *Fragments of Ancient Poetry* 14 Meitheamh 1760,
dealraíonn sé nár éirigh le Gray teacht ar chóip go dtí tuairim is
deireadh mhí lúil. Agus é ag scríobh chuig William Mason 7 Lúnasa,

leanann sé air ag fógairt a chreidimh in údaracht na ndánta, d'ainneoin na n-argóintí ina gcoinne:

> The Erse Fragments have been publish'd five weeks ago in Scotland, tho' I had them not (by a mistake) till last week. I continue to think them genuine, tho' my reasons for believing the contrary are rather stronger than ever: but I will have them antique, for I never knew a Scotchman of my own time, that could read, much less write, poetry; & such poetry too! I have one (from Mr Macpherson) which he has not printed: it is mere description, but excellent too in its kind. If you are good & will learn to admire, I will transcribe it (Toynbee agus Whitley 1935, III, Aguisín L, 1227).

Ach ceist na húdarachta a chur i leataobh, eascraíonn roinnt tátal thar a bheith spéisiúil as comhfhreagras Gray i dtaobh na ndánta Oisíneacha. Sa chéad áit feicimid seachadadh na ndánta i gcóipeanna lámhscríofa sular foilsíodh iad, dáileadh a bhí i bhfad níos leithne ná mar a thabharfadh comhfhreagras Lawrie le fios. Tá trí cinn de na dánta seo ar eolas againn: *Fragment VII*, 'The death of Oscar'; *Fragment XI* a mbainfeadh Macpherson leas as arís in 'The songs of Selma', agus 'The six bards'. Ansin feicimid imní Macpherson faoin mbealach is fearr chun tréithe aeistéitiúla fhilíocht na Gaeilge a léiriú faoi chló an Bhéarla. Is í an imní chéanna ba chúis le Macpherson glacadh le tairiscint Ferguson chun a chuid aistriúchán a cheartú, mar a luadh thuas i gcomhfhreagras Lawrie. Léargas eile ar bhuairt Macpherson is ea na difríochtaí idir an leagan lámhscríofa agus an leagan foilsithe de ' The six bards' ach, mar a léiríonn comhfhreagras Lawrie, níorbh fhiú leis a chuid téacsanna a leasú go dtí an dara leath de mhí an Mhárta. Leasuithe foirme chomh maith le leasuithe foclóra atá i gceist anseo. Cén fáth ar tógadh an cinneadh athrú ón véarsaíocht go dtí an prós rithimeach, agus cathain a tógadh an cinneadh seo? Chun freagra a fháil ar na ceisteanna seo ní miste comhfhreagras William Shenstone a cheadú, an tríú bealach inar seachadadh dánta Oisíneacha sular foilsíodh iad.

Is mar *the preeminent arbiter of taste* is fearr a bhí aithne ag lucht a chomhaimsire ar Shenstone. Chuir John Macgowan, dlíodóir i nDún Éideann a raibh spéis aige san ársaíocht, agus a bhí mór le hintleachtóirí Albanacha ar nós David Dalrymple, cóip de na *Fragments* chuig Shenstone i mí lúil 1760 (Smith 1990, 135). Scríobh Shenstone roinnt nótaí isteach sa chóip, ina measc bhí sliocht as litir dar dáta 15 Bealtaine 1760, ón Urramach James Bruce, deartháir óg le Lord Elgin, chuig James Turton, cara le muintir Shenstone. Sa litir seo deir Bruce go bhfuil ceann d'aistriucháin Macpherson á sheoladh aige chuig Turton, agus á iarraidh air é a chur ar aghaidh chuig Shenstone ar a sheal. Cóip eile de 'The six bards' atá anseo. Siúd is gur theastaigh ó Macgowan *as a particular favour* tuairim Shenstone faoi na *Fragments* a fháil, níor fhreagair Shenstone go dtí 24 Meán Fómhair 1761. Ach nuair a chuir sé peann le pár b'fhiú leis a lua go raibh difríochtaí idir a chóip féin de 'The six bards', agus an ceann a sheol Macpherson chuig Gray:

> It seems, indeed, from a former version of them by the
> same translator (which Mr Gray, the poet, received from
> him, and shewed my friend Percy), that he has taken
> considerable freedoms in adapting them to the present
> reader (Williams 1939, 280).

Dhéanfadh Macpherson tuilleadh athruithe fós sular foilsíodh an dán in *Fingal*. Nuair a rinne Margaret Smith comórtas idir leagan Shenstone, na trí líne dhéag a bhí le fáil i litir Gray, agus an leagan de na línte céanna a foilsíodh sa bhliain 1761/2, thug sí faoi deara go raibh seacht malairt idir téacs Shenstone agus Gray, cúig cinn idir téacs Shenstone agus an leagan foilsithe, agus naoi malairt idir téacs Gray agus an leagan foilsthe (Smith 1990, 147). Ach an oiread le leagan Gray, crot na véarsaíochta atá ar leagan Shenstone.

Díol suntais a raibh le rá ag Bruce sa litir chuig Turton:

> There are great numbers of these elegies all over ye
> Highlands which they sing to mournfull tunes in ye
> evening over their Fires. Mr M'Pherson has I hear

translated some more of them which I fancy will soon be published. If they are not, I shall endeavour to get them & send them to you (Smith 1990, 134).

Dealraíonn sé nár thuig Bruce nuair a bhí an litir á scríobh aige go bhfoilseofaí na *Fragments* laistigh de cheithre seachtaine. Is cosúil freisin gur cheap sé go bhféadfaí teacht ar lámhscríbhinní Macpherson gan stró. Bhí a fhios aige chomh maith gur mar amhráin a chumtaí na laoithe. Caithfidh go bhfuil sé seo ar cheann de na tagairtí is túisce don ghné seo de láithriú na Fiannaíochta, eolas nach mbeadh teacht ag Bruce air ach ó Macpherson féin, gné a chothódh deacracht ar leith don aistritheoir a bheadh ag iarraidh í a léiriú do phobal léitheoireachta an Bhéarla.

Tugann Macgowan tacaíocht an-láidir do Macpherson, *the ingenious translator*, sa litir mhínithe a sheol sé chuig Shenstone. Is léir freisin go bhfuil cur amach nach beag aige ar an scéim chun an eipic Albanach a shlánú, *which consists upwards of 9,000 lines* (Smith 1990, 153). Luann sé freisin go raibh Macpherson toilteanach dul i mbun an fheachtais, *but the dependant situation of a Tutor, cannot afford him leisure to undertake so great a work* (Smith 1990, 154). Díol suntais gur scríobh Blair chuig Dalrymple 23 Meitheamh, díreach dhá lá tar éis do Macgowan a litir a scríobh, agus é ag moladh go mbaileofaí síntiúis chun cabhrú le turas Macpherson. Léiríonn sé seo go raibh Macgowan i ndlúth-theagmháil le Blair chomh maith le Dalrymple, cé nach bhfuil se chomh soiléir céanna cén bhaint a bhí ag Bruce leis an gciorcal seo.

Ach an oiread le comhfhreagras Gray, léiríonn comhfhreagras Shenstone go raibh Macpherson de shíor ag leasú a chuid cóipeanna lámhscríofa sular foilsíodh iad, deacrachtaí aige rogha a dhéanamh idir véarsaíocht agus prós mar an meán ab éifeachtaí chun cló an Bhéarla a chur ar na laoithe Fiannaíochta. Díol spéise go ndúirt Bruce go gcantaí na laoithe, siúd is gurbh í a mhalairt ghlan a dúirt Blair sa réamhrá leis na *Fragments*: *They are not set to music, nor sung* (Gaskill 1996, 6). Nuair a chuirtear san áireamh nach bhféadfaí teacht ar an bhfianaise faoin gceol ach ó Macpherson féin, dealraíonn sé go ndearna Blair cinneadh tomhaiste neamshuim a dhéanamh den fhianaise sin. Is sampla tábhachtach é seo den tionchar a bhí sé in ann a imirt ar Macpherson, tionchar a d'éireodh níos láidre fós, agus *Fingal*, eipic náisiúnta na hAlban, á cóiriú don chló.

Is maith an teist é comhfhreagras Lawrie ar dhrogall Macpherson páirt a ghlacadh i dtogra an aistriúcháin. Fianaise bhreise ar an drogall seo is ea na haighneachtaí a sholáthair Blair, Carlyle agus Home do Thuarsascáil Chumann Gharbhchríocha na hAlban ar chineál agus údaracht dhánta Ossian (1805). Chuir Blair 20 Nollaig 1797 mar dháta lena aighneacht; Carlyle, 9 Márta 1802; agus níor cuireadh dáta le haighneacht Home. Fiú nuair a chuirtear an t-achar fada ama san áireamh agus nuair a chuimhnímid go raibh na finnéithe anonn go maith sna blianta, fós féin, díol suntais gurb é drogall Macpherson an chuimhne is treise a daingníodh in intinn na bpríomhaisteoirí, beagnach daichead bliain tar éis na teagmhála cinniúnaí i Moffat sa bhliain 1759.

Nuair a chuirtear san áireamh go raibh leaganacha véarsaíochta de na dánta á seachadadh beagnach suas go dtí 15 Bealtaine, is cosúil gur mall go maith a rinneadh an cinneadh i bhfábhar an phróis, díreach mí roimh an dáta foilsithe. Díol spéise gur foilsíodh *Principles of Translation* leis an Abbé Batteux i nDún Éideann sa bhliain 1760, aistriuchán ar chuid dá shaothar cáiliúil *Cours de Belles Lettres*. Chreid Batteux go daingean gurbh é an leagan litriúil próis an t-aon bhealach amháin le filíocht a aistriú agus ar éigean a bheadh Blair aineolach ar an saothar seo (Fitzgerald 1996, 33). Nuair a chuirimid an ghné seo den scéal san áireamh, tharlódh gur fágadh 'The six bards' amach ó na *Fragments* toisc go raibh sé rómhall chun an téacs a 'athfhormáidiú'. Tharlódh freisin nach raibh Macpherson iontach tógtha le moladh Blair, agus gur lean sé air ag seachadadh téacsanna san fhoirm bhunaidh véarsaíochta. Chomh luath agus a roghnaigh Blair foirm an phróis, áfach, d'fhéadfadh sé neamhshuim a dhéanamh d'fhianaise na hamhránaíochta.

Nuair a chuirtear tionchar Blair ar fhoirm na *Fragments* san áireamh, is cosúil nach féidir teacht ar fhíorchuspóirí Macpherson gan crot na véarsaíochta bunaidh a chur ar ais ar gach aon *Fragment* ar leith. Ba dhóigh liom go raibh iarracht chomhfhiosach ionraic ar bun ag Macpherson sna *Fragments* chun tréithe aeistéitiúla na laoithe a léiriú do léitheoirí Béarla, ach gur múchadh an cuspóir seo nuair a roghnaíodh an prós rithimeach mar mheán, cinneadh a tógadh mall sa lá, mar a chonacthas thuas. Siúd is gurbh é an rann, véarsa ceithre líne le seacht siolla sa líne, an t-aonad caighdeánach i bprosóid na Gaeilge, cuimhnímis gur mhinic nach scartaí na ranna óna chéile sna lámhscríbhinní. Fágann sé seo go raibh Macpherson dílis don traidisiún nuair nach ndéanann sé féin aon idirdhealú idir na ranna sna leaganacha lámhscríofa de na *Fragments*. Ní mór a chur san áireamh freisin go raibh córas na meadarachtaí dúchais agus 'riachtanais chomh bunúsach le cinnteacht siollaí is cuibheas déanach' ag briseadh síos faoin ochtú haois déag (Ní Dhómhnaill 1975, 44). Ní mór a admháil, áfach, gurb í an scaoilteacht seo i bhfeidhmiú na rialacha meadarachta i dtraidisiún déanach na laoithe is mó a chabhraigh leis an traidisiún teacht slán. Déanann Ruairí Ó hUiginn tagairt ar leith d'fhorbairtí áirithe i dtraidisiún na laoithe in Albain nuair is féidir línte le cúig, sé, ocht no naoi siolla teacht in áit na bunlíne seachtsiollaí (Ó hUiginn 1995, 62).

Chun an hipitéis seo faoi ionracas Macpherson a phromhadh, ba mhaith liom *Fragment VI* a roghnú, go háirithe toisc go bhfuil an dán seo bunaithe ar laoi údarach, a bhfuil an leagan is sine de le fáil in Leabhar Dhéan an Leasa Mhóir, lámhscríbhinn a scríobhadh idir 1512 agus 1529, lámhscríbhinn a bhí seal ina sheilbh ag Macpherson ach tar éis dó na *Fragments* a fhoilsiú (Ross 1939, uimh. xxi, 136-47). Tá roinnt difríochtaí spéisiúla le brath idir leagan na lámhscríbhinne agus an *Fragment*, áfach, maidir le hainmneacha na bpríomhcharachtar don chuid is mó, agus maraíonn an tóraitheoir an ainnir álainn i leagan méaldrámata Macpherson, rud nach dtarlaíonn ar chor ar bith i Leabhar an Déin.

Bailíodh roinnt leaganacha den laoi seo sna Garbhchríocha san ochtú haois déag, ceann le Archibald Fletcher idir 1750 agus 1760, dhá cheann le Donald Mac Nicol idir 1755 agus 1760, agus ceann le James Maclagan a fuair bás sa bhliain 1805. Tá leagan Macpherson níos gaire do leaganacha Fletcher, Mac Nicol B agus Maclagan ná do leagan Leabhar an Déin, agus maidir le seicheamh agus sonraí na dtarlóg agus ainmneacha na bpríomhcharachtar, tá sé an-dílís ar fad do leagan Fletcher (Thomson 1952, 29-31). Níl ach aon áit amháin a dtagann siad salach ar a chéile. I leagan Fletcher fiafraíonn Naomh Pádraig d'Oisín i dtús na laoi cén fáth a bhfuil buairt air. Cuirtear críoch leis an laoi nuair a thaispeánann Oisín uaigheanna an namhad agus an chailín do Phádraig mac Ailpín. In aistriúchán Macpherson fágtar ainm Phádraig ar lár agus ní thagraítear dó ach mar *son of Alpin*. Ní thuigfeadh léitheoirí Macpherson gurbh ionann 'Alpin' agus foirm Ghaelaithe de Calpurnius, athair Phádraig. Ní thuigfidís ach an oiread go raibh aon bhaint ag an laoi le Pádraig Naofa. Ar an mbealach seo d'éirigh le Macpherson a chuid dánta a dhíscaoileadh ó ré luath na Críostaíochta agus iad a shuíomh i dtréimhse níos túisce fós.

Má dhéantar *Fragment VI* a fhormáidiú as an nua i bhfoirm véarsaíochta, is féidir ceithre rann déag a dhéanamh as, móide cúig véarsa le sé líne an ceann, agus véarsa amháin le trí líne, rud atá ag teacht leis an scaoilteacht foirme ar thagraíomar dó cheana. Maidir leis an gcaighdeán eile, an líne sheachtsiollach, díol suntais an anailís seo leanas ar an naoi líne is ochtó sa *Fragment*:

4 cinn acu cúigshiollach;
14 séshiollach;
34 seachtsiollach;
18 ochtsiollach;
9 naoisiollach;
3 deichsiollach;
7 líne le haon siolla dhéag an ceann.

Ar éigean is timpiste faoi dear gur línte seachtsiollacha níos mó ná an tríú cuid den téacs, tríocha ceathar líne as ochtó naoi, agus go bhfuil seasca sé líne chun siobarnaí idir sé agus ocht siolla, scaoilteacht nach bhfuil as an ngnáth ar chor ar bith san ochtú haois déag. Is spéisiúla fós tátail na hanailíse ar na déanaigh. As an naoi ndéanach is ochtó, focail aonsiollacha iad seasca acu, focail dhásiollacha iad fiche cúig cinn acu, focail tríshiollacha iad trí cinn acu, agus tá focal amháin acu ceathairshiollach.

Ní hamháin go raibh insint dhílis ar scéal Fiannaíochta ar bun ag Macpherson agus *Fragment VI* á chumadh aige, ach más fiú dada na staitisticí thuas, dealraíonn sé go raibh tréaniarracht ar bun aige chun buntréithe phrosóid na Gaeilge a sholáthar freisin – iarracht ionraic chun crot an Óglachais ar Rannaíocht Mhór, ceann de na meadarachtaí ba mhinicí a d'úsáidtí sna laoithe, a léiriu faoi chló an Bhéarla. Is mar seo a bhreathnódh *Fragment VI* ach formáidiú as an nua a dhéanamh air:

Son of the noble Fingal,
Oscian, Prince of men!
What tears run down the cheeks of age?
What shades thy mighty soul?

Memory, son of Alpin,
Memory wounds the aged.
Of former times are my thoughts,
My thoughts are of the noble Fingal.
The race of the king return into my mind
And wound me with remembrance.

One day, returned from the sport of the mountains
From pursuing the sons of the hill,
We covered this heath with our youth.

Fingal the mighty was here,
And Oscur, my son, great in war.
Fair on our sight from the sea,
At once, a virgin came.

Her breast was like the snow of one night.
Her cheek like the bud of the rose.
Mild was her blue rolling eye:
But sorrow was big in her heart.

Fingal renowned in war, she cries,
Sons of the king, preserve me!
Speak secure, replies the king,
Daughter of beauty speak:
Our ear is open to all:
Our swords redress the injured.

I fly from Ullin, she cries,
From Ullin famous in war.
I fly from the embrace of him
Who would debase my blood,
Cremor, the friend of men, was my father.
Cremor, the Prince of Inverne.

Fingal's younger sons arose;
Carryl expert in the bow;
Fillan beloved of the fair;
And Fergus first in the race.

Who from the farthest Lochlyn?
Who to the seas of Molochasquir?
Who dares hurt the maid
Whom the sons of Fingal guard?
Daughter of beauty, rest secure;
Rest in peace, thou fairest of women.

Far in the blue distance of the deep
Some spot appeared like the back of the ridge-wave.
But soon the ship appeared on our sight.
The hand of Ullin drew her to land.

The mountains trembled as he moved.
The hills shook at his steps.
Death rattled his armour round him.
Death and destruction were in his eyes.
His stature like the oak of Morven.
He moved in the lightning of steel.

Our warriors fell before him,
Like the field before the reapers.
Fingal's three sons he bound.
He plunged his sword into the fair-one's breast.

She fell as a wreath of snow
before the sun in spring.
Her bosom heaved in death;
Her soul came forth in blood.

Oscur my son came down;
The mighty in battle descended.
His armour rattled as thunder;
And the lightning of his eyes was terrible.

There, was the clashing of swords;
There, was the voice of steel.
They stuck and they thrust;
They digged for death with their swords.

But death was distant far,
And delayed to come.
The sun began to decline;
And the cow-herd thought of home.

Then Oscur's keen steel found the heart of Ullin.
He fell like a mountain oak
Covered over with glittering frost;
He shone like a rock on the plain.

Here the daughter of beauty lieth;
And here the bravest of men.
Here one day ended the fair and the valiant.
Here rests the pursuer and the pursued.

Son of Alpin! The woes of the aged are many:
Their tears are for the past.
This raised my sorrow, warrior,
Memory awaked my grief.

Oscur my son was brave;
But Oscur is now no more.
Thou hast heard my grief, o son of Alpin;
Forgive the tears of the aged.

Maidir le tionchar na *Fragments* ar na léitheoirí tosaigh, tharlódh gur thráthúil amach is amach an cinneadh prós rithimeach a roghnú ar an véarsaíocht, ach ar an drochuair, cheil an cinneadh seo iarrachtaí comhfhiosacha Macpherson chun aeistéitic phrosóid na Gaeilge a cheapadh faoi chló an Bhearla. Má léirigh Derick Thomson Macpherson mar údar a bhí ag iomrascáil lena chuid foinsí (Thomson 1952, 26), is féidir a rá go raibh sé ag iomrascáil chomh dian céanna le foirm na filíochta. Ba chinneadh cinniúnach eile é Pádraig Naofa a bhaint as an gcreatlach Oisíneach. D'fhéadfaí é a choinneáil gan cur isteach dá laghad a dhéanamh ar thóraíocht na heipice. Ach le Naomh Pádraig as an áireamh, áfach, d'fhéadfaí an eipic íonghlan a shuíomh i dtréimhse réamhChríostaí gan tionchar liteartha iasachta ar bith ag dul i bhfeidhm uirthi. D'fhéadfaí a áiteamh dá bharr seo go raibh eipic náisiúnta na hAlban ar a laghad ar chomhchéim le cumadóireacht Hóiméar agus Virgil, muna raibh sí i bhfad níos fearr ná a ndéantúis siúd. San iarracht seo chun ceannas liteartha na hAlban a éileamh, chomh maith leis an rogha ar son an phróis rithimigh, braitear lámh throm Hugh Blair. Bhí an ceart ar fad ag Thomas Gray nuair a dúirt go raibh an-tuiscint go deo ag Macpherson don fhilíocht. Ach ba ghrinne fós an t-aguisín seo a leanas a chuir sé lena bhreithiúntas: *if his learned friends do not pervert or over-rule his taste* (Toynbee agus Whitley 1935, II, uimh. 321, 704).

NÓTAÍ

[1] Bhí fógra don leabhar le fáil in eagrán an *Edinburgh Evening Courant*, 14 Meitheamh 1760 (Schmitz 1948, 46).

[2] Toisc gur roghnaigh an *Oxford Dictionary of National Biography* (OUP, 2004) an litriú Lawrie seachas Laurie, bheartaigh mé cloí leis an leagan seo.

[3] Ba mhaith liom buíochas a ghabháil le Beth Rogers-Ho, an leabharlannaí cúnta, as cóipeanna de na litreacha seo a sholáthar dom agus cead a thabhairt dom sleachta astu a úsáid.

[4] Cé gur áitigh staraithe mar Lloyd, Stillingfleet agus Innes gurbh iad na hÉireannaigh a choilínigh Albain seachas droim ar ais, bhí díospóireacht faoin gceist seo fós ar siúl i measc an phobail i gcoitinne sa dá thír san ochtú haois déag.

B'fhéidir nach léiríonn dearbhú tosaigh seo Macpherson ar fheabhas na nAlbanach níos mó ná tuairim na coitiantachta i measc a chomhthíreach.

[5] Scríobh Horace Walpole an abairt seo a leanas i litir chuig Dalrymple 3 Feabhra 1760: *I like particularly the expression of calling Echo, son of the Rock* (Lewis Vol. XV, 1967, 61). Tagairt don sliocht seo a leanas as *Fragment XI* atá i gceist: *She went and she called on Armor. Nought answered, but the Son of the Rock* (Gaskill 1996, 22).

LEABHARLIOSTA

Campbell 1872: J. F. Campbell, *Leabhar na Féinne. Gaelic ballads collected in Scotland, chiefly from 1512-1871*, London.

Carnie 1960: R. H. Carnie,, 'Macpherson's *Fragments of Ancient Poetry* and Lord Hailes', *English Studies* 41, 17-26.

Fitzgerald 1966: R. R. Fitzgerald, 'The Style of Ossian', *Studies in Romanticism* 6, 22-33.

Gaskill 1996: H. Gaskill, eag., agus réamhrá le Fiona Stafford, *The Poems of Ossian and Related Works*, Edinburgh.

Knott 1994: E. Knott, *Irish Syllabic Poetry 1200-1600, an dara heagrán*, second edition, Cork 1934, Dublin 1994.

Leerssen 1996: J. Leerssen, *Mere Irish and Fíor-Ghael Studies in the idea of Irish nationality, its development and literary expression prior to the nineteenth century*, second edition, Cork.

Meek 1986/7: D. E. Meek, 'Development and degeneration in Gaelic ballad texts', *Béaloideas*, 54.5, 131-160.

Moore 2004: D. Moore, eag., *Ossian and Ossianism*, I-IV, London.

Ní Dhomhnaill 1975: C. Ní Dhomhnaill, *Duanaireacht: Rialacha Meadarachta Fhilíocht na mBard*, Baile Átha Cliath.

Ó hUiginn 1995: R. Ó hUiginn, 'Duanaire Finn', *An Fhiannaíocht. Léachtaí Cholm Cille* XXV , 47-95.

Ó hUiginn, Ruairí, 'Cú Chulainn and Connla', in Hildegard L. C. Tristram (Hrsg.), *(Re)Oralisierung*, Tübingen 1996, 223-46.

Ross 1939: N. Ross, *Heroic Poetry from the Book of the Dean of Lismore*, Scottish Gaelic Texts Society, 3, Edinburgh.

Saunders 1894: T. B. Saunders, *The Life and Letters of James Macpherson*, London.

Schmitz 1948: R. M. Schmitz, *Hugh Blair*, New York.

Smith 1990: M. M. Smith, 'Prepublication of Literary Texts: the Case of James Macpherson's Ossianic Verses', *Yale University Library Gazette* 44, 132-157.

Thomson 1952: D. S. Thompson, *The Gaelic Sources of Macpherson's 'Ossian'*, Edinburgh.

Toynbee agus Whitley 1935: P. Toynbee agus L. Whitley, eag., *The Correspondence of Thomas Gray*, eagrán leasaithe, H. W. Starr, I-III, Oxford.

Williams 1939: M. Williams, eag., *The Letters of William Shenstone*, Oxford.

fiannaíocht agus ficsean eolaíochta – athbhreith an laoich

CIAN MARNELL

Níor choisc ardléann Mháirtín Uí Bhriain an tuiscint a bhí aige ar shult agus ar thaitneamh bunúsach na scéalaíochta, ba chuma arbh é Fionn mac Cumhaill nó Angus MacGyver, Conán Maol nó Commander Worf pearsa an scéil. Tosaímis, mar sin, le hathinsint achomair scéil: Bhí Fionn óg ag éirí aníos faoi choimirce lánúine a bhí gaolmhar leis in áit uaigneach. Ba mhinic dó caint os íseal a chloisint ar a athair, Cumhall, laoch eisceachtúil a phós ógbhean uasal darbh ainm Muirne faoi rún. De réir na scéalta, bhí Muirne torrach nuair a mharaigh draoi tíoránta darbh ainm Tadhg Dubh, Cumhall. Bhí rún ag Fionn dul faoi oiliúint mar shaighdiúir chomh luath agus a cheadófaí dó agus díoltas a bhaint amach ar Thadhg Dubh as a athair a mharú.

Tharla lá gur taibhríodh spéirbhean d'Fhionn i bhfís. Ghríosaigh an méid a dúirt an bhean anaithnid é dul i mbun eachtraíochta den chéad uair. Thug sé féin agus beirt fhreastalaithe dá chuid aghaidh ar an bhfásach le go n-aimseoidís Criomhall, seanchara de chuid athair Fhinn. Bhí aistear fada curtha díobh nuair a d'ionsaigh scata díbheargach iad, ach tháinig an seanlaoch Criomhall i gcabhair orthu agus ruaigeadh lucht an ionsaí. Fad is a bhí Fionn i gcomhluadar Chriomhaill thaibhsigh an spéirbhean dóibh beirt agus cuireadh in iúl dóibh gur bhanfhlaith í a bhí i mbraighdeanas ag an draoi Tadhg.

Thaistil Criomhall, Fionn agus na freastalaithe chomh fada le baile Fhinn, ach nuair a shroich siad an áit chonacthas dóibh go raibh slad déanta ag saighiúirí Thaidhg Dhuibh ar an uile dhuine ann. Chuaigh siad ar aghaidh ansin go port a bhí gar don áit agus d'fhostaigh siad beirt mheirleach chun cabhrú leo.

Is iomaí contúirt a bhí le sárú acu ar a mbealach go dtí bruíon an draoi, agus is mó fós an baol a bhí rompu taobh istigh. D'éirigh leo an banfhlaith a aimsiú, ach teanntaíodh in uaimh iad, áit a raibh péist fhíochmhar agus fallaí a dhún isteach orthu. Ar éalú ón uaimh dóibh, b'éigean aghaidh a thabhairt ar shlua Thaidhg. I ndeireadh na dála, tháinig an draoi féin sa tóir orthu, é feistithe i ndubh agus a chlaíomh lasrach faoi láimh aige. Rinne Criomhall comhrac aonair le Tadhg ach maraíodh an seanfhéinní. D'éalaigh Fionn agus an chuid eile, agus chuaigh siad go tuath an bhanfhlatha, áit ar cuireadh mórfháilte rompu.

Tionóladh marcshlua gan mhoill agus rinneadh ionsaí ar bhruíon Thaidhg. Bhí sé ina ár ar an dá thaobh. Tháinig an draoi amach ar a stail dhubh chun aghaidh a thabhairt ar Fhionn. Bhí a dheis faighte ar deireadh ag an laoch óg díoltas a bhaint amach, nó ba é sin a shíl sé. Fírinne an scéil, áfach, ná go raibh a athair fós ina bheatha. Blianta roimhe sin bhí a athair tar éis dul le draíocht agus a ainm a athrú ó Chumhall go Tadhg Dubh. Ba é a athair féin, mar sin, a bhí le cloí ag Fionn sa chath seo, cé nár aithin ceachtar acu a chéile. Rinneadh troid fhíochmhar, ach is ag Fionn agus ag a chairde a bhí an lá sa deireadh. Réabadh daingean Thaidhg, theith an draoi lena anam agus thuill Fionn agus a chompánaigh onóir agus ardcháil de bharr a ngaisce. Sin deireadh an scéil.

Anois, tá go leor de na fíricí san insint seo bunoscionn le gnáthleaganacha scéal theacht in inmhe Fhinn. Ní haon ionadh é seo, mar ní bhaineann na heachtraí thuas le traidisiún na Fiannaíochta in aon chor. Is éard atá iontu ná creatlach scéal an scannáin eipiciúil ficsean eolaíochta *Star Wars Episode IV – A New Hope*, a eisíodh den chéad uair i 1977, ach go bhfuil na hainmneacha agus corrshonra eile curtha i gcló 'Fiannaíochtúil'. Mar sin féin, luíonn roinnt mhaith de na heachtraí, pearsana agus móitífeanna sa scéal thuas go maith le gnáthscéal Fiannaíochta. Gan dabht, ní bheadh sé áiféiseach ar fad a cheapadh go bhféadfadh leagan den chineál seo a bheith sa traidisiún i ndáiríre, rud a léiríonn, b'fhéidir, go bhfuil *Star Wars* Hollywood agus scéalta laochais na hÉireann ag tarraingt, ar chaoi éigin, as an tobar céanna.

Deir scoláirí na litríochta linn gurb é traidisiún na Fiannaíochta, idir scéalta liteartha próis, laoithe agus scéalta béaloidis, an ghné is mó ar fad den scéalaíocht a raibh tóir ag na Gaeil uirthi ar feadh míle bliain (Nagy 1985, 1; Ó hÓgáin 1988, *passim*). Deir Aodh de Blácam:

> Throughout the Early and Late Modern periods it (an Fhiannaíocht) bulked so large in the Irish mind that it might be described as pre-eminently the national literature (1973, 57).

Is minic a dhéanann lucht an bhéaloidis tagairt don mheas ar leith a bhí ag pobal na Gaeilge ar an bhFiannaíocht thar aon chineál eile seanchais suas go dtí cúpla glúin ó shin (mar shampla, Bruford 1987, 25; De Bhaldraithe 1977, 58, 170-1, 217; Ó Broin, 1955, xxvi; Ó Crualaoich 2000, 175). Bhí tuiscint fhorleathan ann gur gnás fírinneach a bhí in aithris na Fiannaíochta, ach tá fianaise ar fáil go raibh tóir i measc mná áirithe ar an ábhar freisin, in Éirinn agus in Albain (Mac Innes 1987, 125; Ó Sé 2001, 85-96).

Sa lá atá inniu ann tá cultúr na scéalaíochta athraithe go mór in Éirinn, agus i go leor pobal eile chomh maith. Ní cois teallaigh a bhíonn an ghnáthinsint níos mó ach san fhocal scríofa agus go mór mór ar an scáileán. Déantar seanlaochra áirithe a athbheochan trí na nuamheáin seo, ach tréigeann a gcáil cuid mhór eile. Ina n-áit tagann curaidh óga úra chun cinn, leis an éileamh gan deireadh atá ag an duine ar charachtair dá leithéid a shásamh. Ní i measc pobal dúiche amháin ná pobal teanga amháin a scaipeann a gclú siúd, ach ar fud an domhain. Ar na *genres* nua laochais is mó a bhfuil tóir orthu tá an ficsean eolaíochta, rud a mheallann lucht leanúna ar fud na cruinne trí shraitheanna teilifíse, scannáin, leabhair, irisleabhair, ábhar le haghaidh ríomhairí, ealaíon, déantóireacht, srl. Cé gur i measc na bhfear óg is mó a bhí tóir ar an bhficsean eolaíochta ar dtús, cuireann Adams (2000, 93) in iúl go bhfuil níos mó ban anois ná fear gafa ag an *genre*. Is féidir a rá, mar sin, gur feiniméan bríomhar, suntasach i gcultúr an domhain thiar atá san fhicsean eolaíochta faoi seo:

> This is the most singly-identifiable popular genre of
> literature in the Western World: 10 per cent of all
> fiction sold in Britain is SF ... 25 per cent of all the
> novels published in the US are SF ... more people
> watch SF at the cinema than any other sort of film
> ... Science fiction, since taking over poetry in the
> 1930s, has been the most fruitful source of any area of
> writing in adding new words to the Oxford English
> Dictionary ... and thus to the English language ... So
> SF matters because it is popular and it is influential
> (Stockwell 2000, 2).

Is léir go bhfuil rud éigin sa dá chineál litríochta seo, Fiannaíocht
agus ficsean eolaíochta, a théann i bhfeidhm go mór ar an duine
daonna, ach an féidir a rá gurb é an rún céanna atá mar bhonn le
tarraingt bhuan an dá *genre*? Tá tús an fhreagra a thabharfainnse ar an
gceist i mo chuimhne ó m'óige féin. Ní raibh agam ach seacht nó ocht
mbliana nuair a taispeánadh an chéad scannán *Star Wars* i bpictiúrlanna
na tíre. Theastaigh go mór uaim an scannán a fheiceáil, ach ní raibh
aon suim ag m'athair mé a thabhairt ann. D'fhéadfá a rá go raibh sé dall
ar thaitneamh an fhicsin eolaíochta. Ar chuma ar bith, rinne mo
mháthair achainí ar mo shon. 'Nach ionann *Star Wars*,' a dúirt sí leis,
'agus na scéalta a bhíodh agat féin agus tú i do bhuachaill faoi léithéidí
Chú Chulainn?'

Cé nach cuimhin liom gur chuidigh an tagairt rómánsúil sin go
rómhór le mo chás ag an am, bhí an-dealramh le háitiú mo mháthar ó
thaobh na litríochta de. Ar bhealaí fíorbhunúsacha, is é an carachtar
céanna Cú Chulainn, Fionn mac Cumhaill, Earcail na Gréige, Artúr na
Breataine, Luke Skywalker *Star Wars* agus gach óglach eile in eipicí
laochais an domhain, bídis ársa nó úrchumtha. Ba é an miotaseolaí
Joseph Campbell a chum an nath cáiliúil 'laoch an mhíle éadan' chun
cur síos ar an ngaiscíoch uilíoch sin (Campbell 1993). Déanann seisean
cíoradh ina mhórshaothar, a céadfhoilsíodh i 1949, ar an laoch mná
agus ar an laoch fir sa litríocht mhiotaseolaíoch. Is ar an bhfear a
dhíreoimidne ár n-aird anseo. Leagann Campbell amach go bhfuil trí

phríomhstaid i ngach scéal laochais:– Scarúint – Tionscnamh [*initiation*] – Filleadh. Is léiriú, dar leis, na trí chéim úd den chaoi a ndéantar athbhreith shiombalach ar an duine agus ar an gcomhluadar lena mbaineann sé. Imíonn an laoch óna phobal féin agus fágann an limistéar a bhfuil cosaint aige ann. Sáraíonn sé deacrachtaí éagsúla, rud a léiríonn an fiúntas atá ann mar laoch, agus déanann teagmháil leis an saol eile, is é sin, le cumhachtaí mistéireacha na cruinne. Is minic gur in áit dhiamhair éigin faoi thalamh nó i gcéin a tharlaíonn an teagmháil seo, ach ar shlí amháin nó ar shlí eile, sealbhaíonn an laoch fios a bhí ceilte go dtí sin air. Filleann sé ansin ar a phobal féin agus úsáideann an fios úr a bronnadh air chun leas a phobail a dhéanamh.

Tugann an t-ollscéal a leanann trí na scannáin *Star Wars* an-léiriú ar go leor de na smaointe a phléann Campbell, agus ní haon ionadh rómhór é sin, mar gur chuir an fear a chum *Star Wars*, George Lucas, ansuim i saothar an scoláire sin, agus gur chuir an bheirt aithne ar a chéile, fiú (Maxford 1999, 32). Ceann de na téamaí is tábhachtaí ag Lucas sna scannáin aige ná an gaol idir an laoch óg, Luke, agus a athair, Darth Vader (ciallaíonn Vader 'athair' san Ollainnis), an draoi dubh a luadh inár scéal. Is íomhá é Vader den charachtar aircitíopúil ar a dtugann Campbell 'Holdfast' – an tíoránach a choinníonn greim daingean ar a bhfuil aige trí láimh láidir agus nach ngéillfidh do theacht an rí nua. Ar nós an rí Iorua sa Bhíobla, tá Darth Vader sásta slad a dhéanamh ar na sluaite gnáthdhaoine neamhurchóideacha chun a chumhacht shaolta féin a chosaint. Caithfidh Luke a athair a chloí le ré an dorchadais a thabhairt chun deiridh agus leis an saol a athnuachan.

Sa scéal 'Fotha Catha Chnucha' is é Tadhg mac Nuadhat, draoi cumhachtach eile, a ghlacann ról an athar (Hennessy 1873). Diúltaíonn Tadhg a iníon, Muirne, a thabhairt mar chéile do Chumhall, atá ina rífheinní Éireann. De réir Campbell, is siombail de chinniúint an laoich í iníon an athar i scéal den chineál seo:

> The hegemony wrested from the enemy, the freedom won from the malice of the monster, the life energy released from the toils of the tyrant Holdfast – is

symbolized as a woman. She is the maiden of the innumerable dragon slayings, the bride abducted from the jealous father, the virgin rescued from the unholy lover. She is the 'other portion' of the hero himself – for 'each is both': if his stature is that of a world monarch she is the world, and if he is a warrior she is fame. She is the image of his destiny which he is to release from the prison of enveloping circumstance (Campbell 1993, 342).

I gcás Thaidhg, is eagal leis go gcaillfidh sé a dhún agus a chuid tailte in Almhu má fhaigheann Cumhall Muirne, rud a chuireann in éadan an phósta é. Ní ghlacann Cumhall le cosc Thaidhg, áfach, agus cuireann sé iachall ar Mhuirne imeacht leis, gníomh atá mar bhonn ina dhiaidh sin leis an gcath ina maraítear an laoch. Sa chás seo, mar sin, ní éiríonn leis an laoch óg an ceann is fearr a fháil ar an athair greamúsach agus maireann an seanrí tamall eile. Is faoi mhac an laoich, Fionn, a fhágtar comhlíonadh na hathnuachana blianta ina dhiaidh sin nuair a ruaigeann Fionn Tadhg as Almhu.

Tá cosúlachtaí áirithe idir an láimhseáil a dhéantar ar mhóitíf chloí an athar i scéal Thaidhg agus sa tsraith scannán *Star Wars* sa mhéid gur faoi mhac an mhic atá sé cúrsaí a chur ina gceart i ndeireadh na dála, sa dá chás. Is é Darth Vader athair forlámhach an laoich i *Star Wars*, ach is ann do charachtar eile freisin, an t-impire ifreanda Sidious, atá ina chineál athar altrama ag Vader. Faoi mar atá pobail na cruinne faoi ansmacht Vader, tá sé féin faoi dhaorchuing a mháistir impiriúil. Sa dara scannán a rinneadh, *The Empire Strikes Back* (1980), déanann Vader iarracht a chur ina luí ar a mhac dul i bpáirt leis chun an tImpire a chloí agus seilbh a ghlacadh in éineacht leis ar an réalta. Tuigeann Vader go bhfuil sé réamhfheicthe ag an Impire go bhféadfadh Luke é a dhíothú. Nuair a dhiúltaíonn Luke do thairiscint a athar, déanann Vader iarracht é a mharú. Ní éiríonn leis, ach baineann sé lámh dá mhac, agus nuair a shroicheann an laoch áit shlán, ní mór lámh leictreonach a chur ina hionad.

Fillfimid ar mhóitíf na láimhe i gceann tamaill, ach féachaimis ar feadh nóiméid ar an gcaoi a gcuirtear casadh i scéal bunúsach threascairt an athar anseo. Is samhail den athair tíoránta é an tImpire ársa, ach níor éirigh lena phrintíseach, Vader, obair an laoich a chur i gcrích riamh. Tá Vader ag súil go n-éireoidh lena mhac, an t-óglaoch nua, an jab a dhéanamh ina ionad, agus go mbeidh sé féin in ann buntáiste a bhaint as toradh na coimhlinte. Ní shásódh a leithéid de shocrú brí an mhiotais, gan amhras.

Tagann réiteach ar an scéal sa tríú scannán, *Return of the Jedi* (1983), nuair a dhéanann Luke, atá ina ridire lánoilte anois, comhrac aonair le Vader. Baineann Luke an lámh mheicniúil dá athair an uair seo agus tá an seandraoi cloíte. Is ag an bpointe sin a chuireann an tImpire a ladar sa scéal go fíor. Déanann sé iarracht Luke a mhealladh go dtí 'an taobh dorcha'. Feicimid Luke ag stánadh le huafás ar láimh ghearrtha a athar agus ar a láimh leictreonach féin. An bhfuil sé féin anois le teacht i gcomharbacht ar a athair, ní mar rí a dhéanfaidh athbheochan, ach mar sclábhaí an Impire?

Gan amhras, ní ghéilleann Luke. Tugann Sidious faoi go fíochmhar le lasracha draíochta. Níl aon chosaint ag an laoch ar dhiabhlaíocht an Impire. Tá an chuma ar chúrsaí go bhfuil 'Holdfast' tar éis a ghreim a choimeád agus nach bhfuil aon athnuachan le teacht. Impíonn Luke ar a athair teacht i gcabhair air, áfach, agus nuair a fheiceann Vader a mhac ag fulaingt bogann a chroí. Leis an neart ar fad atá fágtha ann, ardaíonn an draoi an tImpire san aer agus caitheann sé síos i bpoll ollmhór é – síos ar ais go hifreann, d'fhéadfá a rá. Tarlaíonn pléascadh drámata i dtóin an phoill. Cloistear scréachaíl dheamhanta agus ansin tost. Tá an tImpire curtha ar neamhní faoi dheireadh.

Trína ghníomh marfach, comhlíonann Vader cinniúint an laoich ar deireadh thiar thall, ach mar chuid den chinniúint sin ní mór dó féin, atá anois ina lánathair den chéad uair, titim freisin chun slí a dhéanamh dá mhac. Tá sé gonta go dona, agus iarrann sé ar Luke an clogad a chlúdaíonn a éadan i gcónaí a bhaint de, rud a mharóidh é. Feiceann an mac den chéad uair aghaidh dhaonna chneasta an athar, an té sin a bhí ina dhíol uafáis agus imeagla amháin go dtí sin. Is tagairt é an taispeánadh seo do mhóitíf mhiotaseolaíoch eile a ndéanann Campbell trácht air, is é sin, íomhá scanrúil an athar ag géilleadh don íomhá ghrámhar, rud a fheictear i scéalta agus i ndeasghnátha a bhaineann le teacht in aois an fhir óig i gcultúir ar fud an domhain. Go deimhin, in agallamh a cuireadh air go gairid sular cailleadh é i 1987, dúirt Campbell gur shíl sé gur miotas cuí a bhí in *Star Wars* don nua-aois agus luaigh sé go sonrach dí-mhascú Vader (1990).

Téama eile in *Star Wars* a ndéanann Campbell caint air san agallamh sin, agus ceann a fheictear go minic san fhicsean eolaíochta trí chéile, is ea gaol an duine leis an meaisín. Ceist a thagann chun cinn arís is arís eile is ea cumas an duine an teicneolaíocht atá cruthaithe aige a ionramháil go stuama. In *Star Wars* déantar tagairt don cheist seo trí mheán Réalta an Bháis, spásárthach ollscriosúil na hImpireachta a dhéanann smionagar de phláinéad iomlán i bhfaiteadh na súl. Pléitear freisin forlámhas an mheaisín ar an duine. Ní hí an teicneolaíocht amháin atá i gceist sa mheaisín sa chás seo, ach meaisín an stáit chomh maith.

Is íomhá de dhá ghné an mheaisín, an teicneolaíocht agus an stát, é Darth Vader. Is sampla an-mhaith é siúd den nós atá ag an bhficsean eolaíochta coincheap teibí a chur in iúl trí íomhá nithiúil a bhfuil fantaisíocht eolaíochta mar bhonn léi (Adams 2000, 16-7). Tá Vader ina thiarna ar struchtúr sóisialta, nó ar mheaisín rialaithe, a chuireann iachall ar gach duine, é féin san áireamh, géilleadh don chóras agus a bhrúnn faoi chois gan trócaire dream ar bith a théann ina choinne. Ar an láimh eile, is meaisín atá i gcuid mhaith de chorp Vader féin, agus braitheann a bheo ar an gclogad leictreonach a cheileann a aghaidh dhaonna de shíor. D'fhéadfaí a rá go bhfuil sé ina sclábhaí ag an meaisín idir anam is chorp, agus go dtí nóiméad deiridh a shaoil is cosúil go bhfuil an meaisín tar éis gach rian den daonnacht agus den chomhbhá a ruaigeadh as.

Mar a chonaiceamar, tá tábhacht shiombalach ar leith ag baint leis an láimh mheicniúil atá ag Vader agus ag Luke. Is sampla an lámh den ní ar a dtugann Darko Suvin 'novum' air – rud nua a eascraíonn as an mbréageolaíocht atá éagsúil le rud ar bith atá ar fáil sa saol réadúil. Cabhraíonn an 'novum' scéal ficsean eolaíochta a chur taobh amuigh de réimse taithí an lucht féachana. Dar le Suvin, is ar an idirghníomhaíocht idir an rud coigríochach seo agus an rud atá sothuigthe a fheidhmíonn an *genre*. Is mar seo a shainmhíníonn sé an ficsean eolaíochta:

A literary genre whose necessary and sufficient conditions are the presence and interaction of estrangement and cognition, and whose main formal device is an imaginative framework alternative to the author's empirical environment (Tugtha in Adams 2000, 7).

Cuireann an dá ghné sin, *estrangement* agus *cognition*, ar chumas an fhicsin eolaíochta a bheith bainteach leis an saol ina mairimid, ach ag an am céanna, dúshlán a thabhairt dúinn féachaint ar an saol sin trí shúile úra. Is ar an teicneolaíocht seachas ar an draíocht atá an novum bunaithe san fhicsean eolaíochta, ach i litríocht níos ársa is cumhachtaí osnádúrtha atá mar bhonn leis na nithe iontasacha a fheidhmíonn sna scéalta. Sampla suntasach dúinne is ea an lámh airgid a bhronnann an leigheasóir miostasach Dian Céacht ar an rí Nuadhu (Gray, 1982), pearsa a raibh Fionn mac Cumhaill ar dhuine dá shliocht dar leis na ginealeolaithe luatha (Ó hÓgáin 1991, 213).

Má fhéachtar ar mhóitíf na bréagláimhe de réir struchtúr Campbell, is siombail í lámh mheicniúil Luke Skywalker ar a theagmháil le cumhachtaí coimhthíocha an mheaisín. I gcás an rí Nuadhu, is fianaise í a lámh airgid ar a theagmháil le cumhachtaí coimhthíocha an osnádúir trí mheán an leigheasóra. Is siombail í ar an neart a shealbhaíonn Nuadhu de bharr na teagmhála sin, agus a úsáideann sé chun teacht i gcabhair ar a phobal, atá anois ag iarraidh stop a chur le filleadh sheanré thíoránta na bhFomhórach, dream a chomhlíonann an fheidhm chéanna sa scéal seo agus a chomhlíonann fórsaí dorcha Darth Vader in *Star Wars*.

Is idirghabhálaí é Vader féin idir na mórchontrárthachtaí i scéal *Star Wars*: idir an meaisín agus an duine; idir a mhac, an laoch óg, agus an tImpire, an tíoránach atá le cloí; agus ag deireadh a shaoil, idir an mhaith agus an t-olc. Go dtí go maraíonn sé an tImpire, is pearsa é nár chomhlíon a ról laochta, nár tháinig i réim go hiomlán, ach a d'fhan teanntaithe faoi scáth a athar ionaid i liombó idir dhá staid.

Is i liombó de chineál a fhanann Fionn mac Cumhaill, freisin, dar le Nagy, agus is é stádas idirghabhálach an laoich úd atá mar bhuntéama le mórphlé Nagy (1985) ar thraidisiún na Fiannaíochta. Is cinnte go leanann beatha Fhinn an chéad dá chéim i mbunstruchtúr laochais Campbell. Scartar é ón saol mór nuair atá sé an-óg agus bronntar fios osnádúrtha air trína theagmháil leis an saol eile, bíodh sin ag doras an tsí, trí dheoch ón sí nó trí bhlaiseadh an bhradáin feasa. Ní fhilleann sé ar ais go hiomlán ar an tsochaí riamh, áfach, agus fanann sé ar an imeall, in aicme a dtugann Bruford *Joseph Nagy's Peter Pan adolescent peer group* uirthi (Bruford, 1987, 37). De bharr go bhfuil Fionn imeallach, is idirghábhálaí é idir saol an chine dhaonna agus an domhan thar teorainn amach ina maireann neacha neamhdhaonna. Mar gheall ar an dá ról atá aige mar rífheinní agus mar fhile, is idirghabhálaí siombalach a phearsa freisin idir an saol eachtrach lenar bhain a athair, Cumhall, agus an comhluadar sibhialta ina raibh ardghradam ag a sheanathair, an draoi Tadhg.

Cé nach dtagann Fionn in inmhe go hiomlán riamh ar bhealaí áirithe, ní hionann sin agus a rá nach é ról an tseantíoránaigh atá i ndán dó i ndeireadh na dála. I scéal 'Thóraíocht Dhiarmada agus Ghráinne' is é Fionn a ghlacann ról 'Holdfast' (Ní Shéaghdha 1967). Is é féin an seantiarna nach ngéillfidh do theacht i dtreis na hóige. Murab ionann agus Darth Vader, ní bhogann croí Fhinn ag deireadh an scéil agus ní ghníomhaíonn sé leis an laoch óg .i. Diarmaid a thabhairt slán. Is ag an bpointe sin a bhuaileann fonn Oscar deireadh a chur le ré Fhinn é féin, ach feidhmíonn Oisín mar idirghabhálaí eatarthu agus déantar an tsíocháin. In 'Toraíocht Dhiarmada agus Ghráinne', mar sin, teipeann ar na Fianna athbhreith shiombalach an laoich a chur i bhfeidhm nuair a ligtear d'Fhionn leanacht air ina cheannaire, agus ní dhéantar athnuachan ar a phobal. B'fhéidir go bhféadfaí féachaint ar an scéal cáiliúil seo mar shiombail de chinniúint litríocht na Fiannaíochta trí chéile, litríocht a chuaigh i léig go mór mar go raibh sí ceangailte go ródhlúth leis an tseanteanga agus leis an seansaol:

Certain types of peculiarly Irish tales succumbed
immediately, being stifled when translated into a
different linguistic milieu, just as an orchid will wither
if planted out of doors from a hot-house. The Irish hero-
tale lives and dies a monoglot – it belongs entirely to
the old Irish world and can never speak any language
but Irish (Ó Duilearga,1999, 175-6).

Ach fillimis arís ar an bpríomhcheist atá á scrúdú againn, is í sin
tarraingt bhunúsach litríocht laochais na Fiannaíochta agus an fhicsin
eolaíochta. Táimid tar éis a mhaíomh gurb é an patrún
Scarúint–Tionscnamh–Filleadh an miotas bunúsach atá mar bhonn leis
na scéalta samplacha a pléadh. Thabharfadh an tóir leanúnach atá ar
leithéidí *Star Wars* le fios go bhfuil neart agus brí ann i gcónaí.
Cabhraíonn an miotas sin leis an duine a shaol a mhaireachtáil i
gcomhthéacs uilíoch agus féachaint roimhe níos faide ná na
deacrachtaí atá le sárú aige féin san am i láthair. Spreagtar dóchas ann
go leanann an chruinne rithim sheasta a chinntíonn go dtiocfaidh
toradh fónta ar a chuid iarrachtaí na bacanna atá air a chur de.

Tá feidhm níos leithne i gceist chomh maith. Is éasca an
bunmhiotas seo a chur i bhfeidhm i gcomhthéacsanna liteartha
éagsúla. San Fhiannaíocht is i seanré dhraíochta bhréagstaire a shuitear
é de ghnáth. Is féidir leas a bhaint as freisin nuair atáthar i mbun
fantaisíochta faoin am atá le teacht nó nuair atáthar ag plé go
meafarach le himeachtaí stairiúla, dhá rud a dhéantar go minic san
fhicsean eolaíochta. Luadh cheana, mar shampla, go ndéanann *Star
Wars* iniúchadh ar an bhforlámhas a d'fhéadfadh an teicneolaíocht a
imirt ar an duine, ach is iomaí tagairt atá ann freisin don stair, go
háirithe do leathadh chumhacht na Naitsithe. Tugann an miotas
Scarúint–Tionscnamh–Filleadh bunsraith don údar a chuireann ar a
chumas na féidearthachtaí a bhaineann le pé comhthéacs atá i gceist
a phlé ar bhealach cruthaitheach. Is féidir leis an méid atá le foghlaim
ón bplé a bhronnadh ansin ar na léitheoirí agus ar an lucht féachana,
díreach mar a bhronnann an laoch a fhilleann abhaile óna aistear an
fios úr atá sealbhaithe ar a phobal lena athnuachan.

LEABHARLIOSTA

Adams 2000: R. Adams, *Science Fiction*, London.

Bruford 1987: A. Bruford, 'Oral and Literary Fenian Tales', in B. Almqvist *et al.*, *Fiannaíocht: Essays on the Fenian Tradition of Ireland and Scotland*, Dublin.

Campbell 1993: J. Campbell, *The Hero with a Thousand Faces*, London.

de Bhaldraithe 1977: T. de Bhaldraithe, *Seanchas Thomáis Laighléis*, Baile Átha Cliath.

de Blácam 1973: A. de Blácam, *Gaelic Literature Surveyed*, dara heagrán, Dublin.

Gray 1982: E. A. Gray, *Cath Maige Tuired – The Second Battle of Mag Tuired*, London.

Hennessy 1873: W. M. Hennessey, 'The Battle of Cnucha', *Revue Celtique* 2, 86-93.

Mac Innes 1987: J. Mac Innes, 'Twentieth-Century Recordings of Scottish Gaelic Heroic Ballads', in B. Almqvist *et al.*, 1987.

Maxford 1999: H. Maxford, *George Lucas Companion*, London.

Nagy 1985: J. F. Nagy, *The Wisdom of the Outlaw*, Berkeley.

Ní Shéaghdha 1967: N. Ní Shéaghdha, *Tóruigheacht Dhiarmada agus Ghráinne: The Pusuit of Diramaid and Gráinne*, Irish Texts Society 48, Dublin.

Ó Broin 1955: T. Ó Broin, *Béaloideas 24: Scéalaí Tíre: Bailiúchán Seanchais ó Ghaillimh*.

Ó Crualaoich 2000: G. Ó Crualaoich, 'Irish Storytelling', in N. Buttimer *et al.*, *The Heritage of Ireland*, Cork, 171-7.

Ó Duilearga 1999: S. Ó Duilearga, 'Irish Tales and Story-Tellers', in A. Dundes, *International Folkloristics – Classic Contributions by the Founders of Folklore*, Oxford, 153-76.

Ó hÓgáin 1988: D. Ó hÓgáin, *Fionn mac Cumhaill*, Dublin.

—— 1991: D. Ó hÓgáin, *Myth, Legend and Romance – An Encyclopaedia of the Irish Folk Tradition*, New York.

Ó Sé 2001: C. Ó Sé, *Traidisiún na Scéalaíochta i gCorca Dhuibhne*, Baile Átha Cliath.

Stockwell 2000: P. Stockwell, *The Poetics of Science Fiction*, Harlow.

ÁBHAR FÍSE

Star Wars Episode IV – A New Hope, 1977.

Star Wars Episode V – The Empire Strikes Back, 1980.

Star Wars Episode VI – Return of the Jedi, 1983.

Joseph Campbell and the power of myth with Bill Moyers. Program two: The Message of Myth, 1990.

tristanic, fenian, and lovers' leaps

JOSEPH FALAKY NAGY

It is a privilege for me to be invited to contribute this study to a collection of scholarship brought together to honor the memory of the late Máirtín Ó Briain, not only a beloved friend but a scholar from whose work I continue to learn so much. Máirtín's absence from the collective hunt for a better understanding of *fiannaíocht*, a subject about which no one knew more than he, is keenly felt among us all. And yet, given how generous he always was in this life with his time and wisdom, it is safe to assume that, in the midst of the joyous *agallamh* with the Fenian heroes he must be having, Máirtín will take the time to send his colleagues still on the hunt a good lead or two.

Since the nineteenth century, scholars have recognized that the popular medieval legend of Tristan (spelled *Tristran* in some of our sources) and Iseut owes a great deal to its Celtic source or sources (Bédier 1905, 103-55; Trindade 1986, 94-5). Perhaps more than any other scholar, Rachel Bromwich has added invaluable detail and nuance to this genealogical connection, in her magisterial studies of the Tristan story (1955, 1991), as well as in her editions of Tristanic verses preserved in the Black Book of Carmarthen (1979-80); the Arthurian tale of *Culhwch and Olwen*, which contains references to both Drustwrn (Tristan) and not one but two Esyllts as members of Arthur's court (Bromwich and Evans 1992, 7, 13); and the Welsh Triads, which refer to the figure of Drystan in various contexts, including the remarkable idea of the lover as swineherd (1978, Triad 26). Despite all this invaluable scholarship, we are still unclear as to just what the story of Drystan and Esyllt was in its original British Celtic setting, and to what extent is the tale as we know it from medieval French, German, and Icelandic literature of the twelfth and thirteenth centuries a post- or even non-Celtic innovation. Also worthy of mention here is a late medieval Welsh prosimetric text that tells the story of the lovers, Esyllt's husband March, and Arthur's intervention in the affair that seems to bring it to a happy end, a very different close from what we have in continental tradition (Thomson 1977; Rowland 1990, 252-4).

Especially perplexing for those in search of Celtic 'genes' in the growth of the Tristan legend in European literature is one of the earliest surviving treatments of the story of the lovers (if not the earliest), the twelfth-century French *Tristran* fragment of Beroul, who may in fact have been an Anglo-Norman poet in the court of Henry II, and therefore as 'insular' as he was 'continental' (Braet and De Lage 1999, I, 9-10). Perhaps on account of Beroul's lean narrative style, and also on account of his work having survived only in fragmentary form, there is little here that seems particularly 'Celtic'. True, as Oliver Padel (1981) has demonstrated, the poet makes reference to what seem to be genuine Cornish place-names, and the designation of one of the three villainous barons who hound the lovers, Denoualen, would seem to be Brythonic (Loth 1912, 101-2; Trindade 1974, 10), but as far as the stuff of story goes, that is, actual motifs and story patterns, Beroul gives us far fewer Celtic bones to chew on than do later treatments, such as the French thirteenth-century prose *Tristan*. Ó Briain's 1991 study of the traditional tale type AT 782, *Midas and the Ass's Ears*, gave us an opening into Beroul's text, by providing an international folkloric context and also a particularly Celtic setting for the curious detail provided by Beroul (but by none of the other early Tristan treatments) that King Mark, Iseut's husband, had horse's ears (Ewert 1939, 39). Possibly a pun on Brittonic *march*, a noun meaning 'horse' but also a personal name derived from Latin *Marcus*, this curious wrinkle to Beroul's text may also have been an indirect echo of classical mythology, as well as a gleam of the famous Celtic nexus between horses and sovereignty.

There is, however, something else in Beroul that Ó Briain, true connoisseur of *fiannaíocht* that he was, doubtless appreciated, a detail that presents us with a striking, almost self-conscious 'Celticism', if I may use such an expression, in the French text. This is the feat of Tristran's heroic leaping, which figures crucially in two related episodes of the text (Ewert 1939, 20-3, 28-9). In the first, Mark's dwarf sets a trap for the lovers by scattering flour around Iseut's bed, so as to produce tell-tale traces of Tristran's nocturnal visit. Tristran, lying in his own bed in the queen's chamber, sees the dwarf scattering the flour and infers that a trap is afoot, but driven by desire, visits his beloved anyway, leaping into her bed and avoiding the flour altogether. Unfortunately for Tristran and Iseut, the dwarf, Mark, and the barons are on the watch for the bed visit. Further complicating matters, Tristran with the exertion of the leap opens a recent wound he received while hunting a boar, and leaves the damning evidence of his blood both in the bed and on the floor where it falls, when, hearing his approaching enemies, he quickly and virtuosically jumps back into his own bed. Caught and condemned, Tristran is sentenced to death by burning. On the appointed day, the guards escorting him to the place for his execution take him for some reason by way of a high cliff overlooking the ocean. Tristran, clearly with a plan in mind and determined to avoid the ignominy of public death, asks the guards to allow him to enter a chapel on top of the cliff, for some solitary reflection. But instead of reflecting, our fidgety *perpetuum mobile* of a hero leaps out of the window in the small structure, down the cliff. Here, Beroul claims, a miracle happens. This is a fall, he tells us, that a squirrel couldn't survive, but with the help of a lifting breeze, Tristran lands onto a ledge on the cliff face unharmed, and climbs the rest of the way down, into the arms of a rescue party on the beach. *Encor claiment Corneualan / Cele pierre le Saut Tristran* (Ewert 1939, 29), says the poet ('The people of Cornwall still call this rock "Tristran's Leap"'). The escaped lover proceeds with his friends to rescue Iseut, who is also scheduled for a shameful execution, and in the company of only two attendants and Tristan's dog, the lovers flee into the forest.

Providing what the Irish would call *dindshenchas* is not Beroul's style, so this passage stands out in more ways than one. And as intriguing as the localization is, in effect the poet's seeming to ground the story as emblematized in Tristran's leap in the local traditions of the Cornish (Padel 1981, 64-5), I would instead focus attention on the linking together of the domestic feat of jumping mightily back and forth (that is, between Tristran's bed and Iseut's), and the out-of-doors feat of jumping over the edge of a cliff, and turning what should be a ungainly fall into a controlled leap. In her comparative study of the Tristan legend, Gertrude Schoepperle, trained in the study of medieval Irish literature, insightfully noted the Celtic, specifically Irish resonances of Tristan's agility:

> It is not in fights shoulder to shoulder that we find Tristan at his best, although the French redactors have not allowed him to remain devoid of distinction in the abilities in which their own heroes excelled. What is most characteristic of Tristan is his nimbleness of hand and foot, his extraordinary possession of his five senses, and his fertility in ruses. Tristan can tune his voice to the birds, Tristan can take prodigious leaps, Tristan can snare the fish and trap the game. He can break the deer as none other can do it. He can teach his dog to bring down the prey without a sound. The mark of his hand is distinguishable by its superior cunning from that of any other; the whittlings which he makes will float on any current, and the sign that he leaves on the highroad is recognized at once as his. By him alone can the twigs be shot into the wall so that they will enter, the one into the other, and remain fixed in a line. With such accomplishments as these Tristan might well meet the requirements for entrance into the band of the Fianna (Schoepperle 1913, 396).

This echo of the *fian* with its initiatory tests of nimbleness,[1] and the resemblance between Beroul's Tristran and perhaps the greatest of Fenian heroes, Diarmaid ua Duibhne, who relies on his remarkable leaping ability to elude his pursuers in the Early Modern Irish *Tóruigheacht Dhiarmada agus Ghráinne* and other texts both earlier and later,[2] are what I will pursue in the rest of this paper. Do the episodes in Beroul's text derive from a lost Brythonic tradition cognate with the Fenian? Or are they directly from an Irish source? These questions have attracted considerable scholarly attention,[3] and they deserve better answers than they have received so far, but such matters will not be directly addressed here.

There is plenty of Fenian narrative that can be added to Schoepperle's dossier contextualizing the physically and mentally nimble Tristan, including, we shall see, a literary narrative whose currency in oral Fenian tradition Dr. Ó Briain demonstrated with characteristic thoroughness. For instance, the remarkably autobiographical portion of the late medieval text *Feis Tighe Chonáin* includes Fionn's account of his adventure as the 'Lad of the Skins' (*Giolla na gCroiceann*), which begins when he meets a group of men upon one cliff and a group of women on the facing cliff (Joynt 1936, 5-7; O'Kearney 1854, 128-32). Accompanied by his retinue, a mortal prince is wooing the otherworldly beauty Athnait (or Donait), who demands as her bride price (*coibhche*) that her suitor leap across the gap between the two cliffs, a condition she ritually sets every year. Her would-be lover standing upon the precipice, evaluating the danger, rethinks and withdraws his suit, at which point Fionn the *Giolla* offers to perform the feat himself. Not only does the lad succeed in jumping across, but he leaps back to the other side as well, winning the love and admiration of Athnait, who provides him with a new suit of clothing, to replace the unseemly skins, the vestiges of Fionn's life of exile in the wilderness. But then in the morning she makes the request of her spouse to repeat the jump every year, putting Fionn under *geasa* that the year he cannot perform the feat will be the year that he dies.[4] The twin compulsions behind the hero's leap (a desire both to possess a female, and to win and maintain a reputation); the feat being a contained process (taking Fionn both forward and backward, and ending where it began), and the ever-present danger of the controlled leap becoming an embarrassing free-fall into a void – these three elements figure pivotally both in the Beroul sequence discussed above and in the *Feis Tighe Chonáin* episode.

Fionn's defining back-and-forth leap presents us with a fine demonstration of the ambiguities that underlie all of the lightfootedness we see in the stories assembled here. It is both amorous, an attempt to reach out toward a beloved 'other', and also reflexive, taking the leaper back to his starting point, away from the beloved, and thereby defining him as selfconsciously standing apart, and keenly aware of this. Furthermore, the leap originally is an impulsive act, undertaken by the young Fionn after evaluating the situation, but its repetition is compulsory, an obligation redolent of Fionn's mortality.

Extending the symbolic implications of Fionn's jump, the author of the *Feis*, immediately after the account of Fionn's shedding his identity as Lad of the Skins, presents the story of another paradoxical leaper in the *fian* (Joynt 1936, 7; O'Kearney 1854, 132-4). This is the warrior Daolghus mac Oilealla Cais, who has three peculiar characteristics: he leaps over his own gravestone every day, although he is alive; his daughter is also his mother; and, his death notwithstanding, he himself seeks reparation from the man who slew him. Fionn explains the riddle. Daolghus is slain by a fellow member of Fionn's band. When the dead warrior's nubile daughter comes to the corpse of her father and kisses him, a reddish berry (*caor*) leaps (*lingid*) from his mouth into hers, and from this she grows heavy with child. Her offspring, also named Daolghus, takes to jumping over his previous incarnation's gravesite, as his first 'foolish sport' (*do'n chéad rabhra baoise*), and proceeds to seek revenge for 'his' slaying. The curious production of Daolghus the Second happens with the 'leap' of heroic essence from father to daughter in a closed system, as symbolized by both the incest and the daily act of leaping, which, like Fionn's, starts as whim but becomes rote. Furthermore, in his eagerness to settle the score with his slayer, the recycled Daolghus shows that he is acutely concerned with his reputation – like the eager social climber Fionn of the Lad of the Skins episode, the status-conscious, execution-avoiding Tristran, and the nervous Diarmaid who, before he takes his fateful, spectacular leap out of Fionn's court and elopes with Gráinne, polls his Fenian colleagues about how he should respond to her insistence that they run away together (Ní Shéaghdha 1967, 14).

The hero-lover's leap as we have seen it so far is not unidirectional.

It is more than the trajectory of a lover drawn irresistibly toward a beloved; indeed, especially when the hero leaps back and forth, it becomes a way for him to leap away from excessive involvement, a seizing of control over that involvement, and a means of protecting his reputation. But such virtuosic ubiquity can be a form of entrapment instead of a sign of liberation, when the lover-hero is hoisted on his own petard. I am thinking here of how Fionn's death is already inscribed in his act of jumping back and forth at the behest of Athnait. The dangers involved in leaping like a lover are all too clear in the early Fenian tale about 'Fionn and the Man in the Tree' (Meyer 1904, 346-8), in which Fionn's consort is said to fall in love with his *gilla* Derg Corra because he leaps back and forth over the *fulacht*, though apparently not with the goal of catching her attention and affection. Indeed Derg Corra rejects her advances, at which she accuses him of having sexually assaulted *her*, an accusation that Fionn takes seriously. Derg Corra runs away into the wilderness, on the legs of deer, as the text cryptically says, and then appears to the pursuing Fionn as an anonymous figure in a tree, sharing food with a deer, a blackbird, and a leaping trout (*brecc bedcach*) in a vessel in his hand. The *gilla's* avoidance of sexual entanglement figures at the center of this self-contained idyll, but he is devoid of movement (the animals do the moving for him) and devoid of identity, wearing a hood of concealment (*celtair díclithe*), and recognized only by virtue of Fionn's mantic powers. The text does not tell us what happens to Derg Corra, perhaps because it is no longer relevant: unhero-like, he has abandoned all claim to heroic identity – as if Fionn had never shed his skins, as if Diarmaid had just said 'no' to Gráinne, and as if Tristran had just stayed in his own bed.

Therefore, the *gilla* who leaps back and forth over the fire is an exceptional case, but there is at least a little of Derg Corra even in the more heroic leaping lovers we have examined. He is after all Fionn's avatar and a reflection of his earlier self, as I have argued elsewhere (J.F. Nagy 1985, 136-40). Diarmaid, meanwhile, avoids a sexual relationship with Gráinne until she, slyly referring to a splash of water (which has been bolder with her than he has ever been), calls his manly reputation into question (Ní Shéaghdha 1967, 46; Schoepperle 1913, 413-7). Even the evergreen lover Tristran is after all the victim of an accidentally ingested love potion, which functions like a liquid *geis*. Tristran waxes and wanes in his attachment to Iseut as it is described in Beroul; the love potion wears off after a while, leading to repentance and a temporary cessation of amorous relations (Ewert 1939, 64). The on-again/off-again nature of the lovers' relationship in the continental Tristan story, including the hero's ultimate vacillation between two Iseuts (perhaps already implicit in *Culhwch*, as mentioned above), becomes much easier to understand when seen in the context of Fenian lovers who jump skittishly toward women (and toward the heroic reputation that they offer or the obtaining of their affection), as well as away from them and the demands they make. Moreover, our viewing Tristan and Iseut's relationship in Fenian terms, and factoring in an element of repulsion as well as attraction between the lovers, can provide an explanation of why the story as we have it works against itself, striking modern readers in all the surviving medieval treatments as episodic, easily fragmentable, and lacking development from one episode to another.

So far, we have considered the lover's leap as a movement by which lovers are united or separated in certain bodies of story in, or derived from, Celtic tradition. While the deadly potential of such leaping and its consequences have not escaped our attention, we have not come across so far the type of story the term 'lover's (or lovers') leap' evokes when used onomastically in modern popular culture: that is, a sad tale of lovers who in face of opposition to their love decide to take their lives by jumping off a mountain, hill, or other elevated point in the landscape, which subsequently is named in reference to the tragedy (Burrison 1996). This narrative pattern has a venerable pedigree, going back to classical Greek tradition and stories about fabled men and women (including the goddess Aphrodite and the poetess Sappho) jumping off rocks out of love-sickness, or in order to cure themselves of love-sickness (G. Nagy 1990).

While neither Fenian nor Tristanic tradition to the best of my knowledge features any instance of a 'lovers' leap' in this sense, in the narratives we have examined there is a clear sense that what goes up must come down, and that perilously little separates a leap from a fall. In Beroul's account, we might well wonder, did Tristran think he was going to survive the jump down the cliffside? After all, his living to tell the tale is hailed as a miracle, with a fortuitous breeze, a jutting rock, and God's mercy breaking Tristran's fall. And in the case of Fionn's debut leap, the foreknowledge of his death, of his eventually not being able to leap across and his subsequent fall into the void, comes to him as a grim bonus, along with the possession of an otherworldly lover. Diarmaid ua Duibhne, in his own story, cannot escape the consequences either of his leaping away into a life of ambiguity with his leader's wife, or of the fateful splash of water touching Gráinne, a seemingly minor matter that brings their relationship to a critical juncture. Fittingly, Diarmaid's death in the *Tóraigheacht* comes about as the result of water *falling down* – that is, the water which Fionn brings in his cupped hands that could have healed Diarmaid's fatal hunting wound, but which the jealous husband allows to pour down and out between his fingers (Ní Shéaghdha 1967, 90-4).

There is, however, no indication in our texts of the reincarnated Daolghus or the exiled Derg Corra ceasing their movement, falling, or dying. Perhaps their kind of leaping, away from an Irish version of Potiphar's wife in the case of Derg Corra, and away from the concept of exogamous intercourse altogether in the case of the asexually (or incestuously?) conceived Daolghus, holds the key to the superhuman longevity traditionally attributed to some Fenian heroes. Is it coincidence that the name *Daolghas* is also associated with the young Caoilte mac Rónáin in Fenian balladic tradition (Murphy 1953, 358)? Caoilte, alongside Fionn's son Oisín, somehow manages to survive long enough past the era of Fionn and his *fian* to encounter St Patrick, this meeting famously forming the premise of the medieval Fenian masterpiece *Acallam na Senórach*.

Early modern Fenian tradition, while content to leave Caoilte's survival a mystery (or to leave him out of the story altogether), has an explanation for Oisín's escaping death and surviving into the Christian era. Thanks to Dr. Ó Briain's 1989 examination of the story and *laoidh* of Oisín in the Land of Youth, we know that the influential eighteenth-century poem was indeed based on traditional narrative, although it was clearly shaped by the literary sensibilities of its time. The outline of the 'folk' version, as culled by Ó Briain from nineteenth- and twentieth-century collections, bears a resemblance to the 'most widespread' orally transmitted story about the demise or disappearance of Fionn's trusty hound and cousin Bran, multiforms of which Ó Briain assembled and studied in another of his publications (1996, 194-7). In these tales, the hunting hero follows a leaping deer or hare to a lake, into which he plunges in order to follow the oddly amphibious animal (Bran), or into an otherworldly realm, which he enters in hot pursuit of the preternaturally swift game (Oisín). In one of the Oisín variants, he is taken away into an otherworld by a fine-looking horse he encounters, and onto whose back he cannot resist leaping (Ó Briain 1989, 190). Bran's story stops at this point: he just disappears into the water and is never seen again. But Oisín's tale has more in store. He learns that he has been lured by an amorous supernatural female in animal form to her home. He accepts the offer of her love and lives with her in this timeless realm, until he grows nostalgic and wishes to return home for a visit. His lover warily gives him permission to go, provides him with a special horse, but warns Oisín against dismounting or touching the ground while he is back in his own world. Visiting some old Fenian haunts, by now long bereft of the company of Fenian heroes, Oisín is asked by some latter-day humans in need of heroic intervention to help them lift a stone – a favor that he, ever mindful of the reputation he has to uphold, happily grants, as all the Fenian heroes we have considered here would.[5] Unfortunately for Oisín, in lifting the stone, or performing whatever task is required of him in the various oral multiforms of this story, he loses his balance, or the girth snaps, and Oisín falls to the ground, thereby disobeying his fairy lover's injunction, albeit unwittingly. He does not fall to his death but finds upon recovering himself that he has become old, blind, and decrepit. In a deft touch provided by whoever composed the eighteenth-century lay, the horse, as energetic as his mistress is forever youthful, gallops away, startled by Oisín's fall (O'Looney 1859, 278), as if to make painfully clear the different directions in which their divergent identities have ultimately taken the Fenian hero and his otherworldly mistress.

A Fenian tale I would add to the dossier that Ó Briain assembled for setting 'Oisín in the Land of Youth' in its traditional context, is yet another recounted by Fionn himself in *Feis Tighe Chonáin*, this one concerning his punishment at the hands of a jealous supernatural female who lures him into a lake that turns men old. The 'bait' is a ring that falls (is thrown) into the water, and which the girl asks Fionn to recover. He gallantly dives in and finds it for her, but instead of rewarding Fionn, she mocks him for his drastically changed appearance, pointedly jumps into the lake herself, and disappears. Admittedly, a big difference is that Oisín's almost maternally solicitous girlfriend does not want him to lose his immunity to age, while the *Feis* female plots to have Fionn lose his youth, but I wonder whether intentionality and motivation are all that important in these stories, or for our appreciation of their shared thematic underpinning. The narratives clearly resonate with each other: Oisín falls to the ground and rises subject to his long-deferred age, while Fionn sinks to the depths and surfaces to find himself in a state of premature senility. That in the *Feis* story leaping is an important motif, we can see from its coda. The vessel containing a drink that rejuvenates and enlightens Fionn, a beverage he forces the otherworld to give him, magically leaps onto the ground after Fionn starts sharing it with the members of the *fian* (*tuc an t-eascra cliseadh as a láimh ar in talmain*: Joynt 1936, 38: cf. O'Kearney 1854, 172), and, burrowing into the earth, is never seen again.

It would bring this survey of heroic and fatal leaps to a tidy conclusion if I could cite an instance from the considerable body of medieval literature about Tristan in which he actually does fall or leap to his death – an analogue to the scenes we have found in Fenian tradition where the strategy of jumping to stay alive, to win or maintain a reputation, or to stay at the right distance from or closeness to the beloved, no longer works for the hero – where the hero leaps too far or once too often, or the leap turns into a free-fall. Beroul's incomplete text does not tell us how Tristran died, while other surviving accounts that finish his story do not present anything explicitly along these lines. Worth noting, though, are the circumstances leading to his death as recounted in the twelfth-century Middle High German telling of the Tristan and Iseut story by Eilhart von Oberge, the earliest account to have survived in a complete form. The hero and his companions, distracted by the pursuit of a deer that leaps before them on their way through the forest, tire out their horses and lose time, thereby giving their pursuing enemies the chance to catch up with them, and Tristrant is dealt a mortal blow. The latter comes to the hero not from the source we would expect (namely, Mark, the husband of Isalde), but from the cuckolded mate of a woman whom Kehenis, the brother of the *other* Isalde, had just visited (aided and abetted by his brother-in-law Tristrant) before the hunting episode (Thomas 1978, 151-2). Thus, in Eilhart's text, Tristrant, misled by leaping prey and loyal to his companions to the end, dies a very Fenian death – yet another detail that makes the reading of this hero in terms of *fiannaíocht* all the more convincing.

NOTES

[1] As described by Keating (1902–14, II, 334) and his probable source (O'Grady, 1, 92-3).
[2] Noted in Schoepperle 1913, 286.
[3] On the Irish analogues, see Carney 1955, 189-242, and Cormier 1976.
[4] Later in the same text Fionn recounts another episode of leaping, in which, once again, per the request of another of Fionn's lovers, the leap must be repeated every year until the hero's death (Joynt 1936, 44; O'Kearney 1854, 180).

5   In the second tale presented in the *Feis Tighe Chonáin*, featuring the motif
of the leap the performance of which staves off death and/or ignominy,
the task is made all the more difficult for Fionn with the extra condition
imposed by the female that he must leap over the designated rock
carrying a flagstone: consequently, says Fionn, 'I hardly ever performed a
feat on earth that was more difficult than that leap' (*is bec má dorinnus ariam
gníomh ar thalmain badh doilghe liom do dhéanamh iná in léim sin do thaphairt*), (Joynt
1936, 44; cf. O'Kearney 1854, 180).

WORKS CITED

Bédier 1902-5: J. Bédier, *Le roman de Tristan par Thomas*, I-II, Paris.
Braet agus de Lage 1999: H. Braet, agus G. Raynaud de Lage, *Tristran et Iseut*,
I-II, Paris.
Bromwich 1955: R. Bromwich, 'Some Remarks on the Celtic Sources of
"Tristan" ', *Transactions of the Honourable Society of Cymmrodorion* (1955), 32-
60.
Bromwich 1978: R. Bromwich, *Trioedd Ynys Prydein: The Welsh Triads*, Cardiff.
Bromwich 1979-80: R. Bromwich, 'The Tristan Poem in the Black Book of
Carmarthen', *Studia Celtica* 14-5, 54-65.
Bromwich 1991: R. Bromwich, 'The *Tristan* of the Welsh', in R. Bromwich *et
al.*, *The Arthur of the Welsh: The Arthurian Legend in Medieval Welsh Literature*,
Cardiff, 209-28.
Bromwich agus Evans 1992: R. Bromwich agus D. S. Evans, *Culhwch and Olwen:
An Edition and Study of the Oldest Arthurian Tale*, Cardiff.
Burrison 1996: J. A. Burrison, 'Lovers' Leaps', in J. H. Brunvand, *American
Folklore: An Encyclopedia*, New York, 450.
Carney 1955: J. Carney, *Studies in Irish Literature and History*, Dublin.
Cormier 1976: R.J. Cormier, 'Open Contrast: Tristan and Diarmaid', *Speculum*
51, 589-601.
Ewert 1939: A. Ewert, *The Romance of Tristran by Beroul: A Poem of the Twelfth
Century*, I, Oxford.
Joynt 1936: Maud Joynt, *Feis Tighe Chonáin*, Dublin.
Keating 1902–14: G. Keating, *Foras Feasa ar Éirinn: The History of Ireland*, Irish
Texts Society 4, 8, 9, 15, eag. agus aistr., D. Comyn agus P. S. Dinneen,
I-IV, London.
Loth 1912: J. Loth, *Contributions a l'étude des Romans de la Table Ronde*, Paris.
Meyer 1904: K. Meyer, 'Finn and the Man in the Tree', *Revue Celtique* 25, 344-
9; (see E. J. Gwynn's addendum, *Ériu* 11 [1932], 152-3).
Murphy 1953: G. Murphy, *Duanaire Finn: The Book of the Lays of Fionn*, III, Irish
Texts Society 43, Dublin.

Nagy 1990: G. Nagy, 'Phaethon, Sappho's Phaon, and the White Rock of Leukas: Reading of the Symbols of Greek Lyric', in *idem*, *Greek Mythology and Poetics*, Ithaca NY, 223-62.

Nagy 1985: J. F. Nagy, *The Wisdom of the Outlaw: The Boyhood Deeds of Finn in Gaelic Narrative Tradition*, Berkeley.

Ní Shéaghdha 1967: N. Ní Shéaghdha, *Tóruigheacht Dhiarmada agus Ghráinne: The Pursuit of Diarmaid and Gráinne*, Irish Text Society 48, Dublin.

Ó Briain 1989: M. Ó Briain, 'Some Material on Oisín in the Land of Youth', in D. Ó Corráin *et al.*, *Sages, Saints and Storytellers: Studies in Honour of Professor James Carney*, Maynooth, 181-99.

Ó Briain 1991: M. Ó Briain, 'The Horse-Eared Kings of Irish Tradition and St. Brigit', in B. J. Hudson and V. Ziegler, *Crossed Paths: Methodological Approaches to the Celtic Aspect of the European Middle Ages*, Lanham MD, 83-113.

Ó Briain 1996: M. Ó Briain, 'The Conception and Death of Fionn mac Cumhaill's Canine Cousin', in A. Ahlqvist *et al.*, *Celtica Helsingiensia: Proceedings from a Symposium on Celtic Studies*, Helsinki, 179-202.

O'Grady 1892: S. H. O'Grady, *Silva Gadelica: A Collection of Tales in Irish*, I-II, London.

O'Kearney 1854: N. O'Kearney, 'Feis Tighe Chonain Chinn-Shleibhe; or, The Festivities at the House of Conan of Ceann Sleibhe', *Transactions of the Ossianic Society* 2.

O'Looney 1859: B. O'Looney, 'Tír na n-Óg: The Land of Youth', *Transactions of the Ossianic Society* 4, 227-79.

Padel 1981: O. J. Padel, 'The Cornish Background of the Tristan Stories', *Cambridge Medieval Celtic Studies* 1, 53-81.

Rowland 1990: J. Rowland, *Early Welsh Saga Poetry: A Study and Edition of the Englynion*, Cambridge.

Schoepperle 1913: Gertrude Schoepperle, *Tristan and Isolt: A Study of the Sources of the Romance*, I-II, Frankfurt.

Thomas 1978: J. W. Thomas, *Eilhart von Oberge's Tristrant*, Lincoln NE.

Thomson 1977: R. L. Thomson, 'The Welsh Fragment of Tristan (Trystan ac Esyllt)', in J. Hill, *The Tristan Legend*, Leeds, 1-5.

Trindade 1974: W. A. Trindade,, 'The Enemies of Tristan', *Medium Aevum* 43, 6-21.

Trindade 1986: W. A. Trindade 'The Celtic Connections of the Tristan Story', *Reading Medieval Studies* 12, 93-107; 13 (1987), 71-80.

ó ðhónall na Gréine go sideshow bob

filíocht na Gaeilge faoi bhrat an bhéarla

RIÓNA NÍ FHRIGHIL

A translation remains perhaps the most direct form of commentary
(D.G. Rosetti 1919, 175).

Translation is our condition
(Michael Cronin 1996, 199).

Ag trácht dó ar thábhacht an léargais a thugann teangacha mionlaithe ar chúrsaí aistriúcháin, deir Lawrence Venuti:

> Minor cultures are coincident with new translation strategies, new translation theories, and new syntheses of the diverse methodologies that constitute the discipline of translation studies. (Venuti 1998, 135-36).

Ba mhaith liom bailíocht an ráitis seo a scrúdú i gcomhthéacs litríocht agus chritic na Gaeilge. An bhfuil nuálacht ag roinnt leis an mhodh aistrithe atá in úsáid acu siúd a aistríonn filíocht na Gaeilge go Béarla? An éilíonn staid mhionlaithe na teanga straitéis ar leith aistriúcháin? Cad iad na himpleachtaí atá ag an fhlosc chun aistrithe do chritic liteartha na Gaeilge? An fiú do chriticeoirí na Gaeilge coincheapa léirmhínithe léann an aistriúcháin a chur ag obair ar shaothair Ghaeilge? Pléifidh mé modh aistrithe Paul Muldoon agus an dóigh a ndeachaigh criticeoirí Gaeilge i ngleic leis na haistriúcháin Bhéarla seo de bhundánta Nuala Ní Dhomhnaill. Ansin léireoidh mé an dúshlán a thugann saothar Ghearóid Mhic Lochlainn do na tuiscintí atá léirithe ag criticeoirí na Gaeilge ar chúrsaí aistriúcháin.

Bainfidh mé úsáid as an fhocal 'aistriúchán' sa chiall is leithne den fhocal: earraí ó chóras teangeolaíoch amháin atá á mbogadh trasna go córas teangeolaíoch eile a bheidh i gceist agam. Ní easpa géarchúise a thugann orm mionphlé ar an difear idir 'aistriúchán', 'leagan' agus 'aithris' a sheachaint, ach an tuairim láidir nach gcuidíonn na hidirdhealuithe seo gona mbéim ar an bhuntéacs agus ar pharaidím na coibhéise, lenár dtuiscint ar ghníomh an aistrithe féin.

Is é Paul Muldoon an t-aistritheoir is intleachtúla agus is díograisí atá ag Nuala Ní Dhomhnaill, dar le Caoimhín Mac Giolla Léith (2000, 150). Cé gur dual do chriticeoirí agus do léirmheastóirí na gcnuasach dátheangach aitheantas a thabhairt dá chumas mar aistritheoir, is minic iad ag léiriú mífhoighde le diabhlaíocht Muldoon mar a fheictear dóibh é: an easpa mínithe, scaoilteacht na n-aistriúchán, an t-athrú díoscúrsa agus dílaithriú an bhuntéacs (féach, mar shampla, Hollo 1999, Nic Dhiarmada 1993, 3-4, Ó Séaghdha 1993, 143-5).

Is í Kaarina Hollo (1999) is cáintí i dtaobh aistriúcháin Muldoon agus grinnanailís á déanamh aici ar an chnuasach dátheangach The Astrakhan Cloak (1992). Cé go dtugann Hollo aitheantas don amhras atá caite ag teoiriceoirí an aistriúcháin ar choincheapa na bunúlachta agus ar choincheap na coibhéise, maíonn sí go mbaineann na coincheapa seo le tuiscint an phobail ar cad is aistriúchán ann, agus baineann sí earraíocht astu dá réir.

Ceann de na lochtanna is mó a fhaigheann Hollo ar an chnuasach The Astrakhan Cloak (AC thíos) is ea an roghnú a rinne Muldoon ó thaobh dánta de. Feictear di gur fágadh ar lár na dánta a raibh tagairtí iontu don Sean-Tiomna, don mhiostaseolaíocht chlasaiceach agus d'fhoinsí coimhthíocha eile, rud nach dtugann cothrom na Féinne, dar léi, d'fhairsingeacht shamhlaíocht Ní Dhomhnaill. Léiríonn an lochtú seo, áfach, an laige a bhaineann le slat tomhais Hollo féin atá dírithe rómhór ar an bhuntéacs agus nach gcuireann mianach claochlaithe an aistrithe san áireamh. Má dhéantar staidéar ar na haistriúcháin féin, feictear go dtarraingíonn Muldoon ar iliomad foinsí nach dtagraítear dóibh sa bhunsaothar ar chor ar bith. Sa dán 'The Black Train' (AC, 29), mar shampla, déantar tagairt do na carachtair 'the Headless Horseman' agus 'Ichabod Crane' as scéal cáiliúil Washington Irving The Legend of Sleepy Hollow (1821), agus don arracht 'Windigo' ó mhiotaseolaíocht na mbundúchasach Meiriceánach, foinsí nach bhfuil luaite sa bhundán ar chor ar bith. Tagraíonn Muldoon do Bhé na Sean-Ghréige, 'Terpsichore', agus don tseanbhean bhocht nó 'Old Gummy Granny' Joyce as caibidil a cúig déag de *Ulysses* (1922), sa dán 'Cathleen' (AC, 39), cé nach luaitear iad i mbundán Ní Dhomhnaill dar teideal 'Caitlín' (AC, 38). Cé nach ionann na foinsí, léiríonn aistriúcháin Muldoon an ilghnéitheacht chéanna is a léiríonn bundánta Ní Dhomhnaill. Ní hann do chúinge na bhfoinsí a shamhlaíonn Hollo leis na haistriúcháin. Is ríléir mar sin go gcaithfear coincheapa eile léirmhínithe seachas coincheap na coibhéise nó na dílseachta a chur ag obair ar aistriúcháin Muldoon leis an togra a thuiscint.

Ag teacht leis na tuairimí atá léirithe ag Lawrence Venuti faoin cheansú agus faoin cheilt a dhéanann an modh aistrithe dúchasaithe ar an bhundán, faigheann Hollo locht ar líofacht aistriúcháin Muldoon toisc gur dual dó, dar léi, slacht a chur ar na dánta, iad a dhéanamh níos liriciúla, giotaí a ghiorrú agus úsáid a bhaint as béarlagair mífhóirsteanach. Diúltaíonn sí don nádúrú seo a dhéanann Muldoon ar na bundánta toisc go bhfágtar iad in áit na leathphingne, dar léi (Hollo 1999, 141).

Is fíor do Hollo go ndéanann Muldoon athchultúrú ar théarmaí tagartha áirithe, go gcuireann sé an téacs in oiriúint don spriocdhioscúrsa agus do léitheoirí Meiriceánacha go speisialta. Níl anseo, ámh, ach cuid den scéal. Is minic modh coimhthithe a chuireann béim ar ghníomh an aistrithe, in úsáid ag Muldoon. In aistriúcháin ar nós 'Carnival' (AC, 13), 'Deep-Freeze' (AC, 37) agus 'Raven's Rock' (AC, 48-51), fágtar tagairtí do mhiotaseolaíocht na Gaeilge, nathanna cainte ar lomaistriúcháin iad ón Ghaeilge agus focail logánta Bhéarla gan aon mhíniú. Luaitear 'the Daghda' agus 'the famous river' sa dán 'Carnival', mar shampla, ach ní mhínítear cé hé an Daghda ná gurb í an Bhóinn an abhainn atá i gceist. Fágtar an tagairt do charachtar cáiliúil scéal an tSeabhaic, Jimín Mháire Thadhg, gan aon mhíniú sa dán 'Deep-Freeze'. Ní túisce a mhealltar an spriocléitheoir le cuma na tuisceana saoráidí ná go dtugtar dúshlán na tuisceana céanna. Dála Hollo, áfach, is iondúil go ndíríonn criticeoirí ar ghné amháin de thogra aistrithe Muldoon, mar atá, líofacht a chuid aistriúchán, agus nach dtugtar aitheantas d'ilghnéitheacht na modhanna aistrithe a bhíonn in úsáid aige.

Is í an fhadhb atá leis na slata tomhais a tharraing criticeoirí éagsúla chucu féin go dtí seo agus aistriúcháin Muldoon faoi chaibidil acu, ná nach gcuireann siad gné fhéin-athfhillteach de thogra Muldoon san áireamh. Ag trácht ar a chuid aistriúchán féin, dúirt James Clarence Mangan:

> Moreover, a paraphrase, palmed on the public as a translation, is an imposture, and the palmer is an impostor; and the character of an impostor is one that no man assumes for nothing. (Luaite in Lloyd 1987, 134)

Creidim go bhfuil Muldoon ar aon iúl le Mangan agus go bhfuil buntuiscintí an phobail faoi bharantúlacht agus faoi bhunúlacht an bhuntéacs, agus faoi fheidhm an aistritheora á gceistiú trí mheán an aistriúcháin. Cé go gcáineann Barra Ó Séaghdha (1993, 143-5) an easpa mínithe a thugtar ar mhodh aistrithe Muldoon sa réamhrá don chnuasach The Astrakhan Cloak, is dóigh liom go bhfuil an leid le fáil i dteideal an chnuasaigh féin. Is gnách go nglactar leis gur imeartas focal é an focal 'Astrakhan' ar an fhocal Gaeilge 'aistriúchán' agus go bhfuil bréige na haithrise mealltaí á cur in iúl. Síltear gur ag magadh faoina thogra féin atá Muldoon agus tagairt don 'cloak' sa teideal – gur mó atá á cheilt ná á fhoilsiú ag na haistriúcháin. Is amhlaidh, áfach, nach faoi fhéin ach faoin léitheoir atá Muldoon ag magadh. Má tá cuma umhal leithscéalach ar theideal an chnuasaigh, níl ann ach cuma. Is mór ag Muldoon gogaille gó a dhéanamh den léitheoir a chuartaíonn 'fírinne' nó 'dílseacht' san aistriúchán.

Thiocfadh leis an aistriúchán a bheith chomh coimhthíoch leis an chathair Rúiseach féin, Astrakhan. Leoga, seans nach n-áiríonn Muldoon a dhánta mar aistriúcháin ar chor ar bith, agus gur leid atá sa teideal go bhfuil bundánta á gcur i láthair i mbréagríocht aistriúchán. An fhadhb leis an chlóca, dar ndóigh, faoi mar a mhíníonn David Lloyd i gcás Mangan a thugadh 'The Man in the Cloak' ar féin go minic, ná nach féidir a rá riamh cé acu an bhfuil rud i bhfolach faoin chlóca nó nach bhfuil. Tharlódh sé nach bhfuil aon rud le ceilt ag an chlóca, ach go bhfuiltear ag iarraidh aird a tharraingt ar an fheisteas féin – an clóca nó próiseas an aistrithe féin. Sílim gur chuige sin atá Muldoon. Is mór aige an clóca agus an fhiosracht a mhúsclaíonn sé. Tá an bhéim á leagan aige ar an scil atá ag an aistritheoir an chuma a chur ar an scéal go bhfuil rud éigin le táirgeadh aige agus an chumhacht a leanann de sin. Is cosúil go dtuigeann sé féin, áfach, go mb'fhéidir go bhfuil an scil agus an chumhacht comh bréagach le bréagfhionnadh an chlóca *Astrakhan* óir ní leasc leis barantúlacht na scríbhneoireachta cruthaithí a eascraíonn as próiseas an aistrithe a cheistiú ach oiread.

Is iondúil gurb í líofacht aistriúcháin Muldoon an t-ábhar imní a bhíonn ag criticeoirí a chreideann go gceiltear gníomh an aistrithe agus bundánta Ní Dhomhnaill dá réir. Ina choinne sin, is í an easpa líofachta in aistriúcháin Muldoon is spéis leis an chriticeoir Caoimhín Mac Giolla Léith (2000) in alt léirsteanach leis. Áitíonn sé go bhfuil an do-aistritheacht ina tréith de roinnt d'fhilíocht Ní Dhomhnaill agus go sáraíonn struchtúr dánta áirithe ar na haistritheoirí is ábalta. Maidir leis an aistriúchán a rinne Muldoon ar dhán Ní Dhomhnaill dar teideal 'Dubh' ina bailiúchán *Cead Aighnis* (CA thíos), deir sé: [...] *Paul Muldoon's* *'Black' is in many ways a heroic but ultimately hopeless attempt at translating the belligerently untranslatable* (Mac Giolla Léith 2000, 155).

Déanann Mac Giolla Léith mionphlé ar líne dheireanach an dáin 'Dubh' (CA, 15-6), mar a mbaineann Ní Dhomhnaill úsáid chliste as bríonna contrártha an fhocail 'bán', mar léiriú ar dho-aistritheacht an dáin. Is fíor dó gur thug an ghné seo den dán cáithnín do Muldoon mar is léir ó na hiarrachtaí éagsúla a rinne sé an líne a aistriú. Nuair a foilsíodh an t-aistriúchán i dtús báire in Earrach na bliana 1998, ba é an t-aistriú a rinne sé ar na línte seo a leanas sa bhuntéacs:

Mar tá Shrebrenice, cathair an airgid,
'Argentaria' na Laidne,
bán.

ná:

> 'Argentaria', as the Romans called it-
> is suddenly wan, waste and wan
> (Muldoon 1998a, 489).

Nuair a foilsíodh an bundán mar aon leis an aistriúchán níos moille an bhliain chéanna, ba é an t-aistriú a bhí orthu ná 'Argentaria', as the Romans called it-/ is blank (Muldoon 1998b). Fóireann an t-aistriú seo don dán nuair a smaoinítear ar chuid de na sainchiallacha atá ag an fhocal 'blank' sa Bhéarla, mar atá:

> bearing no marks, without ornament or break, empty, void, exhibiting no interest or expression, lacking understanding, devoid of ideas or inspiration, barren, an emptiness, something characterized by incomprehension or mental confusion, short for 'blank cartridge' (Collins 1991, 165).

Is i gcomhthéacs fhoghair seachas shéimeantaic an fhocail, ámh, is fearr a thuigtear seiftiúlacht Muldoon. Cuireann an focal 'blank' stop tobann le scaoileadh an urcharfhocail 'dubh' sa bhundán. Is trí mheán an aistriúcháin mar sin a dhéantar foilsiú ar ghné thábhachtach den bhundán, mar atá, a cháilíochtaí fuaime. Is ag diúltú don ghaol cliarlathach idir brí agus fuaim an fhocail atá Muldoon, diúltú atá go mór i dtiúin le dearcadh Ní Dhomhnaill féin ar thábhacht na haithrise. Tagann cur chuige seo Muldoon leis an mhodh aistrithe a mholann Gayatri Chakravorty Spivak agus béim á cur aici ar cháilíocht reitriciúil gach teanga agus ar mhianach treascrach na cáilíochta céanna:

> There is a way in which the rhetorical nature of every language disrupts its logical systematicity. If we emphasize the logical at the expense of these rhetorical interferences, we remain safe. [...] The ways in which rhetoric or figuration disrupt logic themselves point at the possibility of random contingency, beside language, around language (Spivak 1992, 178).

Áiríonn Mac Giolla Léith an úsáid a bhaineann Ní Dhomhnaill as ábhar béaloidis agus as cora cainte mar 'capall úd Uí Ráthaigh' agus 'an sáspan dubh', ar cheann de thréithe do-aistrithe an dáin. Is fíor go gcaithfear na tagairtí seo a mhíniú do léitheoirí na sprioctheanga, ach d'fhéadfaí an rud céanna a mhaíomh i dtaobh fhórmhór léitheoirí Gaeilge na freacnairce fosta. Is é sin le rá, caithfidh an léitheoir Gaeilge agus an t-aistritheoir teacht chun réitigh le struchtúr diacronach na teanga, le hidirthéacsúlacht gach focail agus leis an athrú a thagann ar bhrí agus ar shainchiall focal i gcaitheamh an ama. Creidim go mbaineann an cháilíocht friotaíochta seo a aithníonn Mac Giolla Léith i saothar Ní Dhomhnaill, ní hamháin le cúrsaí aistriúcháin, ach le próiseas na léitheoireachta trí chéile. Éilíonn filíocht Ní Dhomhnaill léitheoir gníomhach a bheidh páirteach i gcruthú na brí, léitheoir a aithneoidh mianach iolrach treascrach an téacs a cheistíonn idéolaíochtaí ceannasacha agus tuiscintí seanbhunaithe cultúrtha. *Scriptible text* a thugann Roland Barthes (1974) ar a leithéid de théacs a thugann dúshlán an léitheora agus a chuireann béim ar idirthéacsúlacht an téacs. Is sa chomhthéacs seo is fearr a thuigtear an easpa tuisceana a bhí ag Gabriel Rosenstock (1993) ar ealaín filíochta Ní Dhomhnaill nuair a mhol sé go ndéanfaí caighdeánú ar an fhoclóir agus go gcuirfí nótaí mínithe leis na tagairtí béaloidis.

Teipeann ar an aistriúchán seo, dar le Mac Giolla Léith, toisc nach n-éiríonn le Muldoon nathanna cainte agus meafair an bhundáin a nádúrú agus a chur in oiriúint don spriocléitheoir. D'fhéadfaí a mhalairt d'argóint a chur chun tosaigh, áfach: a mhaíomh go bhfoilsíonn tréithe coimhthíocha aistriúchán Muldoon rún díthógálach Ní Dhomhnaill féin. Réabann sise an ceangal idir an comharthóir agus an comharthach agus í ag iarraidh éagumas na teanga i bhfianaise ollscrios Srebernice a léiriú. Cuireann aistriúchán Muldoon béim ar éagumas na teanga, tharla gur mar chomhthóirí amháin a fheidhmíonn na focail Bhéarla sin nach léir a mbrí do léitheoirí na sprioctheanga.

Arís is léir nach leor na coincheapa dénártha coimhthiú v. dúchasú mar shlat tomhais le haistriúchán Muldoon a mheas. Má ghlactar le próiseas an aistriúcháin mar phróiseas meatonaimeach seachas mar phróiseas meafarach, is féidir idir bhuanna agus laigí an aistriúcháin a aithint, gan an t-aistriúchán ar fad a áireamh mar theip. Faoi mar atá áitithe agam, foilsíonn agus forbraíonn aistriúchán Muldoon gnéithe áirithe den bhuntéacs, rud a rachas chun sochair do thuiscint an léitheora dhátheangaigh. Léiríonn na leasuithe a rinne Muldoon ar a aistriúchán den dán 'Black' nach bhfuil a leithéid de rud ann agus aistriúchán ceart amháin, go bhféadfaí bheith ag dréim i dtólamh le haistriúchán eile a thabharfas súil nó léamh eile ar an bhundán.

Má ardaíonn aistriúcháin Muldoon ceisteanna cigilteacha faoi bhunúlacht an bhundáin, faoi bharantúlacht an aistriúcháin agus faoi ról an aistritheora, is cigiltí fós na ceisteanna a ardaíonn ealaín filíochta Ghearóid Mhic Lochlainn faoi phróiseas an aistriúcháin trí chéile. Dála shaothar Samuel Beckett[1], tugann saothar Mhic Lochlainn dúshlán na dtuiscintí traidisiúnta faoin deighilt ghlan idir an scríbhneoireacht chruthaitheach agus an t-aistriú toisc go ndéanann sé a dhánta féin a aistriú i gcomhpháirt le filí eile. San iarfhocal Gaeilge a chuir Mac Lochlainn leis an chnuasach *Sruth Teangacha / Stream of Tongues* (2002), tugann sé le fios gurb iad na dánta Gaeilge na bundánta agus go bhfeidhmíonn na haistriúcháin Bhéarla mar threoir, le súil is go spreagfar léitheoirí le dul i ngleic leis na bundánta. San iarfhocal Béarla den chnuasach céanna, pléann sé a mhodh aistrithe go measartha mion, rud atá suaithinseach ann féin.[2] Déanann Mac Lochlainn comparáid idir cúrsaí aistriúcháin agus an snagcheol, a mhaíomh gurb ionann an bundán agus an port caighdeánta, gurb ionann an t-aistriúchán agus tobchumadh, sainleagan an cheoltóra a fhéachann le féidearthachtaí eile sa phort a aimsiú gan an bunphort a chur as a riocht. Is é sin le rá, go bhfuil ceangal orgánach idir an bundán Gaeilge agus an t-aistriúchán Béarla, ach nach bhfuil siad faoin chuing ag prionsabal na coibhéise.

Sa dán 'Aistriúchán' in *Sruth Teangacha / Stream of Tongues* (ST thíos, 62-5) tugtar fogha faoin ómós as cuimse is gnách a léiriú don bhundán. Áitítear sa dán Gaeilge agus sa dán Béarla nach aistriúchán atá ann. Éilíonn siad araon an t-ardstádas is dual don chumadóireacht bhunaidh.

Ní aistriúcháin a chloisfidh sibh anocht, a chairde,
Tonight, my friends, there will be no translations,

mé aistrithe, athraithe is caolaithe
nothing trans-lated, altered, diluted

le huisce aeraithe an Bhéarla,
with hub-bubbly English

a dhéanfadh líomanáid shúilíneach d'fhíon dearg mo
chuid filíochta.
that turns my ferment of poems to lemonade.

Ní bheidh mé aistrithe anocht.
No, tonight, there will be no translations.

I mean like, cad chuige a bhfuil mé anseo ar chor ar
bith?
'Séard atá á rá agam ná', what am I doing here anyway

(Mac Lochlainn 2002, 62-3)

Tá íoróin ag roinnt leis an aistriúchán áirithe seo ar bhealaí éagsúla. Ar an chéad dul síos, is é forlámhas an Bhéarla agus gníomh an aistrithe féin atá á cháineadh sa dán. Ina theannta sin, is é an lucht éisteachta samhlaithe, mar atá, na Béarlóirí ar cáineadh iad sa dán Gaeilge, atá anois ina bhfíorlucht éisteachta toisc an dán a bheith aistrithe go Béarla. Anuas air sin, cé gurb é an file Gaeilge atá imeallaithe go téamúil, is iad na Béarlóirí atá imeallaithe go praiticiúil ar an ábhar go gcuireann an códmheascadh sa dán Béarla isteach ar chumas tuisceana na léitheoirí aonteangacha. Tá an míchompord a mhothaíonn na léitheoirí aonteangacha mar thoradh ar dhátheangachas an téacs, incurtha leis an imní a chuireann forlámhas an Bhéarla ar chainteoirí na teanga mionlaithe.

An chastacht eile a bhaineann leis an dán seo ná nach bhfreagraíonn na leaganacha a dhéantar a aithris ar an dlúthdhiosca go cruinn do na leaganacha scríofa, rud a ardaíonn ceist faoi údarás an leagain scríofa. Dála Muldoon, tá an bonn á bhaint ag Mac Lochlainn den cheangal cliarlathach idir an focal scríofa agus an focal labhartha a rianaíonn Walter Ong ina leabhar *Orality and Literacy* (1982).

183

Leanann Mac Lochlainn den rún díthógála seo nuair a bhréagnaíonn sé an t-ionnanú is gnách le daoine a dhéanamh idir teanga agus náisiúntacht. Tá blas Béal Feirsteach ar Ghaeilge an fhile nuair a léann sé an dán Gaeilge, ach is blas coimhthíoch atá ar a chuid Béarla nuair a léann sé an t-aistriúchán. Ní hamháin an dán atá aistrithe, is cosúil, ach féiniúlacht an fhile fosta. Is cosúil, dála an Ríordánaigh, go mbíonn an file 'ag síorthaisteal ó mhise go mise' (luaite in Ó Coileáin 1982, 156) agus go bhfuil a fhéiniúlacht chomh héalaitheach le brí an dáin, chomh mealltach le clóca Muldoon. Ní call gur scitsifréine an dátheangaigh atá i gceist anseo. Is for-réil ó dhánta Mhic Lochlainn gona gcódmheascadh suaithinseach, gur mór aige an ilghnéitheacht agus an chruthaitheacht a cheadaíonn an dátheangachas agus an t-ilteangachas, cé go n-aithníonn sé an brú síceach a ghabhann leo.

Is gnách códmheascadh i saothair Ghaeilge a léamh mar léiriú ar fhorlámhas an Bhéarla nó mar léiriú ar an réaltacht shochtheangeolaíoch in Éirinn. Sa mhéid is go mbaineann Mac Lochlainn úsáid as an chiúta liteartha seo sna dánta Béarla chomh maith, is féidir é a thuiscint mar ghníomh treascrach. Tugann sé le fios nach ionad aontaithe íonghlanta teangeolaíoch ceachtar den dá theanga agus go mbraitheann an éagothromaíocht atá eatarthu ar chúinsí áirithe stairiúla agus ar chomhthéacsanna faoi leith.[3] I bhfocail Michael Cronin:

The scandal of translation is to show that the origin is fragmented, that monoglossia is always provisional, that other languages precede, ghost or compete with the dominant idiom in any society (Cronin 2000, 28).

Is léiriú treascrach é an códmheascadh seo fosta ar an tuiscint a nochtann Homi Bhabha san alt 'Of Mimicry and Man: The Ambivalence of Colonial Discourse' (1994), mar a maíonn sé nach ann don deighilt ghlan idir an tSuibiacht agus an Eile, an coilíneoir agus an dúchasach i gcomhthéacsanna coilíneacha. 'Is é sin le rá, gur léiriú meánaimeach é an códmheascadh ar spleáchas na codarsnachta péire, sa chás seo an Béarla agus an Ghaeilge.

Ag tagairt go sonrach dó seo i litríocht Fhraincise Quebec, áitíonn Kathy Mezei mar a leanas: *The power play of ludic bilingualism, of switching codes, is now in the hands of francophones* (1998, 243). Is gníomh polaitiúil í an easpa mínithe a thugtar sna haistriúcháin Bhéarla le Mac Lochlainn ar na focail Ghaeilge a thagraíonn go minic do mhiotaseolaíocht, do dhánta agus d'amhráin Ghaeilge. Pléann Susan Basnett tábhacht an mhínithe i gcúrsaí aistriúcháin:

> It is telling that translators moving from a dominant culture source text to minority culture audience often leave dominant cultural materials implicit, presupposing knowledge of the mythic allusions, historical events or customs of the dominant culture: such a stance is part of the assertion of hegemony ... defining what constitutes the domain of knowledge necessary for public discourse (Basnett & Trivedi 1999, 28).

A mhalairt de scéal a fhaightear san aistriúchán Béarla den dán 'Mac an tSaoir' (ST 114-7), mar shampla. Ní dhéantar aon iarracht nathanna mar an 'poc ar buile' ná 'Dónal na Gréine' a mhíniú do na léitheoirí Béarla amhail is go bhfuil an cur amach céanna acu ar na táirgí cultúrtha seo is atá acu ar 'Sideshow Bob' agus 'keystone cop'. Is cur chuige friotaíochta é seo a chuireann béim, ní hamháin ar ghníomh an aistrithe, ach fosta ar éagothromaíocht an dátheangachais in Éirinn. Is díol suime, áfach, gur íocón de chuid an chultúir Angla-Mheiriceánaigh dhomhanda a roghnaíonn Mac Lochlainn le neas-suíomh le híocóin dhúchasacha, óir tuigtear as gur ag tagairt d'fhéiniméan domhanda an mhionlaithe teanga atá Mac Lochlainn.

Murab ionann is filí eile Gaeilge, ní meascán de dhá chód, mar atá, an Ghaeilge agus an Béarla, atá i bhfilíocht Mhic Lochlainn. Arís tá géarchúis ag roinnt leis an tuiscint atá aige ar chomhthéacs teangeolaíoch na linne. Faightear cóid éagsúla sna dánta, ina measc: Gaeilge chaighdeánta, Gaeilge Bhéal Feirste lena saintréithe comhréire agus foghraíochta, Gaeilge an fhoghlaimeora, Gaeilge nuachumtha, Béarlachas, Béarla caighdeánta, Béarla logánta, Béarla MTV agus

Spáinnis. Is léir, mar sin, nach leor leis cur i gcoinne theanga an choilíní, mar a thuigtear an téarma sin go hiondúil i gcomhthéacs na hÉireann, ach gur mór aige fosta, éalú ó ollsmacht na Gaeilge oifigiúla gona béim ar bhlas sainiúil Gaeltachta agus ar úsáid dhúchasach. Is geall le hábhar bróid agus comhartha aitheantais pobail an cineál Gaeilge a chleachtann Mac Lochlainn, 'an chanúint idirtheangúil' mar a thugann Máirín Nic Eoin uirthi (2005, 335). Is tréith í seo atá le fáil i litríocht Fhraincise na hAfraice Thuaidh dar le Samia Mehrez:

> ... these texts seek to decolonize themselves from two oppressors at once, namely the western ex-colonizer who naively boasts of their existence and ultimately recuperates them and the 'traditional,' 'national' cultures which shortsightedly deny their importance and marginalize them (Mehrez 1992, 121).

D'fhéadfaí an códmheascadh idirtheangúil seo a thuiscint mar cháineadh ar an cheiliúradh a dhéanann tráchtairí áirithe ar chineálacha éagsúla Béarla agus an t-athchultúrú ar theanga an choilíní a shamhlaítear leis na cóid neamhchaighdeánta Bhéarla seo – cead aighnis na himpireachta i bhfocail eile.[4] Dála Michael Cronin (2003a, 220-3; 2003b, 88-92; 2005, 23-5), is cosúil go n-aithníonn Mac Lochlainn an baol a bhaineann lena leithéid de thuiscint – nach mbeidh ann sa deireadh thiar ach éagsúlacht trí mheán na cosúlachta, ilteangachas trí mheán na haon teanga – is é sin trí mheán an Bhéarla. Is chuige sin atá Mac Lochlainn. Diúltaíonn sé do na contrárthachtaí dénártha, don deighilt idir cód ard agus cód íseal, caighdeán agus críól, Gaeilgeoir agus Béarlóir, coilíní agus dúchasach. Is aisteach liom mar sin, go gcloíonn sé leis an chontrárthacht 'bundán' agus 'aistriúchán' agus a chuid filíochta féin faoi chaibidil aige. Ní call ach sracfhéachaint a thabhairt ar an dán 'Mac an tSaoir' (ST 114, 116) le tionchar an Bhéarla ar an 'bhundán' Gaeilge a rianú. Tá an dán Gaeilge breac le focail iasachta ón Bhéarla (bonkers, schizo-manic-psycho-basket-case), le focail traslitrithe ('buindí', 'hócaí-cócaí'), le nathanna cainte agus le meafair a eascraíonn ón Bhéarla ('gach duine de do sheachaint mar pholl sa cheann', 'advances leathbhácáilte', 'uibheacha scrofa intleachtacha'). Is minic, leoga, go bhfeidhmíonn an téacs Béarla mar mheititéacs don léitheoir Gaeilge atá ag iarraidh a bhealach a aimsiú fríd an chathair ghríobháin fhoclach seo.

Is chuige seo atáim, dá ghéire í tuiscint Mhic Lochlainn ar chúrsaí teangeolaíochta, is simpliú iad na téarmaí seo 'bundán' agus 'aistriúchán' le cur síos a dhéanamh ar phróiseas cumadóireachta an duine dhátheangaigh, go háirithe an té atá ag scríobh sa dara teanga. Is bó bhradach í filíocht Mhic Lochlainn a léimeann thar chlaí na dtuiscintí traidisiúnta amach agus a dhéanann 'hightaileáil anonn adaí'. Is laincisí iad na téarmaí 'bundán' agus 'aistriúchán' nach dtugann cothrom na Féinne do nuálacht a ealaíne filíochta i gcomhthéacs litríocht na hÉireann trí chéile. Taithíonn saothar Mhic Lochlainn an t-idirspás. Tá focail an scríbhneora Mharacaigh, Abdelkebir Khatibi, faoi shainchúinsí cumadóireachta an duine a bhfuil a dhara teanga mar mheán cruthaitheach aige, ábhartha do shainchás Mhic Lochlainn:

The maternal language is always at work in the foreign language. Between them occurs a constant process of translation, an abysmal dialogue, very difficult to bring to the light of day (luaite in Mehrez 1992, 134).

Fóireann a ndeir Brian Fitch faoi shaothar Samuel Beckett mar chur síos ar phróiseas cumadóireachta Mhic Lochlainn:

In whichever of the two languages Beckett happens to be writing at a given moment, there is always the presence of the other language with its wholly different expressive potential hovering at his shoulder, always at arm's reach and within earshot (Fitch 1988, 156).

I bhfianaise an réamhrá a chuir sé leis an chnuasach *Rakish Paddy Blues* (2004, 13), is léir go bhfuil úsáid níos faicheallaí á baint ag Mac Lochlainn as an téarma 'aistriúchán' agus seachnaítear an focal 'bundán' go hiomlán. Ní mór dúinn cuimhneamh, áfach, nach gnáthchnuasach filíochta é seo – gur comóradh é ar na ceoltóirí taistil, agus gur scríobhadh é le pobal áirithe léitheoirí i gceist. Is díol suntais, ámh, go dtagraíonn Mac Lochlainn do chruachás an scríbhneora dhátheangaigh an babhta seo:

> Only a few of the poems in Rakish Paddy involve
> 'translations' (of a kind). The bulk of the English poems
> are not 'translations' at all; but rather, 'continuations' of
> a theme; or; 'extrapolations or modulations' around a
> tune, an air, a song or a vibration in my head. At times,
> the lines, words or phrases came to me in Irish first and,
> at other times, in English. Sometimes, bits of both came
> simultaneously, or almost. (These were the hard times)
> (Mac Lochlainn 2004, 13).

Éilíonn filíocht Mhic Lochlainn, sa dá theanga, léitheoir atá dátheangach. Taithíonn an scríbhneoir agus an léitheoir an t-idirspás céanna. Ar an ábhar go bhfuil gach dán ina chumasc de chóid éagsúla, is ionann bheith ag léamh, dáiríre, agus a bheith ag aistriú. Maíonn Mac Lochlainn gur sonc iad na haistriúcháin dóibh siúd a lorgaíonn an fhírinne san aistriúchán. Tugann an ráiteas seo litir cháiliúil Biddy Jenkinson chun cuimhne, mar ar mhínigh sí go poiblí an chúis nár cheadaigh sí aistriúcháin Bhéarla ar a cuid filíochta sa tír seo, á áitiú gurb éard a bhí ann ná *a small rude gesture to those who think that everything can be harvested and stored without loss in an English-speaking Ireland* (Jenkinson 1991, 34). Tá an chuma ar an scéal, áfach, go bhfuil léim an dá bhruach ag Mac Lochlainn; go dtig leis bheith i lár an aonaigh liteartha de thairbhe na n-aistriúchán, ach nach ligeann sé don léitheoir aonteangach neamhaird a dhéanamh de phróiseas an aistriúcháin. Is amhlaidh a chuirtear ar a shúile dó nach dtuigeann sé an *joke*. Níos measa fós, tugtar fogha faoin iontaoibh a bhíonn ag an léitheoir aonteangach as an aistriúchán de ghnáth; léirítear dó nó di nach féidir an t-aistriúchán a thrust, nach bhfuil a leithéid de rud ann agus aistriú nó bogadh ó aontacht teanga agus chultúrtha amháin go haontacht eile. Cuirtear cúrsaí cumhachta an tsaoil iarbhír as a riocht. Tá an t-aonteangach faoi bhos an chait ag an fhile dátheangach.

Ní tearmann í filíocht Mhic Lochlainn don léitheoir ná don chriticeoir Gaeilge ach oiread. Cuirtear cros-síolrú na teanga ar a shúile dó go neamhbhalbh míthrocaireach. Ní thugtar deis dó labhairt le húdarás faoin bhunúlacht an dáin Ghaeilge nuair nach ann don 'bhundán' sa ghnáthchiall.

Dearbhaíonn Lawrence Venuti go dtugann peirspictíocht na teanga mionlaithe dúshlán na dteoiricí aistriúcháin a dhíríonn go príomha ar na mórtheangacha. Is cinnte go dtugann saothar Muldoon agus Mhic Lochlainn tuilleadh tacaíochta do thuairim seo Venuti. Éilíonn a gcuid saothar slata tomhais úra a thabharfaidh aitheantas do nuálacht agus d'ilghnéitheacht a gcuid modhanna aistrithe agus a gcuid scríbhneoireachta cruthaithí.

Áitíonn Máirín Nic Eoin ina leabhar ceannródaíoch *Trén bhFearann Breac* (2005) gur gá do chriticeoirí na Gaeilge múnlaí critice cuí a tharraingt chucu féin chun dul i ngleic le dátheangachas nó le hilteangachas na litríochta comhaimseartha Gaeilge. I bhfianaise fhilíocht Ní Dhomhnaill agus Mhic Lochlainn mar a bhfuil an t-aistriú ina chuid thábhachtach de phróiseas na léitheoireachta agus na cumadóireachta féin, áitím go bhfuil múnlaí critice léann an aistriúcháin ar cheann de na múnlaí fóirsteanacha sin.

Tá corradh agus deich mbliana ann anois ó d'fhoilsigh Louis de Paor (1996) an aiste thábhachtach 'Disappearing Language: Translations from the Irish' faoi pholaitíocht an aistriúcháin agus litríocht na Gaeilge. Thug Máire Ní Annracháin agus Bríona Nic Dhiarmada aitheantas do thábhacht an réimse léinn seo i gcomhthéacs chritic liteartha na Gaeilge nuair a chuir siad eagar ar an leabhar *Téacs agus Comhthéacs* i 1998. Is tearc iad criticeoirí na Gaeilge, ámh, atá i ndiaidh coincheapa léirmhínithe theoiricí an aistriúcháin a chur ag obair ar litríocht chomhaimseartha na Gaeilge.[5] Léiríonn na haistí critice in Dillon agus Ní Fhrighil (2008) go bhfuil athruithe suntasacha ag tarlú ar leibhéal an chleachtais agus na tuisceana.

I gcomhthéacs na Gaeilge agus an phobail idirnáisiúnta atá ag litríocht na Gaeilge trí mheán an aistriúcháin, is tábhachtaí ná riamh go nglacfadh aos critice na Gaeilge páirt sa díospóireacht, rud atá áitithe ag Michael Cronin go minic. Is den tábhacht é go gcluinfí guth na Gaeilge sa chomhrá sin idir Dónall na Gréine agus Sideshow Bob.

NÓTAÍ

1   Deir Kathleen Shields go dtugann saothar Beckett dúshlán na dtuiscintí traidisiúnta ar an difear idir an scríbhneoireacht chruthaitheach agus an t-aistriúchán toisc go ndéanann sé a chuid aistriúchán féin. Is túisce a ghlactar leis mar scríbhneoir dátheangach seachas mar fhéinaistritheoir, dar léi, as siocair nach dtagann an tuiscint seo salach ar thuairimí na léitheoirí maidir le bunúlacht agus le barántúlacht na scríbhneoireachta cruthaithí. (Shields 2000,59-89)

2   Tuigtear do Michael Cronin (1991; 1993, 60) gur mó díobháil a dhéanann an easpa tráchtaireachta seo don Ghaeilge ná éagothromaíocht na teagmhála idir mórtheanga an Bhéarla agus teanga mhionlaithe na Gaeilge. Ina alt 'The Task of the Translator'(1993), áitíonn Barra Ó Séaghadha gurb é ceart an léitheora é eolas a bheith aige faoi chur chuige an aistritheora.

3   Polaitíocht teanga Quebec a phléann Kathy Mezei ina halt 'Bilingualism and Translation in/of Michèle Lalonde 'Speak White' ' (1998, 229-47). Tráchtann sí ar an athscríobh a rinne Marco Micone ar dhán cáiliúil Michèle Lalonde 'Speak White'. Forlámhas an Bhéarla agus imeallú na Fraincise i sochaí dhátheangach Quebec atá mar théama i ndán Lalonde. Cuireann Micone in iúl sa dán 'Speak What' gurb é forlámhas na Fraincise anois is údair imní d'inimircigh chomhaimseartha Quebec.

4   Is tagairt é seo don leabhar *The Empire Writes Back* (1989) le B. Ashcroft, G. Griffiths agus H. Tiffin mar a ndírítear ar an athmhúnlú a dhéanann an dúchasach ar theanga an choilíní sa litríocht iarchoilíneach. Tá athbhreithniú criticiúil déanta ag Máirín Nic Eoin (2005, 20-6) ar an leabhar seo agus díríonn sí aird an léitheora ar an imeallú a dhéantar ar theangacha dúchasacha sa chritic iarchoilíneach trí chéile. Faigheann Sherry Simon (1996, 153) an locht céanna ar theoiricí Homi Bhabha, á áitiú nach ndéanann sé dóthain cúraim de chúrsaí teanga agus teoiric an spáis hibridigh á cur chun cinn aige.

⁵ Tá an rud céanna áitithe ag Máirín Nic Eoin (2005, 17-49) i dtaca leis an chritic iarchoilíneach agus litríocht chomhaimseartha na Gaeilge.

LEABHARLIOSTA

Ashcroft, Griffiths agus Tiffin 1989: B. Ashcroft, G. Griffiths agus H. Tiffin, eag., *The Empire Writes Back: Theory and Practice in Post-colonial Literatures*, London.

—— 1995: B. Ashcroft, G. Griffiths, agus H. Tiffin, eag., *The Post-colonial Studies Reader*, London.

Barthes 1974: R. Barthes, *Roland Barthes*, R. Howard, aistr., New York.

Basnett agus Trivedi 1999: S. Basnett agus H. Trivedi, eag., *Post-colonial Translation: Theory and Practice*, London.

Bhabha 1994: H. Bhabha, 'Of Mimicry and Man: the Ambivalence of Colonial Discourse', in idem, *The Location of Culture*, London, 85-92.

Collins 1991: *Collins English Dictionary*, 3ʳᵈ ed., Glasgow.

Cronin 1991: M. Cronin, 'Babel's Suburbs: Irish Verse Translation in the 1980s', *Irish University Review*, Spring Summer, 15-26.

—— 1993: M. Cronin, 'Movie-Shows from Babel: Translation and the Irish Language', *The Irish Review* 14, 56-64.

—— 1996: M. Cronin, *Translating Ireland: Translation, Languages, Cultures*, Cork.

—— 2000: M. Cronin, *Across the Lines: Travel, Language and Translation*, Cork.

—— 2003a: M. Cronin, 'Spaces Between Irish Worlds: Travellers, Translators and the New Accelerators', in M. Cronin agus C. Ó Cuilleanáin, *The Languages of Ireland*, Dublin, 217-31.

—— 2003b: M. Cronin, *Translation and Globalization*, London.

—— 2005: M. Cronin, *An Ghaeilge san Aois Nua. Irish in the New Century*, Baile Átha Cliath.

de Paor 1996: L. de Paor, 'Disappearing Language: Translations from the Irish', *Poetry Ireland Review* 51, 61-8.

Dillon agus Ní Fhrighil 2008: C. Dillon agus R. Ní Fhrighil, eag., *Aistriú Éireann*, Beal Feirste.

Fitch 1988: B. Fitch, *Beckett and Babel: An Investigation into the Status of the Bilingual Work*, Toronto.

Hollo 1999: K. Hollo, 'From the Irish: On *The Astrakhan* Cloak', *New Hibernia Review / Iris Éireannach Nua* 3, 129-41.

Irving 1821: W. Irving 'The Legend of Sleepy Hollow', in idem, *The Sketch Book of Geoffrey Crayon, Gent [pseud.]*, London.

Jenkinson 1991: B. Jenkinson, 'A Letter to the Editor', *Irish University Review* 21, 27-34.

Joyce 1922: J. Joyce, *Ulysses*, Paris.

Lloyd 1987: D. Lloyd, *Nationalism and Minor Literature: James Clarence Mangan and the Emergence of Irish Cultural Nationalism*, Berkeley.

Mac Giolla Léith 1996: C. Mac Giolla Léith, "'Something Old, Something New, Something Borrowed ...'": The Poetry of Nuala Ní Dhomhnaill and Cathal Ó Searcaigh', in idem, *Cross Currents in European Literature*. Dublin: UCD Department of Italian, 81-98.

Mac Giolla Léith 2000: C. Mac Giolla Léith, 'Metaphor and Metamorphosis in the Poetry of Nuala Ní Dhomhnaill', *Éire-Ireland* 35, 150-72.

Mac Lochlainn 2000: G. Mac Lochlainn, *Sruth Teangacha. Stream of Tongues*, Gaillimh.

—— 2004: G. Mac Lochlainn, *Rakish Paddy Blues*, Bangor.

Mehrez 1992: S. Mehrez, 'Translation and Cultural Hegemony: The Case of French-Arabic Translation', in L. Venuti, eag., *Rethinking Translation: Discourse, Subjectivity, Ideology*, London, 120-38.

Mezei 1998: K. Mezei, 'Bilingualism and Translation in/of Michèle Lalonde's "Speak White" ', in L. Venuti, eag., *The Translator: Translation and Minority*, Manchester, 229-47.

Muldoon 1998a: P. Muldoon, 'Black', *Princeton University Library Chronicle* 59, 486-89.

—— 1998b: P. Muldoon, 'Black', *In the Heart of Europe: Peoms for Bosnia*, Dublin, meamhuimhrithe.

Ní Annracháin agus Nic Dhiarmada 1998: M. Ní Annracháin agus B. Nic Dhiarmada, eag., *Téacs agus Comhthéacs*, Corcaigh.

Ní Dhomhnaill 1992: N. Ní Dhomhnaill, *The Astrakhan Cloak*, P. Muldoon, aistr., Oldcastle, Co. Meath.

Ní Ghairbhí 2000: R. Ní Ghairbhí, 'Cuimhne na nDaoine agus Aistear an Aistriúcháin i Saothar Michael Hartnett "Gósta Garbh-Bhéarla" ', in M. Ó Cearúil, eag., *Aimsir Óg: ii*, Baile Átha Cliath, 141-59.

Nic Dhiarmada 1993: B. Nic Dhiarmada, 'Going For It – And Succeeding', *Irish Literary Supplement* 12, 3-4.

Nic Eoin 2005: M. Nic Eoin, *Trén bhFearann Breac*, Báile Átha Cliath.

Ó Coileáin 1982: S. Ó Coileáin, *Seán Ó Ríordáin: Beatha agus Saothar*, Baile Átha Cliath.

Ong 1982: W. Ong, *Orality and Literacy: The Technologizing of the Word*, London.

Ó Séaghdha 1993: B. Ó Séaghdha, 'The Task of the Translator', *The Irish Review* 14, 143-7.

Rosenstock 1993: G. Rosenstock, 'Spíonáin agus Róiseanna – Review', *Poetry Ireland Review* 39, 102-9.

Rossetti, 1919: D.G. Rossetti, *Poems and Translation 1850-1870*, London.

Simon 1996: S. Simon, *Gender in Translation: Cultural Identity and the Politics of Transmission*, London.

Shields 2000: K. Shields, *Gained in Translation: Language, Poetry and Identity in Twentieth Century Ireland*, Oxford.

Spivak 1992: G. C. Spivak, 'The Politics of Translation' in M. Barrett agus A. Philips, eag., *Destabilizing Theory: Contemporary Feminist Debates*, Cambridge, 177-200.

Venuti 1998: L. Venuti, eag., 'Introduction', *The Translator: Translation and Minority*, Manchester, 135-44.

'Sinne a mhair i mbroinn an pharóiste'
Gnéithe d'athbheochan na Gaeilge i gContae Luimnigh 1898-1969

RÓISÍN NÍ GHAIRBHÍ

Is é Contae Luimnigh an dara contae 'Galltachta' is láidre Gaeilge de réir an daonáirimh is déanaí. Ní hann fós do shuirbhé ar scéal Athbheochan na Gaeilge i gContae Luimnigh, nó do phlé cuimsitheach ar an taighde atá déanta cheana ar an ábhar. Chun an t-easnamh sin a chúiteamh agus breis taighde a spreagadh a tugadh faoin alt seo. Ní tearc na foinsí atá ar fáil. Tá cuimhní cinn Athbheochanóirí Luimníocha mar Thomás Ó Conbá, Pádraig Ó Cearbhaill agus Risteard Mac Siacuis i gcló. Tá mír a phléann go sonrach le blianta tosaigh na hAthbheochana sa chontae i leabhar Pheadair Uí Annracháin, *Faoi Bhrat an Chonartha* (1944). Dhein scoláirí éagsúla staidéar ar ghnéithe den Athbheochan i Luimneach, mar shampla, tráchtas neamhfhoilsithe Shéamais Uí Dhiollúin (Ó Diollúin 2004) ar an nGaeilge sa Chaisleán Nua, alt Liam Mhic Pheaircín ar William Smith O'Brien (Mac Peaircín 2002), agus cuntais ar ghnéithe éagsúla den Athbheochan ag Mainchín Seoighe (Seeoighe, 1972, 1995a, 1995b). Thug páipéir náisiúnacha mar an *Limerick Leader* tacaíocht leanúnach don Ghaeilge agus is foinsí maithe eolais an páipéar sin, mar aon leis *An Claidheamh Soluis* agus nuachtáin agus irisí áitiúla agus léinn eile ar phearsana agus ar imeachtaí Athbheochana i gContae Luimnigh. Ar an tréimhse tar éis bhunú an Chonartha anuas go dtí na 1960í a dhíreofar anseo: tagrófar freisin do thréimhsí eile chun gur fearr comhthéacs soch-chultúrtha na hAthbheochana a rianadh. Tabharfar aird ar leith ar an ngaol a bhí ag pearsana agus forais Athbheochana le cultúr dúchais Gaeilge an chontae.

Ba léir ó bharántas a d'eisigh Seán Ó Tuama i 1754 gur fonn athbheochana a bhí ag gríosadh fhilí na Máighe chun tionóil an uair sin féin:

Óir dá laighead a mhaireas dár dteangain ghaois-
bhriathraigh Gaedhilge gan dul i mbáthadh agus i mór-
dhearmad tré gach doilgheas tré n-ar hionnarbhadh í go
nuige seo, rachaidh go comair go neimh-nídh muna
bhféacham meodhan-dícheallach le cuidiughadh go
caoin caomh-chumann le chéile go toileamhail re n-a
coimeád ar bun. Ag sin bunús cúise an tsuaidh-thionóil
nó na scol-gharma seo (Ua Duinnín 1906, 100-1).

Braistint am na práinne a spreag filí na Máighe chun gairme;
d'fhéachadar orthu féin mar eilít a raibh dualgas ar leith orthu an teanga
a 'choimeád ar bun'. Ní foláir gur mórtas cine den saghas céanna a
spreag múineadh na Gaeilge agus cothú na litríochta i mbaill áirithe sa
chontae sa chéad leath den naoú haois déag. Bhí leithéid Sylvester
O'Halloran chathair Luimnigh, (1728-1807), dochtúir, údar leabhar
staire agus fear gaoil le Seán Clárach mar nasc idir lucht na gcúirteanna
filíochta agus cumainn ársaíochta an naoú céad déag. (Lyons 1989, 65-
66). Is cosúil go raibh léamh agus scríobh na Gaeilge ag cuid bheag
éigin den ghlúin a d'fhás suas i lár an naoú chéad déag agus a bhí beo
fós san fhichiú haois. Cé go luann cuid d'fhaisnéiseoirí Bhailiúchán na
Scoileanna i gCartlann Bhéaloideas Éireann, nach múintí an Ghaeilge
i scoileanna scairte i bhfíoriarthar an chontae, (CBÉ S 485), bhí
faisnéiseoirí eile a mhaígh go sonrach go raibh an Ghaeilge mar ábhar
acadúil i gcuid de na scoileanna seo. Bhreac Nóra Bn Uí Dhanachair
nóta faoi fhianaise ó *Richard E Woulfe, Cratloe died 1907 (86), Cornelius
Mulvihill died in 1922, Lower Athea agus Thomas O'Connor, Turaree died 1926 age
96 ... In 1907 these three old men could read and write Irish* (CBÉ S 321).

Ba 'scoláirí' ar a laghad ochtar d'fhilí Gaeilge an chontae in 1826 i
bhfianaise nóta a bhreac Eoghan Caomhánach (Ó Háinle 1994, 752).
Bhí an Ghaeilge á múineadh ag an bhfile agus cóipeálaí Séamas Ó
Caoinndealbháin (c.1775-1841) suas go dtí tríochaidí an naoú haois
déag i gCill Íde, mar shampla, agus d'fhág sé cuntais ghramadaí ina
dhiaidh (Ó Diollúin 2004, 35; Ó Madagáin 1974, 81-2). Mhúin an
file agus scríobhaí Nioclás Ó hAodha (1790-1862) an Ghaeilge
liteartha dá fhear gaoil Standish Hayes O'Grady (Ó hÓgáin 2001,

15). D'fhoghlaim Séamas Ó Gliasáin (chathair Luimnigh) scríobh na Gaeilge ó *Thomas Gahagan, Irish scholar* (Ó Madagáin 1974, 92). Thug an ceannaire náisiúnach William Smith O'Brien (1803-1864) le fios go raibh sé ag foghlaim léamh agus scríobh na Gaeilge ó 'Mr Geoghegan' (Davis 1998, 235) ag deireadh na 1840í (Davis 1998, 338-9 go háirithe). Is ait linn, b'fhéidir, go raibh an Mr. Geoghegan céanna i mbun ranga Gaeilge sa Sarsfield Club i Luimneach in 1848 – díreach tar éis an Ghorta (Davis 1998, 235) – meabhrúchán nár mhiste breis taighde a dhéanamh ar ionad na Gaeilge i bhfís náisiúnaithe na linne. D'fhoghlaim Eon Ua Cathail (1840-1928), a bhreac cuntais ar a chuid eachtraí i Meiriceá i meadarachtaí na laoithe Fiannaíochta ina dhiaidh sin, léamh na Gaeilge ón leagan clóite de leabhar Thaidhg Ghaelaigh an *Pious Miscellany*, agus ó sheanfhíodóir ar 'scoláire Gaelach' é is é ina fhear óg i dTeampall an Ghleanntáin (Mac Lochlainn 1989, 36; Bhreathnach 1997). Is eol dúinn go mbíodh ar chumas chuid den chomhluadar a thaithíodh tigh i gCnoc an Doire sleachta a léamh amach as *Cúirt an Mheán Oíche, An Siota is a Mháthair* agus saothar filí áitiúla in 1873-84. (Ó Danachair 1947, 58). Múineadh an Ghaeilge níos sia anonn fós i gcoda áirithe den chontae. Chuir an tAthair Risteard Ó Briain rang Gaeilge ar bun le linn dó bheith mar shagart paróiste sa Chaisleán Nua idir 1861 agus 1885, mar shampla (Egan 1949, 101; Ó Diollúin 2004, 81). Ar ndóigh, d'imir scoláirí mar Patrick Weston Joyce ó Ghleann Oisín (1827-1914), Standish Hayes O'Grady Chathair Uí Chonaill (1832-1915) agus William Smith O'Brien, mórthionchar ar chothú spéise sa Ghaeilge go háitiúil agus ar bhonn náisiúnta.[1] Áitíonn Liam Mac Peaircín gur chóir Smith O'Brien a áireamh i measc mórchaomhnóirí na saíochta Gaelaí sa naoú haois déag (Mac Peaircín 2002, 89-112). Ba é Patrick Weston Joyce a bhí mar Phríomhcheannasaí Choláiste Oiliúna Bhord an Oideachais sna blianta cinniúnacha idir 1874 agus 1893, mar ar mhéadaigh de réir a chéile ar ionad na Gaeilge sna scoileanna (Seoighe 1995b, xiii)

Cúig bliana tar éis bhunú an Chonartha, ar an 29ú Iúil 1898, a tháinig ann go hoifigiúil do Chraobh Chathair Luimnigh de Chonradh na Gaeilge mar chuid den athdhúil a cuireadh sa chultúr dúchais le linn chéiliúradh céad bliain 1798 (LL 3/8/1898). Níorbh fhada go raibh an chraobh i measc na gcraobhacha ba mhó cáil sa tír. Ag fíorbheagán daoine a bhí léamh agus scríobh na Gaeilge aimsir bhunaithe an Chonartha i gContae Luimnigh; ag seandaoine den chuid is mó a bhí a labhairt. Léiriú gléineach ar an dúshlán a bhí roimh thimirí, an sceideal a bhí ag Tomás Ó Conbá ón gCaisleán Nua, ar fhoghlaimeoir é féin. Mhúineadh Ó Conbá ranganna chraobhacha éagsúla a cheantair féin, agus chabhraíodh chomh maith le múineadh na Gaeilge i scoileanna Raithinigh, Theampall na Móna, Chill Lochtain, na Feothanaí, Mhathghamhnaigh agus Áth na bhFuinseog, tráth go raibh ganntanas múinteoirí oilte ann. (CS 15/12/1904). Ba minic tagairtí in An Claidheamh Soluis don dea-theist a bhí ar lucht an Chonartha i Luimneach. Bhíodh Feis bhliantúil Thuamhumhan ar cheann d'ócáidí móra an Chonartha. D'fhreastalaíodh na sluaite móra ar fheiseanna agus aeraíochtaí sa chontae: bhí 3000 ag aeraíocht i Rath Caola, Domhnach an 7ú Bealtaine 1905, mar shampla. (CS 13/5/1905). Bhí údar maith, de réir dealraimh, le ráiteas in An Claidheamh Soluis i samhradh na bliana 1907 nach raibh 'aon áit eile i gCúige Mumhan is fearr chun fir oibre d'fhágail ann ná Luimneach' (CS 6/7/1907). Léiríonn staitisticí bliantúla a d'fhoilsítí in An Claidheamh Soluis go mbailítí níos mó airgid ag craobhacha Luimnigh ná ag aon dream eile.

Tá an comhoibriú a bhí ann idir dhá theaghlach 'uasal' agus an 'gnáthphobal' ar cheann de ghnéithe suntasacha ré thosaigh na hAthbheochana i gContae Luimnigh. B'fhada muintir Smith O'Brien ina gceannairí ag pobal Thuamhumhan. Mhaídís go raibh gaol acu le Brian Borumha agus d'aistrigh William Smith O'Brien chun cónaithe i gCathair Maothail, seanáitreabh na mBúrcach, mar ar chaith Dáibhí Ó Bruadair sealanna fada faoi phátrúnacht. Bréagnaíonn scéal William Smith O'Brien an ráiteas nár chuir náisiúnaithe na linne eolas maith ar an nGaeilge: ba bhailitheoir lámhscríbhinní é a chuir ábhar ar fáil d'Acadamh Ríoga na hÉireann (Ó Madagáin 1974, 78-81). Níor thaobh le hársaíocht amháin é: féachadh air mar phátrún ag filí Gaelacha comhaimseartha na dúiche (Ó hAnnracháin, 690-691, Mac

Peaircín 89-112) agus chabhraigh sé le cur chun cinn mhúineadh na Gaeilge i scoileanna in Iarthar an Chláir sna 1860í. (Murphy 1973-4, 90). Léiríonn beatha Smith O'Brien na castachtaí a bhaineann le léamha ar scéal na Gaeilge sa naoú haois déag a d'fhéachfadh ar an teanga mar mheán na mbochtán agus na litríochta imeallaithe. Féach go mbíodh an scríobhaí Gaelach Daniel Sheahan ó Ard Achadh luaite mar shíntiúsóir d'imleabhair an Chumainn Oisínigh le linn na tréimhse go raibh Hayes, O'Grady agus an Brianach mar uachtaráin ar an eagraíocht sin. Deir nóta ar cheann d'imleabhair an Chumainn Oisínigh atá ar coimeád i Musaem na Cathrach i Luimneach gur bhronn Smith O'Brien é ar an 'Mechanics Institute, Rathkeale' sa bhliain 1859. Is féidir bunsíolta ghréasán daonna na hAthbheochana i gContae Luimnigh a rianadh i liosta na síntiúsóirí iomadúla sin ar léir gurbh é an Brianach a mheall isteach iad agus a bhfuil an chléir Chaitliceach is Phrotastúnach, dochtúirí leighis, múinteoirí scoile agus meánaicme na mbailte beaga ina measc.

Luaitear Neilí Ní Bhriain (1864-1929), iníon mic le William Smith O'Brien, go minic sna nuachtáin mar óráidí ag ócáidí Gaelacha an chontae. Bhí sí gníomhach freisin ag eagrú imeachtaí Oireachtais. Bhí ardmheas ag an bPiarsach uirthi (CS 4/8/1906). Bhí ról lárnach ag Neilí i mbunú Choláiste Gaeilge Eoghain Uí Chomhraí i gCarraig an Chabhaltaigh agus tuiscint a muintire ar shaíocht Ghaeilge na Mumhan mar spreagadh aici: mháigh sí i litir chun an *Claidheamh Soluis* nár 'cheart i n'aon chor gan coláiste do bheith dTuath-mhumhan' (CS 30/4/1910). Bhíodh scoil ag Ó Comhraí i gCarraig an Chabhaltaigh (Seoighe 1995, 105), agus bhí i gceist ag Neilí *to rekindle in the college the torch of learning lighted by O'Curry* (Seoighe 1995a, 105). Bhí oiliúint ar an teangeolaíocht agus ar an tSean-Ghaeilge ar fáil sa choláiste, (Seoighe 1995a, 109), agus bhíodh idir Phrotastúnaigh agus Chaitlicigh, óg is sean, chléir is tuath ag fanacht sa Choláiste (Seoighe 1995a, 102). Chaith Neilí sealanna ar Choiste Gnótha an Chonartha (CS 7/8/1915). Bhí baint aici chomh maith le bunú na hirise dátheangaí *An tEaglaiseach Gaelach / The Irish Churchman*, iris Chumann Gaodhlach Eaglais na hÉireann (LL 6/4/1925). Bhí d'aidhm ag an gcumann Éire a aontú ar ghrá Dé agus grá tíre ionas nach mbeadh pobal Eaglais na hÉireann deoranta sa tír nua á bhí á cruthú. Bhí seanchairdeas agus gaol pósta idir muintir Smith O'Brien agus teaghlach cáiliúil eile, muintir Spring Rice. Cé gurbh fhada muintir Spring Rice ina liobrálaigh, ní cosúil gur náisiúnaithe iad go dtí deireadh an naoú haois déag. Deirtear gurbh é Thomas Spring Rice, MP, a chum an focal *West Briton* (a d'úsáid sé ina leith féin). In ainneoin sheasamh Spring Rice ar cheist na Reipéile (Duane 1967, 340), thug an file Gaeilge Eoghan Caomhánach (1784-1849), aitheantas dá ghaiscí eile mar an 'féinnidh do shaor iad' (Ó Glaisne 1979, 23). I ngeall ar a cúlra rachmasach bhí deiseanna neamhchoitianta ag Mary Spring Rice (1880- 1924) cur lena stór Gaeilge: chaith sí seal ag foghlaim na Gaeilge i gContae na Gaillimhe agus d'fhostaigh cainteoir ó dhúchas mar gharraíodóir. Bhí baint aici le bunú chraobh de chuid Chonradh na Gaeilge mar aon le craobh de Chumann na mBan i bhFaing i 1904. Chabhraigh de hÍde féin le bunú na craoibhe áitiúla seo den Chonradh (Duane 1967, 340). Ba mhinic Mary ag tabhairt óraidí faoin nGaeilge ag cruinnithe de chraobhacha éagsúla; leagadh sí béim ar leith ar thábhacht na mban sa ghluaiseacht. (CS 17/12/1904). Bhí colceathar léi, Ms. Dora Knox, an-ghníomhach i gcúrsaí Gaeilge agus thaifid sise amhráin sa Rinn agus sheinn do mhuintir na Fainge iad ar fhónagraf (CS 22/9/1910). Chuirtí feiseanna taibhsiúla ar siúl ar thalamh Mount Trenchard agus Mary luaite go minic mar mholtóir. Bhí cairdeas idir athair liobrálach Mhary, Thomas (an dara Barún Monteagle) agus Horace Plunkett. Bhunaigh Thomas Spring Rice comharchumann ar Phríomhshráid na Fainge (Duane 1967, 339). Más dócha gur chabhraigh an dea-cháil a bhí ar mhuintir Spring Rice mar thiarnaí talún leo ina n-iarrachtaí daoine a mhealladh chun na Gaeilge, is léiriú a scéal freisin ar a fhite fuaite agus a bhí cur chun cinn na Gaeilge agus fás an Chomharchumannais agus na n-eagraíochtaí náisiúnacha eile – rud a d'aithin Plunkett féin (Plunkett 1904, 148-160). Thug an IRA, Conradh na Gaeilge agus lucht ceardchumann garda onóra do Mhary nuair a cailleadh í (Martin 1964, 68).

Léiríonn miontuairiscí Chonradh na Gaeilge i gceantar Luimnigh olltábhacht na cinnireachta a thug sagairt Chaitliceacha an chontae don ghluaiseacht ó 1904 ar aghaidh: ba bheag coiste nach raibh sagart mar cheann air.[2] Léiriú ar neamhsheicteachas an Chonartha an comhoibriú i Luimneach idir na Protastúnaigh a luadh thuas agus sagairt Chaitliceacha an chontae. Ba cheannairí láidre iad an tAthair Ó Cathasaigh i Mainistir na Féile (duine a bhain cáil amach ar dtús aimsir Chogadh na Talún) agus an tAthair Ó Murchú i Rath Caola i mblianta tosaigh an chéid, agus leagadh bonn láidir faoi na craobhacha áitiúla sna paróistí sin (LL 25/2/1903; CS, 29/10/1904). Ar na sagairt iomadúla eile a bhí gníomhach, bhí An tAthair Tomás de Bhál (1878-1956) a rugadh in Ard Uí Cheocháin in aice le Brú Rí, a toghadh ina uachtarán ar Chraobh Luimnigh den Chonradh, agus a toghadh ina Uachtarán ar Chumann na Sagart i 1916.[3] Tá aitheantas náisiúnta bainte amach ag duine eile de shagairt Ghaelacha Luimnigh, An tAthair Pádraig de Bhulbh as a shaothar *Sloinnte Gael is Gall* (1906). Thug sé cabhair don Duinníneach is é siúd ag ullmhú a fhoclóra agus d'aistrigh saothar cáiliúil Manzoni, *I Promessi Sposi*, go Gaeilge ('Mac Cléireach' 1934).[4] Tá mórthionchar áititheach na sagart, maille le tionchar na múinteoirí náisiúnta (a bhí faoi smacht na sagart) ar an Athbheochan i Luimneach soiléir ó thuairiscí na linne in *An Claidheamh Soluis*:

> Almost every important centre in the district has fallen into line … The success of the movement locally is in a great measure due to the active and consistent interest of the priests, the cooperation of the National teachers who with a a few exceptions are great Irish teachers (CS 9/2/1907)

> An tAthair Tomás de Bhál and Séamas Ó hEocha have completed their organizing tour in the eastern portion of County Limerick (CS 17/8/1907).

Chiallaigh láithreacht na sagart ar choistí na gcraobhacha go raibh gréasán éifeachtach cumarsáide idir na craobhacha ó thús. Is léir ó thuairiscí in An *Claidheamh Soluis* agus an *Limerick Leader* go dtugadh na craobhacha éagsúla an-tacaíocht d'imeachtaí a chéile i mblianta tosaigh an chéid. Ba bhuntáiste ollmhór freisin tacaíocht na mban rialta i gColáiste Mhuire gan Smál.

Luaitear an ceangal idir an Ghaeilge agus an bhochtaineacht mar cheann de na mórchúiseanna ar tugadh cúl leis an dteanga. Dá bhrí sin, bhain tábhacht ar leith le cumas stocaireachta lucht an Chonartha i Luimneach, tathaint ar na húdaráis ionad gradamúil a thabhairt don Ghaeilge sa saol poiblí, mar ar dhein, mar shampla Craobh na Cathrach i 1904: *The Craobh had induced the Borough Council to adopt a resolution making a knowledge of Irish an essential condition of appointment to office in its service* (CS 19/11/1904). Cuireadh seomraí Chomhairle na Cathrach ar fáil do Scoraíocht ag deireadh na bliana céanna (CS 17/12/1904). Thug Monsignor Ó hAilearáin an Chaisleán Nua aitheantas don ghradam a bhí anois ag leanúint na Gaeilge i 1906, nuair a mhaígh sé: *To be an Irish speaker is no longer a sign of vulgarity – a badge of inferiority* (LL 28/5/06). I 1908, mar thoradh ar ghníomhaíocht fhochoiste preasa Chraobh Luimnigh, méadaíodh ar láithreacht na Gaeilge sna nuachtáin áitiúla: *Arrangements have been made that the three local nationalist papers will each publish weekly a column of Gaelic league notes in addition to the Irish columns* (LL 18/7/1908).

Tar éis dó glacadh le cuireadh ó choiste Fheis Thuamhumhan, bronnadh saoirse na cathrach ar Dhubhghlas de híde ar an 5ú Meitheamh 1909, agus tuairiscíodh gur fearadh fáilte rí air (LL 12/6/1909). Tá caipéis chomórtha na hócáide ar crochadh in oifigí Chonradh na Gaeilge, Sr. Thomáis, Luimneach. Bhí Comhairle Cathrach Luimnigh chun tosaigh san fheachtas a d'éiligh riachtanas Gaeilge mar choinníoll iontrála don Ollscoil nua (CS 22/1/1909). Nuair a chualathas go raibh ceist na Gaeilge san Ollscoil réitithe crochadh bratacha a raibh 'Múscail do Mhisneach' agus 'Luimneach' breactha orthu ó sheomraí an Chonartha, agus lasadh tine chnámh lastuas d'áit chónaithe Neilí Ní Bhriain, Ard an Óir (CS 2/7/1910).

Meabhraíonn an tOllamh Breandán Ó Madagáin dúinn go raibh beagnach 16,000 cainteoir Gaeilge i gContae Luimnigh sa bhliain 1891 (Ó Madagáin 1974, 14). Tugann Dr. Garret Fitzgerald figiúirí faoi labhairt na Gaeilge i measc an aoisghrúpa ós cionn 60 sa bhliain

1911 trí scrúdú a dhéanamh ar fhigiúirí daonáirimh. Más léir meath tubaisteach ar an nGaeilge faoin am sin, b'fhollas baill áirithe i gContae Luimnigh sa bhliain 1911, ina raibh an cohórt aoise sin ar fad, geall leis, ina gcainteoirí Gaeilge. I dTeampall an Ghleanntáin, mar shampla, bhí Gaeilge ag 164 as 190 de na daoine a bhí os cionn seasca bliain i 1911 (Fitzgerald 2003, 236). Bhí 93% den chohórt os cionn 60 ina gcainteoiri dúchais i bPort, Mainistir na Feile (ibid.). Ba as an mbaile fearainn seo Bridget Halpin, máthair chríonna cháiliúil Mhichael Hartnett, is í ina bean óg cheana féin faoi 1911. Ní haon iontas, mar sin, fochainteoir ó dhúchas de bhunadh Luimnigh a bheith páirteach in imeachtaí an chonartha. Bhí Pádraig Ó hAnnracháin, 'feirmeoir agus cainteoir ó dhúchas de chuid an pharóiste' mar bhall de choiste Chonradh na Gaeilge sa Ghleann nuair a bunaíodh craobh ansin sa bhliain 1906 (Ó Cearbhaill 1979, 55). Thuairiscigh Ó Conbá go raibh Sean Ó Ciúire, fear óg cúig bliana is fiche, ag an gcruinniú tionscnaimh de chraobh Theampall an Ghleanntáin den Chonradh a reachtáil Fionán Mac Coluim i 1905. Ní hamháin go raibh an Ghaeilge tugtha leis ag Ó Ciúire óna thuismitheoirí, ach bhí léamh agus scríobh na teanga chomh maith aige. (Seoighe LL, 7/1/1950). Labhair beirt chainteoirí ó dhúchas de chuid an pharóiste chéanna, Donall Ó Curtáin agus Seán Ó Súilleabháin ag feis i 1917 (Ó Cearbhaill 1979, 55). Áiríodh an Caisleán Nua mar cheantar labhartha Gaeilge do chomórtais an Oireachtais (CS 11/8/1906). Bhí cuid mhaith cainteoirí dúchais ó cheantair eile mar thimirí agus mar mhúinteoirí taistil i gContae Luimnigh. Orthu seo bhí Seán an Chóta a chaith seal i gCnoc an Doire agus Rath Caola (Ó Brosnacháin 2001, 21), agus Seán Ó Cearbhaill ó dheisceart Thiobraid Árann a chuir faoi sa Ghleann agus a raibh a chlann féin páirteach in obair Athbheochana (Ó Cearbhaill 1987, 16). Ní foláir freisin gur shealbhaigh gníomhairí mar Mhicheál Ó Conchubhair as Áth an tSléibhe, roinnt Gaeilge ó chainteoirí a bparóistí féin.[5] Ba léir fonn diamhair ar Chonraitheoirí ar leith tarraingt ar chultúr beo na Gaeilge. Chreid céadtuairisceoir Gaeilge an Chonartha sa Limerick Leader go mbeadh na cainteoirí dúchais a bhí ag cur fúthú sa chathair mar acmhainn luachmhar ag Craobh Chathair Luimnigh (*LL* 11/7/1898). Shealbhaigh an gníomhaire Seoirse Mac Flannachaidh (1881-1921), a maraíodh le linn Chogadh na Saoirse is é ina mhéara ar Luimneach, cuid de Ghaeilge 'Mrs.Harty, Mrs. Roche' agus 'Mrs. Hickey' i bhFeadamair, i mblianta tosaigh an chéid (Seoighe *LL* 12/11/1949). Bhí an-mheas ag James Joyce ar Clancy; is air a bhunaigh sé carachtar Davin in *A Portrait of the Artist as a Young Man* agus is léir ón leabhar sin gur imir Clancy tionchar mór ar Joyce maidir le spéis a chur i saíocht na Gaeilge. Nuair a bunaíodh coiste ceantair i Mainistir na Féile i 1905, mhol an tAthair Ó Cathasaigh (ar de chúlra Gaeilge é féin i dTuaisceart Chorcaí) go gcothódh na seanGhaeilgeoirí an ghlúin óg: *Father Casey said that every means should be tried to induce the old people to speak Irish to the young people who are now learning it at school* (*LL* 27/5/1905).

Sa bhliain 1911 thagair Tomás Ó Conbá don tslí ar thuig an slua óráid i nGaeilge aimsir bhunaithe craoibhe den Chonradh i gCnoc Uí Choileáin in Iarthar Luimnigh (*the only portion of Limerick county where the Irish language as a spoken medium survives to any appreciable extent*), agus ar an dea-thionchar a bheadh ag an méid ar mhair den Ghaeilge dhúchais ar an ngluaiseacht sa pharóiste (*CS* 11/2/1911). Is é an móriontas nach raibh níos mó de na (mílte) cainteoirí dúchais a bhí fós ar marthain ag tús ré an Chonartha páirteach ar bhonn gníomhach in imeachtaí na hAthbheochana.

Ar chuir cúrsaí aicme cuing ar an gcumarsáid idir cainteoirí agus foghlaimeoirí? Ainneoin a bharúntacht féin a bheith ar an gceantar ba mhó Gaeilgeoirí sa chontae, níor chuir mac na bhfeirmeoirí láidre, Tomás Ó Conbá (1877-1962), aithne ar oiread agus duine acu ina mhochóige. Ina fhear fásta dó, fuair sé amach go raibh Gaeilgeoir ar leac an dorais aige i nDroichead na Daoile (féach Ó Diollúin 2004, 143). Mar sin féin, dhein Ó Conbá éacht bailithe béaloidis ó Ghaeilgeoirí Iarthar an Chontae. D'fhoilsigh Seoighe cuid den ábhar a bhailigh Ó Conbá sa *Leader* i 1950, agus tá cnuasach de á chur in eagar faoi láthair ag an Ollamh Dáithí Ó hÓgáin. Bhailigh Tomás Ó Cathláin ón nGleann ábhar a bhain le cainteoirí Gaeilge an Ghleanna (*LL* 14/1/1950; *LL* 9/6/2001). Tar éis d'Ó Cathláin dul ar imirce, d'fhoilsigh sé cuntais iomadúla faoina chuid taighde sa *Melbourne Catholic Advocate* idir 1940 agus 1960 (féach Noone 2004). Agus é ag cuimhneamh siar ar shaol na dtimirí is na múinteoirí taistil ag tús an chéid luaigh Ó Conbá an 'nós a bhí ag gach duine díobh bheith ag déanamh caidrimh leis na sean-Ghaeilgeoirí, d'fhonn na seoda luachmhara teangan do bhí acu do thógaint síos uathu' (*LL* 16/7/1955). Ní foláir go bhfuil ábhar le bailitheoirí eile le hathaimsiú fós. Tá an ceart ag Traolach Ó Ríordáin a rá nach bhfuil aitheantas ceart tugtha do na timirí mar luathbhailitheoirí béaloidis (Ó Ríordáin 2002, 175-176). Pé scéal é, is cosúil gur mar fhaisnéiseoirí amháin, agus ní mar ghníomhaithe, a féachadh ar Ghaeilgeoirí deireanacha an chontae den chuid is mó.

Thug de hÍde cuairt amháin eile ar Luimneach ach d'imigh craobhacha áirithe ar lár sna blianta beaga roimh an Éirí Amach (*LL* 23/9/1915). Léiriú slachtmhar ar an dlúthghaol a bhí ann idir an Ghaeilge is an náisiúnachas sa tréimhse tar éis Éirí Amach 1916, go ndeachaigh Donnacha Ó Briain (1879-1981) ó Chnoc an Doire, isteach i gConradh na Gaeilge, sna hÓglaigh agus i Sinn Féin sa bhliain 1917.[6] Comhartha ar fhuinneamh mór na ré cuntas Uí Bhriain gur íoc aon chraobh is seachtó sa chontae a sintiús leis an gCoiste Contae sa bhliain 1922; 565 craobh a bhí sa tír ar fad sa bhliain chéanna (Ó Fearaíl 1975, 45). Faoi 1928 bhí Ó Briain mar rúnaí ginearálta ar an gConradh. Ina dhiaidh sin arís, chuir sé an Ghaeilge chun cinn agus é ina theachta dála ó 1933 go dtí 1969.[7]

Thit craobhacha as a chéile le linn Chogadh na Saoirse, agus má lean athbhorradh an neamhspleáchas, bhí blas an dualgais ar chuid den bhorradh sin. Braitear i reitric sheanchaite na n-alt a foilsíodh sa *Limerick Leader* le linn na bhfichidí agus na dtríochaidí an chúis ag iompar ina mana. 'An bhfuil an Ghaeilge ag dul chun cinn?' a bhíodh mar cheannteideal díograiseach ar an gcéad chuid de mhír sheachtainiúil na Gaeilge le linn na tréimhse seo. Is minice ná a chéile a fhaightear leithéid *speaking first in Irish* i dtuairiscí ar óráidí ag ócáidí Gaelacha. Mar sin a tharla nuair a labhair Domhnall Ó Corcora (duine a d'imir tionchar mór ar lucht Athbheochana Luimnigh) ag feis i bhFaing, agus an tAthair Ó hUallacháin ag feis i Rath Caola i 1926.[8]

I mBéarla a bhí formhór na hóráide a thug Donnacha Ó Briain i Rath
Caola sa bhliain 1924, ag ocáid a bhí ag comóradh bhás an Óglaigh
Seán Finn ón mbaile sin, trí bliana roimhe:

> I have spoken in Irish first because Irish is, and with
> God's help will be the national language of Ireland ... I
> feel I am only doing my duty as an Irishman. ... It is
> ours to perform one more glorious work (Ó Briain, Mír
> 316, féach nóta 6 thíos).

Dá sheanchaite argóintí Uí Bhriain agus óráidithe eile Luimnigh um
an dtaca seo, chinntigh a léithéid gur ghriosaigh glúin gan Ghaeilge a
gclann féin chun an teanga a fhoghlaim mar dhualgas náisiúnta.

Ócáidí spleodracha ab ea feiseanna an chontae; ba mhinic mórshiúl
rompu, bannaí ceoil ag seinnt agus sagairt agus oidí scoile go líonmhar
ar an ardán (Féach *LL* 12/6/1926; 19/6/1926). (Ní léir an ionadaíocht
chéanna ag Protastúnaigh sa ghluaiseacht um an dtaca seo). Ag feis i
Rath Caola i 1925, d'áitigh an Teachta Dála, Padraig Ó Máille, go
n-úsáidfí an Ghaeilge mar bhealach chun athmhuintearas a chothú tar
éis scoilt an Chogaidh Chathartha (*LL* 20/6/1925). Is cosúil gur
eisceacht an t-anam a bhain le feis áirithe seo Rath Caola: *a gay and
lively aspect ... none of the monotony and semipuritanical appearance which tends
to make such gatherings unattractive (ibid.)*. Moladh go hard *tableau* a
cuireadh ar siúl roimh an bhfeis mar ar sheas buíon leanaí le'
sguabanna' ar leoraí ag sguabadh chun siúil *a pile of thrashy English
literature* agus comhartha *Sweep out the thrash* acu (*ibid.*).

An raibh aon dul chun cinn á dhéanamh i bpríomhchuspóir an
Chonartha, leathnú na Gaeilge? Shamhlófaí ar dtús ó thuairisc
chruinnithe sa Chaisleán Nua ar an 23ú Eanáir 1937 go raibh éacht
déanta ag an gcraobh:

> Ceilidhe had been held twice weekly all the year
> round with the exception of the period of Lent and
> the summer months ... the branch had staged two
> dramas during the year. They succeeded in
> retaining the valuable shield at the County Feis,
> held in the town last year ... (*LL* 23/1/1937).

Is san aon ghnó eile, áfach, a nochtar croí na faidhbe: *There were some matters however to be deplored and that was the inactivity of the branch in the work of reviving the language (ibid.)*.

Tá leidí go leor sa tuairisc ar na cúiseanna a bhain le heaspa fócais na craoibhe ar cheist na teanga: *The Committee had to be constantly on the alert to prevent the introduction of abuses, which usually took the form of roughness and jazz (ibid.)*.

Tar éis conspóide faoi bhall de choiste chraobh an Chaisleáin Nua a bheith ag tacú le rince 'gallda' ag an gcruinniú thuasluaite, d'éirigh an duine a bhí i gceist, An tUasal Mac Auliffe, as an gcoiste ar fad. Ainneoin tionchar plúchtach an náisiúnachais mhonalógaigh a bheith le brath i gcúrsaí Athbheochana Luimnigh um an dtaca seo, bhain spraoi agus saoirse le gnéithe áirithe den ghluaiseacht. Idir 1938 agus 1946 chuir gluaiseacht óige, Clann na hÉireann, réimsí imeachtaí Gaeilge – cluichí cártaí, cór, turasanna rothair agus campaí Gaeilge – ar fáil do dhéagóirí chathair Luimnigh a raibh suim sa Ghaeilge acu (*LL* 1/6/1974). Faoi Scéim na bPáistí chuir na craobhacha féin ar chumas leanaí tréimhse a chaitheamh sa Ghaeltacht. Braitear mórtas an phobail sna tuairiscí iomadúla a foilsíodh sa *Limerick Leader* faoi na scórtha leanaí a cuireadh go Cúil Aodha tríd an scéim seo ó dheireadh na dtríochaidí ar aghaidh (*LL* 17/6/1937). Bhí tionchar cinniúnach ag cuid de na cuairteanna seo: chreid Michael Hartnett go raibh an tréimhse a chaith sé i gCúil Aodha is é ina bhuachaill óg i measc na mórchúinsí ar deineadh file Gaeilge de (Hartnett 1975).

Intleachtóir dúchais *par excellence* ab ea Mainchín Seoighe ar chumasaigh na colúin a d'fhoilsigh sé sa *Leader* ó 1944 gnáthmhuintir Luimnigh chun spéis a chur in oidhreacht Ghaeilge an chontae. Tar éis do Sheoighe comórtas sa stair áitiúil i mBéarla agus i nGaeilge a fhógairt i 1949, foilsíodh ábhar a sheol an gnáthphobal isteach, mar aon le torthaí a thaighde féin, i sraith dar teideal 'In the Limerick Gaeltacht'. I measc na bhfaisnéiseoirí, bhí an breac-chainteoir ó dhúchas Prionsias de Róiste ó thaobh Luimnigh den Eiltiún (*LL* 8/10/1949), fear a bhí tar éis ábhar a bhailiú tráth go raibh sé féin gníomhach sa Chonradh ag tús na haoise (Ó hÓgáin, 2001), agus

Tomás Ó Conbá féin. Tá ábhar a bhailigh nó ar chuimhin le de Róiste, maille le hábhar a bailíodh ó Dhonnacha Condún curtha in eagar ag Daithí Ó hÓgáin (Ó hÓgáin, 2001). Bhí baint ag Seoighe freisin leis na hoícheanta Gaelacha (dátheangacha) a reachtáltaí in ionaid éagsúla sa chontae ó 1948. Anuas ar cheolchoirmeacha, díospóireachtaí agus céilithe, thugtaí léachtaí acadúla ar shaíocht Ghaeilge an cheantair agus ar ábhair ilghnéitheacha eile. I measc na léachtóirí bhí Mainchín Seoighe, Caoimhín Ó Danachair agus Níoclás Breathnach (Seoighe, *LL* 4/2/1950; 18/11/50; Ó Cearbhaill 1987, 199-203). Mhair spiorad fiontraíoch an chomharchumannais maille le dúil sa Ghaeilge sa bhFaing: sa bhliain 1955 bunaíodh Comharchumann Íde Teo. ar an mbaile sin, agus go gairid ina dhiaidh sin bhunaigh an Comharchumann Coláiste Samhraidh a bhí múnlaithe ar Choláiste na Rinne (Mac Siacuis 1988, 68-86).

Bhí Seoighe i measc an ghrúpa a bhunaigh Cumann na Máighe i 1969 chun 'taighde den scoth a chothú i litríocht an limistéir, chun spéis an phobail trí chéile inti agus mórtas mhuintir na háite a ghríosadh agus chun an Ghaeilge a chur chun cinn ar an gcaoi sin' (*Inniu* 10/5/1974). Reachtáladh Féile na Máighe, a dhein cómóradh ar fhilí na Máighe agus plé ar an gcultúr trí chéile den chéad uair i 1970. Má ghlac aos Gaeilge an chontae múnlaí samhlaitheacha chucu féin chun léann na Gaeilge a bhreith chuig an ngnáthphobal ar bhonn áitiúil sna 1970í, is léir ón méid thuas nach gan a réamhtheachtaí a bhí an borradh seo. An file Michael Hartnett (1941-1999), duine a chuir aithne ar chuid de chainteoirí dúchais deireanacha an chontae ina óige, a d'fhreastail ar cheann de chúrsaí Gaeilge Scéim na bPáistí, agus a tháinig faoi thionchar lucht fhéilte Gaeilge na seachtóidí, is fearr a chuir friotal ar chumas chuimhne phobail áitiúil an ceann is fearr a fháil ar bhriseadh na staire:

> Sinne a mhair i mbroinn an pharóiste
> níos sine ná na caisleáin dóite ('An Droichead go
> Meiriceá').

NODA

CS: *An Claidheamh Soluis*
LL: *Limerick Leader*

NÓTAÍ

[1] Bhí Standish Hayes O'Grady mar Uachtarán ar an gCumann Oisíneach idir 1855 agus 1857 agus tháinig William Smith O'Brien i gcomharbacht air. *Silva Gaeledica* (1892) an foilseachán ba chlúití ó Hayes O'Grady; féach Bourke 1988, 14-6.

[2] Táim buíoch do Sheán Ó hAllmharáin a chuir cóip de na miontuairiscí faoi mo bhráid in Oifig an Chonartha, Sr. Thomáis, Luimneach.

[3] Tá cuntas níos iomláine ar de Bhál in Breathnach agus Ní Mhurchú, 1994, 19-21.

[4] Tá cáipéisí de Bhulbh le fáil i Leabharlann Boole, Coláiste na hOllscoile, Corcaigh. Táim buíoch do Sheán de Bhulbh (+ 2009), col ochtar leis an údar ar scoláire mór Gaeilge é féin, as eolas a chur faoi mo bhráid.

[5] 'Mícheál Ó Conchúir, timire agus múinteoir Gaeilge.' Léacht neamhfhoilsithe a thug Mainchín Seoighe mar chuid d'imeachtaí Chonradh na Gaeilge, Leabharlann Rath Caola, 21/3/2003. Tá cuntas ar scéal na Gaeilge in Áth an tSléibhe le fáil in Ó Coileáin, 2004, 195-222.

[6] Mír 316, Caipéisí Dhonnacha Uí Bhriain, Cartlann an Choláiste Ollscoile, Baile Átha Cliath.

[7] Cáipéisí Dhonnacha Uí Bhriain, míreanna éagsúla.

[8] 'Heartening Irish Ireland Display; Important Address by Father Houlihan', *LL* 5/6/1926; 'Foynes Feis, a Hughly Successful Feature, Address by Mr. Daniel Corkery', 'Plea for the Language', *LL*, 12/6/1926.

LEABHARLIOSTA

Bhreathnach 1997: N. Bhreathnach, 'Na Cheyenne agus na Sioux i bhfilíocht Eoin Uí Chathail (1839-1928)', Tráchtas neamhfhoilsithe M.A., Ollscoil na hÉireann, Gaillimh.

Bourke 1988: F. Bourke, 'Standish Hayes O'Grady 1832-1915', *The Other Clare*, March 1988, 14-16.

Breathnach agus Ní Mhurchú 1994: D. Breathnach agus M. Ní Mhurchú, eag., *1882-1982 Beathaisnéis a Ceathair*, Baile Átha Cliath.

Carpenter agus Fallon 1980: A. Carpenter agus P. Fallon, eag., *The Writers. A sense of Ireland*, Dublin

Egan 1949: M. J. Egan, *Life of Dean O'Brien Founder of the Catholic Young Men's Society*, Dublin.

Fitzgerald 2003: G. Fitzgerald, 'Irish Speaking in the Pre-Famine Period: a Study based on the 1911 Census Data for people born before 1951 and still alive in 1911', *Proceedings of the Royal Irish Academy* 103 C, No. 5.

Davis 1988: R. Davis, *Revolutionary Imperialist: William Smith O' Brien 1803-1864*, Dublin 1998.

Duane 1967: M. Duane, 'Mount Trenchard', in É. Rynne, eag., *North Munster Studies, Essays in Commemoration of Monsignor Michael Moloney*, Limerick.

Hartnett 1975: M. Hartnett, 'Why Write in Irish', *Irish Times*, 26/8/1975.

Lee 1997: D. Lee, *Remembering Limerick. Historical Essays Celebrating the 800th Anniversary of Limerick's First Charter*, Limerick.

Lyons 1989: J. B. Lyons, 'Sylvester O Halloran, 1728-1807', *Eighteenth Century Ireland* 4, 65-74.

Martin 1964. F. X. Martin, *The Howth Gunrunning*, Dublin.

'Mac Cléireach' 1934: 'Mac Cléireach', 'An tAthair Pádraig de Bhulbh', *Irisleabhar Mhá Nuad*, 33-6.

Mac Lochlainn 1989: A. Mac Lochlainn, 'John M. O'Cahill of Templeglantine and Pentwater, Michigan', *Old Limerick Journal* 26, 36-41.

Mac Peaircín 2002: L. Mac Peaircín, 'William Smith O'Brien, Scoláire Gaeilge', *North Munster Antiquarion Journal* 42, 89-112.

Mac Siacuis 1988: R. Mac Siacuis, *Idir Tuile 'gus Trá*, An Fhaing.

Mac Mahon 1990: J. Mac Mahon, 'The Funeral of William Smith O' Brien', *Journal of the Newcastle West Historical Society* 1, 36-8.

Murphy 1973-4: Rev. I. Murphy, 'William Smith O'Brien and the Teaching of Irish in West Clare', *North Munster Antiquarian Journal* 16, 90.

Noone 2004: V. Noone, 'Thomas Culhane's writings in the Melbourne Advocate', in L. de Paor, M. O'Connor, B. Reece, eag., *The Australian Journal of Irish Studies* 4 :Special Issue, *Remembered Nations, Imagined Republics: Proceedings of the Twelfth Irish-Australian Conference, Galway June 2002*, Perth, 311-20.

Ó Brosnacháin 2001: N. Ó Brosnacháin, *Éist leis an gCóta: Saothar foclóireachta Sheáin a' Chóta á mheá agus á mheas*, Má Nuad.

Ó Cearbhaill 1979: P. Ó Cearbhaill, 'An Ghaeilge agus lucht na Gaeilge cois Féile', in P. Ó Fiannachta, eag., *Glór na Féile*, Coiste na Féile.

Ó Cearbhaill 1987: P. Ó Cearbhaill, *B'aoibhinn Bheith Beo*, Baile Átha Cliath.

Ó Cearbhaill 1990: P. Ó Cearbhaill, *Ba Bheannacht a Bheith Óg*, Baile Átha Cliath.

Ó Coileáin 2004: S. Ó Coileáin, 'Filí, Filíocht agus Áth an tSléibhe, in P. Ó Cíobháin, eag., *Go nuige seo*, Baile Átha Cliath, 195-222.

Ó Diollúin 2004: S. Ó Diollúin, 'An Ghaeilge sa Chaisleán Nua Thiar 1800-2004', tráchtas neamhfhoilsithe M.A., Coláiste Mhuire gan Smál, Luimneach.

Ó Glaisne 1979: R. Ó Glaisne, 'Neilí Ní Bhriain', *Combar*, Lúnasa (ar lean Meán Fómhair)

Ó Fearaíl 1975: P. Ó Fearaíl, *The Story of Conradh na Gaeilge*, Baile Átha Cliath.

Ó Fiannachta 1987: P. Ó Fiannachta, 'Mícheal Ó hAirtnéide: File Gaeilge', *Léachtaí Chom Cille* XVII, 39-60.

Ó Flynn 1994: C. Ó Flynn, *The Poets of Merry Croom*, Dublin.

Ó Fiannachta 1979: P. Ó Fiannachta, eag., *Glór na Féile*, Coiste na Féile.

Ó hAnnracháin 1944: P. Ó hAnnracháin, *Faoi Bhrat an Chonartha*, Baile Átha Cliath.

Ó Háinle 1994: C. Ó Háinle, 'Ó Chaint na nDaoine go dtí an Caighdeán Oifigiúil', in K. McCone *et al.*, eag., *Stair na Gaeilge in ómós do Pádraig Ó Fiannachta*, Maigh Nuad, 745-93.

Ó hÓgáin 1979: D. Ó hÓgáin, 'Dornán Béaloidis ó Chontae Luimnigh', *Sinsear*, 62-9.

Ó hÓgáin 2001: D. Ó hÓgáin, *An Binsín Luachra*, Baile Átha Cliath.

Ó Madagáin 1974: B. Ó Madagáin, *An Ghaeilge i Luimneach*, Baile Átha Cliath.

Plunkett 1904: H. Plunkett,, *Ireland in the New Century*, London.

Ó Ríordáin 2002: T. Ó Ríordáin, *Conradh na Gaeilge i gCorcaigh 1894-1916*, Baile Átha Cliath.

Seoighe 1972: M. Seoighe, eag., *Glór na Máighe*, Coiste na Máighe.

Seoighe 1989: M. Seoighe, 'An Treoraí agus (an) Ghaeilge', *Limerick Leader, Centenary Special*, 30/11/1989.

Seoighe 1995a: M. Seoighe, 'Bunú Choláiste Uí Chomhraí', in P. Ó Fiannachta, eag., *Eoghan Ó Comhraí, Saol agus Saothar*, An Daingean, 96-115.

Seoighe 1995b: M. Seoighe, *Patrick Weston Joyce: The Origin and History of Irish Names of Places with a New Introductory Essay on P. W. Joyce by Mainchín Seoighe*, Blackrock.

Ua Duinnín 1906: P. Ua Duinnín, eag., *Filidhe na Máighe*, Baile Átha Cliath.

muiris ó gormáin (†1794) scoláire idir dhá chultúr

LESA NÍ MHUNGHAILE

Réamhrá

Múinteoir fáin, scríobhaí agus file a bhain go dlúth le ceantar Oirialla ab ea Muiris Ó Gormáin. Bhí sé ar dhuine de na scríobhaithe ba bhisiúla i gCúige Uladh le linn an ochtú haois déag agus maireann níos mó lámhscríbhinní uaidh ná ó aon scríobhaí eile ón gceantar sin (Ó Fiaich 1960, 289). Tá breis is trí scór díobh fós ar marthain in Éirinn, sa Bhreatain agus i gCopenhagen. Bhí baint aige le cuid de na hársaitheoirí ba thábhachtaí agus ba mhó tionchar in Éirinn, idir Phrotastúnaigh agus Chaitlicigh, agus bhí an-éileamh ar a sheirbhísí mar scríobhaí agus mar mhúinteoir ó lár go dtí deireadh an chéid, go háirithe. Faoin am go raibh sé i mbun pinn bhí an seanchóras pátrúnachta imithe i léig in Éirinn agus glúin nua scríobhaithe tagtha chun cinn a d'fhéach i dtreo pátrún eile seachas na pátrúin thraidisiúnta chun beatha a bhaint amach. I measc na bpátrún nua seo bhí baill den uasaicme Phrotastúnach. Faoi lár an chéid bhí an aicme seo níos muiníní as a stádas sa tír agus thosaigh a bhféiniúlacht mar Éireannaigh ag forbairt, rud a chur ar a gcumas ionannú a dhéanamh leis an gcultúr dúchasach. Bhí baint freisin ag an athbheochan Cheilteach a bhí faoi lán seoil ó na 1750í ar aghaidh leis an spéis a spreagadh in ársaíocht na hÉireann. Faoin dara leath den chéad, mar sin, bhí staidéar ar shaíocht na nGael agus ar an nGaeilge san fhaisean, agus de réir a chéile ba ghné thábhachtach den saol ardnósach sin leabhair agus lámhscríbhinní Gaeilge a chnuasach. Bhí an-éileamh ar lámhscríbhinní a bhí scríofa ar pháipéar maith agus ceangailte go deas agus d'fhreastail na scríobhaithe Gaeilge go fonnmhar ar an éileamh sin. Ós rud é nach raibh an Ghaeilge ar a dtoil ag formhór na n-ársaitheoirí Protastúnacha, bhíodh siad ag brath ar scoláirí dúchasacha ar nós Uí Ghormáin chun lámhscríbhinní a chóipeáil dóibh, aistriúcháin a sholáthar, agus ceachtanna Gaeilge a chur ar fáil.

Díreofar san alt seo ar an ról lárnach a bhí ag Ó Gormáin mar idirghabhalaí idir lucht an chinsil agus saíocht na Gaeilge tríd an gcaidreamh a bhí aige lena phátrúin a phlé, maraon leis an gcineál ábhair a chóipeáil sé dóibh. Iniúchfar an t-ábhar Fiannaíochta atá le fáil ina lámhscríbhinní chomh maith leis an ábhar a sholáthair sé do Charlotte Brooke dá *Reliques of Irish Poetry* (1789), chun soiléiriú a dhéanamh ar an mbealach inar chuir sé in aghaidh líomhaintí James Macpherson.

Beatha

Is beag atá ar eolas i dtaobh bheathaisnéis Uí Ghormáin agus is iad a lámhscríbhinní féin agus comhfhreagras a phátrún an dá phríomhfhoinse eolais atá againn dó. Ag tréimhsí éagsúla le linn a shaoil thug sé Mac Gormáin air féin i lámhscríbhinní áirithe (UCD Morris 19 (1734); RIA 23 A 45 (1745); BL Eg. 128 (1748-9); Gorman i gceann amháin (RIA 23 H 23 (1761)) agus O'Gorman i gceann eile (NLI G 664 (1771 agus 1776)). Baineann an réimír 'Mac' lena óige, agus dar le Ó Fiaich go raibh an fhoirm sin den sloinne coitianta go leor i gCo. Mhuineacháin agus i gCo. Ard Mhacha ag tús an ochtú haois déag (Ó Fiaich 1960, 289 n.8). Thart ar an mbliain 1770 d'úsáid sé an dá leagan Maurice Gorman agus Maurice O'Gorman, agus ag deireadh a shaoil shínigh sé a ainm mar Ó Gormáin. Thagair a phátrúin agus scolairí eile dó mar 'Gorman' nó 'old Gorman' ina gcomhfhreagras.

Meastar gur ag tús an ochtú haois déag a rugadh é ach níltear ar aon tuairim faoina áit bhreithe. Mheas scoláirí áirithe gur as Co. Lú nó Co. Mhuineacháin dó ó dhúchas (Ó Mórdha 1957, 21), ach tugann fianaise i litir chuig John O'Daly dar dáta Nollaig 1894 ó James Mac Grady, Independent Office i Loch Garman, le fios go m'bhféidir gur as Co. Ard Mhacha dó:

> Peter O'Dornin became a northerner by adoption. I know not that *I* ought to be very fond of him; for I think that some of the blood of Maurice O'Gorman, whom he banished from his native ground, flows in my veins.

The mother of my grandfather, James Donnelly, of the County Armagh, was a *Ní Ghormain* of that locality' (Torna 1939, 180).

Tá tagairt le fáil do mháistir scoile darbh ainm Gorman in *Report on the State of Popery* (1731), áit a luaitear a scoil i Bow Lane i bparóiste Naomh Michan, Baile Átha Cliath, i measc na scoileanna a raibh cosc orthu (*Archivium Hibernicum* 1915, 141), agus b'fhéidir gurbh é ár scríobhaí a bhí i gceist. Luaitear scoil Thaidhg Uí Neachtain ('Thaddeus Norton') sa liosta céanna. Ní fios cathain a bhain Ó Gormáin Baile Átha Cliath amach ach níl sé luaite ag Ó Neachtain ina dhán 'Sloinfead scothadh na Gaoidhilge grinn' a cumadh idir 1726-9 (O'Rahilly 1912, 156). Cuntas atá sa dán sin ar sheisear is fiche scoláirí a bhí ag saothrú an léinn i mBaile Átha Cliath ag an am. Is díol spéise é nach ndéantar tagairt dó ann, go háirithe ós rud é gur léir go raibh teagmháil, agus cairdeas fiú, aige le roinnt de na scoláirí a bhain leis an gciorcal sin. Mar sin féin, ní dhéantar trácht ar an scríobhaí Muimhneach Stiabhna Rís ann ach an oiread, cé go raibh sé ag cur faoi san ardchathair an tráth sin. Is léir freisin ón lámhscríbhinn TCD 1361 i láimh Uí Neachtain, ina bhfuil an dán le fáil, go raibh an Ríseach ina chara ag Ó Neachtain agus gur thug an Neachtaineach leabhair agus lámhscríbhinní ar iasacht dó (O'Rahilly 1912, 162). B'fhéidir nach raibh Ó Gormáin sa chathair faoin am sin, nó fiú má bhí, b'fhéidir nach raibh aithne curtha aige ar Ó Neachtain go fóill toisc go dtugann Ó Neachtain le fios sa dán go raibh tuilleadh scolairí ann nach raibh aithne curtha aige orthu (Harrison 1988, 24). Más é ár scríobhaí a bhí i gceist sa *Report on the State of Popery*, níor fhan sé i bhfad sa phríomhchathair, mar faoin mbliain 1734 bhí sé i gCo. Mhuineacháin, áit ar scríobh sé an lámhscríbhinn is túisce a mhaireann óna pheann, UCD Morris 19.

D'oscail sé scoil i bhFoirceal i ndeisceart Ardmhacha nó i mBaile Bhalraic i gCo. Lú, áit a raibh ceann ag an bhfile Peadar Ó Doirnín cheana féin. Ní fios go díreach cathain a rinne sé amhlaidh ach b'fhéidir gur sna 1730idí a tharla sé. D'éirigh aighneas eatarthu, áfach, toisc iad a bheith in iomaíocht lena chéile agus toisc iad a bheith ag déanamh suirí leis an mbean chéanna, Peggy Beirns. Chum Ó Doirnín aor magúil, 'Suirí Mhuiris Uí Ghormáin' (BL Add. 18749), ina raibh Béarla briste Uí Ghormáin agus a ró-cheanúlacht ar na mná ina n-ábhar magaidh aige. De réir an traidisiúin, scaip Ó Doirnín ar fud an cheantair é le linn d'Ó Gormáin a bheith i nDroichead Átha le muintir Beirns, rud a chuir drochbhail ar iarrachtaí suirí Uí Ghormáin. Ba é bun agus barr an scéil gur fhág sé Foirceal agus é náirithe. Níl an chosúlacht ar chúrsaí gur phós sé riamh. Bhreac Nicholas Ó Cearnaigh nóta mínithe in aice le cóip den dán thart ar an mbliain 1840 (RIA 23 E 12, f. 360) ag tabhairt an méid seo a leanas le fios:

> A satirical and humorous description of the courtship of Maurice O'Gorman, a pedantic schoolmaster, a Munster blade, and a rival of O'Dornin's for the hands (sic) of Miss Rose O'Dornin who was subsequently married to O'Dornin.

Mar sin féin, ba chóir a chur san áireamh gur mhinic nach raibh Ó Cearnaigh féin ró-iontaofa mar fhoinse. Is léir ón ngreann sa dán gur scríobhadh do dhream léannta é toisc go mbeadh dea-Bhéarla chomh maith le dea-Ghaeilge de dhíth ar an lucht éisteachta chun an magadh ann a thuiscint:

> You's very fine clothes, you's purty fine brogues,
> you's Latin well spoke, and what me can't name.
> Ach bhíomar ag ól gur thit mise 'mo cheo
> is don deamhan sin orlach fuair Muiris dá feidhm (de Rís 1969, 28-29).

Ní fios cá raibh Ó Gormáin ag cur faoi sna 1740í agus 1750í. Tosnaíonn an chéad líne de dhán Uí Dhoirnín leis an líne: 'Ar maidin Dé Máirt is mé ag dul go Droichead Átha' (de Rís 1969, 28), agus tá gach seans ann gur chaith Ó Gormáin tamall ina chónaí i gceantar Dhroichead Átha toisc go bhfuil lámhscríbhinní NLI G 141 agus BL

Eg. 663 breac le sráidainmneacha agus ainmneacha tithe tábhairne ón mbaile sin. Is léir ó thagairtí i lámhscribhinní eile a chuir sé i gcrích an tráth sin gur chaith sé tréimhsí éagsúla i mBaile Átha Cliath, ach ní fios an raibh sé ansin go leanúnach. Dealraíonn sé go raibh baint aige le linn na tréimhse sin leis an scríobhaí Aodh Ó Dálaigh, mar shampla, a raibh cónaí air san ardchathair, ós rud é go bhfuil roinnt de na téacsanna céanna le fáil i BL Eg. 128 a scríobh Ó Gormáin idir 1748-9 is atá i TCD 1291 a chuir Ó Dálaigh i dtoll a chéile don Dr Francis Sullivan sa bhliain 1755. Is cosúil gur tháinig TCD 1291 i seilbh Uí Ghormáin ina dhiaidh sin toisc go luann sé í sa chlár a rinne sé de na leabhair agus de na lámhscríbhinní a bhí ina sheilbh aige (NLI G 664), agus nóta ann gur ón Dálach a fuair sé í.[1] Rinne sé cóip de *Trí Biorghaoithe an Bháis* (NLI G 333) don Dr John Fergus sa príomhchathair i 1752 (Ó Catháin 1988, 142), agus chóipeáil sé TCD 1347 dó freisin, thart ar an am céanna, b'fhéidir.

Faoin mbliain 1761 bhí sé i gcomharsanacht Bhéal Átha Tairbeirt, Co. an Chabháin. De réir nóta dá chuid (BL Eg. 151, f. 82), d'fhostaigh 'John Reilly of Annagh, Cavan' agus 'George Dawson of Kilmore, Armagh', é ar £1 1s. 8d. an duine, ó 1 Bealtaine 1761 go dtí 30 Aibreán 1762 chun *writing, arithmetick and the English tongue* a mhúineadh dá gclann mhac (Flower 1926, 48). Ní thugtar le fios, áfach, cá raibh an scoil aige. Ceithre bliana ina dhiaidh sin bhí sé ag múineadh i mBaile Átha Cliath arís mar is léir ó fhógra uaidh in *Faulkner's Dublin Journal* (1-5 Iúil 1766):

> Whereas the Irish, the ancient language of this nation hath been long neglected, an Evil justly complained of, as it renders Gentlemen unable to have recourse to the many valuable Chronicles and Compositions still preserved amongst us, relative to the ancient state of this Kingdom, its Arts, Sciences, and Literature. Therefore Maurice Gorman, Professor of that Language, offers his service to the public, and proposes to lay himself out in his own apartment (at the sign of the Mashing Keeve in St. Mary's Lane Dublin) every morning from ten to two,

for the instruction of youth and others as wish for their own cultivation, to open treasures so long locked up. [...] N.B He is perfect master of the difficulties attending the reading and explaining the ancient Irish manuscripts in Vellum (Wall 1958, 94).

Is díol spéise é an fógra sin ar roinnt fáthanna. Is beag *Professor* a d'fhógair a sheirbhísí i nuachtán mar sin i gcaitheamh an ochtú haois déag. B'fhéidir nach raibh ann ar fad ach trí nó ceithre fhógra dá leithéid agus gach seans gurbh é fógra Uí Ghormáin an ceann ba thúisce (Ó Casaide 1933, 137-8). Lean Ó Gormáin leis an nós *Professor* a thabhairt air féin ina dhiaidh sin, freisin. Mar shampla, sa bhliain 1782 shínigh sé dán molta ar George Nugent Grenville, Iarla Temple, a bhí ceaptha mar Fhear Ionaid an Rí in Éirinn mar seo a leanas: *By Maurice O Gorman Professor of the Gaelic Language in Dublin, & the last of the Irish Bards* (Mahony 1987,28). Baintear macalla as 'Ossian' anseo, rud a thugann le fios gur thuig Ó Gormáin an tóir a bhí ag an uasaicme ar shaothar James Macpherson. Is díol spéise é gur i nGaeilge na lámhscríbhinní a chuir na hársaitheoirí spéis den chuid is mó agus gur beag meas a bhí acu ar an nGaeilge labhartha. Léiriú maith air seo is ea ráiteas Charles Vallancey a thug *jargon yet spoken by the unlettered vulgar* ar an nGaeilge (Vallancey 1773, ii). Fiú na hársaitheoirí a léirigh spéis sna lámhscríbhinní, ní raibh sa Ghaeilge iontu ach bac, dar leo, a bhí le sárú acu chun teacht ar an saibhreas a bhí faoi cheilt sna seantéacsanna. Is ag freastal ar na daoine sin a bhí Ó Gormáin leis an tagairt san fhógra do *treasures so long locked up*. Bhain na hársaitheoirí Joseph Cooper Walker agus Lady Moira leas as an meafar céanna, mar shampla, ina gcomhfhreagas: *What a hoard of literary treasure is locked up in the Irish language* (N.A.S. GD297/18). Chuir Ó Gormáin é féin chun cinn mar an té a bheadh in ann díchódú, mar a déarfá, a dhéanamh ar na téacsanna dóibh, agus is fianaise í seo go raibh tuiscint mhaith aige ar an margadh ar a raibh sé ag freastal agus gur chuir sé chun sochair dó féin é.

Bhí Vallancey agus Matthew Young i measc na mac léinn mór le rá ar mhúin Ó Gormáin Gaeilge dóibh. Tá gach seans ann go raibh BL

Eg. 87, cóip de *Focaloir Gaoidhilge-Sax-Bhéarla, or an Irish-English Dictionary* (1768) Sheáin Uí Bhriain, a bhfuil nótaí ó láimh Chathail Uí Chonchubhair ar a imeall freisin, ina théacsleabhar ag Vallancey agus Ó Gormáin agus iad i mbun ranganna, ós rud é go bhfuil nótaí breactha ag an mbeirt acu ann. Cé gur thug Vallancey le fios go raibh sé ina shaineolaí ar an nGaeilge is beag di a d'éirigh leis a fhoghlaim. Mar a dúirt Desmond Ryan: *Vallancey did everything for the Irish Language except learn it* (Ryan 1939, 74). Luann sé an tuairim freisin gurbh é Ó Gormáin a scríobh na sleachta Gaeilge i saothar Vallancey (Ryan 1939, 76). Le linn do Vallancey a bheith ag cur *A Grammar of the Iberno-Celtic or Irish language* (1773) i dtoll a chéile, sheol sé litir spéisiúil dar dáta 31 Márta 1772 chuig Ó Conchubhair, áit ar thug sé le fios go raibh Ó Gormáin ina chonstaic: *In all this poor Gorman is rather a stumbling block than an assistance, rather a check than a spur* (RIA B i 2).

Ní fios cé acu an raibh Vallancey ag caitheamh anuas ar Ó Gormáin toisc nach raibh sé in ann brath ar an scríobhaí, nó b'fhéidir toisc nach raibh an bheirt acu ar aon tuairim maidir le bunús Féiníceach na Gaeilge. Mar is léir ó chríoch na litreach, áfach, bhí sé lánsásta Ó Gormáin a chúiteamh as a iarrachtaí:

> I am now in treaty with the Printer. I have also wrote to
> the Dublin Booksellers – if I can throw 20 pounds in
> poor Gorman's pocket and be no loser myself is all I
> wish by this Grammar (RIA B i 2).

Chóipeáil Ó Gormáin na lámhscríbhinní TCD 1324, TCD 1328 agus TCD 1329 do Vallancey le linn na tréimhse sin.

Thart ar an am seo freisin, tuairim is 1770, chuir Ó Gormáin 'English-Irish phrasebook' i dtoll a chéile (McCaughey 1967-8, 203-27). Tá dhá chóip den lámhscríbhinn seo fós ar marthain (NLI G 141 and BL Eg. 663). Is éard atá ann ná leaganacha cainte Béarla aistrithe go Gaeilge agus is léir gur don uasaicme Phrotastúnach a scríobhadh iad. Mar shampla, i Roinn 22 dar teideal 'A dialogue between a Lady and her waiting Woman', tá liosta frásaí a bheadh ag teastáil ó bhean uasal chun orduithe a thabhairt i nGaeilge. B'fhéidir gur úsáid Ó Gormáin é mar leabhar teagaisc freisin ós rud é go bhfuil roinn ann dar teideal 'In the School/ann sa sgoil', agus ar leathanach eile tá an frása 'you learn nothing at all = niel tú foghlaim ní air bith'. Dealraíonn sé go raibh an-tóir ar an saothar seo toisc gur foilsíodh leagan atá an-chosúil leis san iris Ultach *Bolg an tSoláir* sa bhliain 1795.

Taobh amuigh de na tréimhsí a chaith sé sna 1770í agus sna 1780í i mBaile Átha na gCarr, Co. Ros Comáin, ag cóipeáil lámhscríbhinní do Chathal Ó Conchubhair, don Chevalier Thomas O'Gorman agus d'ársaitheoirí eile, dealraíonn sé gur chaith Ó Gormáin an chuid eile dá shaol i mBaile Átha Cliath ó 1761 ar aghaidh. Chaith sé seal idir 1766-7 i mbun obair chláraithe ar na lámhscríbhinní Gaeilge nua a bhí ceannaithe ag leabharlann Choláiste na Tríonóide. Íocadh £1.2.9 leis faoi dhó as an obair sin (O'Sullivan 1976, 241). Fostaíodh é mar chomhairleoir don Committee of Antiquaries ag tús na 1770idí, agus le bunú Acadamh Ríoga na hÉireann sa bhliain 1785, socraíodh go n-íocfaí dosaen gine in aghaidh na bliana leis chun lámhscríbhinní a chóipeáil agus a aistriú (Minutes of Council, 4 Iúil 1785, RIA 3 E 5). Ach an bhliain ina dhiaidh sin de bharr míshástachta lena chuid oibre ceapadh Theophilus O'Flanagan ina áit.

Dar le Lorcán Ó Muireadhaigh go bhfuair Ó Gormáin post i gCopenhagen (Ó Muireadhaigh 1915, 374), cé nár luaigh sé aon fhoinse don eolas sin. Ní cosúil gur ghlac an scríobhaí leis an tairiscint, áfach. Más fíor go bhfuair sé an post sin, is féidir buille faoi thuairim a thabhairt gurbh é an scoláire Íoslannach Grimur Thorkelin a ghníomhaigh ar a shon. Chaith Thorkelin, státseirbhíseach a bhí lonnaithe i gCopenhagen, an tréimhse 1786-91 sa Bhreatain agus in Éirinn, agus taighde ar bun aige ar stair na Danmhairge (Kiernan 1983, 1-21). Le linn dó a bheith in Éirinn bhí teagmháil aige leis an gciorcal céanna ársaitheoirí lena raibh baint ag Ó Gormáin, is é sin le rá: Lady Moira, Vallancey agus Charlotte Brooke (Harvey Wood 1972, 61). Bhí caidreamh aige freisin le Joseph Cooper Walker, Theophilus O'Flanagan agus Charles Henry Wilson. Thug Thorkelin roinnt lámhscríbhinní Gaeilge ar ais leis go dtí an Danmhairg, ina measc cóip

de shleachta ó *Annála Inse Faithleann* (NKS 266c) a rinne O'Flanagan dó
sa bhliain 1789 ó chóip i gColáiste na Tríonóide a rinne an Dr.
Seán Ó Briain; díolaim filíochta, cuid de scríofa ag an scríobhaí Aodh Ó
Dálaigh (NKS 268b), agus lámhscríbhinn de théacsanna dlí (NKS
261b). Dar le Stern gurbh é seo an ceann a bhronn Vallancey ar
Thorkelin (Stern 1899, 325). Is féidir tuairimíocht a dhéanamh gur
thóg sé lámhscríbhinn de chuid Uí Ghormáin leis an tráth úd chomh
maith (NKS 173 8vo). Fillfimid ar an lámhscríbhinn áirithe sin ar ball.

Fostaíodh Ó Gormáin mar chléireach paróiste don séipéal
Caitliceach i Lána Mhuire, Baile Átha Cliath, ag deireadh a shaoil agus
fuair sé bás ina lóistín ansin, é beo bocht, sa bhliain 1794 (Flower
1926, 48-9; BL Eg. 129). Bhí cléireach bainc darbh ainm Éinrí Mac an
tSaoir ag tabhairt aire dó ag an am agus b'fhéidir gurbh é Ó Gormáin
a mhúin céird an scríobhaí dó. Maireann sé lámhscríbhinn ar a laghad
i bpeannaireacht Mhic an tSaoir (RIA 23 D 22, RIA F V 3, RIA F V 2,
RIA F V 5, RIA G VI 1) agus is cóipeanna de lámhscríbhinní Uí
Ghormáin iad. Tá lámhscríbhinní Mhic an tSaoir míshlachtmhar agus
lán de dhearmaid, agus is cinnte gurbh é Ó Gormáin ba chumasaí den
bheirt. D'fhág Ó Gormáin roinnt dá lámhscríbhinní agus dá leabhair
le huacht ag Mac an tSaoir; fuair John Tankard, tábhairneoir ag 4 Pill
Lane, seilbh ar chuid eile acu, b'fhéidir mar íocaíocht ar fhiacha a bhí
aige ar Ó Gormáin, agus d'imigh an fuílleach go dtí an siopadóir
leabhar agus foilsitheoir, Brian Ó Doirnín, ag 9 Sr. Graftún.
Cheannaigh an scoláire Gaeilge Éadbhard Ó Raghallaigh na
lámhscríbhinní ó Mhac an tSaoir agus de réir a thuairisce féin orthu,
fuair sé lán cúig mhála díobh, tuairim is céad lámhscríbhinn ar an
iomlán (BL Add. 18426). Cheannaigh Séamas Ó hArdagáin a
lámhscríbhinní siúd nuair a d'éag Ó Raghallaigh.

Pátrúnacht

Le dul i léig na bpátrún traidisiúnta, bhreathnaigh na filí i dtreo na
cléire Caitlicí agus i dtreo na huasaicme Protastúnaí le haghaidh
pátrúnachta, agus níorbh aon eisceacht é Ó Gormáin. Cé gur mar
scríobhaí agus mar mhúinteoir is mó a thuill sé a bheatha, maireann

aon cheann déag dá iarrachtaí filíochta go fóill, ina measc sé dhán ar an gcléir, trí dhán molta ar Fhir Ionaid an Rí, dán molta ar an Chevalier O'Gorman agus an caoineadh ar Eoghan Rua Ó Néill, 'Marbhnaoi Eoghain Ruaidh ui Néill' (m.sh., NKS 173 8vo, f.163 seq). Óglachas ar dheibhí an deilbh mheadarachta a chleachtadh sé go minic (Ó Fiaich 1960, 288), agus cé go raibh a iarrachtaí mar fhile lag go leor, le nathanna seanchaite agus athchúrsáil déanta aige ar an dán céanna, fiú, fós féin is díol spéise iad toisc go dtugann siad léargas ar ghné eile dá shaol.

Chum sé cúig dhán ar shagairt a bhain le hOirialla: 'Marbhnaoi an Athair Philip ui Ghairtnéal' (RIA 23 D 16, f 123 seq.) ina bhfuil nóta pearsanta bróin le sonrú; 'Ar an Athair is Cliutaighe Cáil' don Athair Séamus Ó Dubhthaigh (RIA 23 M 4, f, 135) agus 'Ar an Athair Philip scalg tart' don Athair Pilip Mac Árdghail (RIA 23 M 4, f, 136). Dar le Ó Mórdha gur chum Ó Gormáin dhá dhán ar an Athair Proinsias Mac Mathúna, sagart paróiste Dhomhnach Maighin i gCo. Mhuineacháin, 'Ar chrú Cholla mo chuairt i gcéin' (BL Eg. 139, f. 49; RIA 23 D 16, f. 157-8; Moore 1955a, 55; Moore 1955b, 132-5) agus 'Ar an Athair Proinsias Mac Mathghamhna (NLI G 447, F. 109; Ó Mórdha 1957, 20). Dealraíonn sé gur chum sé dán ar Ardeaspag Bhaile Átha Cliath, 'Pádraig Mac Síomoin', freisin (Eg. 110, f. 66). Bhí aithne phearsanta aige ar Mhac Síomoin le linn do siúd a bheith ina shagart paróiste i bparóiste Naomh Michan, rud a thug ar Ó Fiaich a cheapadh go bhfuil níos mó dáiríreachta ag baint leis an dán sin ná leis na dánta molta a scríobh Ó Gormáin ar Fhir Ionaid an Rí, cuir i gcás (Ó Fiaich 1960, 291).

Ar na dánta sin, chum sé moladh ar Hugh Percy, Diúc Northumberland, Fear Ionaid an Rí (1763-5 (Mahony 1987, 25-36; BL Eg. 116, ff. 189-92). Bhain sé úsáid as an dán céanna nach mór chun fáilte a chur roimh George, Viscount Townshend (NLI Ms G 458, ff. 119-29) sa bhliain 1767, agus George Nugent Grenville, Iarla Temple sa bhliain 1782 (Mahony 1987, 28). Fuair sé cúig ghine mar chúiteamh ar dhán molta eile ar Sir George MacCartney, Príomhrúnaí an Rialtais, dán a chuir Vallancey ina láthair, rud a chuir ionadh ar

Chathal Ó Conchubhair. I litir chuig an Ardeaspag Mac an tSaoir dúirt sé:

> *Would you believe it that an Irish 'dán' was patronized in the age*
> *we live in? And yet our Gorman got 5 guineas for his poetical*
> *bagatelle from Sir George MacCartney. But the Secretary is our*
> *brother Milesian and he mingled his benefaction with an act of*
> *charity* (Ward agus Coogan 1980, 6).

Mar sin féin, cé gur thuill Ó Gormáin airgead ar na dánta thuasluaite, b'ársaitheoirí agus scoláirí, idir Chaitlicigh agus Phrotastúnaigh, a phríomhphátrúin. Idir sin agus uile, tá an chosúlacht ar an scéal nár fostaíodh é go leanúnach mar scríobhaí toisc é a bheith beagáinín róthugtha don ól. Tugann comhfhreagras Uí Chonchubhair leis an Chevalier O'Gorman agus le Vallancey an léargas comhaimseartha is fearr ar an ábhar a chóipeáil Ó Gormáin dá phátrúin, ar a chumas mar scríobhaí agus ar a nósanna. I measc a phátrún eile bhí an Dr. John Fergus, Charles Vallancey, Lord agus Lady Moira, Francis Stoughton Sullivan, Ollamh le Dlí i gColáiste na Tríonóide, agus Thomas Leland, údar *History of Ireland from the invasion of Henry II to the Revolution settlement* (1773), agus a bhí ina leabharlannaí sa choláiste sin. Chóipeáil sé réimse leathan ábhar dóibh: laoithe Fiannaíochta, scéalta románsaíochta, filíocht Uí Chearbhalláin, filíocht pholaitiúil, Annála Connacht, *Caithréim Thoirdhealbhaigh*, *Cath Maige Léana*, *Cath Chluana Tarbh* agus sleachta ó *Leabhar na gCeart*. Bhíodh an-tóir ag ársaitheoirí ar nós Lady Moira, Joseph Cooper Walker agus Charlotte Brooke ar scéalta románsaíochta cosúil le *Bás Chearbhaill agus Fearbhlaidh* agus laoithe Fiannaíochta, go háirithe, agus sholáthair Ó Gormáin buntéacsanna agus aistriúcháin dóibh. Tóg mar shampla an lámhscríbhinn Ghaeilge dar teideal *The Adventures of Farbhlaidhe, Daughter of the King of Scotland, and Cearbhaill, son of Donnchaid Mhoir Uí Daluigh of Finebheara* (NLI Ms. G 144). Is i lorg lámh Uí Ghormáin atá sí agus fianaise ann gur i seilbh Lord Moira a bhí sí tráth. Tá lámhscríbhinn spéisiúil eile á coimeád i Leabharlann Gilbert i mBaile Átha Cliath, scríofa i láimh Walker dar teideal *The Adventures of Faravla, princess of Scotland and Carval O'Daly, son of Donogh Mor. A fairy tale. Literally translated from the Irish by J.C. Walker*. Aistriúchán atá ann agus dealraíonn sé go bhfuil sé bunaithe ar NLI G 144 (de Valera 1978, 249). Ní féidir a rá go cinnte, arbh é Walker i ndáirire a d'aistrigh an scéal, ach is dearfa nach mbeadh sé ar a chumas an t-aistriúchán a dhéanamh gan chúnamh. Ní féidir ach tuairimíocht a dhéanamh, mar sin, gur aistrigh duine éigin eile é agus gur chuir Walker leagan níos snasta den aistriúchán ar fáil, nó gur aistrigh Walker an scéal é féin ach le hanchuid cúnaimh ó scoláire nó scoláirí eile. Ós rud é go raibh Ó Gormáin díograiseach ag tabhairt cúnaimh do Charlotte Brooke agus Walker lena dtaighde, tá seans láidir ann gur chuir sé aistriúchán de shaghas éigin ar fáil do Walker nó gur thug sé cúnamh dó leis.

B'ionad lárnach léinn é Coláiste na Tríonóide i lár an ochtú haois déag ó thaobh lámhscríbhinní Gaeilge a chnuasach, agus bhain triúr de phátrúin Uí Ghormáin leis an gColáiste sin: O'Sullivan, Leland agus Young, agus spéis acu ar fad i stair na hÉireann. D'fhéach na scoláirí seo chuige go gceannófaí lámhscríbhinní agus go ndéanfaí cóipeanna de roinnt eile. Sa bhliain 1763 mhol Ó Conchubhair don Royal Dublin Society go gcuirfí eagrán scolártha d'Annála na gCeithre Máistrí amach ar chostas £500 (O'Sullivan 1971, 231-2). Sholáthair sé lámhscríbhinn do Sullivan, ball den eagraíocht sin, a d'fhostaigh Ó Gormáin chun tabhairt faoi (TCD Ms 1279). Níor cuireadh an togra i gcrích, áfach. Rinne an scríobhaí cóipeanna d'Annála Connacht (TCD Ms 1278), *Caithréim Thoirdhealbhaigh* (TCD Ms 1294), dánta stairiúla (TCD Ms 1345), Réim Ríoghraidhe Uí Chléirigh agus Seanchas na Naomh (TCD Ms 1348) dó freisin. Nuair a bhásaigh Sullivan ghlac Thomas Leland a áit siúd mar phátrún ar Ó Gormáin ar feadh roinnt blianta. Ach faoin mbliain 1772 scoir sé an scríobhaí óna phost mar a d'inis Vallancey do Ó Conchubhair i litir dar dáta 31 Márta 1772 (RIA B i 2):

> Leland has already discharged friend Gorman, he is now
> poor fellow unemployed and in good measure

depending on my kitchen, to say truth he is seldom
quite sober though at 8 o'clock in the morning.

Ón am sin ar aghaidh ba iad Vallancey, Ó Conchubhair agus an
Chevalier O'Gorman na príomhphátrúin a bhí aige agus dealraíonn
sé go raibh an fhadhb chéanna acu leis agus a bhí ag Leland. Rinne Ó
Gormáin an obair don Chevalier sna blianta 1771, 1777 agus 1781
faoi chúram Uí Chonchubhair i mBaile Átha na gCarr, agus tá gach
seans ann gurbh é Ó Gormáin a chum an dán molta 'Cumáoin úaim
ar shliocht Chatháor' (BL 131, f.110-1) air. Nuair a d'fhill an Chevalier
ar Éirinn ón bhFrainc sa bhliain 1767 thosaigh sé ag bailiú ábhair don
leabhar staire a bhí beartaithe aige ar Chontae an Chláir, agus is cosúil
gur chuidigh Ó Conchubhair agus Ó Gormáin leis. Chuireadh sé
suimeanna beaga airgid i gcuntas Uí Chonchubhair agus d'íoctaí Ó
Gormáin as de réir a chéile. Ní mó ná sásta a bhí Ó Conchubhair leis
faoin mbliain 1781, áfach, mar is léir ón litir seo a leanas dar dáta 17
Eanáir chuig an Chevalier:

All the money you put into Mr. Dillon of Francis Street
hands for me, I have disposed of religiously in supplying
Gorman, who wantonly quitted my house for the drams
of Dublin, and would not stay to copy a line of the first
volume of the Four Masters. It is true that he repented of
his folly, but not in time (Ward agus Coogan 1980, 159).

Caithfidh gur mhaith Ó Conchubhair dó sa deireadh ós rud é go
raibh an scríobhaí i mbun cóipeála ar na hAnnála dóibh arís i mí an
Mheithimh 1781: *Their language tho' classical is plain', & Gorman after
translating their Testimonies in his bad English, will enable yourself to dress them up
in better* (Ward agus Coogan 1980, 159). Is deacair a rá cén caighdeán
Béarla a bhí ag an scríobhaí i ndáiríre. Cé gur scríobhaí néata agus
cúramach é, ní raibh sé chomh hoilte le muintir Uí Neachtain maidir
le ceartlitriú na Gaeilge ach an oiread, agus is léir nár bhraith Ó
Conchubhair go raibh sé cumasach a dhóthain chun aistriúchán
cruinn a sholáthar, mar a thug sé le fios sa litir chéanna:

It is indeed to be lamented that we have few capable of translating those Annals, and I certainly would sit down very willingly to the task, had my age permitted. Gorman, as you observe very justly, is quite unfit for it; being almost ignorant of the obsolete terms and Phraseology of our old Annalists (Ward agus Coogan 1989, 159).

Dhá bhliain ina dhiaidh sin rinne Ó Gormáin cóip d'Annála Inse Faithleann (BL Eg. 98, 98) don Chevalier. Níorbh fhada, áfach, go raibh Ó Conchubhair agus Ó Gormáin ar buile leis arís. Mar a scríobh Ó Conchubhair i litir dar data 27 Samhain 1784:

I could hardly contain my indignation on receiving information of the treatment you got from a puppy whom you raised from hunger and the dirt. Ingratitude might be shared with others, but he has added to the blackness of his own ingratitude malice and treachery. You bore with him too long, and I am displeased that you have not discharged him from your service long ago. From me he shall never receive the smallest shelter and you certainly have, in my opinion, wronged yourself by overpaying him (Ward agus Coogan 1980, 220).

Ní fios ar fhostaigh ceachtar den bheirt Ó Gormáin ina dhiaidh sin.

Ó Gormáin agus Conspóid Macpherson

Ón am a d'fhoilsigh James Macpherson a bhréagleaganacha de roinnt laoithe Fiannaíochta, bhí scolairí agus ársaitheoirí Éireannacha agus Angla-Éireannacha ar a ndícheall chun a líomhaintí i dtaobh stair na hÉireann a bhréagnú, agus chun a chruthú go raibh bunús Éireannach ag na laoithe sin. Mar is léir ó chlár a leabhar Bhéarla a chuir Ó Gormáin i dtoll a chéile 1 Meitheamh 1776 (NLI G 664), bhí spéis aige sa chonspóid, agus bhí cóip de *Fingal* (1762) le James Macpherson agus *Critical dissertations on the origin, language, government, manners and religion of the ancient Caledonians, their posterity the Picts, and the British and Irish Scots*

(1768) le John Macpherson aige. Ó lár an chéid ar aghaidh, tá lámhscríbhinní Uí Ghormáin breac le laoithe Fiannaíochta, m.sh., NLI G 147 agus BL Eg. 129, agus is díol spéise go dtagann na laoithe céanna chun cinn arís agus arís eile iontu: 'Laoidh Chatha Gabhra', 'Laoidh an Amadáin Mhóir', 'Laoidh an Deirg', 'Laoidh Mhaghnuis Mhóir' agus 'Laoidh na Seilge'. Pé scéal é, i bhfianaise lámhscríbhinn NKS 173 8vo a rinne sé do Phádruig Ó Concheanuinn, dealraíonn sé go mb'fhéidir go raibh an obair chun Macpherson a bhréagnú tosaithe cheana féin aige faoin mbliain 1764. I measc na ndánta inti tá leaganacha de 'Laoidh an Deirg', 'Laoidh Thailc mhic Tréin', 'Laoidh Mhághnuis Mhóir' agus 'Laoidh Chatha Gabhra'. In *Fragment vii*, 'The Death of Oscur', thug Macpherson leagan den scéal nach raibh ag teacht leis an gcuntas ar bhás Dheirg i 'Laoi an Deirg', agus i léirmheas sa *Journal des Sçavans* sa bhliain 1764, tharraing an tEaspag Seán Ó Briain aird ar na cosúlachtaí idir 'Laoidh an Deirg' agus *Fingal* (1761/2). Maidir le 'Laoidh Thailc mhic Tréin', tá cosúlachtaí idir imlíne an scéil ann agus *Fragment vi* in *Fragments of Ancient Poetry* le Macpherson (1760). Bhain Macpherson leas as leagan Albanach de 'Laoi Mhághnuis' i leabhair *ii, iv, v* agus *vi* de *Fingal*, agus thug sé leagan lochtach de 'Cath Gabhra' i leabhar *i* de *Temora* (1763) (Thomson 1952, 21, 65). Is díol mór spéise gurbh iad na laoithe céanna sin a bhí ag Ó Gormáin ina lámhscríbhinn. An dtugann sé seo le fios, mar sin, go raibh tugtha faoi deara aige ag an tráth sin cheana féin go raibh na laoithe sin tógtha ar 'iasacht' ag Macpherson dá shaothar féin? Nó an amhlaidh a bhí sé ag iarraidh a chruthú go raibh na laoithe sin le fáil i nGaeilge na hÉireann agus gur uaithi sin a 'ghoid' an tAlbanach iad?

Ba é *Reliques of Irish Poetry* (1789) le Charlotte Brooke an chéad iarracht dháiríre a rinneadh chun dul i ngleic le traidisiún na Fiannaíochta in Éirinn, agus bunleaganacha Gaeilge maraon le haistriúcháin a fhoilsiú mar fhreagra ar líomhaintí Macpherson. Dealraíonn sé go mb'fhéidir go raibh cuid de lámhscríbhinní Uí Ghormáin ina n-eiseamláir ag Stephen Parker agus cló nua Gaeilge á dhearadh aige (McGuinne 1992, 73-4). Baineadh leas as an gcló sin den chéad uair in *Transactions of the Royal Irish Academy* (1788), agus ansin do na bunleaganacha Gaeilge in *Reliques of Irish Poetry*. Is deacair a rá cén saghas teagmhála a bhí ag an scríobhaí le Brooke, ach is cinnte gur sholáthair sé cóipeanna do cheithre laoi Fiannaíochta ar a laghad dá leabhar, mar atá, 'Laoi an Mhoire Bhoirb', 'Laoi na Seilge', 'Rosg Osguir mhic Oisin re thús chatha Gabhra' agus 'Rosg Ghoill mac Morna'. Tá nóta breactha ag Séamas Ó hArgadáin in BL Eg. 129, ff. 1b,2 le Ó Gormáin a thugann le fios gur ón lámhscríbhinn sin a d'athscríobh sé dánta di: *Maurice O'Gorman taught Vallancey Irish, and transcribed out of this book some of the poems for Miss Brooke, which she published*. Lena chois sin, is dócha gur chuir sé aistriúcháin agus comhairle ar fáil di freisin. Bhí sé i gceist ag Brooke leagan de 'Laoidh Chatha Gabhra' a fhoilsiú freisin, ach nach bhfuair sí cóip shásúil den laoi go dtí go raibh sé ródhéanach, mar a thug sí le fios i litir chuig Thorkelin (EL La III 379, f. 166). Sheol sí cóip den laoi, 'Tuarasgbhail chatha Gabhra sonn', i láimh Uí Ghormáin chuige 6 Lúnasa 1789, agus tá sé le fáil anois i mbailiúchán d'fhilíocht Ghaeilge agus Mhanainnise a chnuasaigh Thorkelin (BL Add. 11215, f. 11).

Is cosúil go raibh baint eile ag Ó Gormáin le traidisiún na Fiannaíochta in Éirinn ós rud é go gcuireann Bearnárd Ó Dubhthaigh an laoi 'Lá Dhúinne ar Sliabh Fuaid' ina leith (Ó Dubhthaigh 1958-61, 35). Bhí litríocht na Fiannaíochta de shíor ag forbairt le linn an ochtú haois déag agus cuirtear 'Suiridh Ghoill' i leith Sheáin Uí Neachtain, agus 'Oisín i dTír na nÓg' i leith Mhíchíl Uí Choimín, cuir i gcás (Ó Briain 1984, 160). Tá seacht gcóip chomh maith le blúire den laoi 'Lá Dhúinne ar Sliabh Fuaid' fós ar marthain, ceithre cinn i láimh Uí Ghormáin, ceann amháin i láimh Aoidh Uí Dhálaigh, ceann i láimh Éinrí Mhic an tSaoir, agus ceann scríofa ag Patrick Deal. Ina theannta sin, tá giota den laoi le fáil in RIA 23 M 4, f. 131 agus seans gur i láimh Uí Ghormáin atá sé (Ó Dubhthaigh 1958-61, 50). Luann Ó Dubhthaigh seacht gcóip den laoi, 'Lá dhúinne ar Sliabh Fuaid' : BL Eg. 128, f. 144sq; TCD 1291, f. 162b; NLI G 147, 377 sq; Eg. 129, f. 23 sq; RIA 24 i 23, f. 170m sq, RIA F v 5, f. 223 sq. agus 23 M 4, f. 131. Tá leagan eile ann nach raibh Ó Dubhthaigh ar an eolas faoi, agus is é sin, an leagan atá le fáil i NKS 173 8vo, f. 32 seq, i gCopenhagen. Cé nach féidir a bheith deimhneach de gurbh é Ó Gormáin a chum an laoi, is díol suntais é go bhfuil formhór na gcóipeanna atá fós ar marthain ina láimh féin nó i láimh scríobhaithe eile a raibh baint aige leo.

Tátal

Má chuirtear an raidhse mhór lámhscríbhinní a scríobh sé, agus an teagmháil a bhí aige leis an uasaicme Phrotastúnach san áireamh, is féidir a rá gur fhág Muiris Ó Gormáin rian láidir ar thraidisiún lámhscríbhinní an ochtú haois déag. Clúdaíonn a lámhscríbhinní réimse leathan ábhair agus is deacair a rá ar sheachain sé aon cheist chonspóideach iontu d'aon ghnó, m.sh., ábhar polaitiúil, ábhar Seacaibíteach nó ábhar seicteach. Is cinnte, áfach, nach bhfuil aon ábhar polaitiúil iontu a chuirfeadh as dá phátrúin Phrotastúnacha. Chuidigh sé le spéis agus tuiscint i saíocht na Gaeilge a chothú i measc na haicme sin trí cheachtanna Gaeilge agus aistriúcháin a chur ar fáil. D'imir sé tionchar ar na saothair a chuir siad i gcrích, ina measc *A Grammar of the Iberno-Celtic, or Irish Language* (Vallancey) agus *Reliques of Irish Poetry* (Brooke), agus caithfear a admháil nach beag an méid sin.[2]

NÓTAÍ

[1] Le haghaidh plé ar leabharlann phríobháideach Uí Ghormáin féach Uí Mhunghaile 2008.

[2] Is mian liom mo bhuíochas a chur in iúl do Mháire Mhic Conghail a chuir nótaí a máthar, Nessa Ní Shéaghdha, ar Ó Gormáin ar fáil dom.

.

LEABHARLIOSTA

Archivium Hibernicum 1915: 'Report on the State of Popery in Ireland, 1731', *Archivium Hibernicum* iv, 131-77.
de Rís 1969: S.de Rís, *Peadar Ó Doirnín a bheatha agus a shaothar*, Baile Átha Cliath.

de Valera 1978: A. de Valera, 'Antiquarian and Historical Investigations in Ireland in the Eighteenth Century', tráchtas M.A., An Coláiste Ollscoile, Baile Átha Cliath.

Flower 1926: R. Flower, *Catalogue of Irish Manuscripts in the British Museum*, II, London.

Harrison 1988: A. Harrison, *Ag Cruinniú Meala*, Baile Átha Cliath.

Harvey Wood 1972: E. H. Harvey Wood, 'Letters to an Antiquary: The Literary Correspondence of G. J. Thorkelin, 1752-1829', tráchtas Ph.D., University of Edinburgh.

Kiernan 1983: K. S. Kiernan, 'Thorkelin's Trip to Great Britain and Ireland, 1786-1791', *The Library*, Sixth Series, 5 (i), 1-21.

Mahony 1987: R. Mahony, 'Muiris Ó Gormáin and the Lord Lieutenant of Ireland', *Éigse* 22, 25-36.

Moore 1955a: S. P. Moore, 'Poems in Irish on 18th Century Priests', *Clogher Record* 1 (iii), 53-65.

Moore 1955b: S. P. Moore, 'On Father Francis Mac Mahon', *Clogher Record* 1 (iii), 132-5.

McCaughey 1967-8, T. McCaughey, 'English-Irish Phrasebook', *Éigse* 12 (iii), 203-27.

McGuinne 1992: D. McGuinne, *Irish Type Design. A history of printing types in the Irish character*, Dublin.

Ní Mhunghaile 2008: L. Ní Mhunghaile, 'Leabharlann Phearsanta Mhuiris Uí Ghormáin', *Bliainiris* 8, 59-102.

Ní Shéaghdha 1989: N. Ní Shéaghdha, 'Irish Scholars and Scribes in Eighteenth-Century Dublin', *Eighteenth-Century Ireland* 4, 41-54.

Ó Briain 1994: M. Ó Briain, 'Micheál Coimín agus Oisín i dTír na nÓg', *Macalla*, 158-75.

Ó Casaide 1933: S. Ó Casaide, 'Irish Professors in the Eighteenth Century', *The Irish Book Lover* 21 (vi), 137-8.

Ó Catháin 1988: D. Ó Catháin, 'John Fergus MD Eighteenth Century Doctor, Book Collector and Irish Scholar', *Journal of the Royal Society of Antiquaries of Ireland* 118, 139-62.

Ó Dubhthaigh 1958-61: B. Ó Dubhthaigh, 'Agallamh Oisín agus Phádraig: "Lá Dhúinne ar Sliabh Fuaid" ', *Éigse* 9, 34-52.

Ó Fiaich 1960: T. Ó Fiaich, 'Dán ar Phádraig Mac Síomoin', *Reportorium Novum* 2 (ii), 288-97.

Ó Mórdha 1957: S. P. Ó Mórdha, 'Maurice O'Gorman in Monaghan. A second poem on Fr. Francis Mac Mahon', *Clogher Record* 2 (i), 20-4.

Ó Muireadhaigh 1915: L. Ó Muireadhaigh, 'Poets and Poetry of the Parish of Kilkerly Haggardstown', *County Louth Archaeological Journal* 3 (iv), 374-6.

O'Rahilly 1912: T.F. O'Rahilly, 'Irish Scholars in Dublin in the Early Eighteenth Century', *Gadelica. A journal of Modern Irish Studies*, 156-62.

O'Sullivan 1976: W. O'Sullivan, 'The Irish Manuscripts in Case H in Trinity College, Dublin', *Celtica* 11, 229-49.

Ryan 1939: D. Ryan, *The Sword of Light*, London.

Stern 1899: L., Stern, 'Über eine Sammlung irishcher Gedichte in Kopenhagen', *Zeitschrift für Celtische Philologie* 2 , 323-72.

Thomson 1952: D. Thomson, *The Gaelic Sources of Macpherson's Ossian*, Edinburgh.

Torna 1939: Torna [T. Ó Donnachadha], 'Congantóirí Sheáin Uí Dhálaigh', *Éigse* 1 (iii), 173-82.

Vallancey 1773: C. Vallancey, *A Grammar of the Iberno-Celtic, or Irish Language*, London.

Wall 1958: T. Wall, *The Sign of Doctor Hay's Head*, Dublin.

Ward agus Coogan 1980: C. Coogan agus R.E. Ward, *The Letters of Charles O'Conor of Belanagare*, II, Ann Arbor.

LÁMHSCRÍBHINNÍ

National Archives of Scotland, Edinburgh NAS GD297/18.

University of Edinburgh Library EL La III 379.

Kongelige Bibliotek, Copenhagen NKS 173 8vo; NKS 266c; NKS 261b; NKS 268b.

Goll mac Morna

laoch connachtach na fiannaíochta agus
ceist an chúigeachais

NOELLE NÍ UIGÍN

Réamhrá

Feidhmíonn Goll mac Morna i dtraidisiún na Fiannaíochta mar namhaid Fhinn mhic Cumhaill. Léirítear Goll tríd an traidisiún mar laoch láidir, cróga, cumasach – mar namhaid feiliúnach do laoch mór na Féinne. Sna téacsanna is luaithe ina bhfaightear tagairt do Gholl .i. 'Cath Sléphe Cáin' (Meyer 1912, 105) ón deichiú haois, agus na laoithe 'Ligi Guill i mblaig raigni' agus 'A rí richid reidig dam', in *LL* (Best agus O'Brien 1957, III, 574 – 87 agus Best agus O'Brien 1965, IV, 979 – 88, faoi seach),[1] is éard atá i gceist ná cur síos ar chumas míleata Ghoill agus a chlann .i. Clann Mhorna, agus ar an aighneas idir Clann Mhorna agus Clann Fhinn .i. Clann Bhaoiscne. Is gné thábhachtach d'aon *genre* litríochta é aighneas nó achrann, mar a deir Bruford: *Conflict is necessary in a good epic* (Bruford 1986–7, 37). Cruthaíonn agus cothaíonn na heilimintí seo spéis sa scéalaíocht. Dar le roinnt téacsanna Fiannaíochta, mharaigh Goll athair Fhinn .i. Cumhall, i gCath Chnucha agus ba é seo fáth an aighnis idir an dá chlann.[2] Is téama lárnach, leanúnach é téama an aighnis idir an dá dhream seo san Fhiannaíocht. Déantar tagairtí don fhaltanas fola nó don fhíoch bhunaidh a bhí eatarthu i seanfhoinsí agus i nuafhoinsí araon. Cuireann an fophlota leanúnach seo go mór le teannas agus le taitneamh an traidisiúin. Seo an bunús a bhí leis an gcarachtar Goll, is dóigh – bhí namhaid ag teastáil chun dul in aghaidh an laoich mhóir, Fionn, agus forbraíodh an carachtar Goll sa ról seo.

Ach rud speisialta faoi Gholl ná go bhfuil laoithe, téacsanna agus, ar ndóigh, scéalta béil ann ina léirítear é mar phríomhlaoch na Féinne. Cuirtear síos air mar an laoch ba thábhachtaí a bhí san Fhian, agus uaireanta deirtear go raibh sé níos fearr fiú ná Fionn. Cuirtear síos ar a chumas míleata agus ar a chuid crógachta in go leor foinsí, ach i bhfoinsí áirithe déantar forbairt ar a phearsantacht chomh maith agus léirítear é mar fhear céile séimh grámhar agus mar fhear umhal lách. Mar sin, san alt seo déanfar plé ar na foinsí seo ina gcuirtear Goll chun cinn agus ar an bhfáth a raibh téacsanna agus scéalta béil den chinéal seo ann – iad ag moladh Ghoill thar gach fear eile san Fhian. Nuair a dhéantar scagadh ar na foinsí seo feictear gur cumadh agus gur scríobhadh i gCúige Chonnacht den chuid is mó iad. San alt seo mar sin, déanfar scagadh freisin ar an mbaint a bhí ag Goll le Cúige Chonnacht agus ar cheist an chúigeachais i dtraidisiún na Fiannaíochta.

Ginealach Ghoill

Cuirtear béim ar chúlra Connachtach Ghoill trína ghinealach agus trína áit dhúchais síos trí thraidisiún na Fiannaíochta. Tá leaganacha éagsúla de ghinealach Ghoill le fáil sna foinsí liteartha agus sa traidisiún béil, ach aontaíonn siad faoina chúlra Connachtach.

Tá cur síos ar chúlra Ghoill le fáil sna téacsanna *FCC* (*LU*, Best agus Bergin 1929, 101-3)[3] agus *MF* (Meyer 1882). Seo roinnt de na téacsanna Fianaíochta is luaithe ina bhfuil tagairt do Gholl. Sa téacs *FCC* tá cur síos gearr ar a chúlra agus cuirtear síos ar a athair mar 'Dáiri Derc mac Echach' (*LU*, Best agus Bergin 1929, líne 3173.)

Tá an téacs *MF* níos óige ná *FCC* agus tá achoimre ann ar an gcath i gCnucha. Sa téacs *MF* tagraítear do Gholl mar:

> Goll mac Dare Deirg co m-blaid
> Mic Echach Finn – finn a gail –
> Mic Cairpre Galaid conn-gail
> Mic Muiredaig a Findmaig (Meyer 1882, 197,
> roinn 3).

Fágann sin go bhfuil an cúlra céanna ag Goll sa dá théacs seo. D'fhéadfadh sé go ndearnadh forbairt ar an eolas sa téacs *FCC* i *MF* agus gur cuireadh tuilleadh eolais le cúlra Ghoill. Tá Hogan den tuairim gur i gCo. Ros Comáin atá an áit seo, Findmaig (Hogan 1910, 422). Ceanglaíonn an téacs luath seo Goll le Cúige Chonnacht agus is féidir a rá gur ceanglaíodh Goll le Cúige Chonnacht ó thús an traidisiúin.

Tá ginealach Ghoill le fáil sa téacs *AS* freisin (féach eagrán Stokes 1900 agus eagrán Ní Shéaghdha 1942-5), ach tá an ginealach seo difriúil leis an nginealach sna téacsanna thuas .i. *MF* agus *FCC*. Sa téacs seo cuirtear síos ar Gholl mar :

> Mac Taidg meic Mórna don muig meic Faeláin, meic Feraduigh,
> meic Fiacha, meic Airt don mhuigh meic Muiredhaig,
> meic E[oghan] (Stokes 1900, ll. 208 – 11).

Tuigtear gur i gCo. na Gaillimhe atá an áit seo an 'muigh'. Tuigtear gurb ionann an 'muigh' seo agus Magh Maoín a luaitear mar áit dhúchais Ghoill in *DF*.[4] Dar le Hogan, is áit in aice le Baile Locha Ríoch, Co. na Gaillimhe, í an áit seo (Hogan 1910, 525 agus Gwynn 1935, 198). Mar sin, feictear gur ceanglaíodh Goll le Cúige Chonnacht trína ghinealch agus trína áit dhúchais sna foinsí luatha Fiannaíochta.

I dtéacsanna níos deireanaí ná na cinn thuas tá leaganacha eile de ghinealach Ghoill le fáil. Mar shampla, sa téacs *FTC* tá an ginealach seo a leanas:

> Goll mac Móirne mhic Gharraidh Ghlun-duibh, mhic Aodh Dhuanaidh, mhic Aodh Chinn Chláir, mhic Conuill, mhic Saidhbhre, mhic Ceat, mhic Mághach, mhic Cairbre Chinn-deirg, mhic righ Connacht (O'Kearney 1855, 194).

Cé gur ginealach difriúil le ginealach Ghoill in *AS* é, feictear fós ón nginealach seo an bhaint a bhí ag Goll mac Morna le Cúige Chonnacht agus le ríthe Chonnacht. Luaitear roinnt de na carachtair chéanna atá sa ghinealach thuas i nginealaigh i dtéacsanna eile freisin, mar shampla, *BCC*[5] agus *TTT*[6].

Na Fir Bhoilg

Pléann Ó Raithbheartaigh (1932) ginealaigh a scríobh Dubhaltach Mac Firbhisigh sa bhliain 1650 ina bhfuil leagan de ghinealach Ghoill agus plé ar chúlra Connachtach Chlann Mhorna. Chomh maith leis sin, cuireann sé síos ar an mbaint a bhí ag Goll leis na Fir Bholg, dream, dar leis an mbréagstair, a tháinig go hÉirinn roimh aimsir na nGael.[7] Deir sé:

> Gonadh iad-sin ríogha Connacht d'és Meadhbha go Creidemh. A ríogha iar cCreidemh, urasa a ffaghail agcraobhsgaoiledh na tteora Connacht deghenach, óir ní dóibh atáthar sunn, acht do chur chuimre nó chuibhdhis críochnaighthe ar iarsmaibh Fher mBolg, agus fós as aire do airmhes ríogha Connacht ó Aodh mac Garuidh ale ionnas nach beth an rém ríoghraidhe uirbhernach go ceudtús an Credmhe (Ó Raithbheartaigh 1932, 98, roinn 144).

Pléann MacNeill an bhaint a bhí ag Clann Mhorna leis na Fir Bholg, agus ar ndóigh, an stádas a bhí ag Clann Mhorna i gCúige Chonnacht:

> In the published portions of the cycle previous to this present volume, the part of Goll and his kindred has not been relatively prominent. But one has only to go upon the track of Fenian folklore among the Connacht peasantry of to-day, to find that in that region Goll is the foremost hero of nearly every tale. The race of Goll, the Clanna Morna ... were believed to have been a sept of the Connacht Fir Bolg. Naturally this branch of the Fiana was not made much of either in North Leinster or West Munster. These regions adopted Fionn as their chief hero; and the Clanna Morna were his hereditary foes. It was the descendants of the Fir Bolg who then and since then were numerous in the western province, that magnified the part of Goll. In Donegal, as in Connacht, Goll is the chief popular hero of the Fiana, the paragon of valour. Donegal also was Fir Bolg territory until its conquests by the sons of Niall, and after the conquest was largely peopled by vassals of the Fir Bolg race. The Duanaire shows that the western and north-western sub-cycle of Goll and his kindred found

full expression at an early date in written literature. As in the western folk-tales, so in a number of these poems, Goll is made superior to Fionn in valour and truth (MacNeill 1908, xxxvii). [8]

Dar le Hull bhí trí roinn le fáil i dtraidisiún na Fiannaíochta, roinn Chonnachtach, roinn Laighneach agus roinn Mhuimhneach. Deir sise:

> The Connacht legend, of which Aedh or Goll mac Morna was the hero, would seem to have originally occupied a large place in the cycle, but to have gradually given way before the more popular Leinster legend (Hull 1908, 18).

Cúigeachas

Is iomaí tagairt a dhéantar mar sin do Gholl mar laoch Connachtach i dtraidisiún na Fiannaíochta. Níos tábhachtaí ná sin, cumadh scéalta agus laoithe sa chúige seo agus i dTír Chonaill a chuireann cás Ghoill agus Chlann Mhorna chun cinn. I roinnt téacsanna ó na háiteanna seo is é Goll príomhlaoch na Féinne – é níos fearr ná Fionn fiú. Déanfar scagadh anois ar roinnt téacsanna ina gcuirtear cás Ghoill agus Chlann Mhorna chun cinn.

Téacsanna

In *DF* tá roinnt laoithe a chuireann cás Ghoill agus cás Chlann Mhorna go mór chun cinn. Cumadh na laoithe seo i gCúige Chonnacht .i. i gCúige Ghoill. I measc na laoithe sin tá *DF* IX, 'Mo mhallacht ar chloinn Bhaoisgne'. Sa laoi seo bhí Goll ag fáil bháis ar an gcarraig agus bhí sé ag caint lena bhean. Tá an fuath a bhí aige do Chlann Bhaoiscne soiléir sa laoi seo ina molann sé a mhuintir féin agus ina gcáineann sé Clann Bhaoiscne:

> Mo mhallacht ar chloinn Bhaoisgne deiredh oidhche sa
>   charruicc
> do fionnfadaoís mo dhiomdha da madh iomdha mo
>   charuid

Mo bhennacht ar chloinn Mhórna d'fulaing dóghra mór
n-arracht
anocht gidh deiredh oidhche ar chloinn Bhaoisgne mo
mhallacht (MacNeill 1908, laoi IX, rainn 1- 2).

Tá an suíomh céanna i gceist le *DF* X, 'A bhean beir let mo léine'.
Cuireann údar na laoi seo íomhá thruamhéileach os ár gcomhair.
Feictear laoch láidir, cróga, cumasach agus é ag fáil bháis ar charraig
toisc easpa bia. Cloistear an comhrá deireanach idir é féin agus a bhean
nuair a theastaíonn uaidh go bhfaigheadh sí fear eile di féin sa chaoi is
go mbeadh sí sábháilte, fad a chuireann an bhean síos ar cé chomh
lách agus séimh a bhí an laoch mór cróga seo léi i gcónaí. Musclaíonn
an laoi seo trua agus brón sa léitheoir agus cuireann sí cás Ghoill agus
cás Chlann Mhorna go mór chun cinn. Deir Murphy faoi *DF* X:

> The vocabulary and language of this poem point to a
> date the same as that of the preceding poem and of
> poems IV and XXXV. It is noteworthy that all four
> poems (as also poems III, XLVIII, L, LXIV) have been
> written by authors sympathetic towards Goll and the
> House of Morna (Murphy 1953, 22).

Maidir leis na laoithe seo .i. *DF* IX agus *DF* X agus na laoithe eile
a bhaineann le bás Ghoill, deir MacNeill:

> The story of the final war between Fionn and Goll was
> no doubt chiefly elaborated in Connacht. Several of the
> poems in the Duanaire deal with it, and in them, while
> Fionn is always the more powerful, Goll is the greater
> and the nobler hero. The end of it was that Goll was
> cut off from escape on a rocky promontory, reduced to
> the last extremities by hunger and thirst, and at length
> slain (MacNeill 1908, xlviii).

Maidir leis na laoithe *DF* III, 'A chaorthuinn Cluana Ferta' agus *DF*
IV, 'Sgéla catha Cruinn-mhóna', baineann an dá laoi seo leis an ábhar
céanna .i. Cath Chronnmhóna. In *DF* III cuireann Garadh mac Morna

síos ar ghaiscíocht agus ar iontais a dhearthár Goll. Cuireann sé pictiúr de Gholl ag cosaint Fhinn agus ag cosaint a mhuintire féin os ár gcomhair agus tugann sé ardmholadh dó:

> Seolmaitne co daingen dórrdha
> fa Goll do cloinn maith Morna
> clann a senathar is mo chen
> deich gcéd sgieth derg ar deireadh
>
> Goll romhainn is Goll nar ndeghaidh
> a gCruinnmhóin aird airmleabhair
> sinne úaidhe agus chuige
> mar ba grith áil aon mhuice (MacNeill 1908, laoi III,
> rainn 30-1).

Ba chuma nó dia ag Clann Morna é Goll – bhí sé in ann troid go cróga ar a son agus bhí sé in ann iad a chosaint ó gach uile chontúirt. Is éard atá in *DF* IV ná athinsint ar *DF* III agus ar scéal Chath Chronnmhóna. An uair seo is é Oisín atá ag caint agus cuireann seisean síos ar ghaiscíocht Ghoill freisin:

> Ní bhiú-sa ro-sgaoileadh a ndernadh ré mac Mórna
> fer na sgél do commaóidem ní dechaidh ar don tslogh sa
> (MacNeill 1908, laoi IV, rann 63).

Laoi eile a chuireann cás na gConnachtach chun cinn is ea *DF* XXXV.[9] Sa laoi seo tá Goll ar an gcarraig ag fáil bháis ag smaoineamh siar ar a shaol agus ar a ghníomhartha gaisce. Tosaíonn an laoi go brónach agus musclaíonn an cur síos a fhaightear ar Gholl trua sa léitheoir don laoch Connachtach:

> Uathadh damh sa coirthe-so
> gé atú ar ndol do ghorta
> sgan anocht um fhorradh-sa
> acht aoinben go doim dochma.

Deich lá fiched iomlána
atu gan bhiadh gan codladh
gan ceól croth gan timpána
acht me a ccumgach in coirrthi.

Deich gced fhiched firfhéindidh
torchair liom risin ré sin
mor in mana mícheille
sag ól sáile dia n-éisi.

Ba me in curaidh comramach
ata agam com cnamha
fa me Iollann or-armach
anocht is um Goll granna
(MacNeill 1908, laoi XXXV, rainn 1- 4).

Faightear dea-phictiúr de Gholl sa laoi – faightear cur síos ar an gcaoi ar shábháil sé na Fianna ó chontúirt agus ar an ngaiscíocht uilig a rinne sé ar a son. Faightear dearcadh Ghoill ar Chath Chnucha freisin. Cuireann Goll síos ar an gcaoi ar chaith Cumhall go dona leis roimh an gcath seo agus is féidir linn tuiscint cén fáth ar theastaigh uaidh Cumhall a mharú. Míníonn Goll gur tógadh an rífhéinníocht uaidh agus gur tugadh do Chumhall í mar go raibh gaol idir Cumhall agus an rí Conn. Deir sé freisin go raibh air féin agus ar a Chlann imeacht ó Éirinn agus ó na tíortha eile ina ndeachaigh siad ina dhiaidh sin, mar gur chuir Cumhall an ruaig orthu. Ansin chuir Conn teachtaireacht chuig Goll i gcathair na Beirbhe teacht ar ais go hÉirinn agus troid ar a shon in aghaidh Chumhaill i gCath Chnucha. Mharaigh Goll Cumhall agus bhí sé ina rífhéinní ar feadh deich mbliana ina dhiaidh sin. Tógadh an rífhéinníocht uaidh arís, áfach, agus tugadh d'Fhionn í. D'fhan Goll dílis do cheannaireacht Fhinn, áfach, agus bhí síocháin idir Clann Mhorna agus Clann Bhaoiscne. Le linn na tréimhse síochánta throid Goll go cróga ar son Fhinn agus chosain sé na Fianna ó gach contúirt agus bhí cúrsaí go maith idir an dá dhream go dtí gur mharaigh Fionn Fedha, a gharmhac féin agus mac Ghoill. Ón gcur síos seo ar shaol Ghoill ní féidir gan trua a bheith ag an léitheoir do Gholl agus do Chlann Mhorna.

In *DF* L, 'A Oisin fuirigh ar Dhía' (Murphy 1933, laoi L, rainn 12-3), faightear dea-phictiúr eile de Gholl agus de Chlann Mhorna. Sa laoi seo bhí Fionn in ifreann agus tháinig anamacha Chlann Mhorna i gcabhair air fiú nuair a bhí an diabhal ag iarraidh cur ina luí ar anam Ghoill gan dul i gcabhair ar Fhionn.

Sa laoi dheireanach a luann MacNeill mar laoi Chonnachtach .i. *DF* LXIV, 'Leacht Guill do chráidh mo croidhe' (Murphy 1933, laoi LXIV), cuirtear tréithe an mheatacháin i leith Fhinn agus Chlann Bhaoiscne. Insítear scéal faoi Mhaghnus sa laoi seo – allúrach fíochmhar a tháinig chun Éire a chur faoi smacht. Bhí eagla ar na laochra eile roimhe agus theastaigh uathu imeacht sula ndéanfadh Maghnus dochar dóibh. Ba é Goll an t-aon laoch amháin a bhí sásta an fód a sheasamh agus aghaidh a thabhairt ar an allúrach.

Bhí tionchar ag an gcúigeachas ar théacsanna eile freisin seachas ar na laoithe in *DF*, mar shampla, *MRE*, le fáil in *Gadaidhe Géar na Geamh-oidhche* (Triúr Comhdhalta de Chuallacht Chuilm Cille 1915, 47-68). Cuireann údar an téacs seo síos ar Fhionn agus ar a chuid fear mar fhrithlaochra leithleasacha. Cuirtear tréithe an mheatacháin i leith Fhinn freisin. Deir Ó hÓgáin (1988, 22) faoin téacs seo:

> We notice that not only Fionn, but other leading members of the Baoiscne clan, are belittled in the story, which – to judge from the history of its manuscripts – seems to have been composed in Connacht. This was the province with which Goll was associated, and the impetus to extol his merits seems to have come from there.

Téacs eile ina dtagann ceist an chúigeachais chun cinn is ea *BCC*. Cuireann an téacs seo síos ar chrógacht agus ar ghaiscíocht Ghoill nuair a shábháil sé na Fianna ó Chamóg, ó Chuileann agus ó Iarnach, triúr iníonacha Chonaráin. Throid sé go calma in aghaidh na mban seo ar son na Féinne agus fuair sé an lámh in uachtar orthu.

An Traidisiún Béil

Tá ceist an chúigeachais le sonrú i bhfoinsí béil freisin. Chreid na Connachtaigh gurbh é Goll an laoch ab fhearr san Fhian. Deir Máirtín Ó Cadhain gur chuala sé ráitis óna athair faoi na Fianna a bhí le fáil i nGaeilge Chois Fharraige. I measc na ráiteas sin bhí ceann faoi Gholl: 'Ní dhéanfadh Goll Mac Móirne é,' rud a cheapfá a bheith dodhéanta (Ó Cadhain 1933-4, 84, fonóta 29).

I leagan béil den téacs *TDG* a thóg An Craoibhín síos i gCo. Ros Comáin, tá cur síos eile ar Gholl mar 'an fear is láidre ar an bhFéin ar fad' (An Craoibhín 1933- 4, 426). Cuirtear béim arís ar láidreacht Ghoill i leagan cainte a fhaightear i gCo. na Gaillimhe nuair a deirtear: 'Fios Fhinn, neart Ghuill agus buadh Chonáin' (Ó Cadhain 1933-4, 83).[10] Tá an tréith seo soiléir i scéal béil eile ó Chúige Chonnacht – leagan den scéal 'Teach Cuanna' .i. an scéal 'Mar fuair Diarmuid a bhall seirc' (Hyde 1933, 123-5). Deirtear faoi Gholl sa scéal seo gurbh é 'an gaisgidheach is fearr 'san domhan' é (Hyde 1933, 124).

Tá scéal bheatháisnéis Ghoill le fáil i scéal béil ó Thír Chonaill. Tá an scéal cosúil leis na scéalta faoi óige Chú Chulainn agus óige Fhinn freisin. Léiríonn an scéal seo cé chomh neartmhar agus láidir is a bhí Goll mac Morna fiú nuair a bhí sé ina pháiste óg (CBÉ 478: 675- 82). Léiríonn an scéal go raibh an-mheas ar Gholl i dTír Chonaill, áit ina mbíodh na Fir Bholg de réir an traidisiúin, mar a pléadh thuas – go raibh sé chomh cáiliúil san áit seo is a bhí Cú Chulainn agus Fionn mac Cumhaill in áiteanna eile sa tír.[11]

Alba

Is cosúil go raibh an t-ardmheas céanna a bhí ar Gholl i gCúige Chonnacht agus i dTír Chonaill le fáil i dtraidisiún na Fiannaíochta in Albain freisin. Tá laoi a chuireann síos ar ghaiscíocht agus ar iontais Ghoill .i. 'Ardaighneach Ghoill' le fáil sa traidisiún in Albain in *BDL* (Ross 1939, laoi X).

Tugann *Leabhar na Féinne* (Campbell 1872) léargas dúinn ar an dearcadh a bhí ar Gholl agus ar Chlann Mhorna in Albain. Cuirtear síos ar an aighneas a bhí idir Clann Mhorna agus Clann Bhaoiscne sa bhailiúchán seo agus baineann roinnt laoithe eile le Goll mar laoch na curadhmhíre. Cuireann an chuid is mó de na laoithe síos ar chumas troda Ghoill agus deirtear go raibh an-mheas ag gach duine air (Campbell 1872, 167).

Den chuid is mó sa bhailiúchán seo, cuirtear pictiúr dearfach de Gholl os ár gcomhair agus baineann roinnt laoithe le bás Ghoill agus leis an gcomhrá deireanach a bhí aige lena bhean mar a pléadh cheana. Cuireann na laoithe seo pictiúr truamhéileach de laoch cróga tragóideach os ár gcomhair.[12]

Sa traidisiún béil in Albain cuirtear síos ar láidreacht Ghoill agus deirtear gurbh eisean an laoch ba láidre san Fhian (Campbell 1892, 413). Ina bhailiúchán d'fhoinsí béil Fiannaíochta, chuir J. G. Campbell síos ar phríomhcharachtair na laoithe agus bhí seo le rá aige faoi Gholl:

> [He] seems to have ranked as the second best hero of the Fian band. The name given to him in the lays is Goll of Blows (*Goll na Beumanan*), very probably derived from his skill as an expert and powerful swordsman. It is said of him that he never fell in the combats of men (*an comhrag dhaoine*) (Campbell 1891, 49).

Mar sin, tá an claonadh a bhí ann i gCúige Chonnacht cás Ghoill a chur chun cinn le sonrú i dTír Chonaill agus in Albain chomh maith. Is cosúil gur tosaíodh ag déanamh forbartha ar charachtar Ghoill i gCúige Chonnacht ar dtús agus gur scaip an nós seo go Tír Chonaill agus go hAlbain le himeacht ama.

Conclúidí

An bhfuil cúigeachas i gceist maidir leis na téacsanna Fiannaíochta ina gcuirtear cás Chlann Mhorna chun cinn mar sin? Deir Nagy faoin gceist seo:

> Some scholars have proposed that the impetus to write down Fenian tales, to create a Fenian literature, may have been a 'southern' one. According to this widely

held theory, the proliferation of this literature reflects a desire on the part of Leinster and Munster literati (and their powerful patrons in these southern provinces) to immortalize in the written word a heroic tradition that may have originated in the south of Ireland, in contrast to the northern cycle of tales about Cú Chulainn and the other Ulster heroes. The literary Finn's heroism thus was an expression of the political muscle of the southern kingdoms of the time. These powers were exultant both in their newly won primacy over Ireland, for centuries dominated by the northern Uí Néill kings, and in their victories over the Viking invaders who had brought a dark age to Ireland in the late eighth and ninth centuries (Nagy 1985, 2- 3).

Tuigtear, mar sin, gur tosaíodh ag scríobh síos na scéalta Fiannaíochta i ndeisceart na tíre. B'fhéidir go raibh na Deisceartaigh ag iarraidh a gcumhacht polaitíochta a cheiliúradh i bhfoirm liteartha.

Ní haon ionadh mar sin go léirítear Goll, laoch Connachtach, mar namhaid míleata agus mar namhaid míleata amháin, sna foinsí Fiannaíochta is luaithe atá againn – theastaigh ó na scríbhneoirí luatha sa deisceart tús áite a thabhairt dá laoch féin, Fionn. Agus ar ndóigh, ba rud nádúrtha é namhaid Fhinn a fhorbairt mar dhuine ó chúige eile. Chuir an cúigeachas leis an aighneas idir an laoch agus a namhaid, idir Clann Bhaoiscne agus Clann Mhorna. Thaitneodh sé leis na deisceartaigh a fhéiceáil go raibh príomháit ag laoch dá mbunadh féin agus go raibh siad in ann caitheamh anuas ar namhaid as cúige eile nach raibh chomh tábhachtach ná cumhachtach lena gcúige féin.

Is cosúil go raibh príomháit ag Goll i gcónaí i gCúige Connacht, cúige na bhFear Bolg, sa traidisiún béil, ach nár tosaíodh ag scríobh síos na scéalta go dtí dáta níos deireanaí sa chúige seo. Ach, nuair a tosaíodh ag scríobh laoithe agus scéalta i gCúige Connacht, leanadh leis an gcúigeachas sa traidisún liteartha. Ba dheis a bhí sna laoithe agus sna scéalta seo do scríbhneoirí ó Chúige Connacht ómós ceart a thabhairt do laoch a gcúige féin.

Le himeacht ama, áfach, tá an chosúlacht ar an scéal gur glacadh go forleathan leis híomhá an laoich mhíleata, thragóidigh a cruthaíodh de Gholl i gCúige Chonnacht. I ngach laoi agus scéal ina luaitear Goll, bíonn tréithe an tsaighdiúra chróga i gcónaí ag dul leis, cé nach mbíonn na laoithe ná na scéalta ag dul thar fóir leis an moladh, mar a bhíodh ag tarlú sna téacsanna Connachtacha. I roinnt téacsanna, fiú nuair nach dtugtar ról lárnach do Gholl, glactar leis gur laoch cumasach, cróga é, mar a tharlaíonn in 'Tóraidheacht Shaidhbe Inghine Eoghain Óig'. Cé nach bhfuil mórán le déanamh ag Goll sa scéal seo, fós féin tá cur síos ar a chumas:

> ... d'éirigh Goll greannmhar gaisgeamhail glac-laidir, gníomhéachtach mac Móirne ... (Triúr Comhdhalta de Chuallacht Chuilm Cille 1915, 1915, 15- 46, ll. 292 - 3).

Seo mar a glacadh le Goll go ginearálta san Fhiannaíocht – mar laoch láidir cumasach. Fiú más i gCuige Chonnacht a cuireadh tús leis an íomhá seo ar dtús, agus más sa chúige seo a rinneadh tuilleadh forbartha ar a dhea-thréithe, baineadh úsáid aisti i ngach cuid den tír seo agus in Albain freisin. Ar ndóigh, lean scríbhneiorí i gCúige Chonnacht ar aghaidh le laoithe agus scéalta speisialta ag déanamh forbartha ar charachtar Ghoill, ar a thaobh séimh agus lách, rud nach ndearnadh in áiteanna eile, agus d'éirigh leis na Connachtaigh a laoch féin, agus sa tslí sin, a gcúige féin, a chur chun cinn.

NODA

AS	Agallamh na Seanórach
BCC	Bruidhean Chéise Corainn
CBÉ	Cnuasach Bhéaloideas Éireann, Lárionad Uí Dhuilearga do Béaloideas na hÉireann, An Coláiste Ollscoile, Baile Átha Cliath
DF	Duanaire Finn
FCC	Fotha Catha Cnucha
FTC	Feis Tighe Chonáin Chinn tSléibhe
LL	An Leabhar Laighneach
LU	Leabhar na hUidhre
MF	Macghníomhartha Fhinn
MRE	Eachtra Iollainn Iolchrothaigh, mac Ríogh na hEaspáine
TDG	Tóraidheacht Dhiarmada agus Ghráinne
TTT	Imtheacht an Dá Nónbhar agus Tóraidheacht Taise Taoibhghile

NÓTAÍ

[1] Tá an laoi 'A rí richid reidig dam' le fáil in Meyer 1910, 46 – 51 freisin, agus leagan den laoi 'Ligi Guill i mMaig Raigni' le fáil in *DF*, laoi XLVIII.

[2] Mínítear cúis an aighnis idir an dá dhream seo sa saothar *FCC* ón 11ú haois (Meyer 1910, xxv), atá le fáil in *LU* (*LU* Best agus Bergin 1929, 101- 3).

[3] Tá an téacs seo i gcló ag Hennessy freisin in *Revue Celtique* 2, 1873, 86- 93, agus tá aistriúchán déanta ag Nagy air (1985, 218- 21). Scríobhadh an téacs seo sa 11ú nó sa 12ú haois (Meyer 1910, XXX, xxv, agus Murphy 1954, xxxiv). Bunaíodh cuid den téacs *FCC* ar dhán ón 11ú haois faoin teideal 'Almu 1' sa *Metrical Dindshenchas* (Gwynn 1906, II, 72- 4).

[4] Féach *DF* III, 'A chaorthuinn Cluana Ferta' agus *DF* X, 'A bhen beir let mo léine', a cumadh idir 1250 – 1400 (Murphy 1954, 22). Ar ndóigh, chomh maith leis an áit seo Maigh Maoín, ceanglaítear Goll le háit eile i gCúige Chonnacht síos tríd an traidisiún Fiannaíochta .i. Cruachain i gCo. Ros Comáin, m.sh., *DF* LXIV, 'Leacht Guill do chráidh mo croidhe' agus *DF* X, 'A ben beir let mo léine'. I laoi amháin ó *LL*, 'Ligi Guill i mMaig Raigni', deirtear gur as áit darbh ainm Gleann Gharaidh é Goll, ainm gleanna in oirthear Chontae na Gaillimhe, is cosúil (Ó hÓgáin 1988, 161; *LL*, IV, Best agus O'Brien 1965, líne 28626; Hogan 1910, 228).

[5] Sa téacs seo cuirtear síos ar Gholl mar 'Iollan mac Chormic mheic Neimhnuin mheic Mhorna mhó[i]r mheic Aoidh dhuinn mheic Ceit mheic Mhághach mheic Chairbhre Chinndeirg .i. rí Conacht' (Ní Shéaghdha agus Ní Mhuirgheasa 1941, 7).

6   Cuirtear síos ar Gholl sa téacs seo mar '...Goll mac Corbmaic mhic
     Neumhainn mhic Mhoirne mhóir mhic Garaidh Ghlúinduibh mhic Aodh
     (Dhuanaigh) mhic Aodha Chinnchlaire mic Shainbh Shithchinn mhic
     Ceit mhic Mhágach d'iarsma & d'fhíor-uaisle gég ngionealaigh & chraobh
     ccoimhneasa Gamhanraighe Iorrais Domhnann' (Ní Mhuirgheasa 1954,
     ll. 6236- 42). Sna laoithe Fiannaíochta faightear roinnt tagairtí do chúlra
     Ghoill freisin agus, ar ndóigh, tá cuid de na carachtair chéanna le fáil
     anseo is a bhí sna ginealaigh thuas.
7   Tá eolas faoi na Fir Bholg le fáil in *Leabhar Gabhála Éireann* (Carey agus
     Macalister 1993). Cuireann an téacs seo síos ar na daoine uilig a tháinig
     go hÉirinn de réir na bréagstaire roimh aimsir na nGael agus ar na Gaeil
     féin. Dar le *Leabhar Gabhála Éireann* thóg na Tuatha Dé Danann
     ceannaireacht na hÉireann ó na Fir Bholg. Ansin theith na Fir Bholg go
     Connachta (O'Rahilly 1946, 99; Rees agus Rees 1961, 29 agus Green
     1992, 99).
8   Tá míniú difriúil ar an mbaint a bhí ag Clann Mhorna le Cúige Chonnacht
     ag Ó hÓgáin. Deir seisean: 'In the mediaeval Fianna lore they are
     portrayed as fighting with the Luaighne sept against Cumhall in the battle
     of Castleknock, and so their name probably belonged to some such
     martial sub-sept against which Uí Fháilghe had to strive. It is clear that in
     tradition they took over the function of all those anti-Leinster military
     forces, such as the Luaighne, the sons of Uirghriu, and the fianna of
     Fothadh Canainne. The latter influence probably accounts for why the
     Morna clan are associated with the Connacht area, for Fothadh Canainne
     was said to have belonged to that province. It suited the purposes of
     narrative to have Fionn's military rivals condensed into one group, and so
     the archetypal foe Goll was made to play this role, with the Morna clan
     as his war-like relatives' (Ó hÓgáin 1988, 160). Bhí Christiansen den
     tuairim gur bhain Goll go príomha le tuaisceart na hÉireann. Deir sé: 'Goll
     ... originally called Iollann is true to the pattern of a hero. He seems to be
     the particular hero of Northern tradition, and his fame has been
     overshadowed by the fame of Fionn. The Duanaire, reflecting Northern
     tradition, has several fine poems on Goll not met with elsewhere'
     (Christiansen 1931, 35). Ní thugann sé aon mhíniú, áfach, ar an bhfáth a
     raibh Goll mar phríomhlaoch sa traidisiún tuaisceartach.
9   Deir MacNeill (1908, lxv) faoin laoi seo: 'This poem, in praise of Goll,
     appears to have been composed in rivalry with XXIII, in which Oscar is
     exalted. It belongs to the north-western sub-cycle of which Goll is the
     principal hero.'
10   Tá an ráiteas céanna le fáil ó Cho. Mhaigh Eo – CBÉ 227, 116.
11   Scéal an-suimiúil i gcomhthéacs an chúigeachais é 'Báirne Mór'. Scéal
     Gaillimheach é an scéal seo ach faightear drochléargas ar Gholl ann.

Cuireann an scéal seo síos ar an gcaoi ar mharaigh Goll Cumhall. Ní mar gheall ar a chumas troda ná a ghaiscíocht a fuair Goll an lámh in uachtar ar Chumhall, ach de bharr cleasaíochta. Nuair a bhí Cumhall ag marú na bhfear sa chath chuaigh Goll agus Conán i bhfolach faoi na coirp. Nuair a cheap Cumhall go raibh na naimhde uilig marbh chuaigh sé a chodladh agus is ansin a mharaigh Goll é. Tugtar tréithe an chladhaire agus an chleasaí do Gholl sa scéal seo – rud neamhghnách do scéal ó Cho. na Gaillimhe (Hyde 1931-2, 187-94).

[12] Tá laoi sa bhailiúchán seo, áfach, a léiríonn cleasaíocht Ghoill mar a léirigh an scéal Gaillimheach 'Báirne Mór' thuas .i. 'How Goll died', laoi atá pléite cheana. Sa laoi seo, ní raibh Goll in ann an lámh in uachtar a fháil ar Chaireall agus d'iarr sé comhairle ar Fhionn. Dúirt Fionn leis Caireall a thabhairt amach san uisce mar go raibh Goll níos airde ná é agus bheadh sé in ann é a mharú ansin. Seo mar a mharaigh Goll Caireall sa leagan seo den laoi – le cleasaíocht agus ní de bharr a chumais mhíleata. Mar sin, tá éisceachtaí le fáil sa dá thraidisiún – tá scéalta nó laoithe a chuireann síos ar thréithe glice Ghoill seachas ar a chumas agus a laochas.

LEABHARLIOSTA

An Craoibhín 1933-4: An Craoibhín, 'Diarmuid agus Gráinne', *Béaloideas* 4, 425-30.

Best agus Bergin 1929: R. I. Best agus O. Bergin, eag., *Lebor na Huidre: Book of the Dun Cow*, Dublin.

Best, Bergin agus O' Brien 1954-83: R. I. Best, O. Bergin agus M.A. O'Brien, eag., *The Book of Leinster*, I-VI, , Dublin.

Bruford 1986-7: A. Bruford, 'Oral and Literary Fenian Tales', *Béaloideas* 54- 5, 25 - 56.

Campbell 1872: J. F. Campbell, *Leabhar na Féinne*, London.

Campbell 1892: J. F. Campbell, *Popular Tales of the West Highlands*, III, London.

Campbell 1891: J. G. Campbell, *The Fians: Waifs and Strays of the Celtic Tradition*, Argyllshire Series 4, London.

Carey agus MacAlister 1993: J. Carey agus J. R.A. S. MacAlister *A New Introduction to Lebor Gabála Érenn. The Book of ther Taking of Ireland, edited and translated by R. A. S. MacAlister*, Irish Texts Society, Subsidiary Publications 1, Dublin.

Christiansen 1931: R. Th. Christiansen, *The Vikings and the Viking War in Gaelic and Irish Tradition*, Oslo.

Green 1992: M. J. Green, *Dictionary of Celtic Myth and Legend*, London.

Gwynn 1903-35: E. J. Gwynn, eag., *The Metrical Dindshenchas*, I-V, Dublin.

Hennessy 1873: W. M. Hennessy, 'The Battle of Cnucha', *Revue Celtique* 2, 86-93.

Hogan 1910: E. I. Hogan, *Onomasticon Goedelicum Locorum et Tribuum Hiberniae et Scotiae*, Dublin.

Hull 1908: E. Hull, *A Text Book of Irish Literature*, II, Dublin.

Hyde 1933: D. Hyde, *An Sgeuluidhe Gaedhealach*, Baile Átha Cliath.

MacNeill 1908: E. MacNeill, eag., *Duanaire Finn*, I, Irish Texts Society 7, London.

Meyer 1982: K. Meyer, 'Macgnímartha Finn', *Revue Celtique* 5, 195 - 204.

Meyer 1910: K. Meyer, *Fianaigecht*, Royal Irish Academy Todd Lecture Series 16, Dublin.

Meyer 1912: K. Meyer, 'Mitteilungen aus Irischen Hanschriften', *Zeitschrift für Celtische Philologie* 8, 102 -20.

Murphy 1933: G. Murphy, eag., *Duanaire Finn*, II, 1933, Irish Texts Society 28, London.

Murphy 1953: G. Murphy, *Duanaire Finn* III, Irish Texts Society 43, Dublin.

Nagy 1985: J. F. Nagy, *The Wisdom of the Outlaw*, Berkeley.

Ní Mhuirgheasa 1954, M. Ní Mhuirgheasa, *Imtheacht an Da Nonbhar agus Tóraigheacht Taise Taoibhghile*, Baile Átha Cliath.

Ní Shéaghdha 1942-5: N. Ní Shéaghdha, *Agallamh na Seanórach*, –I-III, 1942-5, Baile Átha Cliath.

Ní Shéaghdha 1967: N. Ní Shéaghdha, *Tóruigheacht Dhiarmada agus Ghráinne*, Irish Texts Society 48, Dublin.

Ó Cadhain 1933: M. Ó Cadhain, 'Sgéaluigheacht Chois-Fharraige', *Béaloideas* 4, 1933- 4, 62- 88.

Ó hÓgáin 1988: D. Ó hÓgáin, *Fionn mac Cumhaill: Images of the Gaelic hero*, Dublin.

O'Kearney 1855: N. O'Kearney, eag., 'Feis Tighe Chonain Chinn-Shleibhe; or The Festivities at the House of Conan of Ceann Sleibhe', *Transactions of the Ossianic Society for the Year 1854*.

Ó Raithbheartaigh 1932: T. Ó Raithbheartaigh, eag., *Genealogical Tracts* 1, Dublin.

O'Rahilly 1946: T. F. O'Rahilly, *Early Irish History and Mythology*, Dublin.

Rees agus Rees 1961: A. agus B. Rees, *Celtic Heritage*, London.

Ross 1939: N. Ross, *Heroic Poetry from the Book of the Dean of Lismore*, Edinburgh.

Stokes 1900: W. Stokes, 'Acallamh na Senórach', *Irische Texte* 4th Series, I, Leipzig.

Triúr Comhdhalta de Chuallacht Chuilm Cille 1915: Triúr Comhdhalta de Chuallacht Chuilm Cille, eag., *Gadaidhe Géar na Geamh-oidhche*, Baile Átha Cliath.

an ghaeilge nua agus triall na gaeilge

FEARGAL Ó BÉARRA

Nuair a fuair mé an cuireadh páipéar a thabhairt ag an gcomhdháil seo, níor thóg sé i bhfad orm a theacht ar ábhar cainte a bhféadfainn a rá le cinnteacht ina thaobh go dtaitneodh sé le Máirtín. Thaitneodh an t-ábhar seo le Máirtín, creidim, óir bhí sé ar dhuine de na scoláirí Nua-Ghaeilge sin a raibh cos leis ar an dá iomaire agus a bhí in ann teanga an lae inniu a phlé i bhfianaise na forbartha a tháinig uirthi ó ré na Sean-Ghaeilge i leith. Ba dhuine é Máirtín a bhí in ann tarraingt as an dá thobar; an Ghaeilge chomhaimseartha a bhí go paiteanta, grinn, cliste aige, ar ndóigh, agus gach Gaeilge eile dá ndeachaigh roimpi: oghamchraobh, ársa, sean, meán, moch, clasaiceach, iarchlasaiceach, canúnach, cóir, ceart, beo agus marbh – bhí eolas uilechuimsitheach aige orthu. Ina theannta sin, thuig sé an leanúnachas a bhain le Gaeilge bheo na Gaeltachta idir líofa is lofa. Go deimhin, ba é an leanúnachas seo a bhí faoi chaibidil aige i gceann de na hailt deiridh a scríobh sé, 'Snáithín san Uige: "Loisc agus Léig a Luaith le Sruth"' a foilsíodh san fhéilscríbhinn bhreá a chuir sé féin agus an Dr Pádraig Ó Héalaí i dtoll a chéile don Ollamh Breandán Ó Madagáin (Ó Briain agus Ó Héalaí 2002).

Is éard atá agam anseo, iarracht ar shracfhéachaint a thabhairt ar an athrú as cuimse atá ag teacht ar an nGaeilge le blianta beaga anuas. Is eol dúinn ar fad faoin tráth seo, creidim, go bhfuil athrú as éadan tagtha uirthi le tríocha bliain anuas. Seans go ndéarfaidís siúd is sine ná mé gur roimhe sin a thosaigh sí ag athrú, ach cibé é, is cinnte gur mór idir Gaeilge an lae inniu agus an Ghaeilge atá le fáil in *Cré na Cille* nó fiú in *Inniu* na bliana 1949, abair.

Ón Nua-Ghaeilge go dtí an Ghaeilge Nua

Fearacht mar a dhéantar le mórtheangacha eile na hEorpa, is gnás le lucht léinn an teanga Ghaeilge a roinnt ina tréimhsí; bíonn trácht, mar sin, ar an tSean-Ghaeilge, ar an Meán-Ghaeilge agus ar an Nua-Ghaeilge. Is i ngeall ar an bhforbairt agus ar an bhforás a tháinig ar an teanga in imeacht na gcéadta bliain a dhéantar an t-aicmiú seo. Rud nádúrtha, rud riachtanach é an t-athrú teanga. Tagann athrú ar 'chuile theanga ó ghlúin go glúin agus is iomaí sin difríocht a bhíonn le sonrú idir caint na seanmháthar, cuirim i gcás, agus caint a garmhic, cuma cén teanga a bhíonn i gceist. Mar shampla, ní móide go gcloisfí ag an seandream rudaí ar nós *bheadh mé* (in áit *bheinn*) nó *é sin ráite* (in áit *ina dhiaidh sin féin, mar sin féin, má tá féin* nó a leithéide), ach tá na foirmeacha nua seo ag imeacht go tréan ag go leor de chainteoirí an lae inniu. Ní locht ar aon duine é seo ach cuid de phróiseas nádúrtha na forbartha teanga.

De réir mar a thagann méadú ar líon na ndifríochtaí agus na n-athruithe a bhíonn le sonrú idir na glúnta, tagann ann do nósmhaireachtaí nua cainte ach go maireann dúshraith éigin den seanghnás freisin. Mar shampla den rud atá i gceist agam, má bhreathnaímid ar an Meán-Ghaeilge Mhoch (c. 875–950), feicfimid gur cóimheas thart ar 80:20 a bhí idir an seanghnás agus an nuaghnás. Maidir leis an Meán-Ghaeilge féin, is thart ar 50:50 a bhí an cóimheas, agus faoi thréimhse na Meán-Ghaeilge deireanaí (c. 1075–1175) is thart ar 20:80 a bhí an cóimheas. Nuair a éiríonn líon na n-athruithe chomh mór sin i dtreo gur éagsúil go mór (nó ar fad) an chuid sin den teanga nach réitíonn leis an seanghnás, is féidir a rá go bhfuil tréimhse nua ar fáil i stair na teanga. Sin é a tharla nuair a mhéadaigh an cóimheas idir seanghnás na Meán-Ghaeilge agus an nuaghnás go dtí 90:10, gur ghin, thart ar 1200, an Nua-Ghaeilge Mhoch.

Is bunaithe ar an tátal agus ar an tuiscint seo thuas a áitím anseo gur gearr uainn tréimhse nua (murab ionann agus ré nua) i stair na Gaeilge .i. an Ghaeilge Nua, ar an ábhar go bhfuil cóimheas thart ar 80:20 idir an seanghnás (An Nua-Ghaeilge Dheireanach) agus an gnás nua seo atá le fáil le dhá scór bliain nó mar sin (An Ghaeilge Nua).

Sainmhíniú ar an nGaeilge Nua

Más athrú atá tagtha ar an teanga féin le blianta beaga anuas, is athrú freisin atá tagtha dá réir ar lucht a labhartha agus ar shuíomh a labhartha. Ach sula dté mé ag plé na gcúrsaí sin, ba mhaith liom féachaint le sainmhíniú a thabhairt ar an rud seo a dtugaimse An Ghaeilge Nua air. Is deacair, ar ndóigh, sainmhíniú a thabhairt ar an rud nach bhfuil, i ndáiríre, ach i mbéal a bheirthe. Níl an tréimhse nua seo ach ina tús óir maireann an Nua-Ghaeilge Dheireanach i gcónaí, más ar bhonn teoranta féin é. Is éard a thuigimse leis an nGaeilge Nua friotal nua ar mó a cosúlacht leis an mBéarla comhaimseartha ná leis an Nua-Ghaeilge Dheireanach – an teanga sin a bhíodh á labhairt ag an seandream agus á foghlaim uatha ag an nglúin óg anuas go dtí deireadh na seascaidí, abair: caint nádúrtha na Gaeltachta mar a bhailigh Hartmann agus de Bhaldraithe í i lár na seascaidí, cuirim i gcás.

Is í an tréith is sainiúla atá ag an nGaeilge Nua nach féidir í a thuiscint d'uireasa an Bhéarla. Sin é le rá nach bhféadfadh an cainteoir aonteangach Gaeilge, an té nach mbeadh aon Bhéarla aige, an Ghaeilge Nua seo a thuiscint ar chor ar bith. Ar bhealaí go leor, idir chomhréir, dheilbhíocht agus fhoghraíocht, níl i gcuid mhaith den Ghaeilge Nua ach aithris ar an mBéarla.

Tá príomh-shaintréithe an fhriotail nua seo le feiceáil cheana féin. Ó thaobh na teangeolaíochta de, is ar thrí ghné de chuid na teanga – ar an deilbhíocht, ar an gcomhréir, agus ar an bhfoclóir – is mó atá a lorg le sonrú. Tá gné amháin eile den teanga a bhfuil tionchar na Gaeilge Nua le feiceáil uirthi – an smaointeoireacht – ach tráchtfaidh mé ar an méid sin ar ball.

Luaigh mé an chomhréir. Tá baint mhór ag an gcoibhéis shéimeantach le cúrsaí comhréire ó tá an choibhéis sin ar cheann de na gnéithe suntasacha a dhealaíonn dhá theanga ar bith óna chéile. Luafaidh mé sampla amháin a léireoidh a bhfuil i gceist agam. Tá coincheap uilíoch ann adeir gurb é nós na háite is cóir do dhuine a dhéanamh agus é in áit strainséartha. Tá fáil ar an gcoincheap seo sa seanfhocal; *When in Rome, do as the Romans do* atá sa Bhéarla; *Andere Länder, andere Sitten* atá sa Ghearmáinis. Céard atá sa Ghaeilge? *Ní lia tír ná gnás.*

Má chuirtear na trí leagan sin i gcomórtas lena chéile, feicfear nach ionann aon cheann acu lena chéile.

Ó thaobh na coibhéise de, is féidir a rá go bhfuil coibhéis indíreach idir *When in Rome, do as the Romans do* agus *Ní lia tír ná gnás.* Indíreach atá an choibhéis ar an ábhar nach ionann na focail ná, go deimhin, ord sin na bhfocal a mbaintear úsáid astu leis an gcoincheap a chur i gcéill. Maidir leis an té nach mbeadh eolas aige ar an leagan *Ní lia tír ná gnás,* is éard is dóiche a dhéanfadh sé, ar na saolta seo, leagan eicínt ar nós *Nuair a bhíonn tú sa Róimh, déan ar nós na Rómhánach* a chumadh. (Ceist eile, dar ndóigh, cé acu an mbeadh nó nach mbeadh an tuiseal ginideach iolra ag an gcainteoir!) Coibhéis dhíreach atá idir an dá leagan seo ar an ábhar go bhfuil foclaíocht an dá leagan chomh cosúil lena chéile. Ar ndóigh, tá cló an Bhéarla agus an Bhéarlachais ar an leagan freisin. Is léir, mar sin, gurb éard a dhéanann an choibhéis dhíreach, cló an dúchais a shéanadh. Ar an ábhar sin, dá laghad an choibhéis dhíreach is amhlaidh is fearr an t-aistriúchán.

Seo thíos roinnt samplaí den rud a thuigim le coibhéis dhíreach agus coibhéis indíreach:

1.	Fox	Sionnach	Díreach
2.	Fox	Madra rua	Indíreach
3.	Time will tell	Neosaidh an aimsir.	Díreach
4.	Time will tell	Is maith an scéalaí an aimsir	Indíreach
5.	Time will tell	Inseoidh (an t-) am	Díreach
6.	No one is perfect	Ní bhíonn saoi gan locht	Indíreach
7.	No one is perfect	Níl aon duine foirfe	Díreach
8.	It's hard to tell	Is deacair a rá	Indíreach
9.	It's hard to tell	Tá sé deacair a insint	Díreach
10.	Silence is golden	Is binn béal ina thost	Indíreach
11.	Silence is golden	Tá (an) ciúnas órga	Díreach

Má chuirimid cluas orainn féin, feicfimid gurb í an choibhéis dhíreach atá ag teacht i dtreise i measc lucht labhartha na Gaeilge agus go bhfuil sin ag cur malairt cló ar an nGaeilge. Ach ní i gcúrsaí comhréire amháin atá an méadú seo ar an gcoibhéis dhíreach le fáil;

tá an rud céanna ag teacht i gceist sa deilbhíocht, áit a bhfuil lagan aisteach ag teacht ar infhilleadh an ainmfhocail agus na haidiachta; san fhóineolaíocht, áit a bhfuil an séimhiú agus an t-urú, ní áirím fóinéimí dúchais na Gaeilge, ag imeacht go tréan; agus i bhfoclóir na teanga, áit a bhfuiltear ag ceapadh téarmaí agus leaganacha nach bhfuil baint ar bith acu le ceart ná le dúchas na Gaeilge. Ó thaobh na fóineolaíochta de, is amhlaidh atáthar ag úsáid córas fuaimeanna an Bhéarla leis an nGaeilge a fhuaimniú. Níl caint na Gaeltachta féin slán ón athrú seo, áit a bhfuil blas nó tuin ar leith ann a dtugann daoine áirithe 'Gaeilge an Chlochair' air.

Níl amhras ar bith ach gur ag druidim níos gaire agus níos gaire don Bhéarla atá an Ghaeilge, rud a fhágfas, má leanann an Ghaeilge den drochnós, nach mbeidh inti uilig, ar deireadh, ach Béarla faoi chulaith Ghaeilge. Ar bhealaí go leor, is cosúil go mór a bhfuil ag tarlú don Nua-Ghaeilge inniu leis an rud a tharla don Bhéarla nuair a thadhaill sí leis an nGaeilge sa naoú haois déag gur ghin Béarla na hÉireann. D'fhág tadhall seo na Gaeilge leis an mBéarla rian ar thrí ghné theangeolaíoch den Bhéarla; ar an gcóras fóineolaíoch, ar an gcomhréir, agus ar an bhfoclóir. Ar an gcuma chéanna, tá siad seo ar thrí cinn de na gnéithe sin a bhfuil lorg an Bhéarla le sonrú go láidir orthu i nGaeilge an lae inniu. Ar bhealach, d'fhéadfaí a rá gurb é seo díoltas an Bhéarla ar an nGaeilge.

An Aistriúcháinis
Ar cheann de chairde móra na Gaeilge Nua tá an Aistriúcháinis .i. an cineál Gaeilge a bhíonn le fáil san aistriúchán. Is leagan scríofa den Ghaeilge Nua í an Aistriúcháinis nó an BhreacGhaeilge mar a bhaist duine eicínt eile uirthi. Is éard a bhíonn i gceist leis seo gur aithris seachas aistriúchán ar an mBéarla a bhíonn ar bun. Aithris ar dhul cainte agus ar chomhréir an Bhéarla ionas nach mbíonn ann ar deireadh ach Béarla faoi chulaith Ghaeilge. Ní dhéantar iarracht ar bith tréithriú na háitiúlachta a dhéanamh ar an rud atáthar a aistriú.

Tá cúpla cúis leis seo: ar an gcéad dul síos, is mó an taithí atá ag a bhformhór siúd atá ag plé leis an aistriúchán gairmiúil leis an mbunteanga (An Béarla) ná leis an sprioctheanga (An Ghaeilge) ar an ábhar gur cainteoirí dúchais Béarla iad, nó sin gur dream iad nár éirigh leo (nó nárbh fhiú leo, seans) an Ghaeilge a fhoghlaim mar is ceart. Fágann seo gur túisce an leagan Béarla ar a gcluais ná an leagan Gaeilge. Ina theannta sin, ó tharla gan tionscal an aistriúcháin ach ina thús sa tír seo, táthar fós ar thóir na bprionsabal sin is fearr a shaineodh is a stiúrfadh ceird an aistriúcháin. An iomarca den tionscal agus gan dóthain den cheird atá ar bun.

Ní éileamh nádúrtha ó chainteoirí Gaeilge is cúis leis an mborradh faoin téarmaíocht, ach éileamh mínádúrtha ó aistritheoirí. Ní ar mhaithe le lucht labhartha na Gaeilge ach le tionscal an aistriúcháin atá formhór na téarmaíochta á cheapadh. Is mór an chontúirt d'fhorbairt cheart na Gaeilge é tionscal an aistriúcháin mar gurb iad an dream atá gníomhach sa chluiche sin is mó atá ag saothrú na Gaeilge ar na saolta seo. Mura gcuirfí san áireamh ach na tuarascálacha bliantúla sin nach mór do chuideachtaí poiblí a fhoilsiú de bharr Acht na dTeangacha Oifigiúla 2003, thart ar 6,500,000 focal atáthar a aistriú in aghaidh na bliana. Is mór an lear focal é sin. Is ag méadú a bheas líon na bhfocal sin. Fágann sin gurb ag an aistritheoir 'gairmiúil' is mó a bheas teagmháil leis an nGaeilge sna blianta amach romhainn agus is mó a fhágfas rian ar an teanga scríofa.

Luaigh mé an deilbhíocht ar ball. Is beag gné de dheilbhíocht an ainmfhocail nach bhfuil ag seangú – na hathruithe tosaigh ar lorg an ailt, foirm an iolra, an tuiseal ginideach – uatha agus iolra – agus mar sin de. Tá athrú ag teacht ar dheilbhíocht an bhriathair freisin. Ach dar ndóigh, más seangú as atá i ndán do chóras deilbhíochta na Gaeilge, fágann sin nach mbeidh againn ach an chomhréir le gaol na bhfocal lena chéile a shainiú agus a léiriú san abairt. Ach mar a luadh thuas, is ag teannadh le comhréir an Bhéarla atá comhréir na Gaeilge, rud a fhágann nach mbeidh inti ar deireadh ach comhréir an Bhéarla faoi chulaith Ghaeilge. Ní hé sin, dar ndóigh, an dea-rud do theanga ar bith, óir mar adúirt T. F. O'Rahilly, tá os cionn trí scór agus deich mbliana ó shin, an teanga a ghéillfeas do chomhréir teanga eile, níl i ndán di ach meath agus bás.[1]

An Smaointeoireacht

Ar ndóigh, bíonn tionchar ag an teanga ar chúrsaí smaointeoireachta agus ar dhearcadh saoil nó *Weltbild* an chainteora. Cé gurb í an Ghaeilge uirlis na cumarsáide ag Gaeilgeoirí na tíre seo, ní hí an Ghaeilge is bunús le cuid mhór den smaointeoireacht a dhéanann siad. Óir is bunaithe ar dhearcadh saoil agus ar choinbhinsiúin an Bhéarla atá go leor leor de na coincheapa agus de na deismireachtaí cainte a mbaineann an Ghaeilge Nua leas astu. Leathadh agus uileláithreacht an Bhéarla is cúis leis seo.

Fágann seo go bhfuil an Gaeilgeoir seasta síoraí i dtuilleamaí an Bhéarla nuair is mian leis craiceann a chur ar smaoineamh nó ar choincheap. De bhrí nach bhfuil eolas ar bith ag an nGaeilgeoir ar Ghaeilge na scéalaíochta, na litríochta, na hamhránaíochta, ná na seanfhocal, cuirim i gcás, ní thig leis teacht i dtír ar an stór mór téarmaíochta agus coincheapadóireachta atá le fáil sna foinsí sin. Réamhdhéanta, mar adeirtear, atá cuid den téarmaíocht seo; tá tuilleadh di a chaithfí a chur in oiriúint do chuid de choincheapa an lae inniu. Ach ní hiad 'coincheapa na smaointeoireachta móire' amháin atá i dteannta ag an mBéarla. Tá an oiread cleachtaidh anois ar a bheith ag éisteacht le gnáthchaint agus pairlí an Bhéarla sna meáin gurb iad téarmaí, béarlagair, agus coincheapa an Bhéarla is túisce ar ár dteanga againn. Maidir leis an té a bhfuil tuiscint agus cur amach aige ar shaibhreas na Nua-Ghaeilge Deireanaí, is fánach aige drannadh lena leithéid ar an ábhar nach mbeadh le fáil aige ach mar adúirt Aodh mac Duach Dhuibh, Rí Oiriall, le Dallán Forgaill, Rí-ollamh Éireann sa scéal *Tromdhámh Ghuaire*: 'Is maith an duan cibé do thuigfeadh í!' (Joynt 1941, 70-71).

Ní hí an teanga Ghaeilge amháin atáthar a bhochtú ach an tsaíocht agus an cultúr a bhaineann léi. Is fearr an t-eolas agus an tuiscint atá ag Gaeilgeoir an lae inniu ar na ciútaí cultúrtha a bhaineann le *Sex in the City* ná le cuid amhrán John Spillane agus Louis de Paor, cuirim i gcás. Níl neart air sin. Sin é an chaoi a bhfuil an scéal. Níl a fhios agam ach oiread ar locht ar an nGaeilgeoir é sin. Tá athrú as éadan tagtha ar an saol in Éirinn agus ar fud na cruinne. Ach má d'imigh sin ar fad, céard atá tagtha ina áit? Ní léir dom go bhfuil tada beo tagtha ina áit ach folús.

Níl ort ach súil a chaitheamh ar *Ros na Rún* agus cluas a thabhairt le cuid den Ghaeilge Nua a bhíonn ag na carachtair óga. Tá cuid acu seo nach bhfuil in ann an chuid is simplí agus is bunúsaí amuigh de mhothúcháin an duine a chur i gcéill gan a dhul i dtuilleamaí an Bhéarla. Sin mar atá. Tá an folús smaointeoireachta nó intleachtúil sin á líonadh ag friotal nua – teanga shaorga na Gaeilge Nua.

Má dhéanaimid scagadh ar na mórathruithe atá tagtha ar an teanga, feicfear gur féidir a bhformhór a leagan ar thionchar an Bhéarla. Ní hiontas sin. Óir tá deireadh leis an nGaeilge mar urlabhra ag pobal/sochaí atá taobh le teanga amháin. Is pobal dátheangach é pobal na Gaeilge. Níor dhochar sin, adeir tú, dá mba rud é nárbh í an dara teanga sin mórtheanga an domhain. Dá mba í an Ghearmáinis nó an Fhraincis mórtheanga an domhain, ba lú go mór tionchar agus tábhacht an Bhéarla ó thaobh na Gaeilge de. Ach ar ndóigh, ní hamhlaidh atá.

An tAthrú agus an Difríocht

Is fada an Ghaeilge i dteagmháil le teangacha eile. Thadhaill sí le cibé cén teanga a bhí anseo nuair a leag an chéad Ghael cos ar oileán iathghlas Éireann. Thadhaill sí le Laidin na Breataine, leis an tSean-Bhreatnais, le Laidin na Leabhar, leis an tSean-Lochlannais, leis an bhFraincis Normannach, leis an mBéarla. Thug sí focail léi as 'chuile theanga acu. Ní hionann an teagmháil a bhí ag na nGaeilge leis na teangacha eile sin agus an teagmháil a bhí agus atá aici leis an mBéarla. Níor éirigh le ceann ar bith de na teangacha eile sin an lámh in uachtar a fháil ar phobal ná ar theanga na tíre. D'éirigh leis an mBéarla Béarlóirí a dhéanamh de 99% de mhuintir na tíre.

Is é nádúr an tsaoil é go n-athródh an teanga. Ach is mór idir an tsochaí inar tháinig athrú ar an nGaeilge san am a caitheadh agus an tsochaí ina bhfuil athrú an lae inniu ar bun. Scéal eile ar fad an fhorbairt nua seo; tá sí claon, mínádúrtha, saorga.

Tá difríochtaí eile freisin ann idir forbairt an lae inniu agus forbairt an ama a caitheadh. Is é an Béarla an teanga nua idirnáisiúnta i ndomhan seo na meán. Is é freisin atá á labhairt ag formhór na tíre. Is é freisin atá á bhrú orainn ag na meáin idirnáisiúnta, ach go háirithe meáin Shasana agus na Státaí. Is é an Béarla freisin atá á bhrú orainn ag RTÉ agus go deimhin ag TG4. Is é atá á bhrú orainn ag an státchóras i mórán 'chuile ghné den saol. Níl an creideamh féin saor nuair a chuimhneofá ar ról na hEaglaise Caitlicí i leathadh an Bhéarla sa Ghaeltacht. Tá difríocht eile ann agus sin nach bhfuil an stát i ndáiríre faoin nGaeilge ná faoin nGaeltacht. Rud ar bith a fuaireamar ón stát, bhí sé dlite dúinn. Ach mar is dual don Ghael, is mór é a bhuíochas as an déirce sa máilín líonta!

Níl aon amhras ach gurb í an difríocht is mó atá idir an ré seo ina mairimid agus na tréimhsí athraithe eile sin go bhfuil an teanga sna céadéaga. Tá daoine eile ann adéarfadh gur díbheo atá sí. Níl aon amhras ann ach go bhfuil an Ghaeltacht sna céadéaga. Teanga ar bith a dteastaíonn Acht agus Coimisinéir dá cuid féin uaithi len í a chosaint ar an stát sin inarb í an chéad teanga oifigiúil í, ní dóigh liom gurb é an dea-rud atá i ndán di. Teanga ar bith a dteastaíonn coinníoll teanga uaithi níl móran cúise ann di, sílim. Tá an Ghaeltacht á díothú.

Ó tharla go bhfuil líon na gcainteoirí Gaeilge (dúchais agus dóchais) i bhfad ró-íseal, fágann sin nach bhfuil againn sochaí bhríomhar bheoga ina bhforbródh an teanga go nádúrtha neamhchomhfhiosach. Is ionann sin agus a rá nach bhfuil dóthain dea-Ghaeilge á labhairt le go dtiocfadh forbairt nádúrtha ar an nGaeilge. Líon íseal na gcainteoirí Gaeilge is cúis leis an gcéad chonstaic eile atá roimh fhorbairt na teanga – fadhb na taithíochta. Sin é le rá nach furasta don Ghaeilgeoir leaganacha nua, ná go deimhin seanleaganacha, a chloisteáil ná a choinneáil ar a chluais ar an ábhar nach gcloistear na leaganacha seo sách minic mar nach bhfuil na cainteoirí ann. Beatha teanga a labhairt, mar adeirtear, ach faraor níl dóthain daoine ag labhairt na Gaeilge. Tá an Gaeilgeoir i dteannta mar nach bhfuil an pobal ann leis na téarmaí seo a chumadh go nádúrtha ná go rialta. Rud eile de, ó tharla nach bhfuil aon taithí mhór ag an nGaeilgeoir ar léamh na Gaeilge, ní chastar focail ná téarmaí ná leaganacha nua air ná ní shúnn sé chuige iad, ní thugann sé leis iad.

Triall na Gaeilge

Céard is féidir a rá faoi thriall na Gaeilge? Céard atá i ndán don Ghaeilge, mar sin, ó thaobh na teangeolaíochta de? Ní fios. Níl againn, mar sin, ach breathnú ar na hathruithe is mó atá ag teacht ar an teanga faoi láthair, ar na pointí sin is mó a mbíonn deacracht ag daoine leo agus is mó a éilíonn simpliú. Imeoidh an tuiseal ginideach. Tá sé ag imeacht le fada as caint na Gaeltachta. Is annamh a chloisfeas tú sa ghnáthchaint ginideach ceart ar ainmfhocal (agus aidiacht faoi réir aige) cés moite de leaganacha ar nós *Cuan an Fhir Mhóir, Cailleach na hAirde Móire, Doire na gCos Fuar* agus araile. Is soir *Tigh Mháirtín Bán ag iarraidh an mhadaidh beag* a théann na cainteoirí Gaeilge is fearr inniu. I gcaint na ndaoine, tá ginideach iolra na lagiolraí ionann is imithe as i gConamara, sa Ghaeltacht is mó sa tír, áit a mbíonn daoine *ag briseadh clocha i nGarraí na gCloch*, agus iad ag faire *na n-éanachaí* amuigh ar *Charraig na nÉan.* Téimid 'Gaillimh *ag ceannacht bróga,* an chathair sin a raibh cuid againn *Aimsir na gCluas.* Bíonn an té sin a líonfadh *mála bréag* seasta *ag inseacht bhréaga.* Ní *ag mealladh ban óg* ná á gcur dá dtreoir a bhímid, mar a bhí ag Raiftearaí san amhrán, ach *ag mealladh mná óga.* Bímid *ag iarraidh fear nó bean.* Ní théimid *ag iarraidh fir nó mná* nó go santaímid an *ménage à trois.* Téimid *ag goid úllaí de chrann úll* go gcuireann i málaí scoile *na ngasúir bheaga* iad.

Cuimhnigí go raibh trácht ag Amhlaoibh Ó Súilleabháin, in 1829, *ar chroidhthe na mbochtáin,* agus go raibh Raiftearaí, a bhí suas thart ar an am céanna, agus a chaith tréimhse é féin *ag mealladh ban óg* ag trácht ar *bhróga mná móra.* Cuimhnigí freisin go mbíodh *Coirleach na gCosa Caola* á baint ag *Nóirín na gCosa Lofa* i bhfad sular cumadh *Amhrán na mBáid Mhóra.*

Má mhaireann an t-urú ar ainmfhocal ar lorg an ailt sa tabharthach uatha, is fearr an seans go mairfidh sé sa ghinideach iolra freisin. Ach níl aon chúis nach gcaillfí sa tabharthach uatha é, ó tharla nach gcuirfeadh sé as do chiall na cainte .i. ní *ar an mbord* feasta don leabhar ach *ar an bord.* Cuimhnigí gur tugadh *Bean na dTrí mBó* agus *Ceangal na gCúig gCaol* uirthi go *Sliabh na mBan bhFionn* agus nach bhfacthas ó shin í. An boichte an Ghaeilge dá héagmais? Cuimhnigí freisin gur cailleadh ar fad an t-urú a bhíodh sa chuspóireach uatha tráth ar tháinig lagan ar thuiscint, ar chiall agus ar úsáid an chuspóirigh i ré na Meán-Ghaeilge deireanaí. An boichte an Ghaeilge dá éagmais? Creidim go dtiocfaidh laghdú aisteach ar líon na n-ainmfhocal baininscneach ionas nach mairfidh den bhaininscne ach dornán beag focal – ar nós na gceanna deacra sin a chuirtear sa chúigiú díochlaonadh anois. Caillfidh an t-alt baininscneach an séimhiú a leanann é. Imeoidh úsáid an fhorainm bhaininscnigh ionas gurb éard a bheas againn feasta *Thóg mé an scian agus leag mé ar an bord é.* Tiocfaidh méadú as cuimse ar an gceathrú díochlaonadh. Imeoidh foirmeacha táite an bhriathair ionas nach mbeidh againn ach *bheadh mé; bheadh tú; bheadh sé/sí; bheadh muid; bheadh sibh; bheadh siad.* Tarlóidh an rud céanna san aimsir ghnáthchaite. Imeoidh an briathar saor san aimsir fháistineach agus san aimsir chaite. Tá sé imithe cheana féin san aimsir ghnáthchaite. Is éard a bheas againn feasta *Beidh an scoil oscailte ag an tAire Ó Cuív* nó *Ní raibh aon duine gortaithe sa timpiste.* Go deimhin, tá an baol ann go n-imeoidh an briathar saor san aimsir ghnáthchaite ar fad. Is fada an lá ó thosaigh na foirmeacha táite seo ag imeacht as an teanga. Níl sé achar ar bith ó chuaigh an modh foshuiteach láithreach i léig. Tá sé ag tarraingt ar chéad bliain ó d'imigh an modh foshuiteach caite as an gcaint.

Is cinnte go mairfidh cuid mhaith den tseanchaint i leaganacha síoctha, mar a mhaireann iarsmaí an tseanchórais deilbhíochta a chuaigh i léig sna tríochaidí i leaganacha ar nós *bolg le gréin, cur i gcéill, ar leith, i leith, faoi leith; de réir, faoi réir* agus araile.

Dá gcaillfí an séimhiú nó an t-urú, chaillfí Éire, adeir tú. Ach breathnaigh ar na rudaí a bhí sa teanga agus a d'imigh aisti mar go raibh siad róchasta nó nár bhraith daoine go raibh aon chall leo feasta: córas briathartha na Sean-Ghaeilge gona fhoirmeacha prótatonacha agus deotratonacha, gona fhoirainm pearsanta táite, gona fhorainm iartháite, gona fhorainm iontáite faoi thrí aicme agus an briathar diúscartach. Ní foirmeacha briathartha amháin atá i gceist anseo: cuid de na forainmneacha réamhfhoclacha; an neodar; an uimhir dhé; céim ionannais na haidiachta in –ithir; foirmeacha baininscneacha na huimhreach *dó, trí* agus *ceathair;* an tuiseal cuspóireach uatha agus an t-urú a lean é; an tuiseal tabharthach iolra in –aibh mar a bhíodh le fáil i leithéidí *donaib feraib beccaib*; infhilleadh na haidiachta sa tuiseal tabharthach uatha baininscneach agus mar sin de.

Cén réiteach atá ar an gceist? An bhfuil aon réiteach ar an gceist? Is é an chéad rud nach mór a dhéanamh a admháil go bhfuil athrú tagtha ar an teanga agus nach ionann an t-athrú sin agus aon athrú eile dár tháinig ar an nGaeilge go dtí seo. Ní mór atheagar ó bhonn a dhéanamh ar an mbunscolaíocht Ghaeltachta agus í a dheilghilt ón nGaelscolaíocht, ar an ábhar nach ionann an dá bheithíoch ar chor ar bith. Ní mór curaclam ar leith a cheapadh a fheilfeas don Ghaeltacht; curaclam a chruthós mórtas as a dteanga féin, as teanga an phobail dár díobh iad, i measc óige na Gaeltachta. Drochmheas atá ag óige na Gaeltachta fós ar a dteanga féin.

Tá sé leithchéad bliain ó foilsíodh *Gramadach na Gaeilge agus Litriú na Gaeilge. An Caighdeán Oifigiúil.* Bhí sé as dáta, agus as alt leis an teanga bheo an lá ar cuireadh i gcló é. Ní mór an Caighdeán Oifigiúil a leasú, a shimpliú, agus a thabhairt faoi chuing na réadúlachta; ní mór aitheantas a thabhairt don fhorbairt nádúrtha atá tagtha ar an teanga. Is antoiscigh a dhiúltódh an Caighdeán Oifigiúil a leasú. Ní gramadach thuairisciúil ach gramadach thoirmisc atá in *Graiméar Gaeilge na mBráithre Críostaí.* D'fhéadfaí an rud céanna a rá faoin gCaighdeán Oifigiúil. Tá siad as dáta agus níl siad ag teacht leis an teanga bheo. Ina theannta sin, is deacair a leithéid a mhúineadh nuair nach bhfuil a leithéid le cloisteáil sa chaint bheo. Tá rialacha de chuid an dá shaothar sin nach bhfuil bun ná barr leo sa lá atá inniu ann. Tá rudaí eile iontu a shéanann dúchas agus ceart na Gaeilge.

Tá rudaí sa Ghaeilge is ní fearr ann iad. Ní fearr ann na heisceachtaí ar fad! Cé mhéad bealach ann chun iolra a chumadh d'ainmfhocal dar críoch –ach? (*bealaí, aontaí, cladaigh, cailleacha*) Cén uimhir iolra atá ag *nasc (naisc)*, ag *tasc (tascanna)*, ag *lasc (lasca)*? Ní mór foirm tháite den bhriathar a úsáid san aimsir láithreach ach tá sin coiscithe ort san aimsir chaite. D'fheilfeadh deireadh a chur leis an mírialtacht seo. Teastaíonn simpliú ar na rialacha.

Is iomaí rud eile nach mór a chur san áireamh agus muid ag iarraidh fás agus triall na Gaeilge a mheas. Go hachomair, is féidir a rá go bhfuil tionchar as cuimse imeartha ag an mBéarla, ar teanga dhomhanda anois í, ar an nGaeilge. Ní athrú nádúrtha é seo ar an ábhar nach í an Ghaeilge féin ach an Béarla is cúis leis an athrú seo agus gurb é an Béarla teanga dhúchais na ndaoine sin is mó a labhraíonn Gaeilge inniu. San áit arb í fós teanga dhúchais na ndaoine í, tá an Ghaeilge ag treabhadh léi agus ag athrú; dá dtabharfaí ugach eicínt don teanga sa Ghaeltacht, (áit ar teanga cheart í fós í – a mhórán nó a bheagán – murab ionann agus *pidgin*), tá seans ann go dtiocfadh sí slán cúpla glúin eile. Seans nach n-aithneodh an Cadhnach mórán di, ní áirím an Céitinneach, ach ar a laghad ar bith ba dhínn féin í.

Ní le múisiam ná éadóchas a chur ar aon duine a tharraing mé anuas an t-ábhar cainte seo ach d'fhonn ceisteanna a dhúiseacht agus díospóireacht a spreagadh i measc lucht labhartha na Gaeilge agus ina measc siúd arb í an Ghaeilge a chuireann greim faoin bhfiacail dóibh. Níl mé ag rá go bhfuil an ceart ar fad agam ach tá barúil mhaith agam faoin méid seo: níltear ag díriú ar na cruacheisteanna a bhaineann le todhchaí na Gaeilge. A mhalairt ar fad atá ar bun agus pobal na Gaeilge ag sodar i ndiaidh na héascaíochta. Is fusa go mór a dhul i mbun feachtais ar son stádas oifigiúil don Ghaeilge san Aontas Eorpach ná aghaidh a thabhairt ar na deacrachtaí praiticiúla a bhaineann le todhchaí na Gaeilge mar theanga pobail.

Cén mhaith bheith ag troid ar son na Gaeilge nuair nach fiú Gaeilge a thabhairt ar an bhfriotal nua seo darb ainm Sacs-Ghaeilge? Cén mhaith an stádas seo, Acht na dTeangacha Oifigiúla seo nuair nach ann don Ghaeltacht? Cén mhaith an chaint seo ar an mborradh atá ag teacht faoin nGaeilge murar fiú le pobal na Gaeilge an cheist seo a fhreagairt – an Gaeilge í an Ghaeilge feasta d'uireasa na Gaeltachta? Sin iad na ceisteanna is cóir (agus is coir faraor) a fhreagairt.

Is rud teibí saorga amach is amach stádas oifigiúil na Gaeilge san Aontas Eorpach, cé nach á cháineadh ná á lochtú atá mé. Ní ceadmhach san! Ní teibí ná saorga atá sé teanga cheart – agus í a bheith so-fhoghlamtha rialta – a chur ar fáil do lucht foghlamtha na

Gaeilge. Ní teibí ná saorga atá sé cearta an ghasúir Ghaeltachta a chosaint ar théacsleabhair Bhéarla, ar mhúinteoirí nach bhfuil dhá fhocal Gaeilge ina bpluic agus iad ag teagasc i scoileanna Gaeltachta, ná ar aistriúcháin leisciúla lofa sna scoileanna. Ní teibí ná saorga a admháil go bhfuil teipthe go huile is go hiomlán ar mhodhanna múinte na Gaeilge, ag an mbunleibhéal, ag an meánleibhéal agus, ar ndóigh, ag an tríú leibhéal. Ní teibí ach oiread díothú na Gaeltachta, lenár linn féin, thuaidh, thoir, thiar agus theas.

Mar focal scor: Is dócha ceann de na rudaí is tábhachtach a bhí ráite sa léacht seo ná – tá athrú forleathan tar éis teacht ar Gaeilge trasna an bord le triocha blianta. Agus é sin raite, ag deireadh an lae, tá sé suas dúinn féin, teacht suas le nua rudaí agus iad a tabhairt chun solas ionas ní beidh an teanga curtha amach cosúil le coinneall.

Cuimhnimis ar bhriathra sin an Athar Peadar: 'An Ghaeluinn atá i mbéulaibh na ndaoine ... siní an Ghaeluinn cheart. Siní an Ghaeluinn bheo. Siní an Ghaeluinn a mhairfidh' (Ua Laoghaire g.d., 33).

Fúinn féin atá cén cineál Gaeilge a fhágfas muid le hoidhreacht acu siúd a thiocfas inár ndiaidh, cén cineál Gaeilge a mhairfidh.

AGUISÍN

Samplaí den Ghaeilge Nua

1. D'éirigh an gearánach as a post ar an 31ú lá de Lunasa 2002. Mar thoradh den idirdhealú líomhanta a deineadh, dúirt sí go raibh imní agus míshuaimhneas aigne chomh mór san uirthi ná féadfadh sí obair a dhéanamh ar feadh tréimhse dhá bhliana tar éis di eirí as a post. Dúirt an freagróir gur roghnaíodh an t-iarrthóir ar éirigh leis, toisc conas mar a chomhlíon sé an agallamh. Bhí dhá cháiliochtaí ag an iarrthóir ar éirigh leis, banaltra siciatreacht cláraithe is ea é, agus ina theannta san tá cáiliocht de chuid an RNMH aige. Dhiúltaigh an freagróir an tuairim gur iarr sé féin ar an iarrthóir ar eirigh leis, cur isteach ar an bpost, nó gur bagraíodh ar an ngearánach mar a d'éiligh sí. Shéan an freagróir nach raibh aon bhaint ag inscne le toradh an chomortais, agus do dhein sé trácht don chreidiúntacht a bhí acu maidir le chomhionannas deisíochta. As an 117.5 postanna bainistíochta d'altraí, ní raibh ach 15 ag fir. Chuir an freagróir ós a gcomhair nach raibh i gceist mar chailliúint airgid ag an ngearánach mar thoradh ar gan bheith ceapaithe ar an bpost ach € 2,239 in aghaidh na bliana.

The complainant resigned her position on August 31, 2002. She claimed that as a result of the alleged discrimination she suffered anxiety and stress and was unable to work for a period of two years following her resignation. The respondent contended that the successful candidate was selected on the basis of his performance at interview. The successful candidate held a dual qualification in that he is a registered psychiatric nurse as well as holding a RNMH qualification. The respondent denied that it had asked the successful candidate to apply for the post or that the complainant had been threatened as alleged or at all. The respondent denied that gender in any way influenced the outcome of the competition and pointed to its record with regard to equality of opportunities. Of the 117.5 nursing management positions, men held only 15. The respondent pointed out that the actual loss suffered by the complainant as a result of not being appointed was € 2,239 per annum.

2. *Cinneadh na Cúirte Oibreachais:* Fuair an Chúirt go raibh a lán ghnéithe den chás a chuaigh i gcoinne an tuairim gur deineadh idirdhealú uirthi. Ar choimheá dóchúlachta, áfach, níor ghlac an Chúirt go raibh na firicí seo láidir go leor chun dul thar cothrom leis na gnéithe sin den chás a thug chun solas nár caitheadh chomh maith leis an ngearánach agus a deineadh leis an iarrthóir fireann a ceapadh don bpost. Ag glacadh leis na firicí a bhí ann ar an iomlán, bhí an Chúirt sásta gur dhein an gearánach cás " prima

facie"go raibh idirdhealú i gceist agus go raibh an dualgas ar an bhfreagróir a chruthú nár dhiultaíodh chomhionannas deighleála di. Go sonrach, fuair an Chúirt amach, toisc easpa aon nótaí comhaimsireacha ón agallamh, agus an mhódh ar thángathas ar mharcanna a bronnadh ar na h-iarrthóirí, bhí sé deacair don bhfreagróir dul i gcoinne an buannaíocht go raibh idirdhealú mí-dhleathach i gceist. De réir sin, thacaigh an Chúirt le cinneadh an Oifigigh Chomhionannais go raibh idirdhealú i gceist.

Labour Court Determination: The Court found that there were many aspects of the case that pointed away from a conclusion of discrimination. However, on the balance of probabilities, the Court did not accept that these facts went far enough to outweigh those aspects of the case which indicated that the complainant was treated less favourably than the successful male candidate. Taking the facts established as a whole, the Court was satisfied that the complainant had made out a prima facie case of discrimination and the onus of proving that she had not been denied equal treatment was on the respondent. In particular, the Court found that the absence of any contemporaneous notes of the interview, and the manner in which the marking credited to candidates was arrived at, made it difficult for the respondent to rebut the presumption of unlawful discrimination. Accordingly, the Court upheld the finding of discrimination made by the Equality Officer.

3. *Cúlra:* Tá na héilitheóiri, atá baineann, agus na comparádaigh atá fireann, fostaithe mar cheannaitheóirí sa chomhlacht freagrórach. I dteannta lena ngnáth ráta pá seachtainúil móide coimisiún, faigheann na comparádaigh liúntas breise € 46 le haghaidh gnóthaí slándála agus ghlasála. D'éiligh an céard chumann go raibh an obair bhreise a dhein na compardaigh le haghaidh an liúntas, chomh beag san agus chomh neamhrialta nárbh fhiú trácht air. D'áitigh sé go raibh an freagracht, na scileanna, na coinníollacha oibre agus an saothar meabhrach a lorgaíodh óna héilitheóirí agus na comparádaigh ar chomhionann nuair a tógadh sa chomhtheacs iomlan iad. Dá bhrí sin, ba chóir go mbeadh na héilitheóirí i dteideal ar luach saothair chomhionainn. D'eiligh an freagróir go raibh firinniú réadach le híocaiocht a thabhairt do chuid des na ceannaitheóirí fireann de bharr dualgaisí slándála agus glasála.Thóg na dualgaisí sin suas le fiche neomat chun iad a thabhairt chun críche agus thug sé freagracht agus Ama oibre níba fhaide do na comparádaigh. D'éiligh an freagróir nach raibh sé de dhualgas ar na héilitheóirí an ghlasáil a dhéanamh toisc go rabhadar ag obair sa phríomh siopa, agus gurbh iad an bhainistíocht shínsireach a dhein an gnó sin san áit sin.

Background: The claimants who are female and the comparators who are male are employed as buyers in the respondent company. In addition to their normal weekly rate plus commission, the comparators are paid an additional allowance of €46 in respect of security and locking-up duties. The union contended that the additional work carried out by the comparators for this allowance was so small and infrequent as to be irrelevant. It argued that the responsibility, skills, working conditions and mental effort demanded of the claimants and comparators were the same taken in an overall context. Therefore, the claimants should receive the same rate of remuneration. The respondent contended that there were objective justifications to justify the payments to some male buyers under the security and locking-up duties. Those duties took up to 20 minutes to complete and gave the comparators added responsibility and longer working hours. The respondent claimed that the claimants were not required to lock-up as they work in the main shop where senior management carry out this function.

4. *Aighneaisí:* D'áitigh an Ghearánach go raibh an dhámh sáinithe mar cúiteamh don t-éigní fulaingthe mar thoradh ar idirdhealú, agus ní don tseirbhís atá caite nó don tseirbhís i láthair na h-uaire nó do chailiúint tuilleamh. Mar sin, ní raibh sé suibiachta faoi chain nó PRSI. D'áitithigh an Freagróir nach raibh aon rogha aige ach géilleadh le deachtaigh an gCoimisnéar Ioncam chun cáin agus PRSI a bhaint. D'aitithigh sé go raibh an Chúirt ar suntas maidir leis an ábhar anchur cánach agus níor dhein sé aon ráiteas nó gá nár chóir cáin nó PRSI a bhaint.

Submissions: The claimant argued that the award was expressly stated to be by way of compensation for distress suffered as a result of discrimination, and was not for past or present service or for loss of earnings. Therefore, it was not subject to tax or PRSI. The respondent argued that it had no choice but to comply with the Revenue Commissioner's instructions to deduct tax and PRSI. It argued that the Court was on notice regarding the taxation treatment issue and made no statement or requirement that tax or PRSI should not be deducted.

5. *Breithiúnas na Cúirte Oibreachais:* Bheartaigh an Chúirt nach raibh an cheist soghluaiste chun athbhreithniú a dhéanamh air faoi Alt 24 den tAcht. Ní raibh aon dlínse ag an Chúirt faoin tAcht um Tathú Cánach, 1997, agus ní raibh sé forásach chun deighleáil le cúrsaí mar seo. Bhí an Chúirt den nós gur ábhar é an chinntiú chánach den dámh cúitimh gur chóir a chur roimh Coimisinéir an Achomharc Ioncaim. Dhein an Chúirt amach gur thug an bhfostóir breithiúnas an Chúirt Oibre isteach i gceart.

Labour Court Decision: The Court found that the issue was not amenable to review under Section 24 of the Act. The Court had no jurisdiction under the Taxes Consolidation Act, 1997, and was not competent to deal with such matters. The Court was of the view that a tax determination of the compensation award was a matter that should properly be put before the Revenue Appeals Commissioner. The Court concluded that the determination of the Labour Court had been fully implemented by the employer.

NÓTAÍ

[1] *When a language surrenders itself to a foreign idiom, and when all its speakers become bilingual, the penalty is death* (O'Rahilly 1932,121).

LEABHARLIOSTA

Joynt 1941: M. Joynt, *Tromdámh Guaire*. Medieval and Modern Irish Series 2, Dublin.

Hartmann, De Bhaldraithe agus Ó hUiginn 1966: H. Hartmann, T. de Bhaldraithe agus R. Ó hUiginn, *Airneán. Eine Sammlung von Texten aus Carna, Co. na Gaillimhe*, I, Tübingen.

Ó Briain agus Ó Héalaí 2002: M. Ó Briain agus P. Ó Héalaí, eag., *Téada Dúchais. Aistí in ómós don Ollamh Breandán Ó Madagáin*. Indreabhán.

O'Rahilly 1932:, T. F. O'Rahilly, *Irish Dialects Past and Present with chapters on Scottish and Manx*, Dublin.

Ua Laoghaire g.d.: P. Ua Laoghaire, *Sgothbhualadh*, Baile Átha Cliath.

Wigger, 2004: A. Wigger *Caint Ros Muc*, I-II, Dublin.

cuairt shéamuis uí ðhuilearga ar chríoch lochlann i 1928

SÉAMAS Ó CATHÁIN

Baineann an cuntas gairid seo le hachar gearr den tréimhse sé mhí a chaith Séamus Ó Duilearga (1899-1980) i gCríoch Lochlann in earrach agus i samhradh na bliana 1928, agus an chuairt leathbhliana sin ag druidim chun deiridh.[1] Faoin am sin, bhí an Duileargach i ndiaidh cuid mhaith de Chríoch Lochlann a shiúl agus a cuid príomhchathracha uilig a fheiceáil – Cópanhágan, Stocalm agus Heilsincí mar aon le príomhchathair na hEastóine – Tallinn – ar an taobh ó dheas den Mhuir Bhailt. Mar aon leis sin, bhí sé i ndiaidh cuid mhaith de bhailte móra eile na dtíortha sin a shiúl – Gothenburg agus Uppsala sa tSualainn, Turku agus Jyväskylä san Fhionlainn agus Tartu san Eastóin – agus anuas air sin bhí Oíche Fhéil' Sain Seáin na bliana sin caite aige i nDalarna i dtuaisceart na Sualainne agus laethanta deiridh an tsamhraidh curtha de aige faoin tuaith i Småland in oirdheisceart na tíre sin.

Beirt Lochlannach a bhí i ndiaidh an casán ó thuaidh a réiteach dó blianta beaga roimhe sin sa chéad dul síos – Carl Wilhelm von Sydow na Sualainne agus Reidar Thorolf Christiansen na hIorua – agus ba iad an dís chéanna a d'fhéach chuige gur casadh dó le linn a chuarta na scoláirí ab fhearr agus ba mhó cliú agus seasamh idir bhéaloideasóirí agus eitneolaithe – gan trácht ar raidhse scoláirí mór le rá i réimsí gaolmhara eile. Ba iad sin chomh maith a d'fhéach chuige gur bhuail sé suas le ceannasaithe agus lucht stiúrtha a raibh de bhailiúcháin mhóra béaloidis sna bólaí sin frí chéile. Casadh air eagarthóirí agus ollúna, foilsitheoirí agus díoltóirí leabhar, idir shean agus nua, agus thall is abhus, bhí seans aige fosta bualadh le gnáthphobal na dtíortha sin chomh maith, go speisialta sa tSualainn.

D'éirigh thar barr le camchuairt an Duileargaigh ar gach uile chaoi:

bhailigh sé chuige an iliomad cineálacha eolais, ní hamháin ar an mbéaloideas agus na modhanna taighde a bhain leis mar dhisciplín acadúil, ach ar oibreacha inmhéanacha chartlanna béaloidis éagsúla agus a gcuid polasaithe maidir le bailiú agus le tiomsú, innéacsáil agus foilsiú ábhair bhéaloidis. Anuas air sin, chuaigh sé i dtaithí a bheag nó a mhór ar theangacha agus ar chanúintí na dúiche sin go han-scioptha, go háirid an tSualannais. Dá bharr sin, cruthaíodh nascanna buanchairdis idir é féin agus mórán de na daoine a casadh leis, agus d'fhan cuid acu sin ina gcairde agus ina gcomhairleoirí aige ar feadh a shaoil ina dhiaidh sin. Mar bharr ar an iomlán, chláraigh sé ina mhac léinn don chéim filosophiae licentiat in Ollscoil Lund faoi stiúir a sheancharad von Sydow le caoinchead rialtas na Sualainne – an chéad bhéaloideasóir ó Éirinn a rinne a leithéid riamh – agus gach uile sheans an chéad Éireannach a chláraigh le haon ollscoil de chuid na Sualainne go dtí sin.

Ag sraonadh leis de réir a chéile abhaile go hÉirinn i bhfómhar na bliana 1928, tharla an Duileargach i nGothenburg, cathair mhór cois cuain in iarthar na Sualainne, ar an 13 Lúnasa, áit a raibh mionscrúdú déanta aige ar chúrsaí chartlann béaloidis na dúiche sin.[2] Bíodh is go raibh an chosúlacht air go raibh a chuid fámaireachta agus fánaíochta á thabhairt níos faide ó bhaile i gcónaí, seachas a mhalairt, is léir gur ar an bhaile i bhfad i gcéin a bhí a chuid smaointe ag iompú de réir a chéile. Ar mhodh ar bith, sin é an port machnaimh a bhí aige tráthnóna bog braonach ar an chósta sin ó thuaidh:

> I am sitting at the window of my Room 408 high up on the 4th storey of the Hotel Atlantic in Göteborg. It is 7.30 and a watery sunset is lighting up the roofs of the town. I hope that to-morrow will usher in better weather than we have had to-day. The whole night it rained hard in Fristad and when I woke this morning at 7 it was raining furiously and it rained and rained the whole day so that I felt a touch of homesickness and longed to be plodding along the road to Cillrialaig and splashing through the stream which runs across the road at the bridge on the old road to Bólus.

And now why this sudden unwonted energy and haste to jot down the rambling thoughts of a rambler across Northern Europe? Well, I suppose it must be my conscience which troubles me and urges me to make good – if I can – for past omissions in my log-book. From Dún Laoghaire to Lund and on to Stockholm & Upsala and back again to Scåne the record is faithful enough but oh! What a blank there is for the Finnish and Estonian trip! So now I try to make good and to endeavour to ensure a daily and conscientious diary for the Norwegian trip which has now begun (*Duíð*, 13 Lúnasa, 1928).[3]

An lá dar gcionn, thug turas traenach seacht n-uaire an chloig trasna na teorann ó thuaidh go hOsló é, áit ar nochtaíodh léargas nua ar chúrsaí Chríoch Lochlann dó i mbunáit bhaile a sheancharad, Reidar Christiansen. Ba é ceanncheathrú O. M. Sandvik í Osló chomh maith, ceoleolaí mór le rá de chuid na hIorua a raibh an Duileargach i ndiaidh aithne a chur air in Éirinn an samhradh roimhe sin agus a raibh cuireadh aige uaidh fanacht aige mar aoi in Osló. Ní raibh aon amhras go mbeadh na gártha fáilte roimhe –... *come when it is pleasant to you*, a scríobh Sandvik á ghríosú, *Room is ready for you.*[4]

Ba é Christiansen ba chúis leis an Sandvik seo agus an Duileargach aithne a chur ar chéile mar bhí scríofa aigesean chuig an Duileargach beagán beag os cionn bliana roimhe sin ag iarraidh air lámh chúnta a thabhairt do Sandvik agus é i mbún turas taighde ar chúrsaí ceoil in Éirinn. Ba é ba thoradh leis an mhéid sin gur shocraigh an Duileargach áit do Sandvik ar chúrsa samhraidh Gaeilge i gColáiste na hOllscoile, Corcaigh, agus gur mhol sé dó cúrsa eile a dhéanamh ina dhiaidh sin i gColáiste na Mumhan i mBéal Átha an Ghaorthaidh.

> My friend, whom I wrote to you about is a musician, theoretical and executive, and is a somewhat erratic person. I did not succeed in getting an interview with him before I left, but I wrote a letter telling him all the particulars which you kindly gave me, and asked him to

make his arrangements accordingly, so I hope he is not off on another track; you see he is not after Irish, but just wished to meet Irish people, try to get at the folk music etc; I said however, a knowledge of Irish, even a slight one would give him a better opportunity.[5]

I ndeireadh na dála, níor thapaigh Sandvik an chéad deis acu seo, ach d'fhreastail sé ar Choláiste na Mumhan agus bhain tairbhe as an chúrsa ansin, go háirithe ó thaobh an cheoil de.[6] Casadh an Duileargach agus Sandvik ar a chéile mar a mhínionn an Duileargach do Christiansen i litir a sheol sé chuige i mí Dheireadh Fómhair 1927:

I had the pleasure of meeting your friend Dr. Sandvig [sic], during my stay in Kerry. I tried to help him as much as I could but really he is quite competent to look after himself! Still perhaps I may have helped a little in explaining what he wanted to Irish speakers with little or no English. I hope that he is satisfied with his visit to Ireland.

Blianta fada ina dhiaidh sin – ach ní den chéad uair – chuir Ó Duilearga a bhuíochas in iúl do Sandvik sa bhliain 1959 as a chineálta agus a chaith seisean agus a mhuntir leis le linn a chuairte in Osló:

I thought of you & of how we met first in 1927 in Ballinskelligs, Co. Kerry, & I recalled how you wanted a keen & how we got it for you. And I remembered the letter which (in 1928) followed me over half Sweden, inviting me to stay with you at Besserud. I remember vividly the happy days in Oslo, how Jo and Ivar (God rest him!) used to come out with me in the town; how you arranged for me to stay at the Grand Hotel in Oslo; & how you got so many Norwegian books for me – in brief the memory of many acts of kindness which you showed me long ago glowed afresh in my mind. I have not forgotten my last visit in 1946, of how we talked of Ivar & how you and your wife played Grieg for me that

August evening. God bless you all, you & your wife &
the boys & their families. I hope we all meet again.[7]

Rinne Christiansen agus Sandvik agus a gcairde a seacht ndícheall
chun cuidiú leis an Duileargach le linn a chuairte agus mar ar tharla dó
roimhe sin sa tSualainn, san Fhionlainn agus san Eastóin, caitheadh leis
ansiúd ó theaghlach go teaghlach mar dhuine dá gclann féin. Bhí
béaloideasóirí móra na hIorua i measc an dreama siúd, ar ndóigh,
leithéidi Knut Liestøl agus Nils Lid, ach bhí orthu siúd chomh maith
beirt a raibh aithne mhaith in Éirinn orthu cheana féin – Carl
Marstrander agus Alf Sommerfelt (a raibh an Duileargach ina mhac léinn
aige ar feadh seal agus cúrsaí san fhoghraíocht á dtabhairt ag Sommerfelt
sa School of Irish Learning i mBaile Átha Cliath sa bhliain 1923).

Diomaite de chorrshlaghdán, bhí sláinte an bhradáin ag an
Duileargach ó thús deireadh na leathbhliana sin a chaith sé ó thuaidh,
ach ar mhí-amharaí an tsaoil buaileadh suas tinn é in Osló le babhta
uafásach doigheacha cinn agus fiacaile a bhain cuid dá neart as.
Ainneoin an mhéid sin, níor cuireadh dá chosa mórán ina dhiaidh sin
é agus, i ndiaidh an iomláin, bhí sé in ann cloí go docht leis an nós a
bhí aige mionscrúdú a dhéanamh ar na bailiúcháin leabhar agus
cáipéisí a bhain le cúrsaí béaloidis agus léirmheas a dhéanamh ar
pholasaí bhailiú agus innéacsáil ábhair bhéaloidis, agus níor mhaolaigh
sé coiscéim sa tóir a bhí aige ar leabhair idir shean agus nua chun cur
leis an méid a bhí tiomsaithe aige don institiúid a raibh sé ar intinn
aige í a bhunú in Éirinn ar philleadh abhaile dó. Ghlac sé ceachtanna
teanga sa tSean-Ioruais agus thug ranganna Gaeilge i gcúiteamh orthu
agus, arís agus arís eile, bhí sé ina aoi speisialta ag dinnéir agus ócáidí
eile den chineál i dtithe na gcairde ar chuir Christiansen agus Sandvik
in aithne dóibh é.

Ní chun cúram a dhéanamh den ghnáthghnó a bhíodh aige ó áit go
háit amháin a bhí an Duileargach in Osló, áfach, ach chun freastal ar
chomhdháil mhór de chuid lucht an bhéaloidis sna tíortha Nordacha
– an Ceathrú Comhdháil Nordach de Lucht Taighde sa Bhéaloideas
agus san Eitneolaíocht – a bhí á reachtáil i mBygdø (Músaem Shaol

Tuaithe na hIorua) ó 20-2 Lúnasa 1928.[8] Bhí i láthair ag an Chomhdháil sin sciar maith de na scoláirí a casadh ar an Duileargach ina dtíortha féin roimhe sin, m.sh., leithéidí Ernst Klein agus Gösta Berg ón Mhúsaem Nordach i Stocalm, Olof Forsén ó Ghothenburg, Hans Ellekilde ón Danmhairg agus Gabriel Nikander ó Åbo na Fionlainne, mar aon leis an eitneolaí Sualannach mór le rá, Åke Campbell, agus, ar ndóigh, a sheanchara agus múinteoir béaloidis agus teanga Uí Dhuilearga, Carl Wilhelm von Sydow.

Naoi gcinn ar fhichead ar fad de scoláirí a bhí i láthair ón Iorua, ón tSualainn, ón Fhionlainn agus ón Danmhairg, agus an Duileargach ina measc mar aoi speisialta – an t-aon toscaire nár sháoránach Nordach ó dhúchas é. Bhí éagsúlacht mhór cainteanna ann agus ardspéis ag an Duileargach sna himeachtaí síos tríd agus cumas maith ann a raibh faoi phlé a thuigbheáil go maith fosta. Níor mhór an cás leis ar chor ar bith na teangacha difriúla a bhí in úsáid ann agus níor scanraigh sé rompu – *I like Oslo well*, a scríobh sé chuig a dheartháir, Jack, *& as I can understand the language, it is quite pleasant.*[9] Agus arís dhearbhaigh sé dá dhialann – *Only language I cannot follow is Copenhagen Danish. Jutlandish easy to understand* (*DuíD*, 20 Lúnasa, 1928).

Bhí clár ábhair á phlé ag an Chomhdháil ar a raibh míreanna inspéise eolasacha faoi ghníomhú agus feidhmiú chartlanna béaloidis agus músaeim shaol tuaithe na dtíortha Nordacha ó institiúid go hinstitiúid agus ó thír go tír, mar aon le páipéir ar ábhair a bhain le traidisiúin shainiúla chuid de na tíortha sin. B'iontach an deis a tugadh don scoláire óg ó Éirinn blaiseadh de réimse leathan eolais den chineál a theastaigh go géar uaidh sa chomhthéacs sin agus ag an am chéanna b'iontach an seans a fuair sé é féin a thumadh i dtobar eolais léann an bhéaloidis agus na heitneolaíochta (Lid 1929,129-59).

Maidir le cúrsaí teanga de, níor ceileadh an deis air é féin a chur ar an eolas faoi pholaitíocht teanga na hIorua san am sin ach oiread – is é sin an chaismirt chairdiúil idir Riksmål (ar a dtugtar 'Ioruais na leabhar' chomh maith) a shíolraíonn ón Danmhairgis ó thaobh litrithe de, ach a bhfuil blas dúchasach na hIorua uirthi, agus Nynorsk, nó Nua-Ioruais, a bhfuil a cuid rútaí le fail sa tSean-Ioruais agus i gcanúintí áirithe tuaithe de chuid na hIorua (ar a dtugtar Landsmål, nó 'An Teanga Thuathúil' fosta). Is léir go raibh an Duileargach páirteach go pointe sna scirmisí cuideachtúla (den chuid is mó) idir lucht leanúna an dá thaobh, ach go raibh bá faoi leith aige leis an 'Teanga Thuathúil'. Mar seo a scríobh sé ina dhialann:

> Lindberg the Landsmål man here [at Sandvik's] ... Talked with him and Sandvik about Ireland & Norway's language problems. There is much in common. (*DuíD*, 16 Lúnasa, 1928)

Agus arís eile ag dinnéar mór de chuid na Comhdhála, thug sé óráid uaidh ina ndearna sé tagairt don Nynorsk – *I spoke in Swed. Irish & English and they gave me a hearty toast for Ireland (DUíD*, 22 Lúnasa, 1928). Bhí i gceist ag an Duileargach chomh maith go scríobhfadh Knut Liestøl, ollamh le béaloideas agus saighdiúir sa chath idir dhá theanga na hIorua, píosa faoi le haghaidh na hirise *Béaloideas* ar ball ach níor tháinig dadaí de ina dhiaidh sin.

Réitigh an Duileargach go han-mhaith leis an [Jens] Lindberg seo (a bhí ina bhall foirne de chuid Leabharlann Náisiúnta na hIorua) agus ba eisean ba chiontaí le heagarthóir nuachtáin darbh ainm dó *Den 17de mai*, foilseachán de chuid na gluaiseachta Nynorsk, agallamh a chur ar an Duileargach a foilsíodh, mar aon le grianghraf, ar leathanach tosaigh eagrán 28 Lúnasa 1928. Ba é a bhí le bheith ina bhunábhar ag an chuntas seo, dar leis an Duileargach – *The Irish lang. & our hopes for it (DuíD*, 17 Lúnasa, 1928) ach, ní nach ionadh, múnlaíodh a raibh le rá aigesean ar an ócáid sin lena chur in oiriúint don phobal ar a raibh an nuachtán áirithe sin ag díriú. Is féidir blas a fháil ar an bholscaireacht ar son na cúise sin atá i gceist ann ón cheannlíne a cuireadh leis:

> Éire shaor agus Éire Ghaelach. Tá gluaiseacht óg na Gaeilge ag iarraidh seanteanga na hÉireann a athréimniú mar phríomhtheanga na tíre. Is tábhachtaí saoirse chultúrtha ná saoirse pholaitiúil. Comhrá le hoibrí díograiseach ar son na Gaeilge a thuigeann Nynorsk.[10]

Rinneadh cúram mór den Duileargach i nuachtán eile de chuid Osló chomh maith seachtain roimhe sin, mar atá, *Tidens Tegn*, áit ar foilsíodh agallamh eile leis faoi cheannteideal a bhí ábhairín beag níos fuarchúisí ná an ceann eile sin a thainig ina dhiaidh – 'Na ceangail chultúrtha idir Éire agus an Iorua' an teideal a bhí ar an phíosa sin. Dhírigh an t-agallamh seo ar chúrsaí béaloidis go príomhdha agus tá treoir áirid le fáil uaidh ar an leagan amach a bhí ag an Duileargach ar na cúrsaí sin ag an am sin. Tharla an t-agallamh sna sála ar chomhdháil mhór de chuid Le Comité International des Sciences Historiques, ag a raibh staraí iomráiteach de chuid na hÉireann i láthair – Edmund Curtis (a raibh aithne mhaith aige ar Reidar Christiansen agus ar an Duileargach agus a raibh spéis mhór aige sa bhéaloideas). Cruth 'ceist agus freagra' a bhí ar an agallamh seo agus is cosúil gurb é seanchara an Duileargaigh, O. M. Sandvik féin, a bhí i mbun na gceisteanna a chumadh agus an píosa a chur le chéile.

Níl ann ach go raibh na staraithe bailithe leo nuair a chruinnigh baicle béaloideasóirí Nordacha in Osló le chéile sa Mhúsaem Saoil Tuaithe inniu. Orthu siúd atá i láthair, tá Éireannach darb ainm Duilearga, fear óg fionn agus cuma Nordach air atá ina léachtóir le Gaeilge in Ollscoil na hÉireann, Baile Átha Cliath.

– Céard a thugann anseo thú go dtí na tíortha i bhfad ó thuaidh?
– Béaloideas an rud is mó a bhfuil spéis agam ann agus tháinig mé anseo le foghlaim faoi. Tá cliú agus cáil cheana féin in Éirinn ar roinnt scoláirí de chuid na hIorua, na hollúna Marstrander agus Bugge agus na dochtúirí Christiansen agus Sommerfelt, agus luíonn sé go mór le réasún gur anseo a bheadh mo thriall. Anuas air sin, tá mé i gcuideachta Docent von Sydow ó Lund a bhí ina mhúinteoir Sualannaise agus béaloidis agam le cúpla mí anuas. Tá mé i ndiaidh cuairt a thabhairt ar an Fhionlainn, an Eastóin agus an Danmhairg agus is mór a chuaigh na bailiúcháin atá ar fáil sna tíortha sin i bhfeidhm orm. Tá dóchas agam go mbeidh an toradh céanna ar an iniúchadh a

dhéanfaidh mé ar chnuasach bhéaloidis na hIorua agus ar na cainteanna a bheidh agam le Liestøl agus Christiansen.

– An bhfuil mórán le cur i gcrích sa réimse seo in Éirinn?

– Mar shampla, ón a bhfuil cnuasaithe cheana féin tá a fhios againn go bhfuil oiread bailithe ó sheanchaí de chuid Iarthar Chiarraí a líonfadh leabhar 700 leathanach, mórán mar atá ag Skard in Gammalt frå Setesdal, agus d'fhéadfaí bailiúcháin eile mar é a dhéanamh i ngach uile cheann de na paróistí Gaeltachta.

– An amhlaidh go bhfuil mórán spéise ag daoine in Éirinn sa bhéaloideas?

– Ar an drochuair, níl. Le fírinne, níl ann ach beagán beag daoine a thuigeann á thábhachtaí agus atá sé ó thaobh an náisiúin agus ó thaoibh an chultúir de, bíodh is go bhfuil eisceachtaí móra ann mar an múinteoir Mac Coluim, an Dr de hÍde, an tUas. Ó Tiománaí agus an t-údar, 'Shauk', ach ní thuigeann mórán chomh ríthábhachtach is atá sé do náisiún beag aitheantas a thabhairt do ghnéithe de ghnáthshaol na ndaoine a bhaineann le nósanna agus cleachtais ón seanam, le pisreoga, le seanfhocail agus a macasamhail. Is é atá mé ag cur romham caoi agus eagar a chur ar obair den chineál sin agus an eiseamláir Nordach á leanstan agam, agus an ollscoil agus an rialtas ina gcrann taca taobh thiar den iarracht sin.

Lena chois sin, is mian liom tabhairt faoi na ceangail chultúrtha idir Éirinn agus an Iorua a neartú. Tá oiread sin ar an iomad bealaí le foghlaim againn ó mhuintir na hIorua. Tá an tSualannais go réasúnta líofa agam agus tá mé ag dul i ngleic anois leis an Ioruais agus leis an tSean-Ioruais. Tá Snorre [Sturluson] i ndiaidh a dhul í bhfeidhm go mór orm agus tá a fhios agam go maith gurb amhlaidh a bheidh fosta maidir leis na mic léinn atá agam sa bhaile (*Tidens Tegn*, 20 August, 1928. Aistriúchán leis an údar).

Ba é an Jens Lindberg céanna seo ba chúis le bronntanas mór leabhar a shocrú don Duileargach agus dá 'institiúid' in Éirinn, agus chuidigh an fear céanna go fial leis sa phlé a bhí aige le foilsitheoirí mar Dybwad agus Aschehoug roinnt dá gcuid leabhar a chur ar fáil dó chomh maith. Ba é an Lindberg seo fosta a chuir an Duileargach in aithne do Mads A. Jacobsen, leabharlannaí ó Thórshavn in Oileáin Faró (a bhí ar cuairt in Osló ag an am), fear a gheall go gcuirfeadh sé leabhair chuige agus a bhí sásta a dhul i bpáirt leis faoi chóras malartaithe le *Béaloideas* a chur ar bun, nós a bhíodh á chleachtadh ag an Duileargach cheana féin sna háiteanna a bhí siúlta aige go dtí sin. Faoi láthair, déantar *Béaloideas* a mhalartú le timpeall is trí scór de thréimseacháin éagsúla ar fud an domhain agus eascraíonn cuid den mhalartú sin as na socraithe a rinne an Duileargach sa bhliain 1928, ceann Faró ina measc. Is fiú a lua chomh maith gur ag an am seo a shocraigh an Duileargach le hAlf Sommerfelt leabhair de chuid na hinstitiúide cáiliúla údaí An Institiúid um Thaighde Chomparáideach faoin Chultúr Daonna[11] a chur chuige chomh maith.

Tháinig formhór na leabhar seo uilig i seilbh Institiúid Bhéaloideas Éireann (Ó Catháin 2005, 85-110) i dtús báire nuair a tháinig ann di, agus i seilbh Choimisiúin Béaloideasa Éireann (1935-1971) ina dhiaidh sin, agus ina dhiaidh sin arís i seilbh Roinn Bhéaloideas Éireann,An Coláiste Coláiste Ollscoile, haile Átha Cliath agus, go deireanach, i seilbh Lárionad Uí Dhuilearga do Bhéaloideas na hÉireann agus Cnuasach Bhéaloideas Éireann UCD. Agus ní miste a lua sa chomhluadar seo gur i mbailiúchán Uí Dhuilearga i Leabharlann Uí Argadáin in Ollscoil na hÉireann, Gaillimh, atá fáil ar chuid de na leabhair a thiomsaigh an Duileargach dó féin go pearsanta le linn dó a bheith san Iorua agus ar a chamchuairt sna tíortha eile sin ó thuaidh.

I gceann an ama go dtáinig sé anuas den traein in Osló ar an 14 Lúnasa 1928, bhí claochló as cuimse i ndiaidh a theacht ar an mhac léinn chúthail a cuireadh in aithne do Reidar Christiansen i siopa leabhar i mBaile Átha Cliath seacht mbliana roimhe sin (Ó Duilearga 1969-70)). Ba thraibhléirí anois é a raibh seanchleachtadh aige ar an cheird sin, duine a bhí ar a shuaimhneas i roinnt mhaith cúltúr agus teangacha, fear a raibh mioneolas agus cur amach aige ar oibreacha inmheánacha raidhse cartlann béaloidis agus músaem saol tuaithe i gceithre cinn de thíortha éagsúla, fear páirte agus rúnchara mhacasamhail eile Christiansen agus von Sydow ar fud Chríoch Lochlann agus níos faide i gcéin. Ba scoláire é a bhí ag teacht i gcrann ina bhealach dílis féin sa mhéid is go raibh sé ag éirí oilte ar bhunailt mhodhanna taighde insintí béil agus gur chás leis cúis réimsí gaolmhara eile mar an cultúr ábhartha pobail.

D'fhág méadú agus forfhás a stór eolais, agus an mhuinín as féin a d'eascair as sin, agus as a chumas teangacha go ginearálta, go raibh an Duileargach in inmhe a dhul i ngleic le tír agus cultúr aduain amháin eile go teann agus le fonn. Síos tríd, bíodh is gur ag leanstan do chúrsa dian oibre gona ghlaonna difriúla a bhí sé, ba sheachtainí taitneamhacha na trí seachtaine sin a chaith sé in Osló. Murab ionann agus áiteacha eile a dtug sé cuairt orthu roimhe sin, níor stráinséirí ar fad iad na daoine a casadh air san Iorua – go deimhin féin d'fhéadfá a rá gur sheanchairde aige iad cuid acu sin faoin am sin. Seachas sa bhaile ag von Sydow agus i gceartlár a theaghlaigh siúd i Lund, ní raibh aon áit ar bith eile a raibh an Duileargach níos mó ar a shocracht ann ná mar a bhí sé i bpríomhchathair na hIorua, a bhuíochas sin do O. M. Sandvik agus a chairde a bhí cúramach thar na bearta ann.

Ar na hócáidí sóisialta a d'fhreastail sé, bhí dinnéar mór i dteach Sandvik ag a raibh von Sydow agus Christiansen, Nils Lid agus Knut Liestøl, Olof Forsén, agus Carl Marstrander i láthair. Oíche eile roimhe sin, d'eagraigh Sandvik 'tráthnóna ceoil' ina theach féin ag a raibh cuid mhaith den dream céanna seo i láthair chomh maith. Ba é an ceol a bhí i gceist ná na taifid fhuaime a rinne Sandvik in Éirinn agus in Albain le linn a chuairte an bhliain roimhe sin. Orthu sin bhí caoineadh a thaifid sé ó Mhike Bán Ó Conraoi agus leagan den scéal 'Gabha an tSoic' a thóg sé ó Sheán Ó Conaill ó Chill Rialaig. *They heard S. Ó Conaill tell Gabh'n tSoic & Marst. V. pleased with it.* (DuíD, 22 Lúnasa, 1928) – a scríobh an Duileargach ina dhialann. Ba é an chéad uair aige bualadh le Marstrander agus thaitin an Lochlannach éirimiúil seo go mór leis – *Liked Marstrander v. much*, a scríobh sé (DuíD, 23 Lúnasa, 1928).

Ba é an 'Mike Bán' seo, Micheál Bán Ó Conraoi ó Bhaile an Sceilg Thiar, ar mhinic an Duileargach ina chomhluadar i gCiarraí: 'ba dheas an chuileachta é agus ba shoineanta … Bhí a lán eachtraithe ag Mícheál Bán, agus tá a bhfurmhór mór sgríte agam uaidh (Ó Duilearga 1948, xvii). Níorbh ionadh ar bith é aoibh a bheith ar Mharstrander agus é ag éisteacht le 'Gabh 'n tSoic' mar go raibh leagan den scéal céanna curtha i gcló aige sé bliana déag roimhe sin (Marstrander 1912, 374-86), leagan a bhailigh mac Sheáin Uí Chonaill, Séamus, óna athair féin.

Oícheanta bcaga ina dhiaidh sin arís, bhí cuireadh chun bia ag an Duileargach, Sandvik, Christiansen agus Edmund Curtis go teach Marstrander agus caithfidh sé go raibh dianchur agus cúiteamh ann an oíche sin faoin ghéarghá a bhí le dlús a chur le hobair na bailitheoireachta in Éirinn agus in áiteacha eile, más comhartha ar bith é an méid a scríobh an Duileargach ina dhialann faoi – *Marstrander anxious to draw up a scheme for collection of fragmentar [conamar] in all Celtic countries agus I like him very well indeed*, a dúirt sé arís. (DuíD, 23 Lúnasa, 1928).

Níorbh ionadh ar bith é an spéis a léirigh Marstrander i gcúrsaí bailitheoireachta i gcomhthéacs a raibh le rá aige faoi na cúrsaí sin san Miscellany mar réamhrá leis an alt dar teideal 'Deux Contes Irlandais' a bhí aige ann:

Dans cent ans, la plus grande partie des anciennes traditions se sera aussi perdue, et je dis que c'est un *devoir d'honneur* pour l'Irlande de sauveur de l'oubli ce qu'il en reste encore … J'apprécie à sa juste valeur l'œuvre, si remarquable à beaucoup de points de vue, que des hommes comme MM. Hyde, Lloyd et autres ont accomplie dans le folklore irlandais. Mais il faut maintenant un homme qui puisse se consacrer intégralement à l'organisation des recherches folkloristes dans l'Irlande toute entière. Il est impardonnable qu'on ait negligé de créer dans la nouvelle Université une chaire de professeur de folklore.

Même dans les petits pays comme la Norvège et le
Danemark cette science est représentée. Je sais bien que
mon conseil restera une clameur dans la désert, mais il
n'en est pas moins certain que l'Université se doit à elle-
même de réparer cette erreur (Marstrander 1912,372).

Is cinnte nach fuarchúis a léirigh a chomheagarthóir – Osborn
Bergin – agus, seans, léitheoirí eile na féilscríbhinne sin sa dianachaíní
neamhbhalbh agus, ar a bhealach aisteach féin, tairngeartach seo. Is
dóiche fosta gur chuir teacht i láthair an Duileargaigh ar a fhód
dúchais féin agus, leis sin, nochtadh na féideartheachta go bhféadfaí
ar a dheireadh thiar an tuar a theacht faoin tairngreacht sin aige,
gliondar ar chroí Marstrander. Thagair an Duileargach do na cúinsí
seo mar seo a leanas blianta fada ina dhiaidh sin:

As far back as 1911, Carl Marstrander tried to interest
people in collecting the traditions then so readily
available in many parts of the country, and in places
where it would be idle now to expect more than a few
straws where at the time the fields were white for the
harvest. As a result, a committee was formed in the same
year at a meeting at which it was said that "some 40
collectors had offered to help" but there is no further
record of their proceedings – and the rest is silence.[12]

Ar an 4 Meán Fómhair, an lá a d'fhág Séamus Ó Duilearga Osló le
pilleadh ar an tSualainn, chaith sé féin agus Christiansen lón le hAlf
Sommerfelt, fear eile a bhí ar aon intinn leis faoin droch-chaoi a bhí
ar na cúrsaí ab ábhar imní dófa beirt in Éirinn ag an am sin:

… he and I agreed that the position in Ireland with
regard to folklore, dialects & place names is desperate.
He is of the same mind as I as regards to them (DUíD,
4 Meán Fómhair, 1928).

An tráthnóna sin, rinne Jens Lindberg, fear na leabharlainne, an
Duileargach a chomóradh chun stáisiún na traenach agus chuir slán
leis abhaile go Lund. Ní raibh ann ach go raibh am aige slán a fhágáil
ag Sandvik roimhe sin agus buíochas a ghabháil leis as a fhlaithiúlacht
fad a bhí sé ar aíocht aige:

> I just managed to run up to Holmenkollen and to say
> goodbye to Sandvik. Lindberg saw me off at train at 6.5
> & as I passed Ljan I waved farewell to Xtiansen who
> stood awaiting train on the balcony of his house 7 so
> ended the Oslo visit (*DUíD*, 4 Meán Fómhair, 1928).[13]

Bhí an méid a bhain an Duileargach amach agus é ar an imirce go
Críoch Lochlann lán de bhrí do ghnó an bhéaloidis in Éirinn agus do
chéimíocht na hÉireann i gcúrsaí béaloidis ar fud na cruinne ina
dhiaidh sin. Ba chinniúnach an mhaise dó féin go pearsanta gur
bhailigh sé chuige féin an taithí sin, ní hamháin sa mhéid is go
ndearnadh scoláire agus béaloideasóir gairmiúil de, ach i ngeall ar an
chaoi ar chuir sé ar a chumas leanstan go héifeachtach den chúrsa a
bhí leagtha amach aige dó féin maidir le béaloideas na hÉireann a
shábháil don am a bhí le teacht.

Ba é an lánléargas a tugadh dó ar bhailiúcháin mhóra Chríoch
Lochlann, na Fionlainne agus na hEastóine agus ar an chaoi a rabhthar
á láimhseáil siúd a shoiléirigh dó an *modus operandi* a theastaigh in
Éirinn. Bhí sé in ann raon agus méid an ábhair a bhí bailithe cheana
fein, mar aon leis na deiseanna bailitheoireachta a bhí ann go fóill, a
mheas agus a fheiceáil ina gceart den chéad uair. Tháinig sé ar an
tuairim dá bharr sin nach raibh aon réasún ar bith nach bhféadfadh
seisean a dhul in iomaíocht leis an chuid ab fhearr de na béaloideasóirí
a casadh air dá mhéid an gaisce a bhí déanta acu go dtí sin, agus go
raibh ar chumas a thírín féin cruipidín a dhéanamh díofa uilig dá
bhfaigheadh sé an deis a bhí uaidh a dhul i mbun oibre.

Fuair Séamus Ó Duilearga an deis sin, agus bhí de thoradh na deise
sin a fuair sé gur baineadh an chraobh de mhórchuid na mbailiúchán

Nordacha agus eile a bhí ina n-eiseamláir agus ina n-inspioráid aige an chéad lá riamh. In am agus i dtráth, tháinig ann do Choimisiún Béaloideasa Éireann, a raibh an Duileargach ina Stiúrthóir Oinigh air ó thús go deireadh ré, mar cheann de na gníomhaíochtaí cultúrtha ba thábhachtaí a bhí ar obair in Éirinn san fhichiú haois agus mar cheann de phríomhinstitiúidí taighde an stáit seo.

NÓTAÍ

1 Rinneadh an buntaighde don alt seo le linn don údar a bheith ina Chomhalta Sinsearach de chuid na Comhairle um Thaighde sna Dána agus sna hEolaíochtaí Sóisialta (2004-5).
2 Folkeminnesarkivet, Institutet för folkminnesforskning, Göteborgs Högskola.
3 Tugtar na sleachta as Dialann Shéamuis Uí Dhuilearga (*DuíD*) le caoinchead Mrs Caitríona Miles. Tá an bunábhar seo mar aon le bunábhar eile a bhaineann leis an scéal (comhfhreagras, nótaí 7rl) ar coimeád i Lárionad Uí Dhuilearga do Bhéaloideas na hÉireann agus Cnuasach Bhéaloideas Éireann UCD, sa Choláiste Ollscoile, Baile Átha Cliath.
4 Litir ó O. M. Sandvik chuig an Duileargach, 7 Lúnasa 1928.
5 Litir ó Reidar Christiansen chuig an Duileargach, Meitheamh 1927.
6 Tá cuntas faoi seo agus imeachtaí eile Sandvik in Éirinn (agus in Albain) sa bhliain 1927 le fail i gcnuasach O. M. Sandvik, Leabharlann Náisiúnta na hIorua, Oslo.
7 Bailiúchán Litreacha Leabharlann Náisiúnta na hIorua, Ó Duilearga, No. 474. Foilsítear anseo í le caoinchead na Leabharlainne.
8 *Fjorde nordiske folkelivs- og folkeminnegranskarmøtet.*
9 Cárta poist, 18 Lúnasa, 1928.
10 Aistriúchán leis an údar.
11 Instituttet for sammanlignende kulturforskning,
12 Nóta gan dáta i measc pháipéir Uí Dhuilearga. Féach cuntas eile mar é ag Marstrander 1912, 373.
13 D'fhill an Duileargach ar an Iorua faoi dhó ina dhiaidh sin, sa bhliain 1946, agus arís sa bhliain 1961. Toghadh ina bhall den *Det Norske Videnskapsakademi* (Acadamh Léinn na hIorua) i mí na Bealtaine 1960.

Leabharliosta

Lid 1929: N. Lid, 'Fjorde nordiske folklelives- og folkeminnegranskarmøtet', *Maal og Minne*, 129-59.

Marstrander 1912: C. Marstrander, 'Deux Contes Irlandais', in O. Bergin agus C. Marstrander, eag., *Miscellany presented to Kuno Meyer by some of his pupils on the occasion of his appointment to the Chair of Celtic Philology in the University of Berlin*, Halle am Salle, 371-486.

Ó Catháin 2005: S. Ó Catháin, 'Institiúid Bhéaloideas Éireann 1930-1935', *Béaloideas 73*, 85-110.

Ó Duilearga 1948: S. Ó Duilearga, *Leabhar Sheáin Í Chonaill. Sgéalta agus seanchas ó Íbh Ráthach*, Baile Átha Cliath.

Ó Duilearga 1969-70: S. Ó Duilearga, 'A Personal Tribute: Reidar Thorolf Christiansen (1886-1971)', 345-50.

an teanga agus an fhéiniúlacht in éirinn sa luath-mheánaois

CAITRÍONA Ó DOCHARTAIGH

Agus é ag scríobh ar an bhféiniúlacht in Éirinn roimh theacht na Normannach, luaigh Donnchadh Ó Corráin cnuasach d'fhinscéalta náisiúnta bunúis as Éirinn sa luath-Mheánaois, agus thagair dóibh mar seo a leanas: ... *all these texts display a curious interest in language* (Ó Corráin 1978, 6). Níor chuir sé leis an ráiteas seo ag an am mar gur scríobhadh an t-alt chun díriú ar an mbealach ar bhain ríthe na hÉireann feidhm as an bhféiniúlacht eitneach sa chéad agus sa dara haois déag. Léirigh an tOllamh Ó Corráin gurbh fhéidir an fhéiniúlacht a bhunú ar an ngaol casta idir na sinsir chomónta, an dlí comónta agus mórcheannas cultúrtha. Níl baint ag coincheapa caolchúiseacha dála na féiniúlachta le bheith dílis d'aon fhlaith ar leith, ach is féidir le traidisiúin choiteanna tionchar a imirt ar an dílseacht sin. Is féidir leis an dlí a bheith ar na príomhthosca chun mothúcháin phobail a chruthú, go háirithe má tá aontacht pholaitíochta in easnamh. D'áitigh an tOllamh Ó Corráin gur cuireadh go mór le coincheap *natio* Éireannach in Éirinn roimh theacht na Normannach de bharr go raibh nós uathúil dlí Éireannach ann, cé go raibh sé éagsúil ar fud na tíre. Tacaíodh go mór leis na torthaí seo ag teoiricí i ngort na hantraipeolaíochta a mholann gurb iad an creideamh, an traidisiún agus an dlí na gnéithe a cheanglaíonn fine eitneach le chéile (Moisl 1987, 260). Mar sin féin, is minic sna téacsanna is luaithe dá bhfuil againn ina ndéantar machnamh ar cárbh as do na Gaeil, go mbaineann an t-eitneachas le féiniúlacht teanga.

D'fhéadfaí a áiteamh go mbaineann an teanga le réimse an traidisiúin, agus go bhfuil sí chomh cumhachtach le nósanna náisiúnta eile, ach tá an urlabhra, an modh cumarsáide i ngach aon phobal, chomh bunúsach sin go gcaithfear í a iniúchadh aisti féin. Tá sé de chumhacht ag an teanga duine a chur san áireamh nó a fhágáil lasmuigh ar bhealach níos comhchoitinne ná aon chinntitheacht féiniúlachta eile. Rinne Leonard Bloomfield, ceannródaí i ngort na sochtheangeolaíochta sna tríochaidí, agus scoláire a bhí orthu siúd a chéadúsáid an téarma pobal urlabhra (*speech community*), tábhacht na teanga sa tsochaí a léiriú mar seo a leanas:

> All the so-called higher activities of man – our specifically human activities – spring from the close adjustment among individuals which we call society, and this adjustment, in turn, is based on language ; the speech-community, therefore, is the most important kind of social group (Bloomfield 2000, 261).

Tá roinnt mhaith plé theasaí déanta maidir leis an bhféiniúlacht náisiúnta in Éirinn roimh theacht na Normannach agus den chuid is mó, braitheann na tátail ar an tslí ina sainmhínítear an náisiún. Ní fiú samhlacha nua-aimseartha den náisiúnachas polaitíochta a chur i bhfeidhm ar an bhfianaise ón luath-Mheánaois. Ní bhaineann sé le hábhar má mheas na Gaeil gur náisiún iad sa luath-Mheánaois. Ach níl aon amhras ná go raibh formhór na ndaoine in Éirinn roimh theacht na Normannach ina mbaill de phobal urlabhra a raibh teanga amháin acu – an Ghaeilge. Is deacair a mheas ar shainmhínigh an teanga seo an 'tÉireannachas' nó 'Gaelachas' san am mar, ar dtús, ba ghá a chruthú gurbh ann do thuiscint dá leithéid de choincheap. Pé ní i dtaobh an choincheapa theibí maidir le cómhuintearas, is fusa go mór labhairt na teanga agus seachadadh na teanga sin do dhaoine eile a thomhas agus a mheas. Cé gur minic a bhíonn tionchar ag an bhféiniúlacht teanga ar chúrsaí polaitíochta, i dtaca leis an bhfianaise a mhaireann, cinntitheach mór í an teanga i gcruthú féiniúlachta eitní. Díreoidh an t-alt seo ar an dearcadh a bhí ag lucht labhartha na Gaeilge sa luath-Mheánaois ar a dteanga féin, agus an tslí inar mhúnlaigh an pobal urlabhra seo a mothúchán cómhuintearais. D'fhéadfadh go mbeadh a thuilleadh impleachtaí ag an staidéar seo ar thuiscint an *mentalité* cultúrtha a bhí ag muintir na hÉireann sa Mheánaois ach glacadh le tuairim Bakhtin gur dearcadh ar an domhan atá ar maos le hidéeolaíochtaí, í teanga.

Le fada an lá tá a leithéidí de choincheapa faoi theanga mar chreatlach coincheapúil lárnaithe ina ngné den roscaireacht náisiúnach in Éirinn, go háirithe i scríbhinní Thomáis Dáibhís, tírghráthóir is idé-eolaí céimiúil ón naoú haois déag, a chuir an teanga i gceartlár a chuid prionsabal polaitíochta:

> The language, which grows up with a people, is conformed to their organs, descriptive of their climate, constitution, and manners, mingled inseparably with their history and their soil, fitted beyond any other language to express their prevalent thoughts in the most natural and efficient way (O'Donoghue 1914, 97).

Cé go bhfuil a leithéid de ráiteas tromchúiseach, is dúshlánach casta an rud é a chur i bhfeidhm ar chóras iomlán teanga chun bunfhealsúnacht a cheaptar a bheith ann a aithint. Tagtar ar dheacrachtaí nuair a dhéantar iarracht ar chinneadh cad é an *Weltanschauung* as a n-eascraíonn forainm iontáite na Sean-Ghaeilge. San iniúchadh seo féachfaimid ar roinnt blúirí suntasacha fianaise a léiríonn an tslí inar mheas Gaeil na meánaoise a dteanga féin, seachas an chaoi ar cheap siad *tout court*. Níl an bheartaíocht seo saor ó dheacrachtaí, áfach, ar ceann acu an téarma 'pobal urlabhra' a chur i bhfeidhm ar shochaí a bhí ann anallód. Ó thaobh an lucht labhartha sa lá atá inniu ann, níl aon bhac teacht orthu, ach nuair atáimid ag plé le sochaí a mhair míle bliain nó mar sin ó shin, gnó casta is ea é fuíoll na dtéacsanna a mheas. D'fhéadfadh, go fiú, go bhfuil sé bunoscionn úsáid a bhaint as an téarma 'pobal urlabhra' ós rud é gur i bhfoirm scríofa atá a bhfuil ar marthain. In ainneoin na bhfadhbanna modheolaíochta seo, tá 'pobal urlabhra' ar an téarma is cúntaí chun cur síos a dhéanamh ar an nasc idir an teanga agus an fhéiniúlacht (Ó Murchú 1971, 3). De ghnáth, nuair a bhítear ag meas pobal urlabhra, meastar an gaol idir gach aicme urlabhra, ach nuair a bhítear ag dul i muinín fianaise scríofa as tréimhse nach raibh an litearthacht ach ag an mionlach, ní féidir é sin a dhéanamh. Cuirtear leis na fadhbanna de bhíthin an fhianaise a bheith i bhfoirm scríofa mar nach féidir linn a fháil amach cé chomh maith is a léiríonn an teanga sna lámhscríbhinní an pobal urlabhra iomlán. Mar shampla, is minic a tugadh faoi deara go bhfuil sé de nós ag lucht scríofa na Sean-Ghaeilge sna lámhscríbhinní dul i mbun an choimeádachais agus na hársaíochta teanga agus, anuas air sin, tá an canúnachas in easnamh sna téacsanna atá ar marthain. Eascraíonn ceisteanna as seo maidir le luach na fianaise atá ar marthain mar tuigtear gurb í an uasaicme a chruthaigh an fhianaise seo, ó tharla í a bheith i bhfoirm scríofa. Mar sin, is dócha go bhfuilimid ag plé le tuairimí ó chainteoirí Gaeilge a raibh machnamh déanta acu i dtaobh a dteanga féin. In ainneoin na bhfadhbanna seo, is í seo an t-aon fhianaise amháin atá ar marthain agus, anuas air sin, is luachmhar an rud ann féin barúil na huasaicme agus tugann sé léargas dúinn ar dhearcadh na haicme sin. Níorbh í an Ghaeilge an t-aon teanga amháin a bhí in Éirinn sa Mheánaois. Ó thús an naoú haois i leith bhí pobail bheaga labhartha Sean-Lochlainnise scaipthe ar fud na gcóstaí thoir is theas, agus le linn ré na Normannach tugadh an Fhraincis agus an Béarla go hÉirinn (Curtis 1919, 253-4).

Le linn na tréimhse a bhaineann linne, áfach, ba í an Laidin an t-aon phríomhtheanga eile in Éirinn. Is leasc liom a rá gur féidir pobal urlabhra Laidine a thabhairt ar aon phobal in Éirinn sa Mheánaois, mar de ghnáth ní bhaintear úsáid as an téarma sin ach i dtaobh teangacha a labhraítear. D'fhéadfadh go labhraíodh an uasaicme chléireach oilte an Laidin i gcoinníollacha áirithe mar chomhartha saíochta, ach níorbh fhéidir cur síos uirthi ar chor ar bith ach mar theanga mhionlaigh nó ghairme, agus de réir dealraimh mar theanga scríofa den chuid is mó. Mar sin féin, bhí roinnt mhaith den lucht léinn in Éirinn sa Mheánaois dátheangach ó thaobh na scríbhneoireachta de. Is rud tábhachtach é go raibh teanga ardstádais eile in Éirinn sa tréimhse sin mar gurb í an Laidin an tslat tomhais a chuirtí i bhfeidhm ar gach teanga eile. Má fhágtar as an áireamh meon na caolaigeantachta éirimiúla, níor chruthaigh an Laidin mothúchán féiniúlachta in aon ghrúpa, ach amháin, b'fhéidir, iontu siúd nach raibh sí acu. Nuair a tháinig an Laidin go hÉirinn, go háirithe mar theanga na heaglaise, chuir sí go mór le féiniúlacht an ghrúpa a bhí inbhreathnaitheach féinchomhfhiosach i measc lucht na Gaeilge. Ní gá an fhéiniúlacht a chur in iúl nó go gcaitear amhras air. Is cinnte gur eascair ceisteanna as stádas na Laidine maidir le háit na Gaeilge, agus cosnaíodh an teanga dhúchais dá bharr.

Two things mark out the Irish as different in the early middle ages, their language and their script (Ó Cróinín 1995, 169). Ba mhór idir an meas a bhí ar chaint na ndaoine in Éirinn sa luath-Mheánaois agus an chuid eile d'Iarthar na hEorpa. Cé gurb í an Laidin teanga na Críostaíochta, agus cé gur léirigh scríbhneoirí na hÉireann meas mór ar chastachtaí na teanga clasaicí, níor lú leo a dteanga féin ná í. D'fhéadfaidís meas a bheith acu ar an Laidin agus ar a dteanga dhúchais araon, gan ceachtar acu a dhíspeagadh. Is dócha nár bhain an Laidin ceannas cultúrtha amach in Éirinn mar nár ghabh na Rómhánaigh flaitheas an oileáin riamh, nó, mar a dúirt Jane Stevenson:

> The Irish intelligentsia of the Roman period, unlike the Gauls, were in a peculiarly fortunate position, unhampered by the cultural dominance of Rome but only just outside the Empire. They were in a position to pick and choose, to adopt in their own time and in their own way not just agreeable luxuries like wine, fine cloth and gold but also the art of writing, and to turn it to their own purposes. This unique situation goes a long way towards explaining the astonishing cultural confidence one sees in the sixth and seventh centuries, where Christianity, with all the new learning and international perspectives it brought with it, did not supersede the native culture but had to come to terms with it (Stevenson 1989, 165).

Bhí teagmháil idir pobal urlabhra na Gaeilge agus an Laidin roimh theacht na Críostaíochta go hÉirinn, nó thart ar an am céanna, agus tá Ogham, an modh scríofa Gaeilge is luaithe, ina fhianaise air sin (McManus 1991). Téann na hinscríbhinní Oghaim chomh fada siar leis an gcúigiú agus an seachtú haois, ach caithfidh gur ceapadh aibítir an Oghaim am éigin roimh an bhfianaise is luaithe. Cé gurb iad na hÉireannaigh a cheap é, tá sé le haithint ar ghnéithe bunúsacha áirithe den aibítir gur bunaíodh ar an Laidin í (Harvey 1992). Anuas air sin, is léir go raibh níos mó eolais ar an teanga chlasaiceach ná cúpla focal a bhí arna bhfoghlaim ón lucht trádála Rómhánach-Briotanach agus go raibh cur amach ar an aibítir Rómhánach. Fiche litir atá san Ogham agus iad roinnte i gceithre ghrúpa, agus thuigfí uaidh seo gur bunaíodh an rangú seo ar an rud céanna a rinne Varro agus Donatus leis na litreacha Rómhánacha (Ahlqvist 1983, 7-10). Chomh maith leis sin, tá an chuma air go ndeachaigh ortagrafaíocht an Oghaim i muinín na Laidine go mór (Harvey 1987). Mar a thugann Stevenson le fios, is cosúil go raibh cur amach ag na Gaeil anallód ar an aibítir Rómhánach, ach bhíodar:

> sufficiently familiar with both spoken *and* written Latin to pronounce Latin as if it were Irish and, consequently, to spell Irish in line with Latin orthographic conventions, since the orthographic system of the Ogam stones is otherwise unaccountable (Stevenson 1989, 144).

Dá bharr seo tá na hinscríbhinní Oghaim ina léiriú luachmhar ar na tuiscintí teangeolaíochta is luaithe dá raibh in Éirinn. D'fhéadfadh go raibh suim i bhfuaimeanna na teanga dúchais cheana féin ach rinneadh measúnú úr ar fhóneolaíocht na Gaeilge de bharr na teagmhála le teoiric theangeolaíochta na Laidine. Leag an chéad teagmháil seo idir pobal urlabhra na Gaeilge agus an Laidin síos an bonneagar don idirghníomhú ina dhiaidh sin. Tar éis dul i dteagmháil le haibítir na Laidine tuigeadh úsáid bhunúsach an chórais ach, pé cúis a bhí leis, ní raibh na litreacha Rómhánacha oiriúnach do pé riachtanais a bhí ag na Gaeil. In ionad glacadh leis an aibítir chlasaiceach, chuir siad in oiriúint í dá gcuid riachtanas agus dá dteanga féin. Níl aon urraim as cuimse ann; cuirtear gach teoiric intleachtúil nua in oiriúint don chultúr Gaelach. Léiríonn a leithéid de chóiriú an mhuinín chultúrtha ollmhór a bhí ag daoine as a n-oidhreacht teanga féin. Níl aon chruthúnas gur glacadh glan amach le leaganacha iasachta nó gur nascadh an Laidin leis an litearthacht. Céim theoiriciúil chun tosaigh a bhí san Ogham inar cuireadh creatlach ortagrafaíochta na Laidine i bhfeidhm ar fhuaimeanna na Gaeilge.

Tá dlúthbhaint ag forbairt an Oghaim agus cur i bhfeidhm na litreacha Laidine le scríbhneoireacht na Gaeilge. Sa lá atá inniu ann tá an aibítir Rómhánach chomh forleathan sin go bhfuil sé éasca a dhearmad go raibh an Laidin agus a haibítir ceangailte chomh dlúth sin lena chéile is atá an Ghréigis agus a haibítir sa lá atá inniu ann. Ceapadh na litreacha Rómhánacha chun an Laidin a scríobh mar gurb ionann gach comhartha agus fuaim amháin sa teanga sin. Ba mhór an obair í gach comhartha agus fuaim a chur i bhfeidhm ar fhuaim chomhchosúil i dteanga eile. Is féidir a fheiceáil a úire is a bhí sé úsáid a bhaint as an aibítir Rómhánach chun teanga neamhchlasaiceach a scríobh sa mhéid a dúirt an croiniceoir Francach, Ademar Chabannes (†1034): *propriam linguam sed latinas litteras*: 'a dteanga féin ach litreacha Laidine [a úsaideann na Gaeil]' (Ó Cróinín 1995, 169). Ba iad na gluaiseanna na céimeanna tosaigh sa ghnó seo: focail nó cora cainte gearra a mhínigh focal nó nath doiléir i lámhscríbhinn Laidine. B'fhéidir nach de thaisme é gur léirmhínigh ceann de na gluaiseanna Sean-Ghaeilge seo pointe gramadaí i dtráchtaireacht Laidine ar Donatus. Léiríonn an borradh a tháinig faoi na gluaiseanna gramadaí ina dhiaidh sin go rabhthas ag dul i ngleic níos mó le teoiric na teangeolaíochta agus ag iarraidh aghaidh a thabhairt ar an dúshlán a bhain le téarmaí gramadaí a sholáthar sa tSean-Ghaeilge.

Níorbh iad na gluaiseanna an t-aon fhianaise scríofa amháin, áfach; tá bailiúchán de théacsanna Sean-Ghaeilge ar marthain i lámhscríbhínní níos déanaí ach is féidir a rá ar chúiseanna teanga agus stíle gur ón seachtú haois, nó níos luaithe, a tháinig siad. I measc na dtéacsanna seo tá an t-ábhar dúchais is luaithe a bhain le cúrsaí dlí na hÉireann, díolaim d'fhilíocht sloinnteoireachta, dánta Sean-Ghaeilge, dánta molta agus téacsanna Críostaí. Cé gur minic gan ach blúirí a bheith ar fáil, léiríonn na téacsanna seo go raibh stíl liteartha do chumadóireacht phróis arna forbairt sa Ghaeilge faoin seachtú haois. D'fhéadfaí a áiteamh go luíonn sé le ciall go bhforbrófaí teanga an phobail (nó ar a laghad ar bith, teanga an fhorlámhais chultúrtha) i dtír nach raibh an Laidin á labhairt inti, ach, más mar sin é, cén chaoi ar féidir a mhíniú go bhfuil corpas litríochta níos mó agus níos luaithe in Éirinn ná mar a bhí i gceantair eile nach labhraítí an Laidin iontu in Eoraip na linne sin? Ní hamháin gur úsáideadh na litreacha Rómhánacha chun dlíthe, iomainn agus seanmóirí a chaomhnú ach chun litríocht sa Ghaeilge a chur ar taifead. Ní hé nach raibh scríbhneoirí Éireannacha sa Mheánaois in ann an Laidin a scríobh – ní gá ach Columbanus a lua chun an tuairim sin a bhréagnú – ach is cinnte gur roghnaigh cuid acu gan é a dhéanamh. Tógadh an cinneadh d'aon ghnó, a bhfuil corpas fairsing d'ardchaighdeán ealaíne idir phrós agus fhilíocht, mar thoradh air. Mar gur caomhnaíodh litríocht na Gaeilge i bhfoirm scríofa, taispeánann sé sin go raibh meas, ní hamháin ar an teanga, ach ar an gcultúr agus ar an traidisiún dúchais freisin. Tá muinín le feiceáil freisin mar gur forbraíodh cineálacha nua litríochta le himeacht aimsire, uaireanta faoi thionchar cultúr eile, a léiríonn iad a bheith ullamh triail a bhaint as gnéithe de chultúir eile, iad a thógáil ar iasacht agus iad a chur in oiriúint go forleathan.

Léiríonn na gluaiseanna an borradh a tháinig faoi theoiric na gramadaí san aicme léannta in Éirinn sa luath-Mheánaois. Dúshlán oideolaíoch a raibh práinn leis ba bhun leis an mborradh seo: cén chaoi a múinfí an Laidin do mhic léinn nach raibh acu ach Gaeilge? Na leabhair ghramadaí a fuair an eaglais in Éirinn ón Eoraip i ré na hársachta déanaí, scríobhadh iad do lucht labhartha na Laidine ar mhian leo snas a chur ar a stíl, agus dhírigh siad ar an óráidíocht agus ar an reitric. Níor cheap údair na leabhar seo go mbainfí úsáid astu mar leabhair scoile do mhic léinn nach mbeadh focal den teanga ina mbéal acu. Mar a dúirt Bengt Löfstedt go hachomair: *an Italian or Spaniard who had studied no grammar would write bad Latin; an Irishman without grammar could write no Latin at all* (Löfstedt 1965, 81). Bhí an Laidin ó gach cléireach, áfach, chun cúram a dhéanamh den liotúirge agus chun an Bíobla a léamh. Níorbh fhéidir dul i dteagmháil le lucht labhartha Laidin na ndaoine agus dá bharr sin, ba ghá an teanga a fhoghlaim as na leabhair. Ar dtús, chuirtí nótaí beaga míniúcháin, eolas agus paraidímí breise le Donatus, go háirithe sna cásanna nár oir na solaoidí clasaiceacha do chomhthéacs Críostaí. Le himeacht aimsire cuireadh tráchtaireacht leis an obair seo, agus tháinig sé chun buaicphointe am éigin sa seachtú haois leis an saothar ar a dtugtar an *Insular Elementary Grammar* (Law 1982). Leabhar gramadaí do thosaitheoirí ab ea é, inar baineadh na blúirí ab úsáidí as na graiméir ó ré na hársachta déanaí, iad curtha in ord mar aon le tráchtaireacht bheag, iliomad paraidímí agus liostaí.

Le linn do na huraiceachtaí sa Laidin oileánach a bheith ag teacht chun cinn, rud a léirigh go raibh Éireannaigh ag dul i ngleic níos doimhne le teoiric na teangeolaíochta, bhí saothar á scríobh nach féidir a rá ina thaobh ach gur forbairt cheannródaíoch i réimse na gramadaí a bhí ann. Rinne Éireannach amháin, ar a laghad, iarracht ar phrionsabail ghramadach na Laidine a chur i bhfeidhm ar a theanga dhúchais féin agus, anuas air sin, é a dhéanamh trí mheán na teanga céanna sin. *Auraicept na nÉces* teideal an tsaothair a scríobh sé agus is í seo an chéad iarracht riamh ar an rangú clasaiceach teangeolaíochta a chur i bhfeidhm ar theanga neamhchlasaiceach. Ní hamháin gur bhain an iarracht le creatlach teoiriciúil a aistriú ó theanga amháin go teanga eile, ach bhain sé le foclóir nua teicniúil a chumadh chomh maith. Is féidir an téacs a roinnt ina thrí chuid, mar atá: réamhchaibidil ina bhfuil ábhar bréagstairiúil, corp an téacs agus tráchtaireacht ar na díochlaonta ar cosúil gur téacs neamhspleách a bhí ann tráth. I gcorp an téacs tá, i measc rudaí eile, cur síos ar rangú na gconsan sa Laidin, an rangú san Ogham, míniú ar an inscne sa Ghaeilge agus sa Laidin, an t-idirdhealú idir na céimeanna comparáide, an phearsa agus an fhaí. Léiríonn an t-údar spéis agus suim ar leith in aibítrí agus sna litreacha aonair; tugann sé tábla comparáideach de na litreacha Eabhraise, Gréigise agus Laidine, mar aon leis an Ogham. Ar na gnéithe is suntasaí de chur chuige ginearálta an údair, tá an dearcadh neamhspleách atá le feiceáil san ábhar. Ní chuirtear catagóirí clasaiceacha i bhfeidhm scun scan gan iad a mheas agus fágtar ar lár aon cheann nach n-oireann do struchtúr na Gaeilge. Tá solaoid den mhodheolaíocht seo le feiceáil sa chuid den téacs a phléann fuaimniú ainmneacha na litreacha, ina gcaitear i leataobh na codanna nach mbaineann le comhthéacs na Gaeilge. Phléigh Anders Ahlqvist, an t-eagarthóir ar an gcuid chanónta den téacs, an t-easaontú suntasach seo:

> Ce qui nous semble cependant important dans cette section, c'est d'abord le fait que l'auteur connaissait bien la doctrine latine, et ensuite qu'il osait affirmer que celle-ci ne serait pas convenable pour sa langue à lui: il faut encore insister sur cette question, car un tel esprit d'indépendance vis-à-vis la grammaire latine était bien rare dans l'Europe au Moyen Age (Ahlqvist 1980, 40).

Is saothar suntasach ar leith é *Auraicept na nÉces* ar an-chuid cúiseanna. Ar an gcéad dul síos, is ann dó, agus léiríonn sé sin stádas na teanga sa phobal urlabhra Sean-Ghaeilge sa luath-Mheánaois. Bhí a oiread sin measa ar an teanga gur tiomnaíodh tráchtas mór gramadaí don chur síos ar a cuid gnéithe inmheánacha. Chun críche na hoibre casta seo, ar dtús ba ghá gramadach na Laidine a thuiscint go rímhaith chun a cuid catagóirí a chur i bhfeidhm ar an teanga dhúchais. Is léir gur cuireadh oideachas cuimsitheach sa teanga chlasaiceach ar an údar agus gur thuig sé an t-ábhar go rímhaith.

Níor fhág sé sin, áfach, go raibh an oiread ómóis aige don teanga chlasaiceach gur cheap sé nach raibh luach ar bith lena theanga féin. A mhalairt a shamhlaítear dúinn, gur spreag an t-oideachas gramadúil é agus gur úsáid sé é mar mhúnla dá anailís ar an nGaeilge. Chomh maith leis sin, léiríonn sé ní hamháin an-suim go deo, ach mórtas agus bród freisin as caolchúis a theanga dúchais. Bhí oiread muiníne aige as féin gur chaith sé i dtraipisí codanna den ghramadach chlasaiceach nár oir dá chuid cuspóirí. Ní féidir beag is fiú a dhéanamh den tábhacht a bhaineann le *Auraicept na nÉces* nó, chun Anders Ahlqvist a lua arís óna eagrán féin den téacs:

> One of the most outstanding features of this is that it must be one of the very first texts in the Western grammatical tradition that ever even tried to contrast a classical language with the vernacular of the writer. Even more surprisingly, he regards his own language as superior to Latin. As far as I am aware, the first other attempt to discuss, through its own medium, another non-classical language as something worth studying for its own sake took place in Iceland in the twelfth century. It is perhaps not surprising that this too happened in a, from the point of view of the rest of Europe, fairly outlying place and that the first vernacular grammar (of Provençal) on the continent should be from the following century (Ahlqvist 1983, 19).

Cuireadh tús, mar sin, leis an anailís teangeolaíochta ar an teanga dhúchais níos luaithe in Éirinn ná in aon tír eile lasmuigh den domhan clasaiceach. Níl ach aon tátal amháin is féidir a bhaint as sin, mar atá, go raibh difríocht mhór idir an gaol a bhí ag an bpobal urlabhra Sean-Ghaeilge sa Mheánaois lena dteanga féin, agus an gaol a bhí ag pobail iomadúla na hEorpa lena dteangacha siúd sa Mheánaois.

Tá féiniúlacht thréan teanga le feiceáil sa rangú gramadaí in *Auraicept na nÉces.* Sa réamhrá bréagstairiúil a ghabhann leis an téacs tá finscéal fíorspéisiúil i gcomhthéacs an Bhíobla a mhíníonn cárbh as don Ghaeilge:

> Now the authors of the Irish say that the cause for the invention of the language of the Féni [Irish] was a strange wonderful deed that took place in the world, i.e. the construction of Nimrod's tower. Who has invented this language and in what place was it invented and at what time was it invented? Not difficult: Fénius Farrsaid

invented it at Nimrod's tower at the end of ten years after the dispersal from the tower and it is everyone speaking the same language who went from there to his territory and not everyone of the same kindred, as for instance Caí Caínbrethach, the seventy-second student of the (poetry) school: he was of the Hebrews and it was to Egypt that he was sent and it is there Fénius himself stayed, at the tower, and it is there he lived, until the (poetry) school asked him to extract a language out of the many languages such that they only would speak it or anyone who might learn it from them. It is there that the language was cut out of the many languages and it was assigned to one of them, so that it is his name by which the language is called, so that Goídelc [Gaelic/Irish] is hence from Goídel son of Aingen son of Glúnfind son of Láimfind son of Agnuman of the Greeks ... It is there then that this language was given its rules: what was best then of every language and what was widest and finest was cut out into Irish (Ahlqvist 1983, 47-8).

Tá finscéalta mar gheall ar bhunús teangacha le fáil in an-chuid cultúr – mar shampla, an finscéal Hiondúch faoin gcrann feasa, an finscéal as Meicsiceo faoi phirimid Cholula nó an finscéal Gréagach faoi Aloidae. An scéal a insítear anseo, tá sé bunaithe ar an mBíobla (Gein 11:1-9) le míreanna breise apacrafúla. Is féidir an bhaint atá ag Nimrod le tógáil Thúr Bháibil a rianú chomh fada siar le traidisiún *Midrash* na nGiúdach agus tharlódh gur trí idirghabháil Josephus (37-100 A.D.) a tháinig sé chun na Críostaíochta (Charlesworth 1983, I, 297.l; 2, 312.k). Nasctar Nimrod le tógáil an túir i scríbhinn le húdair Chríostaí dála Orosius (fl. 414-7) agus Isidore (†636). I gcuntas an Bhíobla tháinig ann do na teangacha éagsúla ag Túr Bháibil nuair a mhallaigh Dia an cine daonna as a n-uabhar agus nuair a ghearr sé easpa tuisceana mar phionós orthu. Déantar iarracht i réamhrá *Auraicept na nÉces* an Ghaeilge a lonnú san fhorbairt teangacha mar atá sé sa Bhíobla. Má chuimhnítear gur glacadh leis an mBíobla sa

Mheánaois mar fhírinne stairiúil, agus gur ceapadh gur tháinig gach teanga ar an bhfód ag Túr Bháibil, ansin eascraíonn as sin gur tháinig ann don Ghaeilge san áit chéanna. Thug an Chríostaíocht cúlra staire don domhan a bhí lonnaithe sa Neas-Oirthear nach raibh aon tagairtí d'Éirinn ann, rud a d'fhág gurbh éigean do na Gaeil a n-áit féin a chruthú ann. Ní in *Auraicept na nÉces* amháin a léirítear eolas ar an bhfinscéal seo; tá tagairt dó freisin sa dán *Rédig dam a Dé do nim* le Dublittir Ua hÚathgaile (*fl.* 1082) sa Leabhar Laighneach:

I cind deich mbliadan iar sin.	Ten years after that
arricht la Fenius Farsaid	it was invented by Fénius Farsaid,
in berla bélblasta bind.	The melodious, sweet-tongued language
Gaedelg gleglasta gniim.	Irish – the bright, luminous construction.

(Best agus O'Brien 1957, 573:17714-7)

Tá an-chuid gnéithe de thuairimíocht na nGael sa Mheánaois faoi theangacha le feiceáil san fhinscéal mar atá sé in *Auraicept na nÉces*, ní hamháin tuairimíocht maidir lena dteanga féin ach freisin maidir le teoiricí comhaimseartha i dtaobh teangacha i gcoitinne. Is fiú a rá go leagtar béim ar rangú mhuintir an domhain, ní de réir a bhféiniúlachta eitní ach de réir a dteangacha. Cuirtear in iúl go neamhbhalbh gurb í an teanga go príomha a chinneann an fhéiniúlacht eitneach agus go bhfuil an éagsúlacht chultúrtha dhomhanda bunaithe ar theangacha. Tá barúil shuntasach ar bhunús teangacha agus ar a bhforbairt le tuiscint sa chur síos ar an nGaeilge mar theanga a cruthaíodh. Is é is bun lena leithéid sin de bharúil gur rud a cheap agus a chum an duine í an teanga agus nach rud é a bhaineann le dúchas ná rud is dual don duine. Anuas air sin, i dtaca leis an nGaeilge de, ní daoscarshlua a chum an teanga ach filí an domhain. Dá réir sin, cruthú comhchoiteann fileata den aicme ealaíonta is ea í go bunúsach. Chomh maith leis sin, tá roinnt eisiachais léannta sa ráiteas gurb í teanga rúnda na bhfilí í, nach bhfuil ag éinne ach ag gaibhne gairmiúla focal nó a gcuid mac léinn. Teanga ardstádais is ea í, a cheap an uasaicme don uasaicme féin. Chun an teanga ealaíonta a chumadh roghnaíodh na codanna ab fhearr de theangacha an domhain agus cónascadh iad chun an fhoirfeacht idéalach teangeolaíochta a chruthú.

Níl aon ráiteas chomh díreach neamhbhalbh, go bhfios dom, ná chomh lán de mhuinín agus de mhórtas teanga, leis an bhfinscéal gearr seo i dtús *Auraicept na nÉces*. Nuair a d'fhógair an t-údar a dhílseacht dá phobal urlabhra, chónaisc sé dhá chinntitheach féiniúlachta chumhachtacha le chéile: an teanga choiteann agus an stair choiteann. Nuair a bhí siad ag cumadh scéil faoi stair a dteanga, ní hamháin go raibh na Gaeil ag cruthú féiniúlachta mar phobal urlabhra san am sin, ach mar phobal urlabhra a bhí ann roimhe sin chomh maith. Neartaigh an scéal sin faoi leanúnachas na teanga, mar aon le cultúr beo bríomhar comhaimseartha, an mothúchán cómhuintearais. Mar aon le haon aois eile ba é an t-am a bhí thart a chruthaigh an t-am faoi láthair:

> Within a social group, shared beliefs about the past were a source of identity: the image of a common past informed a *Wir-Gefühl*, and the defining characteristics of that past identified those who were and were not part of 'us' in the present (Innes 2000, 1).

Sa chomhthéacs seo cruthaíonn an scéal comhtháthú cultúrtha agus ceanglaíonn sé baill an phobail urlabhra le chéile ar shlí níos caolchúisí agus níos cumhachtaí ná a dhéanfadh an phoileimic go deo. Gné shuntasach d'fhoinsí Éireannacha meánaoiseacha is ea gurbh fhearr an scéal ná an t-imagallamh, nó, mar a dúirt Francis John Byrne:

> The Irish were enormously interested in their history – more so, it would seem than any of their contemporaries – but they preferred it in the form of historical fiction (Byrne 1965, 38).

Is féidir gnéithe den fhéiniúlacht a iniúchadh i scéalta, agus soláthraíonn siad bealach chun an mhuinín chultúrtha agus an féinmheas teanga is léir in an-chuid gnéithe de chultúr na hÉireann sa Mheánaois a léiriú. Samhlaítear go bhfuil nasc idir an áit lárnach atá ag an teanga sa mhothúchán féiniúlachta sna téacsanna luatha Gaeilge agus machnamh níos forleithne ar eisint theanga an duine féin. Níor bhain teoiricí fealsúnachta na haicme léannta agus filíochta in Éirinn leis an nGaeilge amháin; le linn dóibh an teanga dhúchais a iniúchadh cheistigh siad rúndiamhair bhunúsach na hurlabhra freisin. Léirítear an fórsa seanársa atá i gcroílár na teanga i bhfinscéal eile, a insítear in *Lebor Gabála*, faoin tslí inar ghabh na Gaeil Éire óna gcéilí comhraic, nuair a d'aithris Amairgen ortha rúndiamhair chun an tír a chealgadh chun géilleadh dó féin agus dá bhuíon. I gcás na hÉireann, ba chomhionann teanga agus tír:

> … it is through the word that Ireland is finally gained. The power of language enables us to build in our minds an image of the earth in which we dwell: outside is taken inside, and the Other becomes a portion of ourselves. The prophet and poet, transcending the passing ages and matching the truth of things with the truth of his own inspired speech, can win the heart of the mysterious world (Carey 1995, 59).[1]

1 Ba mhaith liom mo bhuíochas a chur in iúl do Liam Ó Dochartaigh agus do Chaoimhín Ó Muirígh as an gcomhairle a chuir siad orm agus mé ag scríobh an ailt seo.

LEABHARLIOSTA

Ahlqvist 1980: A. Ahlqvist, 'Les débuts de l'étude du langage en Irlande', in K. Koerner, eag., *Progress in Linguistic Historiography*, Amsterdam Studies in the Theory and History of Linguistic Science 3, Studies in the History of Linguistics 20, Amsterdam, 35-43.

Ahlqvist 1983: A. Ahlqvist, *The Early Irish Linguist: an edition of the canonical part of Auraicept na nÉces*, Commentationes Humanarum Litterarum 73, Helsinki.

Best agus O'Brien 1957: R. I. Best agus M. A. O'Brien, *The Book of Leinster*, I-VI, Dublin 1954-7.

Bloomfield 2000: L. Bloomfield, 'Speech-Communities', in T. Crowley *et al.*, eag., *The Routledge Language and Cultural Theory Reader*, London.

Byrne 1965: F. J. Byrne, 'The Ireland of St Columba', *Historical Studies* 5, 37-58.

Carey 1995: J. Carey, 'Native Elements in Irish Pseudo-history', in D. Edel, eag., *Cultural Identity and Cultural Integration: Ireland and Europe in the Early Middle Ages*, Dublin, 45-60.

Charlesworth 1983: J. Charlesworth, *The Old Testament Pseudepigrapha*, I-II, New York.

Curtis 1919: E. Curtis, 'The Spoken Languages of Medieval Ireland', *Studies* 8, 234-54.

Harvey 1987: A. Harvey, 'Early Literacy in Ireland: The Evidence from Ogam', *Cambridge Medieval Celtic Studies* 14, 1-15.

Harvey 1992: A. Harvey, 'Latin, Literacy and the Celtic Vernaculars around the Year AD 500', in C. J. Byrne, M. Harry agus P. Ó Siadhail, eag., *Celtic Languages and Celtic Peoples: Proceedings of the Second North American Congress of Celtic Studies*, Halifax, 11-26.

Innes agus Hen 2000: M. Innes agus Y. Hen, *The Uses of the Past in the Early Middle Ages*, Cambridge.

Law 1982: V. Law, *The Insular Latin Grammarians*, Woodbridge.

Löfstedt 1965: B. Löfstedt, eag., *Der hibernolateinische Grammatiker Malsachanus*, Uppsala.

McManus 1991: D. McManus, *A Guide to Ogam*, Maynooth Monographs 4, Maynooth.

Moisl 1987: H. Moisl, 'The Church and the native tradition of learning in early medieval Ireland', in P. Ní Chatháin agus M. Richter, eag., *Irland und die Christenheit: Bibelstudien und Mission*, Stuttgart.

Ó Corráin 1978: D. Ó Corráin, 'Nationality and Kingship in pre-Norman Ireland', in T. W. Moody, eag., *Nationality and the Pursuit of National Independence*, Belfast, 1-35.

Ó Cróinín 1995: D. Ó Cróinín, *Early Medieval Ireland 400-1200*, London.

O'Donoghue 1914: D. J. O'Donoghue, *Thomas Davis, Essays Literary and Historical*, Dundalk.

Ó Murchú 1971: M. Ó Murchú, *Urlabhra agus Pobal*, Baile Átha Cliath.

Stevenson 1989: J. Stevenson, 'The Beginnings of Literacy in Ireland', *Proceedings of the Royal Irish Academy* 89 C, 127-65.

an focal 'déag' sa ghaeilge

MÍCHEÁL Ó FLAITHEARTA

M ar is eol, baintear feidhm as an bhfocal *déag*, Sean-Ghaeilge (SG) *déec* sa Ghaeilge leis na bunuimhreacha 11-19 a chur in iúl, m.sh., *a hocht déag, dhá aspal déag* agus mar sin. Ó thaobh feidhme de is ionann *déec/déag* agus an ginideach de na deichuimhreacha eile (*fichet, trichot*) ach amháin gur féidir é a úsáid le *oen* in *oen deëc* 'aon déag' (Greene 1992, 503). Seo roinnt samplaí SG: *a ocht deac* 'a hocht déag', *a ocht fichet* 'fiche a hocht', *di míli déec* 'dhá mhíle dhéag', *ocht mbaí fichet* 'ocht mbó is fiche/fhichead' (Thurneysen 1946, 245). Tá an focal céanna i nGaeilge na hAlban (*deug*) agus i nGaeilge Mhanann (*jeig*). Is éard atá fúm a dhéanamh san alt seo ná athbhreithniú ar na tuairimí éagsúla maidir le sanasaíocht an fhocail *déec/déag* chomh maith le roinnt tuairimí de mo chuid féin a chur i láthair.

An sampla is luaithe den fhocal dá bhfuil againn sa Ghaeilge, go bhfios domsa, faightear é mar *déec* i ngluaiseanna Würzburg (Stokes agus Strachan 1975).[1] Níos déanaí faightear *déac(c)* (Thurneysen 1946, 245). Tá foirmeacha le séanas le fáil sa SG, in *Félire Óengusso* (Stokes 1905, 15 Iúil) sa líne *In dá apstal déac* 'an dá aspal déag'. Tá sé shiolla sa líne seo mar atá ag teastáil sa mheadaracht áirithe seo. Tá samplaí le séanas i ndánta Bhlathmaic (Carney 1964, 12, 32).[2] B'fhéidir go bhfuil foirm le séanas i *Saltair na Rann* (*dé[ë]c*, líne 3012) ach tá foirmeacha coimrithe le fáil ansin chomh maith, is é sin *dēc* i línte 7584, 8276 (Breatnach 1994, 231). Sna dánta i lámhscríbhinn Rawlinson B502 a chuirtear i leith Airbertaig mhic Choise a bhásaigh sa bhliain 1016 (Annála Uladh), faightear *dēc* (le coimriú) ach tá séanas fós san fhocal i ndán le Fland Mainistreach a bhásaigh sa bhliain 1056 (Breatnach 1994, 231). Tá ceist an tséanais pléite cheana

(Ó Cuív 1990; Breatnach 1994, 231) agus níl sé i gceist agam tuilleadh plé a dhéanamh uirthi san alt seo ach amháin gur fiú a bhfuil le rá ag Breatnach a lua:

Cailltear an séanas idir ghutaí de réir a chéile sa teanga liteartha, nó d'fhéadfaí a rá go dtugtar aitheantas do na foirmeacha gan séanas: tugtar faoi deara gur forás Éireannach a aithnítear sa teanga liteartha é seo, agus go maireann an séanas go dtí an lá atá inniu ann i nGaeilge na hAlban (Breatnach (1994, 331).

Go bhfios dom, ba é Stokes (1900, 275)[3] an chéad duine a mhol gur dhíorthaigh *déec* < **dwei-penk^{w}e* 'dhá chúig' agus rinne sé comparáid lena mhacasamhail sa tSanscrait. Sa teanga sin faightear an focal seo sa chomhthéacs *dvi-pañca-mūla* (bain.) 'dhá chúig (= deich) *mūla* (= fréamh)'. Is ionann an focal seo agus Sanscrait *daśa-mūla* (neod.) *a tonic medicine prepared from 10 roots* (Monier-Williams 1899, 472 agus 505).[4] Bhí Heinrich Zimmer (Meyer 1913, 105) den bharúil gur shíolraigh *déag* < **duei-penqu-*, is é sin, '2 x 5' agus fianaise a bhí anseo dar leis … *daß 2 x 5 bei dem Urvolk der Ausdruck für den einheitlichen Begriff 'zehn' war.* Seo an tuairim atá le fáil, a bheag nó a mhórán i ngraiméar Thurneysen: *The suggestion that gen[itive]. déec, deac(c) (Mod. Ir. déag) is a compound *dwei-penq^w- 'double five' (with loss of -p-) may be correct* (Thurneysen 1946, 247).[5] Athchumann Pedersen (1913, 133) dobhriathar **dwi-penk^{w}om* '5 faoi dhó' nó mar ainmfhocal **dwi-penk^{w}ōm* (gin. iol.).[6] Is ó fhoirm dhéach **dwei-penk^{w}ou-* a dhíorthaíonn Pokorny (1917, 13) *déag* ach **dvei+penk^v* atá le fáil ina ghraiméar SG (Pokorny 1969, 48). In DIL (Quin 1983)[7] tugtar *twice five* mar aistriú ar *déec* agus *Possibly gs. of obs[olete]. ns †deë.*

Bhí aimhreas ar Karl Brugmann go raibh aon bhaint ag *déag* le *deich* mar is léir ón méid seo ó imleabhar a dó den chéad eagrán den *Grundriss* (Brugmann 1892, 487): *deac dēc hat mit deich n- nichts zu schaffen; möglicherweise war es ein Wort von ähnlicher Bedeutung wie ai. adhika- got. lif lit. -lika.* Cuirtear an tuairim seo in iúl ar mhodh difriúil sa dara heagrán den *Grundriss* agus ansin déantar tagairt do thuairimí Stokes agus Pedersen.

Ar deireadh agus mar iarracht an buille marfa a thabhairt do hipitéis na Ceiltis-Iodáldaise (*Italo-Celtic hypothesis*), ghabh Calvert Watkins (1966, 34) chuige agus ghlac leis an tsanasaíocht thraidisiúnta (is é sin, 2 x 5) mar fhianaise agus mar thacaíocht nach raibh an comhshamhlú $p...k^w > *k^w...k^w$ taobh istigh den aon fhocal amháin uilíoch, agus fianaise a bhí anseo dar leis go raibh an comhshamhlú $*p...k^w > *k^w...k^w$ sa Cheiltis agus san Iodáldais neamhspleách go hiomlán ar a chéile.

Tá trí thuairim eile curtha chun cinn ó shin maidir le sanasaíocht *déag*, mar atá ag Rudolf Hertz, Warren Cowgill agus Oswald Szemerényi. Gan dul isteach go mion i dteoiricí an triúir úd go fóill, is leor a rá go ndíorthaíonn siadsan *déec/déac*:

1. < *$de\hat{k}m$-k^we* 'agus deich' (Hertz 1955, 69).
2. < *dekant-os* (Szemerényi *apud* Cowgill 1970)
3. < *dekan* + foirceann gin. *-os* > *deankos* [le meititéis] (Cowgill 1970,145)

Agus é ag plé an fhocail seo le gairid, lochtaigh Peter Schrijver (1993) an tsanasaíocht thraidisiúnta ('2 x 5'). Ag seo go hachomair a chuid lochtanna seisean ar Hertz agus Cowgill i leith na sanasaíochta traidisiúnta.

1. Dar le Hertz nach gcuirtear 'deich' in iúl mar 'cúig dúbailte' nó '5 x 2' sna teangacha eile Ind-Eorpaise, agus bheadh sé deacair a shamhlú cén t-údar a bheadh ag na luathCheiltigh le comhfhocal a chur in áit na huimhreach príomha *dekan* '10', le húsáid in éineacht le figiúr (digit) agus ansin gur mhair an nath seo gan athrú anuas go dtí ré na Gaeilge (Cowgill 1970, 145, n.1). Cé gur féidir comparáid a dhéanamh le Breatnais *deunaw* 'a hocht déag' (= '2 x

9'), mar sin féin ní huimhir phríomha (*pivotal number*) í sin.

2. Ar fhianaise na Breatnaise *deuddeg* 'dó dhéag', *pymtheg* (Meán-Choirnis pymthek, Briotáinis *pemzek*) 'cúig déag', na Gaillise *petrudecametos* 'an ceathrú … déag', is léir gurb é an bealach comhairimh ó 11-19 sa Ghaillis agus sa Bhriotáinis ná comhfhocal le huimhir + *dekm̥*. Bheadh aimhreas ann mar sin go mbeadh *déec* '2 x 5' an-ársa sa Ghaeilge (Hertz, Schrijver).

3. Ós rud é gur tharla an comhshamhlú Ind-Eorpaise *p... kʷ* > Comh-Cheiltis *kʷ... kʷ*, (m.sh., SG *cóic* '5'), chaithfeadh sé nár tharla an comhshamhlú seo in *déec* agus dá bhrí sin gur cailleadh an *-p-* idirghuthach (Hertz). Dar le Schrijver nach móide gur tharla seo ó tharla gur forás an-luath a bhí sa chomhshamhlú áirithe seo.

4. Is deacair an *-c* leathan in SG *déec* (NG *déag*) a mhíniú má thosaítear ó *(p)enkʷe* (Cowgill). Mar shampla, cuir *cóic* (le *-c* carballach) i gcomparáid le SG *éc* 'éag' (Sean-Bhriotáinis *ankou*, Meán-Bhreatnais angheu) < *ænku-* < *n̥kʷu-*. De bhrí nach ndéantar an focal 'cúig' a infhilleadh in aon teanga eile de chuid na hInd-Eorpaise, dar le Schrijver gur baolach go bhfuil na hathchumaithe *penkʷom*, *penkʷōm* (Pedersen) nó déach *penkʷou* (Pokorny) an-aimhreasach.

5. Dar le Cowgill nach í an fhoirm *dwei-* a fhaightear san Ind-Eorpais mar fhoirm chomhshuite de '2'.

Maidir leis an bpointe deiridh seo is fíor gur *dwi-* an fhoirm a fhaightear mar chéad eilimint d'fhocal comhshuite chomh maith le fréamhaithe i roinnt teangacha Ind-Eorpacha,m.sh., Sanscrait *dvi-pád-* 'dá chosach', Gréigis δίπους, Laidin *bipēs*.[8] Ach mar sin féin, faightear an fhoirm *dwei-* san fhocal SG *díabul* 'dúbailte' < *dwei-plo-s*. Tá sé seo thar a bheith suntasach mar nach raibh an fhoirm *dwei-* bisiúil sa SG (Greene 1992, 519). San fhocal seo léirítear an fhorbairt * -pl- > -bl- sa Cheiltis agus tá an t-athrú seo níos túisce (go coibhneasach) ná cailliúint *-p- idirghuthach agus i dtús focail.

Maidir le locht 1 (thuas) nach gcuirtear deich in iúl mar '5 dúbailte' nó '5 x 2' i dteangacha eile Ind-Eorpacha, chonaic muid ar ball go bhfaightear 'deich' (daśa) sa tSanscrait chomh maith le 'dhá chúig'(dvi-pañca-), fiú más go himeallach féin a fhaightear seo. Ní dóigh liom go bhfuil locht 2 chomh díobhálach sin mar gur léir ó eilimintí cosúil le adhika- 'le cois, raidhse' sa tSanscrait, lif sa Ghotais agus -lika sa Liotuáinis go bhfeádfadh núáil a theacht isteach sa chóras uimhreach sa Cheiltis chomh maith le seanchóras eile a chaomhnú. Maidir le locht 3 nach bhfaightear comhshamhlú in déag, d'fhéadfadh sé go raibh réamhfhoirm gan consan liopachoguasach deiridh i gceist (b'fhéidir *(p)enk-) nach mbeadh faoi thionchar an phróiséis chomhshamhlaithe. Fillfidh mé ar an bpointe seo ar ball.

Mar a luaigh mé bhí Szemerényi (apud Cowgill 1970, 145ff. n1) den tuairim gur dhíorthaigh déag ó *dekant-os. Ach tá deacrachtaí leis an tuairim sin mar a léirigh Cowgill. Níl aon iarsma eile le fáil sa Ghaeilge d'fhoirm infhillte *dekm̥t- (is é sin le t) le hais deich <*dek̂m̥. Chomh maith leis sin bheadh meitítéis i gceist ó *dekantos > déec nach bhfuil le fáil ar chor ar bith sa charn céanna *-kVnt-[9] in fichet, gan trácht go gcaithfí glacadh leis ar bhunús ad hoc gur cailleadh an consan *t. Léiríonn foirmeacha le -m- sa Ghaillis decametos 'deichiú'[10] gur foirmeacha gan -t de 'deich' a bhí sa Chomh-Cheiltis sular tharla an t-athrú *-m > *-n. Is deacair -m- in decametos a mhíniú ar chaoi ar bith eile.

Tosaíonn teoiric Cowgill ó bhunfhoirm *dekan-os, is é sin, an foirceann ginidigh -os (ón nginideach de na huimhreacha '20','30' 7rl.) curtha le *dekan nach n-infhilltear de ghnáth. Ansin trí mheitítéis > *deankos > déec. Bhí Daithí Ó hUaithne den bharúil go raibh an tuairm seo far from convincing (Greene 1992, 503) agus lochtaíonn Schrijver (1993, 182) an tuairim ag rá: ... it is not a metathesis at all in the sense that two consonants trade places; rather, one consonant jumps forward and leaves a hiatus.

Tá Shrijver (1993) i bhfábhar thuairim Hertz (1955, 69), is é sin, déec <*dek̂m̥-kʷe 'agus deich'. Tá an cónasc *kʷe 'agus' ar marthain fós sa SG mhoch mar atá -ch- in ro-ch-lamethar 'agus leomhann sé', ba-ch rí 'agus ba rí é' (Thurneysen 1946, 549; Binchy 1960), m. sh., agus ar ndóigh i gCeiltis na Mór-roinne, mar atá Ceiltibéiris kue, Gaillis pe. Faightear chomh maith foirmeacha Gaillise le teascadh deiridh eti-c, eθθi-c (Koch 1982).[11] Ó tharla nach léiríonn na foirmeacha deiridh Gaillise seo an fhorbairt *k^w > p, glacann Schrijver leis gur teascadh -e go luath sa chlaonán seo agus gur díbheoladh an consan liopachoguasach *-k^w (Schrijver 1993, 183). Dar le Schrijver: This early apocope of *-e explains why the final consonant of OIr. déec is not palatal: mar sin ó *$dek̂m$-k^we> Comh-Cheiltis *dekank. Is mar thoradh díshamhlaithe a mhíníonn Hertz dul as an chéad chonsain choguasaigh. Tá próiséas díshamhlaithe Schrijver níos casta. Dar leisean ba é an toradh a bhí le Comh-Cheiltis *dekank ná Gaeilge Chianach *dechæg le cailliúint n roimh *k. Ansin: At some stage between loss of *n before *k and the main syncope, the medial fricative was lost, which resulted in *deēg > OIr. dëeg.

Maidir le cailliúint consain chuimiltigh de bharr díshamhlaithe, tagraíonn sé do ghraiméar Thurneysen (Thurneysen 1946, 112; féach freisin 675 (no. 41) sna Translators Notes). Ach mar a admhaíonn Schrijver, is léir ón liosta samplaí atá ag Thurneysen, mar -roíchan 'tar éis canadh' (ó ro-chechan), -taít 'tagann' (ó to-thet), go raibh an guta o ag teacht roimh an gcumilteach agus an guta e nó i ina dhiaidh. Le díshamhlú, agus le cailliúint an chuimiltigh d'fhás défhoghar aí/oí, is é sin *o-e/i > oí. Ní hionann agus cás déec. Is suntasach freisin gur foirmeacha briathair formhór na samplaí úd ag Thurneysen agus d'fhéadfadh stádas deilbhíochta a bheith ag cailliúint an chuimiligh san fhorbairt o-e/i > -oí-. Mar a deir Thurneysen (1946, 112): This development is particularly frequent in reduplicated verbal forms agus tugann Daithí Ó hUaithne the morphological equivalent of reduplication ar an défhoghar oí sna briathra úd. Bhí an tUaithneach den tuairim (Greene 1976, 37) gur forás analachúil a bhí i gcailliúint seo an chuimiltigh sna briathra úd ag Thurneysen a leath ó fhocail cosúil le fóesam (< fo-sessam) 'dídean,faoiseamh', áit ar eascair an défhoghar go rialta ó shéimhiú an s-idirghuthach. Dar le Ó hUaithne gurb í an chodarsnacht idir *fo-siss-* : *foes-* ba chionsiocair le forás foirmeacha briathair ar nós *ro cechan: roíchan.* Leanann Ó hUaithne ar aghaidh:

> Far from being the exception to the general rule that this reduction mainly appears as the equivalent of reduplication in verbal forms, the verbal noun *foesam* is the sole case among the examples quoted by Thurneysen where the development is strictly phonetic (Greene 1976, 37).

Mar gheall air seo ar fad is deacair liom glacadh le tuairim Hertz agus Schrijver gur dhíorthaigh *déec* < **dek̂m̥-kʷe* 'agus deich'. Cé nár ghlac Hertz le hipitéis an *Doppelfünfer* (2 x 5), mar sin féin, d'admhaigh sé go raibh an focal *déec* ársa sa Ghaeilge:

> Auf der anderen Seite muss aber air. *deëc* alt und im Sprachgebrauch fest verankert gewesen sein, denn sonst wäre es unverständlich, wie sich eine solche auffalende Bildung ohne jedes greifbare Muster in späterer Zeit hätte durchsetzen, ja überhaupt in das Formensystem hätte eindringen können (1955, 68).

Dar liomsa go ndíorthaíonn *déec* ó **dwei-(p)enk-* < **dwei-(p)enkʷe* '2x5' le teascadh deiridh an *-e* agus díbheolú **kʷ*. Is léir gur chaill **kʷ* an ghné liopach ó tharla nach bhfaightear aon rian den phróiséas comhshamhlaithe san fhocal sin (*déec*) faoi mar a fhaightear in *cóic* 'cúig'. Agus mar a léirigh Schrijver mhíneodh an teascadh deiridh seo (cailliúint *-e*) cén fáth nach bhfuil consan deiridh an fhocail *déec* 'déag' carballach mar atá in *cóic* < **kʷenkʷe*. Tabhair faoi deara freisin go raibh Cowgill (1970, 123) den tuairim gur chóir, le hais **kʷinkʷe*, foirm le teascadh deiridh **kʷink⁽ʷ⁾* a athchumadh don (Chomh-) Cheiltis. Tá sé níos deacra díbheolú **kʷ* a mhíniú. Sa Ghaillis *eti-c, eθθi-c*, mar a chonaic muid, chaill **kʷ* an eilimint liopach. Tabhair faoi deara freisin Gaillis *ponc* 'nuair' (in inscríbhinn Chamalières) < ** kʷom-kʷe* (Schmidt 1980-2, 265). Is cosúil gur teascadh *-e* san fhorainm sealbhach (réamhchlaonach) Breatnaise *fy* [+ urú] 'mo' (in ionad **fyf* [+

séimhiú]) < *meme (Cowgill 1970, 123) agus pléann Cowgill cásanna eile inar teascadh -e sa Cheiltis. D'fhéadfaí a mhaíomh faoi na cásanna siúd gur mír iarchlaonach atá in *$k^w e$ 'agus', agus go bhféadfadh rialacha éagsúla eile fónólaíochta a bheith i gceist seachas mar a bheadh le *k^w in *dwei-penk^{w}e. B'fhéidir go mbeadh an tuairim sin dlisteanach. Ach b'fhéidir go n-eascraíonn déec < *dwei-penk^{w}e-k^{w}e 'agus dhá chúig'. Sa chás sin giorraíodh é seo fós go *penk$^{(w)}$k$^{(w)}$-le teascadh deiridh -e agus ansin gur díbheoladh an mhír chlaonach *$k^w e$. Choscfadh seo an comhshamhlú *p... k^w > *k^w... k^w.

Maidir leis an uimhir 'cúig' san Ind-Eorpais déantar tuilleadh scagtha uirthi mar *pen- 'aon' nó 'ordóg' (tuairim Pedersen), nó *penk-'dorn'(tuairim Szemerényi) + *$k^w e$ 'agus' (tuairim Saussure). Ar an láimh eile scagann Carruba (1979, 196; 1999, 236f.) an focal mar < *penk^w-k^{w}e 'agus uile', agus glacann sé leis go raibh an bhrí 'uile, iomlán' ag *penk^w- ó thús, mar a thaispeánann na fréamhaithe cosúil le Hitis pank-u-s 'uile, 'cruinniú'; pank-ur 'teaghlach, slua' agus Laidin cunctus 'uile, iomlán'. Dar le Carruba go raibh an bhrí 'uile, iomlán' ag *penk^w- ó thús mar is léir san Hitis agus gur núáil sna teangacha eile Ind-Eorpaise a bhí san fhoirm *penk^{w}e '5'.

Ar ndóigh, d'fhéadfaí cur i leith mo thuairime maidir le déec < *dwei-penk^w-k^w(e) 'agus dhá chúig', go raibh an focal 'agus' ann faoi dhó, ach táim den tuairim gur fadó riamh a bhí an bhrí 'agus' caillte ag *$k^w e$ in *penk^{w}e, is é sin ar ndóigh má bhí an bhrí sin riamh san fhocal 'cúig'.

Mar chlabhsúr ansin, sa tSanscrait faightear an focal dvi-pañca 'dhá chúig' chomh maith le daśa- 'deich'. B'fhéidir go raibh a mhacasamhail fíor sa Cheiltis agus gur baineadh feidhm as comhfhocal 'dhá chúig' (*dwei-(p)enk(^{w}e)) mar shaormhalairt phrosóide chomh maith le 'deich' (*dek̂m). Ach ansin sonraíodh an chéad cheann acu siúd sa Ghaeilge ó 11–19 sa struchtúr digit/figiúr + (an rud le comhaireamh) + déec (< dwei-penk^w(-k^{w}e)) '(agus) dhá chúig'.

Nótaí

1. Gluais Wb. 15b1.

2. Línte 136, 380. B'fhéidir go bhfuil foirm gan séanas le fáil i líne 107 (lch. 10), ach tabhair faoi deara a bhfuil le rá ag an eagarthóir ina réamhrá (Carney 1964, xxvi-xxvii).

3. Tabhair faoi deara go bhfuil an dáta 20 Feabhra 1899 tugtha ag deireadh an ailt, ag bun lch. 276. In alt eile (Stokes 1901, 188) dhíorthaigh Stokes *déac* < **dvei-* + **enko* < **penko-*, focal a bhí gaolmhar dar leis le Béarla *finger* 'méar' (< **penkró-*) agus *fist* 'dorn'. Mar sin '**dé-ac* would then mean literally "two fists", "two groups of (five) fingers"'. Maidir le 'cúig' san Ind-Eorpais, féach Blažek (2000).

4. Is trua nár phléigh Emmerick na huimhreacha seo ina alt ar na huimhreacha sa tSean-Indis (Emmerick 1992).

5. Sa *Handbuch* (Thurneysen 1909, 235): 'In G. *déec deac(c)* ...hat man ein Kompositum **dṵei-penqᵘ-* "Doppelfünfer" vermutet.']

6. Ach ní luaitear ceachtar den dá thuairim seo sa leagan giorraithe Béarla den ghraiméar (Lewis/Pedersen 1961).

7. Lch. 198 faoi *deec* (D 214.47ff.).

8. Dar liomsa go bhfuil an t-ainm dílis SG (*Fer*) *Diad* gaolta leis na focail thuas agus go gciallaíonn *Diad* 'dá chosach'. Féach Ó Flaithearta 2009.

9. *V* = guta.

10. Nó 'deachú' (SG *dechmad*). Féach Thurneysen (1946, 250).

11. I gcoinne Koch, féach Lambert (1987, 14ff.).

Leabharliosta

Binchy 1960: , D. A. Binchy, 'IE **QᵘE* in Irish', *Celtica* 5 , 77-94.

Blažek 2000: V. Blažek, 'Indo-European "five"', in *Indogermanische Forschungen* 105, 101-19.

Breatnach 1994: L. Breatnach, 'An Mheán-Ghaeilge', in K. McCone D. McManus, C. Ó Háinle, N. Williams, eag., *Stair na Gaeilge. In ómós do: Pádraig Ó Fiannachta*, Maigh Nuad, 221-333.

Brugmann 1892: K. Brugmann, *Grundriss der vergleichenden Grammatik der indogermanischen Sprachen. II, Wortbildungslehre (Stammbildungs- und Flexionslehre)*, Strassburg.

Carney 1964: J. Carney, *The Poems of Blathmac Son of Cú Brettan*, Irish Texts Society 47, Dublin.

Carruba 1979: O. Carruba, 'Sui numerali da '1' a '5' in anatolico e indoeuropeo', in B.Brogyanyi, *Studies in Diachronic, Synchronic, and Typological*

Linguistics. Festschrift for Oswald Szemerényi on the Occasion of his 65ᵗʰ Birthday, Amsterdam, 191-205.

Carruba 1999: O. Carruba: 'Die indogermanischen Zahlwörter: Neue Ergebnisse und Perspektiven', in E. C. Polomé agus C. F. Justus, *Language Change and Typological Variation: In Honor of Winfred P. Lehmann on the Occasion of His 83ʳᵈ Birthday*, Washington, 145-71.

Cowgill 1970: W. Cowgill, 'Italic and Celtic Superlatives and the Dialects of Indo-European', in G. Cardona, /H. Hoenigswald agus A. Senn, eag., *Indo-European and Indo-Europeans*. Philadelphia, 113-53.

Emmerick 1992: R. Emmerick, 'Old Indian', in J. Gvozdanovi, *Indo-European Numerals*, Berlin, 163-98.

Greene 1976: D. Greene, 'The Diphthongs of Old Irish', *Ériu* 27, 26-45.

Greene 1992, D. Greene, 'Celtic' in J. Gvozdanovi, *Indo-European Numerals*, Berlin, 497-554.

Hertz 1955: R. HERTZ, 'Laut, Wort und Inhalt', *Lexis* 4 ,62-9.

Koch 1982: J. T. Koch, 'Gaulish *eti-c, eθθi-c* < IE *esti-kʷeʔ*', in J. T. Koch agus J. Rittmueller, eag., *Proceedings of the Harvard Celtic Colloquium* 2, 89-114.

Lambert 1987: P.-Y., 'A Restatement on the Gaulish tablet from Chamalières', *in Bulletin of the Board of Celtic Studies* 34, 10-7.

Lewis 1961: H. Lewis agus H. Pedersen, *A Concise Comparative Celtic Grammar*, Göttingen.

Meyer 1913: K. Meyer, 'Aus dem Nachlaß Heinrich Zimmers: 4. Zahlensystem', *Zeitschrift für celtische Philologie* 9 , 87-120.

Monier-Williams 1899: M. Monier-Williams, *A Sanskrit-English Dictionary*, Oxford.

Ó Cuív 1990: B. Ó Cuív, 'Vowel Hiatus in Early Modern Irish', in A.T.E. Matonis agus D. Melia, *Celtic language, Celtic culture. A Festschrift for Eric P. Hamp*, California, 96-107.

Ó Flaithearta 2009: M. Ó Flaithearta, 'The etymologies of *(Fer) Diad*', in R. Ó hUiginn agus B. Ó Catháin, eag., *Ulidia* 2. *Proceedings of the Second International Conference on the Ulster Cycle of Tales*, Maigh Nuad, 218-25.

Pedersen 1913; H. Pedersen, *Vergleichende Grammatik der keltischen Sprachen*, II, Göttingen.

Pokorny 1917: J. Pokorny, 'Streitfragen zur altirischen Grammatik', *Zeitschrift für celtische Philologie* 11, 1-29.

Pokorny 1969: J. Pokorny, *Altirische Grammatik*. Berlin.

Quin 1983: E. G. Quin, *Dictionary of the Irish Language*, Baile Átha Cliath 1983 (eagrán dlúth).

Schmidt 1980-2: K. H. Schmidt, 'The Gaulish Inscription of Chamalières', in *Bulletin of the Board of Celtic Studies* 29, 256-68.

Schrijver 1993: P. Schrijver, 'OIr. *dëec, dëac*', *Ériu* 44, 181-4.

Stokes 1900: W. Stokes, 'Hibernica', *Kuhns Zeitschrift* 36, 273-6.

Stokes 1901: W. Stokes, 'Irish Etymologies', *Indogermanische Forschungen* 12, 185-95.

Stokes 1905: W. Stokes, *Félire Óengusso Céli Dé: The martyrology of Oengus the Culdee*, London.

Stokes 1975: W. Stokes agus J. Strachan, *Thesaurus Palaeohibernicus*, I, Baile Átha Cliath.

Thurneysen 1909: R. Thurneysen, *Handbuch des Altirischen*, Heidelberg.

Thurneysen 1946: R. Thurneysen, *A Grammar of Old Irish*, Dublin 1946.

Watkins 1966: C. Watkins, 'Italo-Celtic Revisited', in H. Birnbaum agus J. Puhvel, *Ancient Indo- European Dialects*, Berkeley, 29-58.

'scéala catha cronnmhóna'

anailís liteartha ar laoi in duanaire finn

CATHAL Ó HÁINLE

San aonú mír déag de réamhrá *Duanaire Finn* phléigh Gearóid Ó Murchú *[the] literary value of Duanaire Finn* agus d'áitigh gur litríocht bhreá tríd is tríd atá sa díolaim filíochta sin, siúd is gur admhaigh sé nach sárfhilíocht atá i gcuid de na dánta inti (*DF* III, lxxxviii-ix).[1] Le cur ar son an áitithe sin chíor sé go hachomair roinnt bheag de dhánta an duanaire, leithéidí *DF* 25 (*DF* III, lxxxix-xc) agus *DF* 33 (*DF* III, xcvi), agus liostaigh sé roinnt eile, leithéidí *DF* 9, 10, 30 agus 55, a raibh a bhfiúntas liteartha soiléir, is cosúil (*DF* III, xcvi). Tá sé suntasach gur dánta réasúnta gearr iad sin ar fad agus gur monalóga nó comhráite iad. Thug Ó Murchú *dramatic lyrics* ar a leithéidí (*DF* III, xcvi), ach thug sé le tuiscint freisin gur *Fionn ballads* iad (*DF* III, lxxxix), rud a d'fhág, is dócha, go bhféadfaidís a bheith ina samplaí ionadaíocha den ábhar uile in *Duanaire Finn*. Ní fhéadfaí a rá, áfach, go bhfuil scéal á insint sna dánta gearra sin, rud a fhágann go bhfuil difríocht bhunúsach idir iad agus dánta eile sa duanaire ar ar thug sé *mainly narrative poems* (*DF* III, xcvi), ach nuair a thug sé fúthu seo a phlé is ar chúrsaí meadarachta a dhírigh sé a aird. Agus é ag déanamh tagartha do *DF* 1 agus *DF* 18, dúirt sé *Each is a fine poem* agus ar ball thug sé cuntas ar an ábhar iontu leith ar leith. Níor fhéach sé le hionramháil an ábhair iontu a phlé, áfach, ach thug le fios gurb í an mheadaracht is cionsiocair leis an difríocht mhór atá idir an dá dhán sin i dtaca le meanma de (*DF* III, xciii-xcv). Ba í an mheadaracht a bhuail ord agus eagar ar an ábhar sna dánta in *Duanaire Finn* freisin, dar leis. Dá bhrí sin, deir sé faoi *DF* 15: … *[T]he poem would be a poor thing but for its metre. Its metre brings plan and pattern into what were else unplanned and unorganised* (*DF* III, xc). Admhaíonn sé, áfach, go bhfuil dánta áirithe in *Duanaire Finn* atá tuirsiúil agus iad á léamh os ard toisc nach bhfuil an mheadaracht iontu sách fuinniúil. Cuireann sé i gcuimhne dúinn, áfach, go gcantaí na dánta seo agus áitíonn sé go soláthródh draíocht na cantaireachta an dath a bheadh in easnamh ar an meadaracht i gcásanna mar sin (*DF* III, xcvi-vii).

Is é *reductio ad absurdum* an áitithe seo Uí Mhurchú go bhféadfadh feabhas na meadarachta agus na cantaireachta dán breá a dhéanamh den truflais ba leimhe ar bith. Feictear dom chomh maith gur chuir spéis Uí Mhurchú sa mheadaracht amú é sa chuntas a thug sé in *DF* III ar an dán álainn *DF* 33. Dúirt sé: ... *[T]he Deibhidhe quiet of the Sleepsong of Diarmaid seems to come as the necessary crowning perfection [of the poem]* ... (*DF* III, xcvi) agus ghlac sé leis gur aon ráiteas aontaithe amháin atá ann .i. suantraí Ghráinne do Dhiarmaid. Is fíor, ar ndóigh, gur aon dréacht amháin atá sa dán i dtaca leis an meadaracht de, agus is dócha gurb é sin a d'fhág dall ar fhíornádúr an dáin é, is é sin, gur comhrá atá ann seachas monalóg. Tháinig sé ar an tuiscint gur comhrá é ar ball, áfach, agus in *Early Irish Lyrics* (Murphy 1962) thug sé teideal nua ar an dán, mar atá, 'Díarmait's Sleep' agus d'áitigh go labhraíonn Gráinne i rainn 1-10 agus go dtugann Diarmaid freagra uirthi i rainn 11-15 (Murphy 1962, 238).

Ón uair nár fhéach Gearóid Ó Murchú leis an bhfocal *ballad* a shainmhíniú san aiste sin in *DF* III, tá éiginnteacht ag baint le cuid mhaith den tráchtaireacht ghinearálta a rinne sé ar na *Fionn ballads*, mar nach bhfuil sé soiléir i gcónaí cé acu arbh iad dánta *Duanaire Finn* trí chéile nó sciar éigin díobh atá i gceist aige ina thráchtaireacht.

Lena cheart a thabhairt don Mhurchúch, ní mór a aithint gur chríochnaigh sé an aiste sin ar fhiúntas liteartha *Duanaire Finn* thart ar an mbliain 1937 agus nach raibh sé in ann gach eolas a cuireadh ar fáil idir sin agus an uair a foilsíodh an leabhar (1953) a chomh-shnadhmadh isteach san aiste sin (féach *DF* III, v). Sampla maith den eolas a cuireadh ar fáil i ndiaidh 1937 is ea leabhar William J. Entwistle, *European Balladry*, a foilsíodh sa bhliain 1939. Scríobh Gearóid Ó Murchú léirmheas ar an leabhar sin in *Éigse* 3 (1941-2) agus thagair sé arís dó ina leabhrán *The Ossianic Lore and Romantic Tales of Medieval Ireland* (1955). Sa léirmheas agus sa leabhrán araon thagair sé don sainmhíniú a thug Entwistle ar an bhfocal *ballad,* mar atá, *a short traditional narrative poem sung, with or without accompaniment or dance, in the assemblies of the people* (Entwistle 1939, 16-17 agus 33);[2] sa léirmheas mhínigh sé gur *ballads* sa chiall sin ab ea *our many Gaelic duana about Fionn* (Murphy 1941-2, 74); agus, ag trácht dó sa leabhrán ar na dánta Fiannaíochta a cumadh, dar leis, sa dara céad déag, rinne sé idirdhealú tábhachtach idir *the many lyrics* agus *the new genre of balladry, which about this time makes its first appearance in Ireland* (Murphy 1955, 19). Ba dhóigh leat go raibh sé tar éis glacadh leis nach *ballads* iad na dánta ar fad in *Duanaire Finn:* go deimhin d'admhaigh sé go raibh cuid acu a cumadh sa dara céad déag, dála *Gráinne's poem for the sleeping Diarmaid… purely lyrical* (Murphy 1955, 22).[3]

Bíodh gur áitigh Gearóid Ó Murchú gur féidir *ballad* i gciall sin Entwistle a thabhairt ar chuid de na dánta in *Duanaire Finn,* ní mór a aithint nach bhfuil sainmhíniú Entwistle sách beacht le difríochtaí bunúsacha idir na dánta Fiannaíochta sin agus gnáthbhailéid na hEorpa a thabhairt chun solais. Chuaigh Entwistle féin i gcomhairle le Myles Dillon (Entwistle 1939, xv) faoi fhilíocht na Gaeilge agus mheas nárbh féidir *ballads* a thabhairt ar na dánta Fiannaíochta toisc gur filí léannta a chum iad, an áit gur filí neamhléannta a chum bailéid na hEorpa (Entwistle 1939, 4-5, 10).[4] Dá bharr sin, ba dhóigh leat gur chóir do Entwistle na focail *composed by an unlearned poet* a chur lena shainmhíniú. Rinne Gearóid Ó Murchú neamhshuim den deacracht sin, ach d'aithin go raibh gné eile de na dánta Fiannaíochta a dhealaigh ó bhailéid na hEorpa iad:

> Irish ballads, unlike those of the rest of Europe, are hardly ever told in the third person. They are, as it were, overgrown dramatic lyrics, in which the narrator of the story either takes part in its action or is closely connected with those who did so (Murphy 1955, 21).

Mhearaigh leabhar Entwistle Gearóid Ó Murchú, ba dhóigh liom, agus lean sé air in *The Ossianic Lore* ag tabhairt *ballads* ar na dánta

Fiannaíochta ina bhfuil scéal á insint. Toisc gur filí léannta a chum na dánta Fiannaíochta agus toisc gur sa chéad phearsa a labhraíonn an reacaire iontu, ní léir dom gur féidir bailéid a thabhairt ar aon chuid de na dánta Fiannaíochta ná go gcabhraíonn an lipéad Eorpach sin le nádúr na ndánta Gaeilge a chur amach.

Ar an drochuair, tá fadhb den sórt céanna ag baint le 'laoithe' a thabhairt ar na dánta Fiannaíochta toisc nach bhfuil san fhocal 'laoi' le fada an lá anois ach focal atá ar chomhbhrí le 'dán' nó 'duan'. Chomh maith leis sin, na húdair atá tar éis trácht a dhéanamh i nGaeilge ar na dánta Fiannaíochta, thug siad 'laoithe' ar dhánta Fiannaíochta de gach saghas agus ghlac siad leis gur 'laoithe' a bhí sna dánta ar fad in *Duanaire Finn*. Is deacair labhairt le haon chruinneas faoin ábhar seo gan téarma soiléir a bheith in úsáid a thagródh go beacht do chineál áirithe dáin. Mholfainn, dá bhrí sin, glacadh leis an idirdhealú a rinne Gearóid Ó Murchú idir na dánta liriciúla agus na dánta eile in *Duanaire Finn*, agus mholfainn gan laoithe a thabhairt ar an gcéad chineál. Tá idirdhealú tábhachtach déanta ag Ruairí Ó hUiginn idir 'laoithe seanchais' agus 'laoithe eachtraíochta' in *Duanaire Finn*. '[D]án a thugann cuntas ar ghné éigin de shaol na Féinne – go háirithe cúrsaí ginealaigh – ach nach bhfuil insint ar aon scéal amháin ann' is ea an 'laoi seanchais', agus dán 'a thugann cuntas ar eachtra amháin' atá sa 'laoi eachtraíochta', dar leis (Ó hUiginn 1995, 58-9). Tá údarás maith le 'laoi' a thabhairt ar an dá chineál aiste sin, ach ba mhaith liomsa, ar son na haicearrachta, an focal a úsáid feasta anseo sa dara ciall sin Uí Uiginn .i. 'laoi eachtraíochta'. Is é a bheidh i gceist agam leis an bhfocal 'laoi', más ea, 'aiste óglachais ina dtugann reacaire a labhraíonn sa chéad phearsa tuairisc ar eachtra de chuid na Féinne, agus í arna cumadh ag file gairmiúil le go gcanfaí (le tionlacan uirlise scaití) i láthair lucht éisteachta í.'

Dá éachtaí an saothar eagarthóireachta agus tráchtaireachta a chuir Gearóid Ó Murchú ar fáil in *DF* II agus III, sílim go bhfuil an iarracht a rinne sé le fiúntas liteartha na ndánta a mheas agus lena n-ilghnéitheacht a nochtadh, easnamhach ar shlite éagsúla. Tá roinnt mhaith tráchtaireachta déanta ag údair éagsúla ar *Duanaire Finn* le suim bhlianta anuas, ach is iad cúlra na díolama, a tábhacht mar ghné den Fhiannaíocht agus téamaí na ndánta inti, is mó atá pléite acu. Tá plé déanta ag údair áirithe ar ghnéithe den ionramháil a rinneadh ar an ábhar sna laoithe, agus fiú ar ghnéithe de laoithe áirithe ar leith,[5] ach níl aon iarracht mhór déanta acu le laoithe (eachtraíochta) ar leith a phlé go criticiúil ná le léirmheas a dhéanamh orthu. Creidim go dtuilleann na laoithe Fiannaíochta go bpléifí iad mar sin. Ón uair gur cumadh na laoithe in *Duanaire Finn* ag amanna éagsúla le linn tréimhse an-fhada (idir tús an dara céad déag agus tús an seachtú céad déag, dar le Gearóid Ó Murchú[6]), agus nach eol ainmneacha na bhfilí a chum iad, ní haon iontas é go bhfuil siad ilghnéitheach go maith i dtaca le hábhar, le hionramháil an ábhair, le friotal is le cruinneas na meadarachta. Ní léir dom go mbeadh mórán brí le haon iarracht léirmheas cuimsitheach a dhéanamh orthu trí chéile: ina áit sin shíl mé gurbh fhiú féachaint le laoi amháin a chíoradh go mion, agus roghnaigh mé *DF* 4 a phlé, ar an ábhar go bhfuil ionramháil réasúnta sofaisticiúil déanta ar an ábhar ann, an áit a dtugtar insint sách neamhchas ar an eachtra i gcuid de na laoithe, agus go bhfuil roinnt gnéithe di atá suimiúil ar a son féin, go háirithe mar gur féidir glacadh leo mar fhianaise go raibh údar na laoi seo ag plé lena shaothar ar leibhéal liteartha sách ard.

Naoi rann is trí scór atá sa laoi seo, rud a fhágann go bhfuil sí sa réimse meánach i dtaca le fad de i measc laoithe *Duanaire Finn*. Óglachas 'aoi fhreislighe' is ea meadaracht na haiste agus léiríonn an comhardadh gurb é córas fóneolaíochta na Gaeilge clasaicí is bun le friotal na laoi den chuid is mó.[67] Tá rialacha na meadarachta arna gcomhlíonadh go han-chruinn, tríd is tríd, i dtaca le cinnteacht siollaí agus i dtaca leis an gcomhardadh, bíodh nach comhardadh slán an dáin dhírigh a bhíonn i gceist.

Is é cath Chronnmhóna an eachtra is ábhar don laoi seo. De réir thraidisiún na Fiannaíochta bhain an cath sin leis an aighneas leanúnach idir Clann Bhaoiscne agus Clann Mhorna, idir Fionn mac Cumhaill agus Goll mac Morna. Mar is gnách sna laoithe Fiannaíochta, tagraíonn an reacaire sa chéad phearsa dó féin mar fhear

335

inste scéil (1ad 'Scéala catha Cronnmhóna … atú féin orra im' eólach').[8] Is iondúil go dtugann reacaire na laoithe cuntas ar an eachtra sa chéad phearsa (iolra), á thabhairt le fios go raibh sé féin páirteach sna himeachtaí. Is sa tríú pearsa amháin, áfach, a thugann reacaire *DF* 4 tuairisc ar na himeachtaí atá faoi chaibidil aige, rud a thugann le tuiscint nach bhfuil sé le samhlú mar dhuine a bhí páirteach iontu. Sa dá rann deiridh (68-9) labhraíonn sé sa chéad phearsa den uair dheiridh; is ag labhairt le Pádraig agus a chuid cléireach atá sé anois, agus sa rann deiridh ar fad deir sé gurb é féin Oisín. Is léir, áfach, gur breis iad an dá rann sin a cuireadh leis an dán, faoi anáil na tuisceana gurb é a bhí sa chuid is mó de na laoithe, scéalta a d'inis Oisín (nó Caoilte) do Phádraig. Tá dúnadh ('scéala') i ndeireadh r. 67, rud a thabharfadh le fios gurb é sin rann deireanach na laoi ó cheart. Ní luann an reacaire a ainm féin aon áit sa laoi anuas go dtí an dá rann bhreise seo; ach labhraítear faoi Oisín sa tríú pearsa i r. 10, agus tugtar le tuiscint gur meatachán é. Ba thuathalach Oisín a chur ag labhairt faoi féin ar an gcaoi sin, agus ní bheadh dath na dóchúlachta ar Oisín a bheith ag móradh Ghoill agus ag caitheamh anuas ar a athair féin, Fionn, agus ar a mhac, Oscar, mar a dhéantar sa laoi seo. Reacaire gan ainm is ea reacaire na laoi seo, más ea, agus reacaire uilefheasach is ea é freisin agus é in ann tuairisc a thabhairt ar imeachtaí i gcampa Fhinn agus i gcampa Ghoill araon. Is iomláine an cuntas a thugann sé ar na himeachtaí i gcampa Fhinn, ach, léirítear Fionn mar chladhaire a fhéachann le Goll a mharú go fealltach (43-7) agus a dhiúltaíonn é a throid láithreach ina dhiaidh sin (52),[9] agus léirítear lucht leanúna Fhinn mar mheatacháin nach ligfeadh an eagla dóibh dul in aghaidh Ghoill (10-6), agus i measc na meatachán úd tá Oisín (10), mar a luaigh mé cheana, agus a mhac siúd, Oscar (11). Os a choinne sin thall, léirítear Goll mar laoch 'gníomhéachtach' (37a, 46c), 'ardéachtach aingidh' (40d), 'fearamhail' (51c), 'iléachtach' (57a) agus tugtar 'Goll na gcleas n-ághmhar' agus 'Goll na sleagh mbuadha' air (5b, 7b).[10]

Is léir gur theastaigh ón údar an reacaire a chur i láthair mar scéalaí comhfhiosach agus rinne sé amhlaidh ar shlite éagsúla. Gné shuntasach de na laoithe Fiannaíochta is ea an t-áitiú gur barántúil an scéal toisc gur finné iontaofa an reacaire, agus is é a fhearacht sin ag an dán seo é: 'Scéala catha Cronnmhóna/ ... atú féin orra im' eólach' (1ad), 'ní fhuilim 'na mhearughadh' (61c), 'amhlaidh so atáid a scéala' (67d). Labhraíonn an reacaire leis an lucht éisteachta/ léite i dtosach na laoi le húdarás a scéil a dhearbhú: 'Scéala catha Cronnmhóna,/ a lucht rérbh áil a n-eólas ...' (1ab), agus i dtreo dheireadh na laoi, agus sonra dá chuntas féin á chur i láthair aige, samhlaíonn sé, is cosúil, gurbh fhéidir go raibh insint eile, insint neamhiomlán, b'fhéidir, ar an scéal cloiste acu: 'Fiann tíodhlaictheach Thuadhmhumhan/ ... cá bhfios dúinn an gcualabhair,/ níor téarnódar don turas.' (62acd). Tagraíonn an reacaire do struchtúr an scéil atá á insint aige freisin ar shlí a thugann le fios gur cuntas deadhéanta atá á thabhairt aige. Nuair a dhiúltaíonn laochra na Féinne ina nduine is ina nduine d'iarratas Fhinn go rachaidís le Goll a throid, glacann Cairioll ó Conbhróin leis (17), ach tugann Goll féin le fios nach bhfuil faitíos ar bith air roimh Chairioll (20). Nuair a riarann Fionn a chuid fear le dul ar an taobh ó thuaidh agus ar an taobh ó dheas de Chronnmhóin, cuireann sé Cairioll i gceannas orthu siúd a bhí le bheith ar an taobh ó thuaidh (35). Is léir go dtuigtear don reacaire go bhfuil tábhacht faoi leith ag baint le Cairioll[11] agus déanann sé tagairt arís dó i rann 56 ar shlí a ligeann dó an t-athrá a sheachaint le linn dó a thabhairt le tuiscint go bhfuil míreanna a chuntais ag teacht lena chéile: agus é ag insint gur ionsaigh Goll agus sluaite na taoibhe ó thuaidh a chéile, deir sé: 'Ua Conbhróin 's a ndubhramair/ tuas i dtosach an scéil-se/ in aghaidh Ghoill chúlscathaigh/ do chuadar cách lé chéile' (56). Ar ball deir an reacaire nach dteastaíonn uaidh an iomarca faid a chur lena chuntas: 'Ní bhiú-sa gá ro-scaoileadh/ a ndearnadh re mac Morna' (63ab). Trí bhíthin na ráiteas sin ar fad cothaíonn an t-údar an tuiscint gur scéalaí comhfhiosach é an reacaire.

Tá buanna eile de chuid an údair á nochtadh i bhfriotal na laoi. An dobhriathar 'tuas' i gcaint an reacaire 'a ndubhramair/ tuas i dtosach an scéil-se' (56bc), sílim go dtabharfadh sé le fios gur mar théacs scríofa a bhí údar na laoi seo ag smaoineamh ar an scéal,[12] agus b'fhéidir go raibh tionchar aige sin ar an bhfriotal a chuir sé chun fónaimh. Gaeilge liteartha na meánaoise agus í ag freastal ar riachtanais na meadarachta is ea Gaeilge na laoi seo. Mar sin féin, tá éascaíocht mhaith ag baint léi, fiú sna codanna den laoi atá ina gcomhráite nó ina n-óráidí. Tá beagán seanfhocal agus cor traidisiúnta cainte inti, is fíor, ach níl ann ach an beagán. Agus Oscar ag diúltú dul le Goll a throid faoi mar a bhí déanta díreach roimhe ag a athair, Oisín, deir sé 'Maith gach mac mar a athair' (11b), rá a bhfuil cuma an tseanfhocail air, ach go bhfuil blas íorónta air sa chás seo. Baineann an file Fearghus Fínbhéalach leas as an seanfhocal 'Buaine bladh iná saoghal' (47d), agus arís anseo tá brí na cainte neamhghnách, mar, in áit a thabhairt le fios gur chóir do dhuine éacht a dhéanamh fiú dá bhfaigheadh sé bás san iarracht, is ag áitiú ar Fhionn gan feall a imirt ar Gholl atá Fearghus. Bíonn téagar ag baint le seanfhocail mar sin nuair nach mbíonn siad rólíonmhar i dtéacs, agus is é a fhearacht sin ag sean-nathanna eile sa laoi seo freisin é. Níorbh 'aghaidh ar charaid' é ionsaí Ghoill ar a naimhde ach 'toisc seabhaic fo mhinéanaibh' (57bc), agus ní dheachaigh slán uaidh 'fear na scéal do chomh-mhaoidheamh' (63c) – 'fear inste scéil', mar a déarfá. De bharr an leadartha a fuair Fiann Deasmhumhan ó Gholl, fágadh 'gach laoch dhíbh 'na dhá ordain' (61d),[13] agus nuair a bhris Fionn ar Chormac agus a shlua, chuir Goll 'sciath thar lorg air' (64d). Tá cuma thraidisiúnta ar an nath 'gan codladh gan coisreagadh' (4c) a thagraíonn do Gholl agus é ag éirí ar maidin le dul i gcoinne a naimhde, ach níl aon sampla eile de aimsithe agam.

A lán de na haidiachtaí tuairisciúla sa laoi seo, dála 'Fionn grinnbhéarlach' agus 'Oisín ilbhéarlach' (10ac), tá siad ann le riachtanais na meadarachta a chomhlíonadh agus dá réir sin níl aon trombhrí leo; ach uaireanta an tréith de chuid duine de na pearsana a nochtann aidiacht nó dobhriathar aidiachtach, baineann sé go cruinn le hábhar na hinsinte agus bíonn éifeacht leis na focail sin dá bharr sin. Mar shampla, labhair an file, Fearghus Fínbhéalach, 'go faobhrach' le Fionn agus é ag áitiú air gan feall a imirt ar Gholl (47b); nuair a d'iarr Fionn comhlann ar Gholl, dúirt Goll 'gur dhomblasta/ triath ag comhrac 'sa chéile.' (49cd); ba 'míchéillidh' d'Fhionn is do Gholl coinne chun troda a dhéanamh le chéile, dar leis an reacaire (53c); agus bhí Fionn 'láinfheasach' agus 'fáthbheartach', dar leis, agus é ag roinnt a shluaite 'ar dhoirsibh na móna' i dtosach an chatha (55acd). Tá téagar breá daonna scaití sa fhriotal a d'úsáid an t-údar le carachtar na bpearsan a nochtadh, go háirithe trí bhíthin ráite a mbéil féin. Tar éis d'Fhionn tamall a chaitheamh ag impí ar a lucht leanúna dul in aghaidh Ghoill, tagann cuthach feirge air nuair a eitíonn siad é agus tugann sé 'a chlann brughadh is balach' orthu (16d); glacann Cairioll lena iarratas, áfach, agus deir mar mhíniú ar a bhfuil á dhéanamh aige: 'Ní hé sin gníomh míchéillidh/ do gealladh riamh le habhlóir' (17cd); ach diúltaíonn Fátha Canann á rá go gonta: 'Gidhbé bhéas go míchéillidh,/ teagadh ann is ní racham' (12cd). Ar ball léirítear go gléineach nach iad laochra na Féinne amháin atá meata, mar is go fíordhrogallach a théann a gcomhghleacaithe chun catha freisin: 'iomdha óig ag urlagadh/ d'eagla Ghoill ...' i measc Fhian Urmhumhan (29cd), agus 'bhí [sé] ina nuallghubha' ag Fian Tuadhmhumhan agus iad ag scaradh lena chéile (31c).

Gné thábhachtach de fhriotal na laoi seo is ea an chaint is an comhrá, bíodh siad á gcur i láthair mar chaint dhíreach nó i bhfoirm claoninsinte: úsáidtear iad le carachtar na bpearsan a nochtadh agus le hinsint an scéil a chur chun cinn. Seachas na cainteanna atá luaite agam cheana i ngeall ar a théagartha gonta atá siad, tá a lán eile a bhfuil deiseacht, díríocht, nádúrthacht agus soiléireacht ag baint leo. Bíonn leibhéal eile comhrá le fáil coitianta sna laoithe Fiannaíochta, mar atá, comhrá idir an reacaire (Oisín nó Caoilte, is iondúla a bhíonn i gceist) agus an té a bhfuil an scéal á insint dó (Naomh Pádraig nó duine éigin eile). Níl aon chomhrá mar sin sa laoi seo againne.

Bíodh go bhfógraítear i gcéadlíne na laoi gur 'Scéala catha Cronnmhóna' atá le hinsint ag an reacaire, is cuntas ar réamhimeachtaí an chatha is mó a thugtar sa laoi, agus ní thugtar de thuairisc ar an gcath féin i gcorp na laoi ach ceithre rann déag. Is slachtmhar sothuigthe an cuntas a thugtar ar na himeachtaí éagsúla ach amháin i bhfíorthosach na laoi. Déantar áireamh ar chuid acu sin a bhí sa chath (2-3), agus ansin instear go raibh ar Gholl faire a dhéanamh gach oíche ar feadh seachtaine agus teacht sa chath an lá dár gcionn go dtí gur iarr sé ar a ghaolta faire a dhéanamh oíche amháin (4-6). Is ar imeachtaí na hoíche sin a thugtar tuairisc sa chuid is mó den laoi (7-53) agus i ndeireadh an chuntais sin tugtar le fios, ar shlí atá ag teacht salach ar a ndúradh i dtosach na laoi, nach raibh an cath tar éis tosú go fóill, mar is ag an bpointe seo a dhéanann Fionn agus Goll coinne leis an gcath a throid an lá dár gcionn (53cd).

An oíche sin nach raibh ar Gholl faire a dhéanamh, chuaigh sé ar scáth crainn le seal codlata a dhéanamh, agus tháinig a fhile, Daighre Duanach, chuige (7). Chuir Goll Daighre ina theachta chuig Fionn lena fháil amach an raibh fear a dhiongbhála féin aige (8). Ar ball chuaigh Goll féin le héisteacht ar chúla téarmaí le Fionn agus a chuid fear á roinnt aige le dul ina aghaidh féin agus nuair a tháinig sé ar ais chuaigh sé chuig Daighre lena fhiafraí de cérbh é an duine seo 'Goll' a raibh Fionn ag caint faoi (37-38).[14] Mhínigh an file dó gur leasainm air féin ab ea 'Goll' (39-40). Rinne Goll seal codalta ina dhiaidh sin, agus nuair a chuala Fionn a 'ochbhadhach' (43c) agus go bhfaca é ina chodladh ina aonar, bheartaigh sé é a mharú gan fhios; ach mheabhraigh file Fhinn, Fearghus Fínbhéalach, dó gur feall a bheadh ansin a bheadh ina smál ar a oineach (42-7). Dhúisigh Goll nuair a chuala sé Fionn agus Fearghus ag caint (48).

Cuid an-suntasach de *DF* 4 is ea na tuairiscí ar an mbaint a bhí ag an mbeirt fhilí, Daighre Duanach agus Fearghus Fínbhéalach, le himeachtaí na hoíche roimh chath Chronnmhóna, agus tá gach cosúlacht air gur breiseanna iad na tuairiscí sin a chuir údar na laoi seo le cuntas traidisiúnta ar an gcath. Tá cuntas eile ar an gcath in *DF* 3, laoi a bhfuil a buneilimintí níos sine, dar le Gearóid Ó Murchú, ná *DF* 4 (*DF* III, 10-11, 13). Is mór í an chosúlacht idir an cuntas ar na himeachtaí in *DF* 4 agus an cuntas in *DF* 3, go háirithe i dtaca leis an bhfaire a rinne Goll agus leis an iarracht fhealltach a rinne Fionn Goll a mharú, iarracht atá ina gné shuntasach den dá chuntas (*DF* 3.16-9; *DF* 4.42-8). Níl aon trácht in *DF* 3, áfach, ar Gholl a chur Dhaighre Dhuanaigh lena fháil amach cé a chuirfeadh Fionn ina choinne féin, ná go deimhin ar Gholl a dhul a chúléisteacht le Fionn. Níl aon tagairt d'Fhearghus Fínbhéalach sa laoi sin ach oiread: is é an troimpléasc a dhéanann Fionn agus é ag nochtadh a chlaímh chun Goll a mharú a dhúisíonn Goll (*DF* 3.19ab). Is léir ón tuairisc a thugtar in *DF* 4 ar na filí gur mar 'ollúna flatha' a shamhlaigh údar na laoi seo Daighre agus Fearghus. File Fhinn é Fearghus (48b) agus 'ríghéigeas' (37c)[15] is ea Daighre arb é 'dearbhráthair' Ghoill é freisin (20a). Samhlaíonn údar na laoi cúraimí leo atá inchurtha leis na cúraimí a shamhlaíodh an t-ollamh flatha leis féin, de bhreis ar chúram na cumadóireachta, mar atá, bheith ina ambasadóir thar ceann an rí, comhairle a thabhairt dó agus fios a rúin a bheith aige.[16]

Ní ina ambasadóir go díreach ach ina 'theachta' (8b) a chuireann Goll Daighre Duanach ag triall ar Fhionn. Níl difríocht an-mhór idir an dá chúram ach sa mhéid gur le heolas a fháil, seachas le réiteach a phlé, a chuirtear an file chuig Fionn. Nuair a insíonn Daighre a bhfuil cloiste aige do Gholl, agus go bhfuil sé soiléir nach bhfuil aon duine ach amháin Cairioll sásta Goll a throid, nochtann Goll i modh rúin do Dhaighre nach bhfuil faitíos air roimh Chairioll, agus déanann sé amhlaidh mar go bhfuil Daighre iontaofa (20b). B'fhiú leis an rí freisin dul i gcomhairle lena fhile toisc go raibh sé eolach. Dá réir sin, is é Daighre a mhíníonn do Gholl gur thug Fionn 'Goll' mar leasainm air nuair a bhasc Cumhall a shúil i gcath Chnucha (39-40). Tugann Fearghus Fínbhéalach comhairle a leasa d'Fhionn nuair a mholann sé dó gan Goll a mharú go fealltach (47).

Feictear dom gurb é meon an fhile ghairmiúil atá á nochtadh ag spéis údar na laoi seo i gcúraimí an ollaimh fhlatha. Chuir an spéis sin ar a chumas cur le substaint an dáin ar shlí an-spéisiúil, dar liom, agus chomh maith leis sin, thug sí deis dó cur le líon na bpríomhphearsana sa scéal. An lucht éisteachta a chuala an dán á reic, is dócha gur chuir sé leis an sásamh a bhain siad as an dán ainmneacha na bpearsan a chloisteáil á lua i dtuairisc Dhaighre i rainn 10-17, ach sílim gur leamh le lucht léite na laoi anois liostú ainmneacha den chineál sin, go háirithe ón uair go bhfuil dhá liosta eile ainmneacha daoine is buíonta sa laoi i rainn 24-36 agus 56-64. Os a choinne sin thall, ní féidir a shéanadh nach léirítear meon Fhinn agus a chuid fear leith ar leith go soiléir sa laoi agus gur éirigh leis an údar Goll a mhóradh trí bheith ag caitheamh anuas orthu siúd.

I ndiaidh na tuairisce ar réamhimeachtaí an chatha, níl sa tuairisc ar an gcath féin (54-67) ach cuid Pháidín den mheacan. Mar is dual do na laoithe Fiannaíochta, ní thugtar aon mhionchuntas ar aon ghné den chath: is é atá sa chuid seo den laoi sraith de ráitis impriseanaíocha agus cuid acu á neartú ag nathanna traidisiúnta.

Is ag Goll agus a mhuintir a bhí an lámh in uachtar de réir an chuntais seo ar chath Chronnmhóna. D'imir siad ár ar mhuintir Fhinn (57-63) agus, bíodh gur éirigh le Fionn briseadh ar chlann Chormaic, rinne Goll iad a chosaint go héachtach (65-6) sa tslí go raibh Goll go buacach i ndeireadh an chatha agus na laoi. Ní thagann sé sin leis an gcuntas ar an gcath in *DF* 3, mar a n-admhaíonn an reacaire, Garaidh de chlann Mhorna, gur ag Fionn a bhí an lámh in uachtar agus, murach an chosaint a rinne Goll ar a mhuintir, go ndéanfaí sléacht orthu. Is é an leasú cliste a rinne údar *DF* 4 air sin, a thabhairt le fios nach raibh ag teitheadh ach cuid de mhuintir Ghoill. Leasú comhfhiosach a bhí á dhéanamh ag údar na laoi seo, agus is geall le hadmháil atá in *DF* 4.62c ('cá bhfios dúinn an gcualabhair') gurbh amhlaidh a bhí.

Níor éirigh le húdar na laoi seo a chuid leasuithe a dhéanamh i gcónaí le lánéifeacht, feictear dom, mar d'fhág sé máchail ar phlota an scéil san áit ar chuir sé breiseanna na bhfilí leis an mbunscéal agus chuir sé leathmhaig ar struchtúr na laoi i dtaca leis an gcoibhneas idir fad an chuntais ar na réamhimeachtaí agus fad an chuntais ar an gcath féin. Maidir le bunéirim an dáin, is í an aidhm a bhí ag an údar a shuíomh gurbh é Goll an fear ab fhearr, agus d'éirigh leis an tuiscint sin a chur i gcion go feillbhinn leis na heachtraí a chruthaigh sé, leis an léiriú a thug sé ar charachtar phríomhphearsana a scéil, agus leis an ionramháil ealaíonta a rinne sé ar mheadaracht is ar fhriotal na laoi.

NÓTAÍ

¹ *DF: Duanaire Finn.* Déanaim tagairt feasta do na trí imleabhar d'eagrán an Irish Texts Society le huimhreacha rómhánacha (ceannlitreacha), agus do leathanaigh na n-imleabhar le huimhreacha rómhánacha (litreacha beaag) nó arabacha de réir mar is cuí (m.sh. *DF* III, xc; *DF* III, 9-10). Le huimhreach arabacha a dhéanaim tagairt do na laoithe agus do rainn na laoithe, agus le litreacha beaga a dhéanaim tagairt do línte na rann (m.sh. *DF* 3.16-9; 55acd).

² Bhí a fhios ag Entwistle go raibh bríonna éagsúla leis an bhfocal *ballad* agus dúirt gur ghá dó brí ar leith a bhronnadh ar an bhfocal ina leabhar féin: *To the word 'ballad' it will be necessary to attribute a special meaning for the duration of this book, since none of those commonly accepted precisely cover the subject.* Is í an bhrí sin a bhí á sainmhíniú aige (Entwistle 1939, 16-17; agus arís 33). In *The Ossianic Lore and Romantic Tales of Medieval Ireland,* 19, d'fhág Ó Murchú an focal *narrative* ar lár agus sainmhíniú sin Entwistle á thabhairt aige agus níor ceartaíodh an botún sin san eagrán leasaithe den leabhar (Ó Cuív 1971).

³ Is cosúil nach raibh sé fós tar éis teacht ar an tuiscint gur comhrá seachas monalóg a bhí sa dán sin.

⁴ Glacann scoláirí na Gaeilge leis gur filí gairmiúla a chum laoithe na Fiannaíochta: féach, mar shampla, Ní Dhomhnaill 1975, 44 #85. Measann J. F. Nagy, áfach, nach féidir glacadh leis gan cheist gurbh iad filí na bairdne, *the highly literate* filid *class of poets,* a chum iad (Nagy 1987, 485, n. 16; féach freisin Nagy 2003, 44, n. 16).

⁵ Féach Ó Briain 2003, 57; Nagy 2003, 44-8 agus 1987, 468-82; Ó hUiginn 1995, 56-8, 60; Meek 1987, 135-6; Breatnach 1982-3, 16.

⁶ Féach *DF* III, cxvi-cxvii agus *passim* sa tráchtaireacht ar na dánta ar leith. Níor fhéach Ó Murchú lena áitiú, áfach, go bhféadfaí glacadh gan cheist leis an dátaíocht a mhol sé (féach *DF* III, cxvi) agus measann John Carey *[that] it ... seem[s] likely that Murphy's dates may often have been too late, sometimes by a century or more* (Carey 2003, 18).

⁷ Le haghaidh na n-eisceachtaí féach *DF* III, 12-38

⁸ Na dréachtaí as *DF* 4 atá tugtha agam san aiste seo, is as leagan den laoi atá cóirithe agam féin iad, leagan ina bhfuil an litriú caighdeánaithe agus leasuithe eile déanta; féach Aguisín thíos.

⁹ Mar sin féin, is 'deaghlaoch deaghthapaidh' (54c) é Fionn chomh maith céanna le Goll. Maidir le codarsnacht na dtréithe i gcarachtar Fhinn féach *DF* I, xlix.

¹⁰ Is é míniú Eoin Mhic Néill air sin: *The story of the final war between Fionn and Goll was no doubt chiefly elaborated in Connacht. Several of the poems in [Duanaire Finn] deal with it; and in them, while Fionn is always the more powerful, Goll is the*

greater and the nobler hero (*DF* I, xlviii). Féach freisin alt Noelle ní Uigin, thuas, 'Goll mac Morna – Laoch Connachtach na Fiannaíochta agus Ceist an Chúigeachais'.

11 De réir traidisiúin a bhfuil insint air in *DF* 22.50-62 agus atá pléite ag Máirtín Ó Briain (Ó Briain 2003), spreag Cairioll achrann le linn fleá i dtigh Fhinn in Almhain, nuair a chuir sé in aghaidh cheart Ghoill smior na gcnámh a fháil mar 'mír mhuradh'.

12 Féach DIL, s.v. *tuas, thúas* (c). Bheadh 'riamh' níos nádúrtha san insint bhéil. Féach 'imcoimed na slighedh … atpertamar riam' agus 'amail atpertamar riam', Quin 1939, línte 269, 329.

13 Féach DIL s.v. *ordu* (*orda*) *a piece, morsel, portion* … 'Freq. of human bodies cloven asunder in fight.'

14 'Iollann' ab ainm do Gholl ó cheart. Féach *DF* 4.42d, 48a, 67c.

15 Nochtar an bharúil in DIL (s.v. *ríg-*) gurbh fhéidir go bhfuil an bhrí *king's poet* ag an bhfocal *rígfhili* scaití. Níor mhiste a cheapadh, mar sin, gurb í an bhrí chéanna sin atá le 'rígéigeas' anseo.

16 Féach Breatnach 1983, 48-60.

Aguisín

Duanaire Finn IV

1. Scéala catha Cronnmhóna,
   a lucht rérbh áil a n-eólas,
   líon na gcuradh gcomhchródha,
   atú féin orra im' eólach.

2. Clanna Rónáin tiodhlaict[h]igh
   is clanna Baoiscne bodhbha,
   ro-bhádar san iorgail-sin
   is deich mic fhichead Morna.

3. Í Dhá Bhoireann bhuadhbhallaigh
   is Í Dhuibh Dhíothraibh neamhghainn
   sa chath sin do chuadar-san
   le chéile is clanna Neamhnainn.

4. Do fhreastal an choinnimh-sin
   do bhí Goll mór mac Morna
   gan codladh gan coisreagadh
   ag a fhritháileamh dhó-san.

5. Faire fri ré seachtmhaine
   do bhí ar Goll na gcleas n-ághmhar;
   ní bhíodh triath ba neartmhaire
   issan chath ar na mhárach.

6. Aon oidhche don fhoraire
   siris Goll ar a ghaoltaibh;
   a rádha nach gcoiscfidhe
   a n-iomarcaidh go bhfaobhraibh.

7. Ar scáth croinn go déigheanach
   do bhí Goll na sleagh mbuadha;
   ad-chí chuige an t-éigeasmhac
   dá ngoirthí Daighre Duanach.

8. Do shir Goll an filidh-sin
   'na theachta go mac Cumhaill
   d'fhagháil scéal an bhfidir-sin
   insa bhFéinn fear a fhulaing.

9. Ro-fhiafraigh Fionn Almhaine
   d'Fhianaibh Éireann i n-éinfheacht:
   'Cia rachas le daghchroidhe
   i n-aghaidh Ghoill na ngéarshleagh?'

10. Adubhairt Fionn grinnbhéarlach
    gomadh dá mhac badh córa;
    do ráidh Oisín ilbhéarlach
    nach dingéabhadh mic Morna.

11. Do ráidh Oscar anglonnach:
    'Maith gach mac mar a athair.'
    Dar leis féin ba neamhghuthach
    dhó gan dul ina aghaidh.

12. Ag freagra don ríghfhéinnidh
    adubhairt Fátha Canann:
    'Gidhbé bhéas go míchéillidh,
    teagadh ann is ní racham.'

13. Gé[ma]dh olc lé ar bhflaithfhéinnidh,
    do ráidh Diarmaid ó Duibhne
    nach rachadh 'na chathéideadh
    i n-aghaidh láimhe an Ghoill-sin.

14. Mac a mheic 'sa inghine
    diarbhó chomhainm Mac Lughach,
    dar leis níor ghníomh impidhe
    dol do dhiongbháil an churadh.

15. Fionn an uair ro heitigheadh
    do chuir aghaidh ar Chaoilte
    i ndiaidh cháich go deithbhireach;
    eiteach uatha níor thaoisce.

16. Ro ráidh Fionn ar bhfeargughadh,
    iar mbeith treimhse ga n-atach:
    'Gníomh mar súd ní dhearnsabhair,
    a chlann brughadh is balach.'

17. A dhiongbháil don ríghfhéinnidh
    do gheall Cairioll ó Conbhróin:
    'Ní hé sin gníomh míchéillidh
    do gealladh riamh re habhlóir.'

18. Tug Daighre na briathra-sa
    leis i gcomhdháil a bhráthar
    gur gheall buidhean iarmartach
    do chosc Ghoill ar na mhárach.

19. 'Ní thiocfaidh im' chomhrac-sa
    Fátha Canann ná Caoilte,'
    adubhairt Goll glórghasta,
    'náid maithe chloinne Baoiscne.'

20. 'Innisim dom dhearbhráthair,
    ós hé nach diongna aithris,
    liom féin gomadh neamhghábhadh
    ua Conbhróin gona mhaithibh.'

21. Do chreid Goll na scéala-sa
    do innis Daighre Duanach;
    d'éis eólais do dhéanamh dhó
    do chuaidh an t-éigeas uadha.

22. Do chóidh Goll an adhaigh-sin
    d'éisteacht ré clannaibh Baoiscne
    dia a fhios cia le ndamhaighthear
    teacht 'na aghaidh go faoilidh.

23. Ad-chualaidh an mórfheadhan
    ga roinn ag rígh na Féinne,
    fianna na gcóig gcóigeadha
    in aghaidh Ghoill ré chéile.

24. 'Cuirim Caoilte cruinncheartach
    agus sein-Iobhar crannruadh;
    cosc Ghoill níba haimhneart dháibh,
    clann rí Lochlann 'sa nglanshluagh.

25. 'Donn mór Monaidh, Éachtcholla,
    dá mhac Ruaidh Oirir Alban,
    bídh an buidhean éachtach-sa
    i dtús an chatha chalma.

26. 'Goll Gulban is Cas Cuailgne,
    dá ríghfhéinnidh Fhian Uladh,
    muintir an dá glanuaithne
    le chéile ag cosc an churadh.'

27. Feardhomhan, gér rífhéinnidh
    ar fhianaibh diana dorrdha,
    dhó féin do ba mhíchéillidh
    teacht in aghaidh mhic Mhorna.

28. Rífhéinnidh Ó gCinnsealaigh,
    dar leis féin – ba rí rathmhar –
    ba holc toisc an tinnsceadail
    in aghaidh Ghoill sa chath-sa.

29. Teagaid Fianna Urmhumhan
    sa chath mar gach aon eile;
    iomdha óig ag urlagadh
    d'eagla Ghoill na gcleas neimhe.

30. Ro-sireadh Fiann Dheasmhumhan
    le mac Mhuirne 'mun am-soin;
    dóibh gér mhór an mearughadh,
    tigid ann ina n-armaibh.

31. Fianna tailce Thuadhmhumhan
    teagaid i measc na Féinne;
    do bhí sin 'na nuallghubha
    sul do scarsad re chéile.

32. Le mac Mhuirne munchaoimhe
   do hiarradh ar Fhéinn Chonnacht
   bheith mar chách ag urlaidhe
   in aghaidh Ghoill sa choscar.

33. Do cuireadh an Gairbhtheaghlach
   le mac Cumhaill í Bhaoiscne;
   buidhean fíochdha airmneimhneach
   in aghaidh Ghoill don taoibh-sin.

34. Clanna Neamhnainn sonartaigh,
   do ba dóigh le mac Cumhaill
   gur cuireadh sa choscar-sain
   nach bhfuair Goll fear a fhulaing.

35. Gan aoinfhear 'na n-uireasbhaidh
   ar an taoibh thuaidh de Chronnmhóin
   do chuir Fionn an buidhean-sain
   re cois Chairill uí Chonbhróin.

36. Rí Laighean go dtromthoradh,
   dá rígh Mumhan gér dhaoirse,
   don taoibh theas de Chronnmhónaidh
   Fionn féin is clanna Baoiscne.

37. Gluaisis Goll gníomhéachtach
   d'éis na ranna sin uatha
   go ráinig an ríghéigeas
   diar comhainm Daighre duanach.

38. Le Fionn ó do shirfidhe
   do chosc Ghoill an sluagh trom-sa,
   do fhiafraidh don fhilidh-sin
   cia de chloinn Mhorna an Goll-sa.

39. 'Riotsa féin adubhradar
   ón ló tugadh cath Cnucha
   "Goll" ó fuarais súlbhascadh,
   ann do bhuail Cumhall thusa.

40. 'Ar eagla do láimhe-si
ro-ceileadh ort an t-ainm-sin
le mac Muirne bhághaighe,
a Ghoill airdéachtaigh aingidh.'

41. 'Más chugamsa cruinnighthear
a ndubhradh le mac Cumhaill,
nírbh fholáir a n-oirichill
ria theacht don tsluagh-sain chugainn.'

42. A haithle na faire-sin
do bhí ar Gholl re seacht n-oidhchibh
a bheirt, a airm ailtnighe
láimh re hIollann 'na n-oirbhear.

43. Do rónadh seal codalta
'na dhiaidh sin ré mac Morna
go gcualaidh Fionn ochbhadhach
an laoich in aice an omna.

44. Gluaisis Fionn 'na aonarán
dia a fhios cia do-ní an codladh,
go bhfacaidh an t-aonmhacámh
gan aonduine ina fharradh.

45. Breathnaighis an ríghfhéinnidh,
ó do bhádar 'na n-éanar,
marbhadh Ghoill go míchéillidh
is nach feas cia do dhéanadh.

46. Éirghis Fearghus Fínbhéalach
i ndiaidh Fhinn as a chodladh;
do chonnairc Goll gníomhéachtach
is Fionn ar tí a ghona.

47. Ann adbheart an file-sin
re mac Cumhaill go faobhrach
gan bheith ar tí binibi:
'Buaine bladh iná saoghal.'

48. Dúiscis Iollann órarmach
    ódchuala Fionn 'sa fhile.
    Le mac Cumhaill chomhramhaigh
    iarrtar comhlann i dtrice.

49. Do dhiúlt Goll an comhrac-sa
    do chor re rígh na Féinne;
    adubhairt gur dhomblasta
    triath ag comhrac 'sa chéile.

50. Adubhairt Fionn flaithfhéinnidh
    nocharbh é sin a adhbhar,
    dia mbeith Goll 'na chathéideadh
    gomadh mian leis a mharbhadh.

51. Dus-rad Fionn an trealamh-sain
    diaidh i ndiaidh ina mballaibh;
    éirghis Goll go fearamhail
    an tráth sin ina aghaidh.

52. Do loc Fionn an comhrac-sain
    re mac Morna do dhéanamh;
    adubhairt nár comhchosmhail
    comhrac 's gan cách gá fhéaghadh.

53. Scaraid an dá ríghfhéinnidh
    um an tráth sin re araile;
    do ghabhsad go míchéillidh
    arna mhárach le coinne.

54. Is aibéil do fhreagradar
    iar scaoileadh do Ghlas Gréine
    an dá dheaghlaoch dheaghthapaidh
    Cronnmhóin i gcoinne a chéile.

55. Le mac Cumhaill láinfheasach
    níor hanadh re mac Morna;
    do roinn sé go fáthbheartach
    cách ar dhoirsibh na móna.

56. Ua Conbhróin 's a ndubhramair
tuas i dtosach an scéil-se
in aghaidh Ghoill chúlscathaigh
do chuadar cách lé chéile.

57. Ionsaighe Ghoill iléachtaigh
nocharbh aghaidh ar charaid;
toisc seabhaic fo mhinéanaibh
do bhí aige 'na n-aghaidh.

58. Clann ríogh Lochlann luathbharcaigh
bhádar i dt[ú]s an chomhlainn;
mac Morna do luathbhásaigh,
is níor lughaide a ndoghrainn.

59. Sluagh Osruidhe um Feardhomhain,
cia den tsluagh sin nar marbhadh;
Ulltaigh ann go gearrghonta,
níorbh fhearr do chloinn ríogh Alban.

60. Fianna uaisle Urmhumhan
níor scarsad gan bheith leónta;
Cinnsealaigh adubhradar
nárbh é an cath sin a n-eólas.

61. Gur leadradh Fiann Deasmhumhan
sa chath sin le mac Morna,
ní fhuilim 'na mhearughadh,
gach laoch dhíbh 'na dhá ordain.

62. Fiann tíodhlaict[h]each Thuadhmhumhan
san iorghail sin gérbh umhal,
cá bhfios dúinn an gcualabhair,
níor téarnódar don turas.

63. Ní bhiú-sa gá ro-scaoileadh
a ndearnadh re mac Morna;
fear na scéal do chomh-mhaoidheamh
ní dheachaidh as den tslógh-sa.

64. Le Fionn don leith eile-se
    do briseadh ar chloinn Cormaic;
    mór an t-adhbhar deithbhire:
    ro-chuir Goll sciath tar lorg air.

65. I gceann Sionna sreabhuaine
    tug a aghaidh an uair-sin;
    ní fríth céim badh dheaghchruaidhe
    gur chuir iad tar a ghuaillibh.

66. Do righne Goll lántapadh,
    g[éma]dh beag mór do bhádar,
    Duibhfhéith nó go rángadar
    níor gonadh iad 's níor marbhadh.

67. Ro-fhágbhadh mun ionaim-sin
    clanna Baoiscne fá mhéala
    le héanláimh an Iollainn-sin;
    amhlaidh so atáid a scéala.

68. Gidh aoibhinn an tulach-sain
    ar a bhfuiltí-se, a chléirche,
    aniú isam dubhach-sa
    ag innisin an scéil-se.

69. Mise mac an ríghfhéinnidh
    dia ngoirthí Oisín éachtach;
    fada dhamh go míchéillidh;
    sin, a Phádraig, mo scéala.

LEABHARLIOSTA

Breatnach 1982-3: P. A. Breatnach, 'Irish Narrative Poetry after 1200 A.D.', *Studia Hibernica* 22&23, 7-20.

Breatnach 1983: P. A. Breatnach, *The Chief's Poet*, Proceedings of the Royal Irish Academy, 83 no. 3, section C, Dublin.

Carey 2003: J. Carey, 'Remarks on Dating', in J. Carey, eag., *Duanaire Finn: Reassessments*, Irish Texts Society Subsidiary Series 13, London, 1-18.

Entwistle 1939: W. J. Entwistle, *European Balladry*, Oxford.

Mac Neill 1908, E. MacNeill, *Duanaire Finn*, I, Irish Texts Society 7, London.

Meek 1987: D. Meek, 'Development and Degeneration in Gaelic Ballad Texts', in B. Almqvist, S. Ó Catháin agus P. Ó Héalaí, eag., *The Heroic Process: Form, Function and Fantasy in Folk Epic*, Dún Laoghaire, 131-60.

Murphy 1933: G. Murphy, *Duanaire Finn* II, Irish Texts Society 27, London.

Murphy 1941-2: G. Murphy, '[Léirmheas]: *European Balladry*', *Éigse* 3, 74-6.

Murphy 1953: G. Murphy, *Duanaire Finn* III, Irish Texts Society 43, Dublin.

Murphy 1955: G. Murphy *The Ossianic Lore and Romantic Tales of Medieval Ireland*, Baile Átha Cliath.

Murphy 1962: G. Murphy, *Early Irish Lyrics*, Oxford.

Nagy 1987: J. F. Nagy, 'The Sign of the Outlaw: Multiformity in Fenian Narrative' in J. M. Foley, eag., *Comparative Research on Oral Traditions: a memorial for Milman Parry*, Columbus, Ohio, 465-92.

Nagy 2003: J. F. Nagy, 'The Significance of the *Duanaire Finn*', in J. Carey, eag., *Duanaire Finn: Reassessments*, Irish Texts Society Subsidiary Series 13, London, 39-50.

Ní Dhomhnaill 1975: C. Ní Dhomhnaill, *Duanaireacht*, Baile Átha Cliath.

Ó Briain 2003: '*Duanaire Finn* XXII: Goll and the Champion's Portion', in J. Carey, eag., *Duanaire Finn: Reassessments*, Irish Texts Society, Subsidiary Series 13, London, 51-78.

Ó Cuív 1971: B. Ó Cuív, eagrán úr de Murphy 1955, Corcaigh.

Ó hUiginn 1995: R. Ó hUiginn, 'Duanaire Finn', in P. Ó Fiannachta, eag., *Léachtaí Cholm Cille* 24, 47-68.

Quin 1939: G. Quin, eag., *Stair Ercuil ocus a Bás*, Irish Texts Society 38, Dublin.

nóta ar úsáid na laidine i mbeatha shean-ghaeilge naomh bríd

DONNCHA Ó hAODHA

Is eol do chách gur sa Laidin ar dtús a chumtaí Beathaí na naomh fadó, agus is féidir gurb í *Vita* Naomh Bríd le Cogitosus, a scríobhadh sa seachtú haois, an Bheatha Éireannach is ársa a tháinig anuas chugainn (Ó Cróinín 1995, 208). Ó thimpeall an naoú haois ar aghaidh nó roimhe sin, tharla casadh ón Laidin chun na Gaeilge i gcás an léinn eaglasta in Éirinn (Kenney 1929, 11 agus 732-3). Is í Beatha Shean-Ghaeilge Naomh Bríd, arís eile, an Bheatha Ghaeilge is sine a tháinig anuas chugainn; baineann Gaeilge na Beatha sin leis an naoú haois (Ó hAodha 1978, xxv-vii). Ba chirte a rá dáiríre gur Beatha dhátheangach í (agus an Ghaeilge in uachtar), mar gur sa Laidin atá níos mó ná an cheathrú cuid den téacs. Is fiú í a chur i gcomparáid ón taobh seo leis an dara Beatha Gaeilge is sine a tháinig anuas chugainn, mar atá, Beatha Naomh Pádraig a dtugtar an *Vita Tripartita* uirthi. Cuireadh an Bheatha seo le chéile thart ar lár na deichiú haoise (Mac Eoin 1982, 127-34). Is sa Laidin atá thart ar an deichiú cuid den téacs sin (Bieler 1974, 266). Ciallaíonn sé seo ar ndóigh go raibh an casadh chun na Gaeilge atá luaite thuas, ag fás go tréan san am áirithe sin atá i gceist.

Maidir le húsáid na Laidine i mBeatha Shean-Ghaeilge Naomh Bríd, ní haon ionadh é is dóigh liom gurb é an sliocht Laidine is faide as a chéile atá le fáil inti ná an cuntas seo a leanas (agus tiontó ina dhiaidh) ar ghabháil na caille do Bhríd nuair a chuaigh sí sna mná rialta:

Alia die .vii. cum virginibus tenere velamen vadit ad locum in lateri Crochan Breg hEli *possitum, ubi putarat habitare* Mel *episcopum. Ibi salutat duas virgenes* Tol *et* Etol *habitantes, quae dixerunt: 'Non hic episcopus est, sed in cellis* Campi Taulach'. *Haec dicentibus, en vident iuvenem,* Meil *episcopi alumnum,* Mac Calli *vocatum. Illum rogaverunt ut duceret eas ad episcopum. Qui ait:*

'*Investigabilis est via: puludibus, disertis, gronneis puteisque.*' *Ait sancta: 'Erue nos'. Pergentibus illis, pontem rectum post videre potuit ibi. Advenienti hora consecrationis, elevatum ab angelis velamen de manu* Maic Calle *ministri super caput sanctae Brigitae ponitur. Curvata hautem sub incantationem, interim tenuit lignum fraxeinum altare sustinentem, quod postea versum est in sethim, nec igni uritur nec saeculis veteratur. Tribus vicibus cella incensa est, sed intigrum sub cinere mansit. Ibi episcopus Dei gratia inebreatus non cognovit quid in libro suo cantavit. In gradum enim episcopi ordinavit* Brigitam. '*Haec sola*', *inquid* Mel, '*ordinationem episcopalem in Hibernia tenebit virgo*'. *Quandiu igitur consecraretur columna ignea de vertice eius ascendebal. Post haec obtuilit pleps locum cui nomen* Ached hI *in Saltu Avis. Illic aliquantulum temporis manens, tres viros perigrinos ibi manere cogebat et obtulit eis locum; treaque miracula in eo loco fecit, .i. fons fluxit in arida, caro in panem versa, manus tertii viri sanata est.*[1]

Chuaigh sí lá áirithe in éineacht le seachtar maighdean chun glacadh leis an gcaille go háit ar thaobh Chróchán Bhrí Éile a raibh an t-easpag Mel ina chónaí ann, faoi mar ar cheap sí. Beannaíonn sí ansin do bheirt mhaighdean, Tol agus Etol, a bhí ina gcónaí ann. Dúirt siadsan: 'Ní anseo atá an t-easpag, ach in eaglaisí Mhagh Tulach'. Agus iad á rá seo feiceann siad óganach darb ainm Mac Caille, dalta de chuid an easpaig Mel. D'iarr siad air siúd iad a threorú chuig an easpag. Dúirt seisean: 'Is bealach gan chosán é: le riasca, dísearta, portaigh agus locháin'. Arsan naomh: 'Fuascail tusa muid'. Agus iad ag gabháil ar a slí, bhí sé in ann ina dhiaidh sin droichead díreach a fheiscint ansin. Nuair a tháinig uair an choisreacain ardaíodh an chaille ag aingil ó lámh an mhinistir, Mac Caille, agus cuirtear ar cheann naomh Bríd í. Fad a bhí sí cromtha síos agus na paidreacha á rá, rug sí greim ar an maide fuinseoige a choinnigh an altóir suas. Rinneadh acaicia de ina dhiaidh sin, adhmad nach ndóitear le tine agus nach dtagann aois air i rith na n-aoiseanna. Dódh an eaglais faoi thrí, ach mhair an maide slán faoin luaithreach. Agus é ar meisce le grásta Dé ansin, níor

aithin an t-easpag an méid a bhí á aithris aige as an
leabhar, mar d'oirnigh sé Bríd ina heaspag. 'Is í an
mhaighdean seo amháin in Éirinn a mbeidh oirniú
easpagúil uirthi'. Fad a bhí sí á coisreacan chuaigh
colún tine suas óna ceann. Ina dhiaidh sin bhronn an
pobal áit uirthi darbh ainm Achadh Í i bhFiodh Eoin.
Tar éis di tamall gearr a chaitheamh ann d'áitigh sí ar
thriúr oilithreach fanacht ann, agus thug sí an áit dóibh
sin. Rinne sí trí mhíorúilt san áit sin, .i. ghluais an tobar
ar thalamh tirim; rinneadh arán den fheoil; slánaíodh
lámh duine den triúr fear.

Tá cuma ar an scéal go mbaintear úsáid chomh leanúnach sin as an
Laidin sa sliocht thuas chun béim a leagan ar shollúntacht na hócáide
atá i gceist. Tá sé le tabhairt faoi deara freisin gurb í an Laidin, de réir
dealraimh, teanga na fáistine sa Bheatha. Go luath sa Bheatha cuirtear
an fháistine *Meum erit hoc, meum erit hoc* (líne 26) "Beidh sé seo agamsa,
beidh sé seo agamsa", i mbéal an linbh Bríd, ag tagairt don áit a bhfuil
sí (i gConnachta) ag an am. Tá breis fianaise ar úsáid na Laidine chun
fáistine a dhéanamh le fáil sa sliocht seo a leanas (línte 82-92) ina
bhfuil Naomh Ibhor ag caint faoi aisling a bhí feicthe aige:

'Anda lem', olse, 'adcondarcc ind nocht Mairi n-Ingein
im chotluth, ocus as-rubart frim alali clerech sruith:
"*Haec est Maria quae inter vos habitet*'". Is and do-luid in
challech ocus Brigit don dail. '*Haec est Maria quae a me in
somnis vissia est*'. Forda-eracht iarum aess inna dala ocus
lotir dia acallaim. Do-bertatar bennacht furi-si. Is ann
didiu ro-boí in dal *ubi nunc est* Cell Dara, *ibique episcopus*
Ibor *fratribus ait:* '*Hic locus caelo patet, ditissimusque omnium tota
insola erit; bodieque ad nos puella cui a Deo praeparatus est veniat
quasi Maria*'. *Factum est ita.*

'Samhlaíodh dom', adúirt sé, 'go bhfaca mé san oíche seo
an Mhaighdean Mhuire i mo chodladh agus dúirt
cléireach áirithe urramach liom: "Seo í Muire a
dhéanfaidh cónaí in bhur measc". Is ansin a tháinig an

bhean rialta agus Bríd chuig an tionól. 'Seo í Muire a chonaic mise in aisling'. D'éirigh lucht an tionóil ina seasamh roimpi ansin agus chuaigh siad chun cainte léi. Bheannaigh siad í. Is ansin a bhí an tionól, san áit a bhfuil Cill Dara anois, agus is ann adúirt an t-easpag Ibhor leis na bráithre: 'Tá an áit seo ar oscailt chun na bhflaitheas, agus beidh sé ar an áit is saibhre ar fad san oileán go léir; agus tiocfaidh cailín chugainn inniu – ar ullamhaíodh ag Dia di é – cosúil le Muire'. Is mar sin a tharla.

Tá sé le tabhairt faoi deara leis go gcríochnaíonn an sliocht thuas le habairt Laidine: *Factum est ita* , 'Is mar sin a tharla'. Is cinnte go bhfuil claonadh ann ó thaobh na stíle de (cé nach leantar an nós i gcónaí) úsáid a bhaint as leagan Laidine chun clabhsúr a chur le heachtraí sa Bheatha. Tá os cionn dhá scór eachtra sa Bheatha, agus cuntas ar mhíorúiltí ar ndóigh is ea cuid mhaith acu. Mar sin is cinnte, is dóigh liom, go bhfuil brí le húsáid na Laidine go minic sa Bheatha. Ag an am céanna is féidir a áiteamh go bhfuil úsáid an dá theanga sa Bheatha macarónach ar an iomlán. Má thógann muid mar shampla *ipsissima verba* Bhríde féin sa Bheatha, is minic gur sa Laidin atá siad, níos minicí fós i nGaeilge, agus freisin i meascán den dá theanga uaireanta. Tá an chuid is mó den Bheatha scríofa i nGaeilge ar ndóigh, ach tríd síos inti bíonn focail aonair Laidine in úsáid, abairtí, sleachta níos faide uaireanta, agus ó am go céile eachtra ina hiomláine nó beagnach ina hiomláine sa Laidin. Gan amhras is féidir staidéar a dhéanamh ar an gcódaistriú (*codeswitching*, *Kodewechsel*) idir an dá theanga atá i gceist agus go leor leor pátrún a fheiscint ann, ó thaobh na comhréire de mar shampla. Go deimhin, tá obair mar seo déanta cheana bunaithe ar Bheatha seo Naomh Bríd agus ar na *Notationes* a ghabhann le *Féilire Óengusso* (Müller, 1999), agus bunaithe freisin ar *Vita Tripartita* Naomh Pádraig (Bronner, 2005). Ba mhaith liom féin amach anseo cur leis an anailís seo chomh fada agus a bhaineann le Beatha Shean-Ghaeilge Naomh Bríd.

Is dócha go léiríonn an Bheatha seo an dátheangachas léannta a bhí le fáil san eaglais in Éirinn sa tréimhse atá i gceist. Ar ndóigh taobh thiar den Bheatha dhátheangach seo – agus taobh thiar den *Vita Tripartita* leis – bhí *Vitae* agus foinsí Laidine eile. Cheap Ludwig Bieler go mb'aistriúchán (neamhiomlán) ón Laidin a bhí sa Bheatha seo, agus go mb'fhéidir gur thosnaigh sé amach mar ghluais idir na línte, agus gur thóg an ghluais Ghaeilge áit na Laidine níos deireannaí (Ó hAodha 1978, xix agus xxvii). Ní dóigh liom anois, áfach, gur tharla próiseas chomh meicniúil sin; níl aon fhianaise ar chomhréir na Gaeilge mar shampla sa Bheatha gur mar sin a tharla. Is cinnte ar ndóigh gur baineadh úsáid as foinsí Laidine nuair a bhí an Bheatha á cumadh, ach is dóichí go raibh sí dhátheangach ó thús.

NÓTAÍ

[1] Línte 164-89 den téacs (Ó hAodha 1978). Tá leasuithe curtha i bhfeidhm thuas; tá an trascríobh bunúsach le fáil san eagrán féin.

LEABHARLIOSTA

Bieler 1974: L. Bieler, 'Versuch einer Grundlegung der irischen Patriciusviten zu den Lateinischen', *Anzeiger de Phil.-Hist. Klasse der Österreichischen Akademie der Wissenschaften*, 111, 253-73.

Bronner 2005: D. Bronner: 'Codeswitching in Medieval Ireland: The Case of the *Vita Tripartita Sancti Patricii*', *Journal of Celtic Linguistics*, 9, 1-12.

Kenney 1929: J. F. Kenney, *The sources for the early history of Ireland*, I *Ecclesiastical*, New York.

Mac Eoin 1982: G. Mac Eoin, 'The dating of Middle Irish texts', *The Proceedings of the British Academy*, 68, 109-37.

Müller 1999: N. Müller, 'Kodewechsel in der irischen übersetzungsliteratur. Exempla et desiderata', in E. Poppe agus H. L.C. Tristram, eag., *Übersetzung, Adaptation und Akkulturation in insularen Mittelalter*, Münster, 73-86.

Ó Cróinín 1995: D. Ó Cróinín, *Early Medieval Ireland 400-1200*, London 1995.

Ó hAodha 1978: D. Ó hAodha, *Bethu Brigte*, Dublin 1978.

an leabhar eoin: deabhóid agus piseogacht

PÁDRAIG Ó HÉALAÍ

I

I s é atá i gceist leis an Leabhar Eoin ná an chéad cheithre véarsa déag de shoiscéal Eoin, scríofa i Laidin ar phíosa páipéir, é fillte ar a chéile, go minic i bhfoirm triantáin, agus curtha i gclúdach de chineál éigin, ar nós píosa éadaigh nó leathair mhín. Cheanglaítí sreangán as agus chaití thart ar an muineál é, nó dhéantaí é a fhuáil isteach i mball éadaigh mar chosaint ar anachana éagsúla. Bhíodh an-éileamh air mar fhearas beannaithe agus é ar cheann de na 'seanphaidreacha agus na seanliagáistí' a luann Seán Ó Conghaile in *Saol Scolóige*, mar a ndeireann sé ina thaobh: 'ba mhór i gceist an Leabhar Eoin ag na seandaoine … agus deirtí go raibh cosaint ann ar their agus ar ainsprideanna' (Ó Conghaile 1993, 108, 95).

Bhí ionad speisialta ag Brollach shoiscéal Eoin i ndioscúrsa na diagachta agus na deabhóide Críostaí ón tús, de bharr an fhriotail fhileata a bhí ann ar bhuntuiscint lárnach na Críostaíochta, an t-ionchollú – gur dhein feoil den Bhriathar, *verbum caro factum est* – ráiteas ar thagair saineolaí scrioptúrtha dó mar *a sentence that means more for mankind than any sentence ever written by a human pen* (Leonard 1953, 981). Ní hionadh mar sin go mbeadh feidhm á baint as sa liotúirge go luath i saol na hEaglaise; ba é sin an soiscéal a léití ag aifreann Lá Nollag agus freisin ag aifreann na nuabhaistithe faoi Cháisc (Atchley 1898, 161, 169; Law 1922, 211). Ba chuid de dheasghnátha an Ola Dhéanaigh é i roinnt liotúirgí meánaoiseacha agus léití é ag searmanas an bhaiste, i ndíbirt dheasghnáthúil deamhan, mar bheannú ar árthach nua, ar lánúin nuaphósta agus ar mháthair tar éis leanbh a shaolú (Atchley 1898, 170-1). Tugann Naomh Agaistín (+ 430 AD) éachtaint ar an ómós a bhí don Bhrollach agus é ag trácht ar fhear a mheas gur chuibhiúil an sliocht a scríobh i litreacha órga ar bhallaí gach eaglaise (Jungmann 1957, 147). Baineadh feidhm go luath as an mBrollach i gcomhthéacs breoiteachta, mar luann an t-údar céanna soiscéal Eoin a bheith á leagadh ar chloigeann páiste a mbeadh fiabhras ag dul dó (*ibid.*), agus tá fianaise ar an téacs sin a bheith in úsáid ag Angla-Sacsanaigh mar ortha in aghaidh fiabhrais (Tatlock 1914, 141).

Bhí sé mar nós sa mheánaois dhéanach go mbeannaíodh an sagart gnátharán, le linn nó tar éis an aifrinn, le dáileadh ar an bpobal, agus bhíodh léamh véarsaí 1-14 de shoiscéal Eoin lárnach sa bheannú sin; chreidtí go forleathan go raibh cosaint san arán seo ar gach ainsprid is anachain (Atchley 1898, 171). Bhí an sliocht ar cheann de na soiscéil a léití ar na mórshiúlta achainí a raibh sé d'aidhm leo deamhain a dhíbirt, agus grásta, rath agus torthúlacht a bhronnadh ar an bpobal agus ar an talamh (Duffy 1992, 215). Tugadh áit dó san athchóiriú a rinneadh i réimeas Anraí VII ar shearmanas leagadh lámh an rí ar othair a raibh easpa bhrád ag dul dóibh (Atchley 1898, 169-70; Duffy 1992, 215-6).

Ba ghnách leis an sagart beannú a thabhairt don phobal ag deireadh an aifrinn ón naoú haois ar aghaidh (rud a dhéanadh an Pápa leis na cianta roimhe sin), ach ní raibh aon fhoclaíocht faoi leith leagtha síos don bheannú seo (King 1957, 388). I dtreo dheireadh na meánaoise, tosaíodh ar véarsaí tosaigh shoiscéal Eoin a úsáid mar théacs don bheannú, agus i gcaitheamh an cheathrú agus an chúigiú haois déag, bhí léamh Bhrollach Eoin ag deireadh an aifrinn ag éirí coitianta (Jungmann 1957, 147; Warren 1881, 268, n. 188). Leag Comhairle Trent síos gur chuid riachtanach de dheasghnátha an aifrinn a bheadh ann feasta, agus sa Leabhar Aifrinn Rómhánach a d'eisigh Pius V i 1570, cinntíodh a ionad mar 'shoiscéal deireanach' i ngach aifreann. Lean sé ina chuid dhílis den eocairist Chaitliceach go dtí gur fágadh ar lár é in ord nua an aifrinn a tháinig i bhfeidhm i 1964, mar thoradh ar an leasú liotúirgeach a thionscain an Dara Comhairle Vatacáineach. I ndeasghnátha na heocairiste innu, léitear Brollach Eoin mar shoiscéal ag an triú haifreann Lá Nollag, agus arís ar an Dara Domhnach tar éis na Nollag (Ó Háinle 1970, 'Clár na Léachtaí', 297).

Tá mionphlé ag Atchley (1898) ar sheirbhís eaglasta a tháinig chun cinn i dtreo dheireadh na meánaoise agus a chabhraigh go mór le dlús a chur le húsáid an Bhrollaigh i réimse na deabhóide. Luann sé an forleathnú a tharla san aonú agus sa dara haois déag ar an nós ofráil a thabhairt do shagart le haifreann a léamh ar son intinne ar leith, agus míníonn conas a tharla gur cuireadh le stádas an Bhrollaigh dá bharr sin: níor cheadmhach do shagart, ach go heisceachtúil, níos mó ná aifreann amháin sa lá a léamh, agus tháinig cuid den ghnáthchléir timpeall ar an gcosc seo trí leagan gearr den tseirbhís a sholáthar, ina bhfágtaí ar lár an ofráil agus an chanóin (agus ar ndóigh an coisreacadh), agus gan ach paidreacha thús agus dheireadh an aifrinn a rá mar aon le léachtaí. Bhí sé de thuiscint ag daoine go raibh sleachta áirithe den soiscéal níos oiriúnaí agus níos éifeachtaí ná a chéile mar chúnamh i gcruachásanna ar leith, agus bhí Brollach Eoin á iarraidh go coitianta ag an sort seo seirbhíse ar a dtugtaí *missa sicca* nó *missa nautica*. Cháin Giraldus Cambrensis an nós mar rud nuálach a tháinig salach ar an dlí canónda, agus mhaígh gurbh í saint na cléire a chothaigh é. Toisc soiscéal ar leith a bheith leagtha síos i rúibricí na liotúirge le haghaidh gach lae, ba é dearcadh na huaschléire nár chuí go mbeadh soiscéal eile seachas an ceann dílis sin á léamh ar aon lá ar leith. Ach is léir nár thug cuid mhór den phobal ná den ghnáthchléir puinn airde ar an dearcadh sin, mar i ndeireadh an dara haois déag, bhí sé de nós i Sasana agus sa Fhrainc a lán soiscéal a léamh roimh nó tar éis an aifrinn, agus bhíodh Brollach Eoin go rialta ina measc. Bhíodh éileamh den sórt céanna ar shleachta as oifig (portús) fhéilte áirithe a léamh ar mhaithe le hintinn an iarrthóra (gan spleáchas d'fhéile an lae), agus ba mhinic iarratas ar an sagart Brollach Eoin agus Oifig na Maighdine a léamh le chéile. Tógadh cóngar eile fós leis an gcineál seo seirbhíse nuair nach ndeireadh an sagart ach cibé soiscéal a d'iarrfaí go speisialta air (Atchley 1898, 161, 163-4).

Le teacht chun cinn na n-ord déirce sa mhéanaois dhéanach, leathnaíodh tuilleadh ar theagmháil an phobail le Brollach Eoin mar théadh na bráithre bochta thart ó thigh go tigh ag lorg a gcoda, agus ba ghnách an téacs sin á aithris acu mar spreagadh le déirc a mhealladh: *The fourteen opening verses of Gospel of St. John were the friars' habitual salutation, used as a sort of magic incantation* (Fisher 1989, 14).

Tagraíonn Chaucer don nós seo sa Réamhrá leis na *Canterbury Tales* agus é ag trácht ar an mbráthair binnbhriathrach a mhealladh feoirling ón mbaintreach bhocht *so plesaunt was his 'In principio'* (Robinson 1957, 19).

Tugadh céim eile suas do Bhrollach Eoin i gcúrsaí deabhóide nuair d'fhógair an pápa Clement V (1305-14) logha bliana agus daichead lá d'éinne a d'éisteodh leis an sliocht. Scaipeadh eolas go forleathan faoin logha seo a raibh sé de choinníoll leis go bpógfaí rud beannaithe éigin ag na focail *et verbum caro factum est* – dhéanfadh ionga na hordóige cúis mura raibh fáil ar fhearas ní ba chuí (Duffy 1992, 215). Is spéisiúil é an sonra deireanach sin i bhfianaise na tuisceana a bhí ag cuid den seandream sa tír seo gurbh iad na hingne an chuid b'ainglí den duine: 'Deir siad gurb shin é [na hingne] an chuid is mó duit atá i d'aingeal, an chuid is mó duit go bhfuil baint leis na haingil acu' (Ó Cearna 1990). Tá fianaise ar fheacadh na glúine le linn aithris an Bhrollaigh ag na focail *verbum caro factum est* ón gceathrú haois déag (Atchley, 163-4), agus léiríonn téacsanna béaloidis sa tír seo gur tuigeadh gurbh iad seo na focail ba mhó cumhacht sa sliocht (Logan 1972, 35; Mac Giollarnáth 1944, 198-9; cf. CBÉ 1797:2-3).

II

Mar atá tugtha le fios cheana féin, ní le haithris an Bhrollaigh amháin a bhí buanna speisialta luaite ach leis an téacs scríofa de freisin. I dtíortha Críostaí, bhaintí feidhm as i bhfoirm scríofa nó labhartha in iliomad comhthéacs, m.sh., mar chosaint in aghaidh toirní nó stoirme, mar chosaint ar bhá agus ar thinneas, go háirithe ar ghalair néarógacha, tritheamh, tinneas cinn agus fiacaile; chrochtaí faoi mhuineál nó ar adharca ainmhithe tinne é; d'úsáidtí mar chosaint ar bharraí é; d'úsáidtí é chun ádh cearrbhachais a tharraingt, chun taisce i bhfolach nó gadaí a aimsiú; creideadh gur bhronn sé doghontacht ar dhuine agus gur choinnigh sé amach gach sort ainspride agus tromluí; d'úsáidtí mar leigheas ar phoc sí é; mar chosaint ar mhaith an bhainne a ghoid; chun éifeacht na drochshúile a chealú, agus chun sábhailteacht a chinntiú ar thuras farraige (Duffy 1992, 216; Jungmann 1957, 147; Hoffmann-Krayer agus Bächtold-Stäubli 1927-42, I, 1225, II, 1085-90, IV, 731-2; Atchely 1898, 168-9; Law 1922, 209; Thomas 1973, 725, n.101; Wright 1846, 279-81; Campbell 1975, 66, 68). I scéal a tógadh ó Pheig Sayers, maítear go raibh de bhua aige an chinniúint a shárú, mar deirtear ann gurbh é faoi deara fad a chur leis an saol gearr a bhí a ndán do gharsún toisc gur saolaíodh é Domhnach Cásca (CBÉ 968:115-7), agus mhair cuimhne i gCorca Dhuibhne go n-aimseodh punann a mbeadh Leabhar Eoin curtha isteach ann agus a ligfí le sruth, corp báite.[1]

Tearc go maith atá an fhianaise ar úsáid an Leabhair Eoin in Éirinn roimh an nua-aois. Dealraíonn gur in *Aislinge Meic Conglinne*, téacs ó dheireadh an aonú haois déag, atá an fhianaise is seanda ar úsáid an Leabhair Eoin sa tír seo. Tagraítear ann go magúil do shleachta as na soiscéal a bheith á gcrochadh faoi mhuineál daoine mar chosaint ar thubaistí agus drochsprideanna (Jackson 1990, 4, 32). Ní shonraítear cé na sleachta iad féin a úsáideadh sa tslí seo, ach de bharr an aitheantais a tugadh don Leabhar Eoin mar fhoirmle chumhachtach sa mheánaois, ní miste glacadh leis go raibh an ceart ag Kuno Meyer nuair a thug sé le fios sa chéad eagrán den téacs, go mbeadh Brollach Eoin chun tosaigh i measc na soiscéal a luaitear ann (Meyer 1892, 195).

Luann Camden tuairisc an Íosánaigh, William Good, i dtreo dheireadh an tséú haois déag, ar úsáid a bhaintí as an Leabhar Eoin in Éirinn na linne sin:

> If the infant is sick they sprinkle it with the stalest urine they can get, and for a preservative against mischances, they hang not only the beginning of St. John's Gospel about the child's neck, but also a crooked nail out of a horse's foot or a piece of wolf's skin (Camden 1722, 1418).

I gcúis asarlaíochta in aghaidh seachtar ban i gCarraig Fhearghusa i 1711, tugadh fianaise gur baineadh leas as Leabhar Eoin mar chosaint ar chiapadh diablaí a bhí á imirt acu ar bhean eile (Seymour 1989, 216). Tá cuntas eile a scríobhadh céad bliain ina dhiaidh sin ar an gcéad véarsa de shoiscéal Eoin á úsáid mar leigheas ar thiteamas:

> The epileptic is brought with great solemnity before the priest, who prays over him, and then throws round his neck an amulet, or little silken bag, containing a slip of paper on which is written the following verse from the first chapter of the gospel of St. John: 'In the beginning was the word and the word was with God, and the word was God.' This remedy is in almost equal repute with the low Protestant and Catholic (Gamble 1813, 325-6).

Luann Mícheál Óg Ó Longáin 'leabhar Eoin na meillitheoireachta' i dtéacs leighis a chóipeáil sé i 1794 (An Seabhac 1939, 165). Tá trácht sa seanchas ar an Athair Maoilre (de Prendergás / Mac Giobúin) a bheith ag scríobh Leabhar Eoin i gceantar Charna agus é ar a theitheadh tar éis éirí amach 1798 (Mac Giollarnáth 1941, 73, 75). Tagraíonn Thomas Crofton Croker i bhfoilseachán dá chuid i 1828, d'fhearas cosanta in aghaidh ionsaithe na sí agus míníonn mar a leanas é:

> ... [the] Gospel to which Diarmid Bawn owed his preservation in the fairy fight is a text of Scripture written in a particular manner, and which has been blessed by a priest. It is sewed in red cloth and hung around the neck as a cure or preventative against various diseases. Few Irish peasants will be found without a 'gospel'... (Croker 1828, 163).

Luann William Carleton an Leabhar Eoin mar chosaint ar bhagairt neamhshaolta agus ar an mbolgach (Harmon, 1973, 63; Carleton 1971, 224-5). Tá le tuiscint ó chuntas a thugann sé ar sheanchaí cáiliúil ina áit dhúchais, go raibh téacs an Leabhar Eoin i nGréigis sa timpeall freisin. Deir sé nach raibh léamh ná scríobh ag an bhfear seo, ach fós, go raibh stráicí móra as seanmóirí Uí Ghallchóir, teagasc Críostaí Ui Dhuinnshléibhe, 'Tairngreacht Cholm Cille', an 'De Profundis', 'Dies Irae', agus freagraí an aifrinn (i Laidin ar ndóigh), de ghlan mheabhair aige; bhí sé tugtha d'argóintíocht ar chúrsaí creidimh agus mar dhlaoi mhullaigh ar a chuid salmaireachta ar fad, bhí na véarsaí tosaigh de Shoiscéal Eoin i nGréigis aige, agus chinntíodh a n-aithris seo an svae dó ar a chéilí comhraic:

> Where an English quotation failed, he threw in one in Irish; and where that was understood, he posed them with a Latin one, closing his quotation by desiring them to give a translation of it; if this too were accomplished, he rattled out the five or six first verses of John in Greek, which some one had taught him, and as this was generally beyond their reading, it usually closed the discussion in his favour (Carleton 1841, 379).

III

Mar chuid den ghluaiseacht dheabhóideach a bhí á cur chun cinn san Eaglais Chaitliceach in Éirinn sa naoi haois déag (Larkin 1976; McGrath 1990), bhí fiúntas fearaistí cráifeacha mar bhoinn bheannaithe agus scabaill á fhógairt go tréan don phobal, agus spreagadh á thabhairt do dhaoine a muinín a chur iontu le fabhar osnádúrtha a ghnóthú. Ag na misiúin pharóiste, mar shampla, ar mhéadaigh go mór ar a líon sa dara leath den aois sin, ní hé amháin gur moladh do dhaoine bonn beannaithe nó scaball a chaitheamh, ach cuireadh fáil go héasca orthu mar bhíodar ar díol sna stainníní a shocraítí le hais na séipéal ar an hócáidí seo, agus bhíodar le ceannach i siopaí earraí cráifeacha chomh maith (Lysaght 1994, 191-3).

Ní raibh aon tacaíocht den sort sin ag buanú úsáid an Leabhar Eoin. Nuair a chuirtear san áireamh gur dócha gur lú go mór an costas a leanfadh bonn, scaball nó Agnus Dei a cheannach, ná an síntiús a mbeadh súil ag an sagart leis as Leabhar Eoin a scríobh, níorbh ionadh go rachadh an t-éileamh air sin i léig de réir mar a mhéadódh an t-éileamh ar na fearaistí eile a raibh an fheidhm chéanna leo. Tá eachtra spéisiúil luaite ag Tyers in *Malairt Beatha*, a thugann éachtaint ar an éascaíocht a bhain le soláthar scabaill seachas Leabhar Eoin; lean buntáiste ó thaobh costais é, agus don té nár mhian leis teagmháil phearsanta leis an sagart, b'fhéidir é sin a sheachaint agus fós an fearas beannaithe a sholáthar:

> Bhí an cailín seo ó cheantar an Daingin breoite tráth [i Meireiceá] agus scríobh sí abhaile go dtí a hathair á iarraidh air an Leabhar Eoin a chur chuici. Ní théadh seisean i ngoire sagairt ná séipéil agus is é an rud a rinne sé ná scaifléir a chur chuici in ionad an Leabhar Eoin. Ní róbhuíoch a bhí sí de agus scríobh sí chuige arís: 'Is mairg nár ólais an dá phingin a thugais orthu', a dúirt sí (Tyers 1992, 66).

Tá leideanna le fáil ó fhoclóireacht na Gaeilge san fhichiú haois ar chlaochló nó ar mheath an traidisiúin a bhain leis an Leabhar Eoin. Ní téacs Bhrollach Eoin, scríofa ag sagart ar iarratas, a luann an Duinníneach, mar mhíniú ar Leabhar Eoin, ach *a 'gospel', that is a medal containing the opening words of the Gospel of St John worn as a protection from evil* (Dinneen 1927, *s.v.* 'leabhar').[2] Níl de thuairisc ar Leabhar Eoin in *Caint an Chláir* (Mac Clúin 1940, I, *s.v.* 'Eoin'), ach 'leabhar beag beannaithe', tuairisc atá scaoilte go maith agus a léiríonn, b'fhéidir, nach raibh an t-údar cleachtach ar an nósmhaireacht a bhain leis an Leabhar Eoin. Is léir úsáid an Leabhar Eoin a bheith ag dul i léig ó ráiteas faisnéiseora in *Liosta Focal as Rosmuc* (Ó Máille 1974a, *s.v.* 'Eoin'):

> píosa páipéir nó cúpla píosa, a gheobhfá ón sagart le fuáil in do chuid éadaí le haghaidh leighis: (uair sa deich mbliain a chloisfeá caint ar an Leabhar Eoin, is tá go leor daoine in aois mhaith nach bhfaca ceann ariamh).

Tá méar ar eolas ar mheath an traidisiúin faoin Leabhar Eoin le fáil freisin i dtéarmaíocht fhaisnéiseoirí Choimisiún Béaloideasa Éireann. I leagan Gaeilge den scéal idirnáisiúnta AT 934B, *Youth to Die on His Wedding Day*, tugann scéalaí ó iarthar an Chláir, Leabhar Eoin ar phíosa páipéir ar a raibh fáistine scríofa (Ó Duilearga agus Ó hÓgáin 1981, 143-58), agus luaitear an téarma *gospel* leis an bpáipéar céanna i leagan Béarla den scéal ó Cho. an Longfoirt (CBÉ 82:162). 'Leabhrán' a thug scéalaithe áirithe in Uíbh Ráthach ar Leabhar Eoin (CBÉ 27: 557-64 =*Béaloideas* 8 [1938], 174-6), agus mar a dúirt duine acu, 'Ní chloisimid aon leabhrán á thabhairt ag na sagairt anois uathu' (CBÉ 367: 202-3); thug scéalaí i gCarna 'leabhar an bhaiste' air (CBÉ 111:127-31), agus 'leabhar uain' a chuir bailitheoir síos dó i gceantar an Spidéil (CBÉ 1797:3-4) – téarmaíocht a léiríonn an ceangal le soiscéal Eoin a bheith imithe ó chuimhne fhaisnéiseoirí nó bhailitheoirí. *A local name for an Agnus Dei* an ghluais a chuir an bailitheoir Seán Ó Flannagáin leis an bhfocal *gospel* ar thagair faisnéiseoir ó Cho. an Chláir dó mar chosaint ar thromluí (CBÉ 433: 47-9).

Is éard a chiallaigh *Agnus Dei* ó cheart ná bonn déanta de chéir choinneall na Cásca, beannaithe ag an bPápa, ar a mbíodh íomhá d'uan mar íobartach, agus a bhíodh in úsáid mar chosaint in aghaidh tubaistí éagsúla. Ach mar a mhíníonn Lysaght (1994: 196-8), ní hé seo go díreach an rud ar a dtugtar '*Agnus Dei*' go coitianta sa tír seo, ach ar phíosa beag den chéir a bhaintear d'*Agnus Dei* agus a chuirtear – go minic mar aon le téacs Eoin 1:1-14 i gcló bídeach ar phíosa beag páipéir – i bpúits éadaigh nó leathair mhín agus a chaití thart faoin muineál nó a fhuaití isteach i bhfeisteas duine. Ní hionadh na téarmaí *gospel* agus *Agnus Dei* ag dul thar a chéile toisc an dá fhearas a bheith in úsáid sa tslí sin faoi aon chlúdach. Tharlódh gurbh é an '*Agnus Dei*' seo an *gospel* dá dtagraíonn P.W. Joyce ina ráiteas ... *many Roman Catholics now wear a gospel or scapular round the neck, not only when on a journey but constantly* (Joyce 1903, I, 386).[3] Seans freisin gur téacs mionchlóite den Bhrollach a bhí i gceist ag Junior Crehan agus é ag trácht ar *gospel* sa sliocht seo:

So, begob, I was growing up and my mother always watched where I'd be going and what time I'd be come in and out … Peg told her go to the priest and get something that would save me from the fairies. So, begor, the priest gave her a gospel and told her to sew it in my clothes and I was never without it (Munnelly 1998, 107).[4]

Is le cósta thiar na tíre a bhaineann mórchuid na fianaise ar an Leabhar Eoin i gCnuasach Bhéaloideas Éireann. I dTír Chonaill, áfach, tá feidhm an Leabhair Eoin á comhlíonadh ag 'oifig' – paidreacha a deireann sagart ar iarratas, ina mbeannaíonn sé salann mar chuid den searmanas agus tugann don iarrthóir é; tugtar 'oifig' freisin ar an salann seo agus creidtear go bhfuil bua cosanta agus leighis ag roinnt leis (Ní Bheirn 1989, *s.v.* 'oifige'). Seans maith go bhfuil bunús na hoifige seo le haimsiú sa ghnás meánaoiseach a luadh thuas, ina n-iarrtaí ar shagart sliocht as oifig (portús) fhéilte áirithe a rá le hintinn an iarrthóra.

Leantar den nós i gcónaí i nDún na nGall, oifig a iarradh ar shagart. Dhealródh, áfach, iarratais ar Leabhar Eoin a bheith ag dul i léig ó lár an fichiú haois i gCorca Dhuibhne agus i gConamara.[5] Murab ionann agus an *Agnus Dei* a chuireann Síuracha San Clár ar fáil inniu, agus a bhfuil éileamh fós air, ní iarrtar an Leabhar Eoin ar shagairt inniu. Is iomaí sin sagart nach mbeadh cur amach ar bith aige air mar nár chuid de churaclam na cliarscoile faisnéis a thabhairt faoi. Tá léiriú spéisiúil ar aineolas faoin Leabhar Eoin i measc na cléire chomh fada siar le lár an naoú haois déag, i litir a scríobh sagart i ndeoise Airear Gael in Albain in 1840, agus é ag lorg treorach ar a easpag, áit a raibh dosaen éigin Protastúnach tar éis iarraidh air soiscéal a sholáthar dóibh:

The fact is, however, that I am ignorant of how a gospel is given, to whom it should be given, and under what conditions it should be given as I can find no mention of this practice in any of my books (Campbell 1975, 68).

IV

Tá fianaise fhorleathan i gcultúir éagsúla ar théacsanna agus ar fhoirmlí focal á n-úsaid in ionramháil an áidh, go háirithe d'fhonn an anachain a sheachaint (Thompson 1955-8, D1273). Bhíodh véarsaí as Hóiméar agus Virgil á n-úsáid sa tslí seo ag Gréagaigh agus Rómhánaigh, agus is cuid de thraidisiún na nGiúdach, na Moslamach agus go leor pobal eile é, an sórt céanna úsáide a bhaint as téacsanna sacrálta (Hoffmann-Krayer agus Bächtold-Stäubli 1927-42, II, 1086-8; Wallis Budge 1930, *passim*). Ar bhonn bréagchráifeachta agus cur i gcéill a cháin Críost na Fairisínigh (Mth. 23:5-6) as caitheamh fiolaictéar (púitseanna a mbíodh sleachta ón Torah, Deotranaimí 6:6-9 go háirithe, ar caomhnadh iontu), ach is ar an toise piseogach a bhain le húsáid Bhrollach Eoin a dhírigh ceannairí eaglasta in aoiseanna níos déanaí. Luath go maith i saol na heaglaise, is léir gurbh ábhar míshuaimhnis do dhiagairí áirithe an úsáid mhíchuí a bhaineadh daoine as sleachta den scrioptúr; d'áitigh Eoin Béalórga (+ 407AD) nár bhain fiúntas ar bith le soiscéal a bheith á chaitheamh ag duine thart faoina mhuineál muna raibh an soiscéal ina chroí freisin (Hoffmann-Krayer agus Bächtold-Stäubli 1927-42, II, 1087).

Cháin Giraldus Cambrensis daoine aineolacha a bhí den tuairim gur mhaith an chóir leighis agus sás díbeartha taibhsí agus sprideanna, sleachta as na soiscéil, agus dúirt go raibh an cháil sin go háirithe ar véarsaí tosaigh Eoin (Atchley 1898, 161-3, 175). Sa bhliain 1022, chuir comhairle eaglasta i Seligstadt cosc ar thuataigh, agus go háirithe ar mháithreacha clainne, bheith ag éisteacht go laethúil le Brollach Eoin agus aidhm phiseogach acu leis (Atchley 161). Tá léiriú ar chineál amháin piseogachta bainteach leis an Leabhar Eoin i dtráchtas ar an asarlaíocht a scríobhadh thart ar an mbliain 1300 (Kieckhefer 1989, 85). Liostáiltear ann roinnt bealaí draíochtúla le seisce nó míchumas síolraithe sa duine a leigheas, rudaí mar dhomlas éisc a mheascadh le fual san áras faoin leaba, nó fuil mhadra dhuibh a smearadh ar fhallaí an tseomra codlata; ach dá dteipfeadh ar gach slí díobh seo, moltar Brollach shoiscéal Eoin a scríobh ar pháipéar agus é a chur ar bogadh in uisce agus é a thabhairt le hól don lánúin.

D'ionsaigh diagairí Protastúnacha an Reifearméisin an úsáid phiseogach a bhaineadh daoine as fearaistí beannaithe ar an mbonn gur bhain siad ó chumhacht slánaithe Chríost, agus mhaígh gur dhiamhasla a bhí i gceist leo. Luaigh cuid díobh go sonrach an mhí-úsáid a bhaintí as an Leabhar Eoin. Duine acu seo ba ea James Calfell i ré Éilís I, a d'áirigh ar an gcuid ba tháire de lucht asarlaíochta *the priests that ... give St John's Gospel to hang about men's necks* (Thomas 1973, 60). Cháin Joseph Hall saontacht na ndaoine a d'fhéach le mí-ádh a sheachaint trí airgead a thabhairt ar an Leabhar Eoin: *printed in a small roundel and sold to the credulous ignorants with this fond warrant, that whosoever carries it about with him shall be free from the danger of the day's mishaps* (Thomas 1973, 34). D'ionsaigh William Tyndale an tuiscint nach dteagmhódh aon drochní leis na té a dhéanfadh comhartha na croise air féin le linn an Leabhar Eoin a bheith á léamh os a chionn:

> thousands, whyle the prest patereth Saynt John's Gospel in Latine over theyr heedes, crosse them selves wythe I trow a legyon of crosses behynde and before and wythe reverence on the very arses and ... ploucke up theyr legges and crosse so moch as their heeles and the very soles of their fete, and beleve that if it be done in the tyme that he readeth the gospell (and else not) that there shall no mischaunce happen them that daye because only of those crosses (Duffy 1992, 215-6).

De réir theagasc ceartcreidmheach na hEaglaise Caitlicí ba dhlistineach feidhm a bhaint as fearaistí beannaithe le leas saolta a thabhairt chun cinn, ach é a dhéanamh go hómósach, ag cur muiníne sa bheannacht eaglasta a bhí tugtha do pé fearas bhí i gceist. Bhí tacaíocht Thomáis Acuín leis an dearcadh ceartchreidmheach seo (*Summa Theologiae*, II-2, 96.4). Ag tagairt go háirithe don úsáid a bhaintí as sleachta as an scriptúr, d'áitigh sé siúd nár lú éifeacht bhriathar Dé nuair a scríobhtar é ná nuair a deirtear é, agus ós rud é gur dlisteanach briathar Dé a aithris le hothar a leigheas, is dlistineach freisin briathar Dé a chaitheamh thart ar an muineál mar chosaint ar thinneas nó drochrudaí eile. Fós arís, mhaígh sé nach lú fiúntas bhriathar Dé ná taisí na naomh, agus ós dlisteanach iad sin a chaitheamh mar chosaint, is dlistineach freisin sliocht as an soiscéal a chaitheamh.

Tá tagairt shonrach don Leabhar Eoin i dteagaisc chríostaí an Fhrithreifirméisin in Éirinn agus, ní nach ionadh, an múineadh ceartchreidmheach ina leith curtha i láthair iontu. Seo mar atá sé ag Antoin Gearnon in bParrthas an Anama (1645):

> C. An piséoga an t-angnus Dei, an leabhar Eōin, an t-uisce, an choindeal nō an phailm choisreagtha?
> F. Ní headh; óir atá brígh aca ón mbeannughadh do-níthear le hordughadh na hEagluise orra (Ó Fachtna 1953, 70).[6]

In ainneoin go raibh teagasc oifigiúil na heaglaise Caitlicí maidir le ceartúsáid fearas beannaithe, craobhscaoilte go fairsing in Éirinn sna haoiseanna deireanacha seo go háirithe, is léir, mar sin féin, go raibh tuiscintí de chineál eile freisin, a mhúnlaigh dearcadh agus iompar daoine maidir leis an Leabhar Eoin. Bhain na tuiscintí seo le cumhacht dhraíochtúil a bheith á lua le foirmlí nó le téacsanna áirithe, go mórmhór nuair a bhí teanga nár thuig an pobal i gceist iontu (Tambiah 1968, 180-1). Níor chosain an stádas ar leith a bhí ag na scrioptúir san eaglais Chríostaí ó mhí-úsáid iad. Go deimhin, is amhlaidh a chothaigh an ról lárnach a bhí acu seo i searmanais eaglasta, an dóchúlacht go dtiocfadh cleachtais phiseogacha maidir leo chun cinn. Tá áireamh cuimsitheach déanta ar an bhfianaise i mbeathaí na naomh ar a leithéid sin de mhí-úsáid á baint sa tír seo sa mheánaois, as fearaistí éagsúla de chuid na Críostaíochta, ar a raibh bachaill, cloig agus na soiscéil féin le háireamh (Plummer 1910, I, clxxiv-clxxxi). Samplaí eile d'úsáid dhraíochtúil á baint as téacsanna an Bhíobla sa tír seo, is ea an Cathach á iompar deiseal roimh chath chun bua a chinntiú (DIL 1913-75, s.v. 'cathach 2'; O'Kelleher agus Schoepperle 1918, § 175), agus Leabhar Dharú gona chóip de na cheithre shoiscéal á tumadh in uisce a thugtaí mar chóir leighis d'ainmhithe tinne (Thomas Davis Lectures 1967, 5).

Maidir leis an Leabhar Eoin, is léir gur mhair tuiscintí piseogacha ina thaobh isteach san fhichiú haois. Bhí dindiúirí beachta luaite leis an tslí inar chóir é a chur ar fáil, agus thuigfí uathu gur ar shonraí draíochtúla seachas ar a stádas mar chuid den scrioptúr, nó de bharr beannacht eaglasta, a bhí a éifeacht ag brath in aigne an phobail: 'Tá obair sa Leabhar Eoin má fhaigheann tú an ceann ceart acu', mar a dúirt seanchaí i gCorca Dhuibhne (CBÉ 979:204). Is mór idir é seo agus an teagasc a chuir an diagaire Durandus (+1332) chun cinn – go ndíbreodh cumhacht an tsoiscéil féin an diabhal, *sua virtute* (Atchley 1898, 170). De réir an bhéaloidis, ní raibh sé cuí don sagart féin Leabhar Eoin a thairiscint, b'éifeachtaí é ach é a iarraidh air, agus níorbh fholáir díol as sula mbeadh aon mhaith ann – tuiscint a gcuireann Peig Sayers barántas an tsagairt féin léi sa chaint a chuireann sí ina bhéal in eachtra dá cuid:

'Tabharfaidh mé Leabhar Eoin anois duit ach b'fhearr liom go loirgeofá féin orm é; ach níor loirgís, ach caithfirse díol a thabhairt dom as ... níorbh aon tairbhe duit an Leabhar Eoin gan é a cheannach' (CBÉ 968:117).

Bhí sé ráite leis dá mba rud é gur dhein an sagart botún éigin i scríobh an Leabhar Eoin gur dhíobháil seachas maitheas a dhéanfadh sé don té a raibh sé á scríobh dó (Tyers 1992, 65). Tugann cuntais le fios go raibh a éifeacht ag brath ar stádas an té a scríobh é – go raibh níos mó cumhachta sa cheann a scríobhfadh sagart amháin seachas sagart eile. Tá an tuiscint sin mar bhunús leis an bhfinscéal a ainmnítear mar *Contest between magicians* (Briggs 1971, A, I, 35), ina gcaitheann beirt (sagairt de ghnáth) an téacs a scríobh siad sa tine, féachaint cén ceann acu is mó cumhacht agus a thiocfadh slán ón tine (féach téacsanna samplacha in An Seabhac 1932, 324 §22 agus Mac Giollarnáth 1944, 198-9; CBÉ 367: 201-6). Is cinnte go bhfuil na dindiúirí a luaitear le héifeacht an Leabhar Eoin ag bordáil ar phiseogacht mar a shonraítear an téarma sin i gcaitaiceasma Herder (1958, 124):

When we receive a blessing or use blessed things we should put our confidence in God's goodness and in the prayer of the Church. If we imagine that we shall receive help not from God but from the outward sign alone, we commit the sin of superstition.

Is léiriú é scéal a d'inis Peig Sayers fúithi féin, ar chomh beoga is a bhí an tuiscint nach ndófadh tine an Leabhar Eoin: tráchtann sí ann ar conas a chaith sí don tine píosa éadaigh a bhí fillte thart ar Leabhar Eoin agus *Agnus Dei*, ach nár theagmhaigh an tine leis an éadach sin (CBÉ 979:136-8). I leagan den fhinscéal *Contest between magicians* bíonn olc ar shagart paróiste gur ar an séiplíneach, agus nach air féin, a iarradh Leabhar Eoin a scríobh, agus chun an séiplíneach a chosc á scríobh, cuireann sé an bord ag a bhfuil sé suite ag preabadh; bíonn an sagart óg ró-mhaith dó, áfach, mar ciúnaíonn sé an bord nuair a leagann sé tuí thíos faoi a bhíodh i leaba a shocraítí do bhochtáin a d'fhanadh sa tigh (CBÉ 18:361-2).

Tugann finscéal eile faoin Leabhar Eoin le fios gurbh fhéidir a chumhacht a mhéadú de réir dhéine na bagartha ar a raibh sé ag freastal:

Scríobhann sagart Leabhar Eoin d'athair a iarrann é dá iníon thinn, ach tógann sé ar ais uaidh arís é agus scríobhann ceann eile nuair a chuireann an t-athair in iúl dó go mbeidh drochsprid á ionsaí ar a shlí abhaile; (téacs iomlán in CBÉ 27:557-64).

Cothaíonn cuid den fhianaise an tuiscint gur ar chostas shláinte an té a scríobhann é a dhéanann an Leabhar Eoin leigheas – léiriú ar nóisean na maitheasa teoranta a bhíonn i gceist go minic i gcomhthéacs an leighis dhraíochtúil (Foster 1967, 308-9):

Tá sé ráite an duine a leigheasfadh sagart leis an Leabhar Eoin go n-imeodh rud éigin air féin go luath ina dhiaidh, go rachadh sé as a mheabhair nó go gcaillfí é nó go mbainfeadh tubaiste de short éigin dó (Tyers 1992, 63).

Nuair a deirtear in *Cré na Cille* gur leighis sagart mac Neil Pháidín le Leabhar Eoin, cuirtear mar aguisín leis: 'caithfidh duine éigin eile bás a fháil ina ómós ó leigheasadh le Leabhar Eoin é. Beidh a chuid féin ag an mbás. Chuala muid ariamh é' (Ó Cadhain 1949, 117-8; féach Ó Máille 1974b, 2).

V

Snátha ar leith den réimse sin den traidisiún béil a dhéanann móradh ar chumhacht an tsagairt agus ar chomharthaí sóirt an chreidimh Chaitlicigh, iad na tuiscintí agus na finscéalta faoi bhuanna draíochtúla an Leabhar Eoin. Bhí feidhm mhór amháin i gcoitinne ag gach mír sa réimse sin, mar atá, dearbhú go raibh de bhua ag an sagart agus ag fearaistí beannaithe na deabhóide Caitlicí, cumhacht osnádúrtha a ionramháil. Ba dhlistiniú ar chreideamh an phobail an dearbhú seo, ba chruthúnas é gurbh ann don chumhacht sin i ndáiríre, agus ba chúnamh é sin leis an traidisiún faoin Leabhar Eoin a chothú. Ar ndóigh, ba bhuntáiste eacnamúil don chléir an géilleadh a tugadh dó, agus tharlódh gurbh é an síntiús a thugtaí ina leith bunús an tseanrá 'Deireadh gach soiscéil an t-airgead' (An Seabhac 1926, §949).

I gcás na bhfinscéalta a léiríonn coimhlint idir bheirt shagart faoi fhiúntas an Leabhar Eoin a scríobhann siad, is spéisiúil gur leis an íochtarán (an sagart óg) a léirítear bá. Sa leagan den fhinscéal ina dtarlaíonn an choimhlint idir sagart agus tuata, is leis an tuata a bhíonn an lá – rud a tharlaíonn freisin i bhfinscéalta gaolmhara eile ina mbíonn coimhlint chumhachta idir fear nó bean feasa agus sagart (Ó Héalaí 1994-5). B'fhéidir nár sheachránach na scéalta seo a thuiscint mar léiriú ar mhian an phobail fáil a bheith ar chumhacht osnádúrtha ag pearsana cumhachtacha eile chomh maith leis an sagart.

Bunaíodh greann ar úsáid an Leabhair Eoin freisin, mar is léir ón dán a chum Tomás Ó Míocháin agus Seon Lloyd ag tabhairt le fios gur sás cosanta ar na sí an dréacht a bhreac siad féin faoin teideal 'Leabhar Eoin' (Ó Muirithe 1988, 67-70). Bhí dréachtaí magúla á samhlú le Leabhar Eoin sa traidisiún béil déanach ina ngríosadh an file síofraí chun ionsaithe a dhéanamh ar an té ar a raibh an 'Leabhar Eoin' dírithe (Ó Lubhaing 1935, 281; CBÉ 1000:203; Ó hÓgáin 1982, 370). Is léiriú iad seo ar an gclaonadh coitianta magadh a dhéanamh faoi nithe a raibh stádas sacrálta nó beannaithe acu (féach mar shampla, scéalta grinn faoi phearsana agus gnóthaí eaglasta in Ó Súilleabháin 1963, §1725-1848), agus ní móide in aon chor gur fianaise iad ar mheath thraidisiún an Leabhar Eoin.

Mar fhocal scoir, níor mhiste a mheabhrú gur mhór an t-ábhar sóláis agus dóchais do mhórán de phobal na tire seo tráth, a gcreideamh láidir i gcumhacht mhíorúilteach an Leabhair Eoin agus gur mhaith acu in am na broide, an géilleadh a thugadar dó.[7]

NÓTAÍ

[1] Mícheál Ó Mainín, Tír an Bháin, Baile an Fhirtéaraigh a thug seo le fios dom (1 Samhain 2003). Bhíodh an tÁibhe Máire in úsáid chuige seo chomh maith (CBÉ 24: 199-202, 357; CBÉ 37: 91; Laoide 1915, 51)

[2] Tá tuairisc an bhoinn seo curtha le hard-Mhusaem na hÉireann ach níl aon cheann díobh aimsithe go fóill.

[3] San áit chéanna tugann Joyce le fios gur chuimhin le Thomas Moore a mháthair ag crochadh *gospel* faoina mhuineál, ach ní luann sé foinse leis an eolas seo. Tráchtann Moore féin ina chuimhní cinn ar scaball (*a scapular, as it was called, or small bit of cloth blessed by a priest*) a d'fhuaigh a mháthair i mball éadaigh dá chuid agus é ag tabhairt aghaidh ar Londain don chéad uair (Russell 1860, 32).

[4] Is cuimhin lena mhac, Pat, giota beag páipéir faoi mhionchló agus é fillte i bhfoirm triantáin a bheith i seilbh a athar.

[5] Is eol don údar gur iarradh Leabhar Eoin ar shagart i gCorca Dhuibhne i 1965. Cé nár iarradh riamh Leabhar Eoin air, thug an tAth. Éamon Ó Conghaile le fios nár fágadh cóipeanna de bhileog an aifrinn i séipéal Thír an Fhia, Co. na Gaillimhe, ar an Domhnach arbh é Brollach Eoin soiscéal an lae i 1995, cé gur gnách iad a fhágáil Domhntaí eile; bhí luaite aige sa tseanmóin gurbh é seo an téacs a bhí i gceist sa Leabhar Eoin.

[6] Tá an fhoclaíocht chéanna i dTeagasc Críostaí Uí Mhaoilmhuaidh, féach Ó Súilleabháin 1962, ll. 1377-80.

7   Táim faoi chomaoin ag na daoine seo a leanas a sholáthraigh eolas faoi ábhar na haiste seo: An tOllamh Emeritus Bo Almqvist agus an tOllamh Séamas Ó Catháin (An Coláiste Ollscoile, Baile Átha Cliath), An tOllamh Emeritus Cathal Ó Háinle (Coláiste na Tríonóide), An tAth. Micheál Ó Flannabhra agus an tAth. Éamon Ó Conghaile (Ard-deoise Thuama), An Msgr Pádraig Ó Fiannachta (Deoise Chiarraí), An tAth. Donncha Mac Eiteagáin (Deoise Rath Bhotha), Siúracha San Clár, Gaillimh, Michael Kenny, Ard-mhusaem na hÉireann agus Pat Crehan, Inis, Co. an Chláir. Táim buíoch den Dr Ríonach uí Ógáin, Stiúrthóir Chnuasach Bhéaloideas Éireann, as cead a thabhairt ábhar ón gCnuasach a fhoilsiú anseo.

LEABHARLIOSTA

An Seabhac 1926: An Seabhac [P. Ó Siochfhradha], *Seanfhocail na Muimhneach*, Corcaigh.

An Seabhac 1932: An Seabhac [P. Ó Siochfhradha], 'Sidhe agus Púcaí', *Béaloideas* 3, 309-29.

An Seabhac 1939: An Seabhac [P. Ó Siochfhradha], 'Sean-Oideasaí Leighis', *Béaloideas* 9, 141-8.

Atchley 1898: E. G. C. F. Atchley, 'Some Notes on the Beginning and Growth of the Usage of a Second Gospel at Mass', *Transactions of the St. Paul's Ecclesiological Society* 4, 161-75.

Briggs 1971: K. Briggs, *Dictionary of British Folk-Tales in the English Language*, London.

Camden 1722: W. Camden, *Brittania or a Choreographical Description of Great Britain and Ireland*, eag., E. Gibson, London [an chéad eagrán 1586].

Campbell 1975: J. L. Campbell, *A Collection of Highland Rites and Customs*, Cambridge.

Carleton 1841: W. Carleton, 'The Irish Shanahus', *Irish Penny Journal*, 29 Bealtaine 1841, 378-80.

Carleton 1971: W. Carleton, *Traits and Stories of the Irish Peasantry*, [1843-4], New York 1971.

CBÉ: Cnuasach Bhéaloideas Éireann i Lárionad Uí Dhuilearga do Bhéaloideas na hÉireann, An Coláiste Ollscoile, Baile Átha Cliath.

Croker 1828: T. C. Croker, *Fairy Legends and Traditions in the South of Ireland*, II, London.

Cross 1952: T. P. Cross, *Motif-Index of Early Irish Literature*, Indiana University Publications. Folklore Series 7, Bloomington.

DIL 1913-75 : *Dictionary of the Irish Language based mainly on Old and Middle Irish materials*, Dublin.

Dinneen 1927: P. S. Dineen, *Foclóir Gaeilge agus Béarla. An Irish-English Dictionary*, Dublin.

Duffy 1992: E. Duffy, *The Stripping of the Altars. Traditional religion in England 1400-1580*, New Haven.

Fisher 1989: J. H. Fisher, *The Complete Works of Geoffrey Chaucer*, an dara heagrán, New York.

Foster 1967: G. M. Foster, 'Peasant Society and the Image of Limited Good', in J. M. Potter *et al.*, *Peasant Society: A Reader*, Boston, 300-23.

Gamble 1813: J. Gamble, *A View of Society and Manners in the North of Ireland in the Summer and Autumn of 1812*, London.

M. Harmon 1973, M. Harmon, eag., W. Carleton, *Traits and Stories of the Irish Peasantry* [1843-4], I, Cork.

Herder 1958: *A Catholic Catechism*, Freiburg.

Hoffmann-Krayer agus H. Bächtold-Stäubli 1927-42: E. Hoffmann-Krayer agus H. Bächtold-Stäubli, eag., *Handwörterbuch des deutschen Aberglaubens*, I-X, Berlin.

Jackson 1990: K. H. Jackson, eag., *Aislinge Meic Con Glinne*, Dublin.

Joyce 1903: P. W. Joyce, *A Social History of Ancient Ireland*, I-II, London.

Jungmann 1957 : S. J. Jungmann, *Public Worship. A survey*, Collegeville, Minnesota.

Kieckhefer 1989: R. Kieckhefer, *Magic in the Middle Ages*, Cambridge.

King 1957 : A. A. King, *Liturgy of the Roman Church*, London.

Laoide 1915: S. Laoide, *Tonn Tóime*, Baile Átha Cliath.

Law 1922: R. A. Law, ' "In Principio" ', *Proceedings of the Modern Languages Association* 37, 208-15.

Larkin 1976: E. Larkin, 'The Devotional Revolution in Ireland', in E. Larkin, *The Historical Dimension of Irish Catholicism*, Dublin 1976, 57-89.

Leonard 1953: 'The Gospel of Jesus Christ according to St John', in B. Orchard *et al.*, eag., *A Catholic Commentary on Holy Scripture*, London, 971-1017.

Logan 1972: P. Logan, *Making the Cure. A look at Irish folk medicine*, Dublin.

Lysaght 1994: Patricia Lysaght, 'The Uses of Sacramentals in Nineteenth- and Twentieth- Century Ireland with Special Reference to the Brown Scapular', in N.W-A. Bringéus, eag., *Religion in Everyday Life*, Stockholm, 187-224.

Mac Giollarnáth 1941: S. Mac Giollarnáth, *Annála Beaga ó Iorras Aithneach*, Baile Átha Cliath.

Mac Giollarnáth 1944: S. Mac Giollarnáth, 'Seanchas agus Sgéalta ó Mhicheál Breathnach', *Béaloideas* 14, 192-218.

Mac Clúin 1940: S. Mac Clúin, *Caint an Chláir*, I-II, Baile Átha Cliath 1940.

McGrath 1990:T. G. McGrath, 'The Tridentine Evolution of Modern Irish Catholicism, 1563-1962; a Re-examination of the "Devotional Revolution" Thesis', in R. Ó Muirí, eag., *Irish Church History Today*, Armagh, 84-99.

Meyer 1892: K. Meyer, eag., *Aislinge Meic Conglinne. The Vision of Mac Conglinne, a Middle-Irish wonder tale*, London.

Munnelly 1998: T. Munnelly, 'Junior Crehan of Bonavilla', *Béaloideas* 66 (1998), 163-97.

Ní Bheirn 1989: Ú. Ní Bheirn, *Cnuasach Focal as Teileann*, Baile Átha Cliath.

Ó Cadhain 1949: M. Ó Cadhain, *Cré na Cille*, Baile Átha Cliath.

Ó Cearna 1990: Agallamh le Seán Pheats Tom Ó Cearna a dhein Pádraig Ó Héalaí, fístéip, SVC 425 (1990), i gcartlann an Ionaid um Fheabhas Foghlama agus Teagaisc, Ollscoil na hÉireann, Gaillimh.

Ó Conghaile, S. Ó Conghaile, *Saol Scolóige*, Indreabhán.

Ó Duilearga agus Ó hÓgáin 1981: S. Ó Duilearga agus D. Ó hOgáin, eag., *Leabhar Stiofáin Uí Ealaoire*, Baile Átha Cliath.

Ó Fachtna 1953: A. Ó Fachtna, eag. A. Gearnon, *Parrthas an Anma, An Lobháin* 1645, Baile Átha Cliath 1953.

Ó Háinle 1970: C. O I Iáinle, eag., *Leicseanáir*, Maigh Nuad.

Ó Héalaí 1994-5: P. Ó Héalaí, 'Priest versus Healer. The legend of the priest's stricken horse', *Béaloideas* 62-3, 171-88.

Ó hÓgáin 1982: D. Ó hÓgáin, *An File. Staidéar ar osnádúrthacht na filíochta sa traidisiún Gaelach*, Baile Átha Cliath.

O'Kelleher agus Schoepperle 1918: A. O'Kelleher agus G. Schoepperle, eag., *Maghnus Ó Domhnaill. Betha Colaim Cille: Life of Columcille*, Urbana, Illinois.

Ó Lubhaing 1935: M. Ó Lubhaing, 'Rócáin agus Sgéalta', *Béaloideas* 5, 273-308.

Ó Máille 1974a: T. Ó Máille, *Liosta Focal as Ros Muc*, Baile Átha Cliath.

Ó Máille 1974b: P. G. Ó Máille, 'Béaloideas: Máirtín Ó Cadhain", *Leas*, Samhradh, 2-9.

Ó Muirithe 1988: D. Ó Muirithe, *Tomás Ó Míocháin: Filíocht*, Baile Átha Cliath.

Ó Súilleabháin 1962: P. Ó Súilleabháin, eag., *F. Molloy, Lucerna Fidelium, Romae* 1676, Baile Átha Cliath.

Ó Súilleabháin 1963: S. Ó Súilleabháin, *The Types of the Irish Folktale*, FF Communications 188, Helsinki.

Plummer 1910: C. Plummer, *Vitae Sanctorum Hiberniae* I-II, Oxford.

Robinson 1957: F. N. Robinson, *The Works of Geoffrey Chaucer*, an dara heagrán, London.

Russell 1860: J. Russell, eag., *Memoirs, Journal and Letters of Thomas Moore*, London 1860.

Seymour 1989: St. J. D. Seymour, *Irish Witchcraft and Demonology*, London [an chéad eagrán Dublin 1913].

Tambiah 1968: S. J. Tambiah, 'The Magical Power of Words', *Man* 3, 175-208.

Tatlock 1914: J. S.P. Tatlock, 'Notes on Chaucer: *The Canterbury Tales*', *Modern Language Notes* 29, 140-4.

Thomas 1973 : K. Thomas, *Religion and the Decline of Magic, Studies in popular beliefs in sixteenth- and seventeenth-century England*, Harmondsworth.

Thomas Davis Lectures 1967: Radio Telefís Éireann, *Great Books of Ireland*, Dublin.

Thompson 1955-8: S. Thompson, *Motif-Index of Folk Literature*, I-VI, Copenhagen.

Tyers 1992: P. Tyers, *Malairt Beatha*, Dún Chaoin 1992.

Uí Bheirn 1989: Ú. Uí Bheirn, *Cnuasach Focal as Teileann*, Baile Átha Cliath.

Wallis Budge 1930: E.A. Wallis Budge, *Amulets and Superstitions*, London.

Warren 1881: F. E. Warren, *The Liturgy and Ritual of the Celtic Church*, an dara heagrán 1987, Woodbridge, Suffolk.

Wright 1846: T. Wright, *Essays on Subjects Connected with Literature, Popular Superstition and History of England in the Middle Ages*, London.

an nua-Rúraíocht

RUAIRÍ Ó hUIGINN

Gné amháin de phrós na Gaeilge Iarchlasaicí ar díol ar leith spéise í na scéalta a bhaineann leis an seánra sin a dtugann roinnt scoláirí an 'Nua-Rúraíocht' air (Watson 1979, 18). Is éard atá anseo glac scéalta a cumadh i gCúige Uladh sa tréimhse iarchlasaiceach a bhfuil laochra na Rúraíochta ina lár. Is orthu seo a bheas mé ag trácht. Ó tharla gurbh é Máirtín Ó Briain a chéad-dúisigh mo spéis iontu is mór agam an deis a fháil an aiste seo a chur mar chloch bheag ar a charn.

Is iad seo a leanas na príomhscéalta a bheas faoi chaibidil againn:

1. *Toruigheacht Gruaidhe Griansholus* (*TGG;* eag. O'Rahilly 1922)
2. *Tóruigheacht na hEilite le Cú Chuillinn agus Oillioll Fionn* (*SR-TNE;* eag. *SR* 1-62)
3. *Tóruigheacht Eileann Sgiamhach go Críochaibh Lochlann* (*SR-TES;* eag. *SR* 63-122)
4. *Eachtra Chonaill Cheithearnaigh agus an Fhir Dia, Lughaidh mhac Nós, Bricin agus Chú Chuilin go Hoileán an Ár a Rígheachta Rígh Innse Toirc* (*SR-ECC;* eag. *SR* 123-183)
5. *Eachtra Foirbe mac Conchubhair mhic Neasa Rígh Uladh* (*SR-EF;* eag. *SR* 184-240)
6. **Tóruigheacht Chlann Chonchubhair mhic Neasa Rígh Uladh le Curaidhibh na Craobhruaidhe* (*SR-TCC*)[1]
7. *Eachtra na gCuradh* (*ENC;* eag. Ní Chléirigh 1941)
8. *Coimheasgar na gCuradh* (*CNC;* eag. Ní Chléirigh 1942)
9. **Eachtra Mhuireadhaigh mhic Diaindeirg* (*MDD*)[2]

Tá siad seo lena n-áireamh mar scéalta Rúraíochta mar go léiríonn siad eolas áirithe ar phearsanra, ar dhomhan agus ar scéalta eile de chuid na Sraithe Ultaí. Ní hamháin go bhfuil Cú Chulainn ina lár ach glacann laochra eile na seanscéalta páirteanna suntasacha iontu chomh maith. Luaitear áiteanna sna scéalta seo a bhfuil tábhacht ag baint leo sa tSraith Ultach, agus déantar tagairtí iontu do roinnt scéalta eile de chuid na Rúraíochta.

Ní mór idirdhealú a dhéanamh mar sin idir na scéalta seo agus roinnt scéalta béaloidis nach bhfuil de bhaint acu leis an tSraith Ultach ach Cú Chulainn a bheith luaite mar laoch iontu. I scéalta den chineál sin is é an chaoi a bhféadfaí Fionn mac Cumhaill nó Céadach mac Rí in Éirinn nó laoch eile a chur in áit Chú Chulainn gan mórán de dhochar ná de dhifir a dhéanamh don scéal. Déantar idirdhealú freisin idir scéalta seo na Nua-Rúraíochta agus leaganacha nua de sheanscéalta Rúraíochta a cuireadh ar fáil i dtréimhse na Nua-Ghaeilge Moiche agus a chuaigh isteach sa traidisiún béil ina dhiaidh sin.[3]

Scéalta iad na scéalta Nua-Rúraíochta a cumadh den chéaduair sa tréimhse iarchlasaiceach. Ní seanscéalta iad a ndearnadh cóiriú as an nua orthu. Tuigtear seo ón uair nach bhfuil tagairt ar bith dóibh féin ná d'eachtraí a bhaineann leo sna seantéacsanna Rúraíochta, bíodh go dtagraítear sa Nua-Rúraíocht do roinnt de na seanscéalta sin.

Ar an múnla rómánsaíoch a scríobhadh iad, múnla a bhfuil de shaintréithe ag baint leis: 'the prevalence of magic and the piling of unbelievable incident upon incident' (Ó Murchadha 1955, 39), i measc gnéithe eile. Cuir leis seo struchtúr na scéalta, na téamaí agus na móitífeanna láir atá iontu, mar aon le stíl na Gaeilge ina bhfuil siad scríofa agus feicfear gur gaire a ngaol leis an bhFiannaíocht ná le seanscéalta na Sraithe Ultaí.

Tá cosúlachtaí láidre ag cuid de na scéalta seo le chéile ó thaobh na mbunphlotaí. Is minic, mar shampla, an tóraíocht mar lárthéama iontu, rud a fhágann go dtugann na laochra turas na cruinne, ag triall ní hamháin ar thíortha aithnide an domhain, ach freisin ar thíortha aduaine na scéalaíochta ar nós na Dreollainne, na Sorcha agus áiteanna nach iad (Bruford 1966, 20-22). Cé gur fada siar a théann fréamhacha an fhinscéil taistil sa Ghaeilge ní leor sna scéalta deireanacha seo cuairt a thabhairt ar thír amháin; a liacht tír a dtéitear chucu is amhlaidh is fearr. Fágann an síorthaisteal seo cruth eipeasóideach ar an scéal fré chéile. Maidir le téamaí na scéalta, is minic a fhuascalaíonn na laochra bean ar imríodh asarlaíocht uirthi, bean a bhfuil droch-chleamhnas déanta di, nó duine uasal ar bhain míthapa éigin dó. Le teann a gcuid gaisce nó trí dhúshláin a shárú a chuireann na laochra an méid seo i gcrích. Daoine aontoiseacha iad mná na scéalta seo. Na tréithe is mó a ghabhann leo a n-áilleacht, a leochailí soghonta atá siad agus an gá atá acu uilig le laoch cróga a theacht lena bhfuascailt ón ngábh ina bhfuil siad nó ón ngéarchéim atá buailte leo.

Ós mar sin atá, tá an niachas go mór chun tosaigh sa litríocht seo. Mar ridirí de chuid na meánaoiseanna a iompraíonn na laochra iad féin cuid mhaith, cé nach i gcónaí a bhíonn sin amhlaidh (Bruford 1966, 26). Ach oiread leis na mná, níl an carachtrú forbartha beag ná mór ina gcás. Má dhéantar 'rudú' ar mhná, déantar a leithéid chéanna ar na laochra, sa mhéid is nach daoine iad ach innill troda, ghaisce agus 'ghrá'.

Ó thaobh na teanga, is í an stíl fhoclach, uamach athráiteach a chleachtar sa chumadóireacht seo. Arís, is fada siar a théann fréamhacha na stíle seo, ach sa Nua-Rúraíocht is léir teannas áirithe idir an tseanteanga chlasaiceach scríofa agus teanga labhartha na linne. San áit a bhfaightear corrshampla fánach d'fhoirmeacha as an gcaint 'bheo' i dtéacsanna a mhaireann i lámhscríbhinní a scríobhadh roimh an seachtú haois déag, sa tréimhse iarchlasaiceach is é an chaoi a gcastar meascán den dá réim orainn, rud atá ag brath ar an máistreacht a bhí ag an gcumadóir ar an tseanteanga liteartha. Fágann sin go bhfeictear seanfhoirmeacha clasaiceacha teanga, bréagársaíochtaí nó foirmeacha 'forcheartaithe' le hais foirmeacha as an gcaint bheo, nó le foirmeacha atá faoina tionchar, i dtéacsanna den chineál seo.

Gné shuntasach stíle a bhaineann le roinnt de na scéalta seo an reacaireacht a bheith go minic sa chéad phearsa, agus de bhrí gur gníomhaí sa scéal an reacaire, nó sin gur finné é dár tharla, baineann brí agus beocht leis an insint, fiú más fada foclach an insint chéanna.

An deis chéanna reacaireachta, ar ndóigh, a oibrítear cuid mhaith sna laoithe fiannaíochta a chuirtear i mbéal Chaoilte nó Oisín, rud a mhéadaigh ar an tóir a bhí ag an bpobal orthu.

Tar éis sin agus uile, ní mórán measa atá léirithe ag lucht critice ar na scéalta seo, is é sin an beagán a chuaigh ag plé leo. Ag trácht dó ar na scéalta a foilsíodh in *SR* nochtann Bruford (1966, 50) an tuairim gur *very readable entertainment literature on the level of modern detective fiction* atá iontu. Is géire a bhreithiúnas ar *ENC* agus *EDD* nach bhfuil iontu, dar leis (1966, 8), i gcomparáid leis na seanscéalta a cheapann sé a bhí mar mhúnla acu ach *imitations … which outdo their models in dullness.* Níos faide ar aghaidh ina shaothar cuireann sé *ENC* i gcosúlacht leis na *boring pseudo-historical tales which seem to have been composed by various authors into the eighteenth century* (1966, 50). Sa phlé aige ar *ENC* agus ar *CNC*, d'aithin Gearóid Ó Murchadha freisin nach mbeadh aon róluí ag go leor daoine leis na scéalta seo: 'Tá daoine ann gur fuath leó sgéalaigheacht na meadhán-aoise. Ní dócha go bhfaghaid siad-san blas go deó ar an gCoimheasgar so ná ar an Eachtra.' Lagiarracht a dhéanann sé seasamh liteartha a thabhairt dóibh:

Ach an mhuintir go dtaitneann an saghas san sgéalaigheachta leó déarfainn nach lughaide a suim 'san dá sgéal an nós do bhí agá n-údar sean agus nua do mheasgadh trína chéile iontu (1942, xx).

Faoi mar atá siad againn, ní móide go sásóidís critéir ardlitríochta na linne seo. Ina dhiaidh sin féin, is mar théacsanna atáimid a léamh agus ní mór a mheabhrú nach bhfuil comhthéacs a n-inste ná a reacaireachta againn.[4]

Céard faoina mbunús, mar sin? De bharr cosúlachtaí teanga, stíle agus ábhair, tá an tuairim léirithe ag roinnt scoláirí go bhfuil dlúthbhaint ag na scéalta seo le chéile. Bhí Bruford (1966: 50) sásta glacadh leis gur de bhunús scoile Ultaí de chuid na seachtú haoise déag iad. Roimhe sin arís, sa réamhrá a chuir Máire Ní Mhuirgheasa le *Sgéalta Rómánsuíochta* thuairimigh sí:

murarbh aon údar amháin do cheap na sgéalta so agus *Eachtra na gCuradh* agus *Coimheasgar na gCuradh* agus *Tóruigheacht Ghruaidhe Griansholus* chomh maith, bhí gaol gairid sgéalaíochta agá n-údairibh go léir le chéile … Ultach (nó Ultaigh) a sgríobh an *Eachtra* an *Coimheasgar*, an *Tóruigheacht*, agus na sgéalta so [i.e. *SR*], agus is é is dóichí dhe gur i ndeireadh na seachtú haoise déag do mhair an tUltach so (nó na hUltaigh so) do chéad-cheap iad go léir (1952, xiv).

An tuairim a nocht Gearóid Ó Murchadha:

> In the late seventeenth century some Ulster author or school of writers wrote romantic tales about the Ulster Cycle. To this group belong *Tóruigheacht Ghruaidhe Griansholus* … *Eachtra na gCuradh, Coimheasgar na gCuradh* … and the first four tales in the volume entitled *Sgéalta Rómánsuíochta* (1955, 43-4).[5]

Ag breathnú dúinn ar cheist seo a mbunúis, sílim nár mhór dúinn roinnt ranna a dhéanamh de na scéalta ar chúinsí stíle agus teanga chomh maith leis an ábhar. Cé go dtabharfadh an teanga féin orainn a cheapadh gur le tuaisceart na tíre a bhaineann siad uilig, ní dóigh liom gur bhfuil aon bhonn faoin áitiú gur leis an údar céanna iad. Ní dóigh liom ach an oiread gur as an scoil chéanna iad, ná gur leis an tréimhse chéanna a bhaineann siad.

Tá an chéad scéal, *Tóruigheacht Gruaidhe Griansholus*, le scoitheadh ón gcuid eile. Is i lámhscríbhinn amháin atá sé le fáil, lámhscríbhinn a scríobhadh sa bhliain 1679 agus ar sine de roinnt scórtha bliain í ná téacs ceann ar bith de na scéalta eile atá faoi chaibidil againn anseo.[6] Is follas gur de bhunadh Ultach dó. Ba leor an fhianaise chanúna atá curtha ar fáil ag O'Rahilly (1922, xxvii-xxviii) leis an méid seo a thaispeáint, ach léiríonn an téacs ina cheann sin roinnt mioneolais ar thíreolaíocht an chúige. Is in *TGG*, mar shampla, atá an tagairt is luaithe dá bhfuil againn

don logainm Loch na Séad, turloch atá buailte ar Eamhain Mhacha (*TGG* 60), agus tá ár n-aird dírithe ag Cathal Ó Háinle (1978, 76-7) ar an mórtas cúige, mórtas Ultach, atá chun tosaigh ann.

Bhí eolas maith ag an údar ar phearsana na Rúraíochta, de réir O'Rahilly (1922, xix) agus léiríonn na tagairtí atá tugtha aici sna nótaí téacsúla fairsinge an eolais sin. Má scúdaítear iad seo feicfear go bhféadfadh údar *TGG* teacht ar an eolas a léiríonn sé ar an Rúraíocht gan dul thar bheagán foinsí. Ba leor dá mbunáite *Táin Bó Cuailnge* agus *Oileamhain (Foghlaim) Con Culainn*.[7] Scéalta iad seo ar cuireadh leaganacha nua díobh ar fáil i dtréimhse na Nua-Ghaeilge Moiche, tamall maith roimh aimsir *TGG*. Is léir óna liacht sin cóip atá tagtha anuas chugainn, go raibh tóir ar na leaganacha nua seo. Níorbh iontas teacht a bheith ag údar *TGG* orthu agus go mbainfeadh sé leas astu agus é ag cumadh a scéil. Ní gá mar sin go raibh sé eolach ar sheanleaganacha na scéalta seo.[8] D'fhéadfadh bunús a bheith le tuairim O'Rahilly gur féidir *TGG* a leagan ar Eoghan Ó Donnghaile, file as Oirthear Uladh a bhí suas san am sin, ach ní leor a bhfuil d'fhianaise aici le talamh slán a dhéanamh dá barúil (1922, viii).

Cnuasach eile scéalta a bhfuil baint acu leis an taobh céanna tíre scéalta 2-6 ar an liosta thuas. Tá siad seo le fáil in dhá lámhscríbhinn a bhreac an file agus an scríobhaí Art Mac Bionaid sa bhliain 1859. Chuir Ní Mhuirgheasa agus Ó Ceithearnaigh (1952) na chéad cheithre cinn in eagar in *Sgéalta Rómánsaíochta*.[9] Ar bhonn teanga, stíle agus ábhair, sílim gur féidir glacadh leis gur ón údar céanna a tháinig siad, faoi mar atá áitithe ag Ní Mhuirgheasa agus Ó Ceithearnaigh (1952, xiii-xiv) agus Bruford (1966, 50). Ina dhiaidh sin féin, tá fadhb ag baint lena dtraidisiún téacsúil. I gcolafan dá chuid deir Mac Bionaid gur seanlámhscríbhinn a bhreac Arthur Brownlow sa bhliain 1729 a bhí mar fhoinse aige. Ní fhéadfadh seo a bheith ceart an áit ar cailleadh Brownlow sa bhliain 1712. Ina cheann sin bailitheoir a bhí ann ar scríobhadh lámhscríbhinní dó, ní grafnóir.[10] Tharlódh go raibh mearbhall ar Mhac Bionaid faoin dáta agus gur lámhscríbhinn a scríobhadh le haghaidh Brownlow nó ceann a bhí ina sheilbh tráth a bhí i gceist aige, nó sin, go bhfuil an dáta ceart ach nach lámhscríbhinn de chuid Brownlow a bhí inti. Dá mb'fhíor go bhfuarthas na scéalta seo i lámhscríbhinn a scríobhadh le linn do Brownlow a bheith beo, d'fhágfadh sé go raibh siad ar fáil faoi thús an ochtú céad déag agus nár ghá go mbeadh bearna rómhór aoise idir iad agus *TGG*.

Is ar bhunús an cholafain úd a ghlactar leis gur leis an gcéad chuid den ochtú céad déag nó le tréimhse níos luaithe fós a bhaineann SR, agus ós mar sin atá, níor mhiste súil a chaitheamh air an athuair. Is ar leathanach 280 den lámhscríbhinn, ag deireadh *Eachtra Foirbe mac Chonchubair mhic Neasa Rígh Uladh*, atá sé breactha. Is éard atá ann: *this piece is taken from an old manuscript copy written by Hon. Arthur Brownlow of Lurgan. Written in 1729.* Ag an bpointe sin sa lámhscríbhinn bhí ceithre scéal Rúraíochta breactha cheana féin ag Mac Bionaid agus is ar éigean a bheadh an focal *piece* ag tagairt dóibh uilig. Seans, mar sin, nach d'*Eachtra Foirbe* ná do na scéalta atá roimhe sin sa lámhscríbhinn atá an colafan ag tagairt, ach don scéal deireanach sa lámhscríbhinn, *Eachtra Thailc mhic Threóin*, a thosaíonn ar bharr an chéad leathanaigh eile. Cé gur gnách colafain mar seo a theacht i ndiaidh an scéil dá ndéanann siad tagairt, d'fhéadfadh úsáid na haimsire láithrí *is taken*, seachas na haimsire foirfe nó caite *was/has been taken* a thabhairt le tuiscint gur ag breathnú chun cinn a bhí an scríobhaí.[11]

Tá de dhifríocht idir *Eachtra Thailc mhic Threóin* agus na scéalta eile gur scéal Fiannaíochta í, agus go bhfuil sinsearacht liteartha áirithe aici ós cosúil go bhfuil cuid di bunaithe ar *Laoi Chnoic an Áir* (Ó Ceithearnaigh agus Ní Mhuirgheasa 1952, xiii). Tharlódh mar sin gur bhain Mac Bionaid leas as leagan den dán a fuair sé i seanlámhscríbhinn. Tá léirithe ag Cunningham agus Gillespie (1986) go raibh ábhar Fiannaíochta i measc na lámhscríbhinní a bhí ag Brownlow deich mbliana roimh a bhás, cé nach féidir a bheith cinnte an raibh an dán seo go sonrach aige. Tá léirithe acu chomh maith go raibh cóip de *Combrac Fhir Diadh agus Con Culainn* i measc a chuid lámhscríbhinní freisin, ach níl tagairt dá laghad i liosta seo a lámhscríbhinní do na scéalta seo atá in *SR*. Fágann sin uilig nach bhfuil fianaise chruinn chinnte ar na scéalta Rúraíochta atá sa chnuasach seo a bheith ar fáil roimh aimsir a scríofa, is é sin 1859.

Ní hé seo an t-aon cholafan amháin atá ag Mac Bionaid. Tar éis *SR-ECC* tá 'Air na sgríobhadh chum usoid Eamoinn A. mhic Anaosa, 1859. A.B. 15th March 1869, E.A.Maginnis'. Tiomnú é seo don phátrún a bhí aige, ach ní luann sé foinse an scéil. Tar éis an chéad scéil sa dara lámhscríbhinn a bhreac sé (Ó Tuathail 2, lch 60) tá: *Copied from the handwriting of Michael Brady of Courtbawn, Parish of Creggan. Written 1782*. Tá a leithéid chéanna aige ag deireadh an dara scéal, *Lorgaireacht na Laochraigh* (Ó Tuathail 2, lch 120) ach gurb é an dáta 1785 atá leis sin. Níl tada scríofa aige i ndiaidh an tríú scéal, *Tóruigheacht Chlann Chonchubhair*, ar scéal Rúraíochta é, ach tá colafan eile aige tar éis an cheathrú ceann, *Eachtra Chriomhthain* (lch 312): *The foregoing was copied from the handwriting of the celebrated scribe Brian Beag mheic [sic] Ardghail i.e. Little Bryan McArdle of Moybawn, Parish of Creggan in the year 1777, by Arthur Bennett, Ballykeel, Forkhill 1860*. Tar éis an scéil dheiridh, *Turus Nuala Chaomh-chrothach inghein Righ na Frainnce go hÉirinn*, scríobh sé: *Transcribed from the handwriting of Michael Conery of Richards-town Co. Louth bearing date 1760. By Arthur Bennett, Ballykeel, Forkhill* (lch 379).

D'fhágfadh seo gur ag tarraingt as ábhar a scríobh ceathrar ar a laghad a bhí Mac Bionaid, agus tharla a chosúla is atá teanga agus stíl sna scéalta seo ar fad, níor mhór a áitiú gur ó fhoinse níos sine arís a fuaireadarsan é. Is dóigh gur ar an mbunús sin a cheap scoláirí áirithe gur leis an seachtú haois déag a bhaineann *SR*. Ar an drochuair, níl teacht ar bith againn anois ar an tseanfhoinse sin, má bhí a leithéid ann riamh, agus níl d'fhianaise againn gur sine iad na téacsanna ná aimsir scríofa na lámhscríbhinní ina bhfuil siad ach colafain Mhic Bhionaid.[12]

Is róléir, áfach, nach ionann bunús do *SR* agus do *TGG*. Ní gá ach *SR* a chur i gcomparáid le *TGG*, le feiceáil ar an bpointe boise go bhfuil bearna shuntasach teanga idir an dá théacs. San áit a bhfuil roinnt bheag foirmeacha canúnacha le hais go leor foirmeacha clasaiceacha in *TGG*, tá *SR* ag cur thar maoil le canúnachas, gan mórán den teanga chlasaiceach a bheith le sonrú sna téacsanna ann. Gaeilge de chineál eile atá i scéalta *SR*.

Is fada aitheanta go léiríonn foirmeacha canúnacha seo *SR* gur le hOirthear Uladh a bhaineann an cnuasach seo téacsanna. Is leor breathnú ar na samplaí seo a leanas le léiriú a fháil ar chanúint an údair, agus níl tugtha agam anseo ach cuid an bheagáin:

(a) Cé nach bhfuil ach sampla amháin in SR den mhír dhiúltach Ultach *cha* – agus sin sa scéal Fiannaíochta *Eachtra Thailc mhic Threóin* (*SR*, l.7669) – tá fuílleach samplaí sna scéalta seo d'urú a theacht tar éis na foirme *ní*, m.sh. *ní dtucfadh SR* 879, *ní dtilleadh, SR* 1030, *ní dtug SR* 191, *ní dtig SR* 3390, *ní dtáinig SR* 3469 srl. Bíodh gurbh í an fhoirm 'liteartha' *ní* a scríobhadh, is le nósanna claochlaithe *cha* a cloíodh. Ina cheann sin, is minic an aimsir láithreach agus feidhm an fháistinigh aici a theacht i ndiaidh na míre seo, nós a bhaineann leis an mír *cha* [13]

(b) Tá riar foirmeacha sa téacs ar de réir foirmeacha nó nósanna fuaimnithe Chúige Uladh atá siad scríofa, m.sh. *prontas* (bronntas) *SR* 5230, *raoghan* (roghain) *SR* 5202, *seóltáir* (seoltóir) *SR* 5767, *seamra* (seomra) *SR* 6203, *tuighe* (tí), *SR* 859, srl.

(c) Tá foirmeacha Ultacha de na forainmneacha réamhfhoclacha le fáil go tiubh trí na scéalta seo, m.sh. *uam-sa*, (uaimse) *SR* 5752 srl., *dhut* (dhuit) *SR* 1920 srl., *dhóibhthe* (dóibh) *SR* 187, *uabhtha* (uatha) *SR* 575 srl.

(d) Saintréith de chuid Ghaeilge Oirthear Uladh go gcailltí -*th*- láir. Tá an forás sin le sonrú sa luaineacht a bhaineann le -*th*- in ortagrafaíocht *SR*, i.e. fágtar ar lár an -*th*- i roinnt focal a mbeifí ag súil leis iontu go stairiúil, m.sh. *bais* (=bathais) *SR* 584, nó scríobhtar -*th*- 'forcheart' san áit nach mbeifí ag súil leis ó thaobh na staire, m.sh. *curthais* (=cuiris) *SR* 5835, *Conall Ceithearnach* (=Cearnach) *SR* 4418 srl.

(e) Ar an gcuma chéanna léiríonn luaineacht an litrithe cailliúint -ch- láir agus deiridh sa chanúint (Ó Dochartaigh 1987, 122-44), m.sh. *lena hachla* (=heachlach) *SR* 5713; *curachtach* (=curata) *SR* 5772, *leacht* (=leat) *SR* 5861, *nach* (=ná) *im[n]ídhthear thú SR* 6009, srl.

Ní hamháin go ndéanann an ortagrafaíocht[14] agus an réim teanga idirdhealú suntasach idir *SR* agus *TGG* ach tá difríochtaí eatarthu ó thaobh struchtúr na scéalaíochta agus ainmneacha na *dramatis personae*. Cú Chuilinn nó Cú Chuileann seachas Cú Chulainn is rogha le húdar *SR* mar ainm ar phríomhlaoch Chúige Uladh.[15] An tseanfhoirm stairiúil cheart Cú Chulainn atá in *TGG* tríd síos. An Fear Dia atá ag *SR*, san áit a bhfuil Fear Dia (gan an t-alt) ag *TGG*. De bharr chailliúint -th- láir, a pléadh thuas, déantar Conall Ceithearnach de Chonall Cearnach, rud a thugann an dara cuid den ainm chun ionannais leis an ainmfhocal *ceithearnach [foot-soldier, outlaw]*.[16] Conall Cearnach an fhoirm atá in *TGG* i ngach aon chás. Trí gach scéal mar sin, is ar éigean gurb é an t-údar céanna a chum *TGG* agus *SR* ná gur leis an scoil chéanna a bhaineadar. I bhfianaise na teanga ní dóigh liom fiú gur téacsanna comhaoiseacha iad. Is le tréimhse níos deireanaí ná *TGG* a bhaineann *SR*.

Cén tréimhse, mar sin, lena mbaineann *SR*? Le plé a dhéanamh ar an gceist seo ní mór dúinn téacs amháin eile a chur sa chomhaireamh. Seo an tráchtaireacht staire *Combrac na nGael agus na nGall le Chéile* a chuir scríobhaí *SR*, Art Mac Bionaid, i dtoll a chéile in 1857, dhá bhliain sular bhreac sé *SR* ar pháipéar. Ar fhoinsí Béarla den chuid is mó atá an tráchtaireacht bunaithe (Ó Muirí 1994, 91-110) agus níl ceist ar bith, dá bhrí sin, gur cóip í a rinneadh de lámhscríbhinn eile Gaeilge. Is le Mac Bionaid féin Gaeilge an téacs seo.

Bunáite na dtréithe canúna agus litrithe in *SR* a pléadh thuas, tá siad le fáil ina n-orlaí trí *Combrac na nGaodhal agus na nGall le Chéile*. Fearacht *SR* úsáidtear *ní* agus urú, *uam, dhut, dhoibhthe*, srl. mar fhorainmneacha réamhfhoclacha. Léiríonn an litriú i bhfoirmeacha ar nós *cuirtheadh* (cuireadh) *CGGC* 8569, *curachta CGGC* 4184, *curachtach*

CGGC 8961 (curata) srl. ina gceann sin cailliúint -*th*- agus -*ch*- láir, agus tá lear tréithe eile canúnacha i gcoiteann ag an dá théacs. Is fíor, gan amhras, go dtagann cuid de na tréithe seo i gceist i dtéacsanna eile. Tá roinnt acu le fáil, mar shampla, sna cóipeanna a rinne scríobhaithe Oiriallacha de *Táin Bó Cuailnge* san ochtú agus sa naoú haois déag (O'Rahilly 1961, lvi-lvii). Ní le foirmeacha coitianta canúna amháin, áfach, a bhaineann na cosúlachtaí atá ag an dá théacs le chéile. Tá focail agus frásaí in *SR* agus in *CGGC* ar iontu amháin nó ar iontu is mó atá teacht orthu de réir fhianaise *Corpas na Gaeilge*. Ina measc seo tá focail ar nós *pronntas/pronntus* agus *seamra*, an fhoirm ghinidigh *Éirinne*, an leagan *mur' ndúil* 'in hope that …', an forainm pearsanta *maoinn* nó *munn* sa chéad phearsa iolra, an réamhfhocal simplí *eadra* in áit *idir* agus go leor focal agus leaganacha nach iad.

Ghoin a aire Ó Muirí i dtaobh na gcosúlachtaí follasacha stíle atá ag an dá shaothar le chéile. Is éard a bhí mar mhíniú aigesean orthu gur dócha go raibh na lámhscríbhinní ar bhain an Bíonadach úsáid astu le haghaidh *SR* ina sheilbh aige ag an am sin agus go raibh eolas aige ar an gcineál sin litríochta (1994, 113). Thiocfadh dó go bhfuil an léamh seo ar an bhfianaise bailí. Is cinnte go raibh cleachtadh maith fada ag Mac Bionaid ar an tseanlitríocht a chóipeáil. Tá cóip againn óna láimh de *Foras Feasa ar Éirinn* a bhreac sé chomh luath leis an mbliain 1819, agus tá ábhar eile againn uaidh a bhaineann leis an seachtú haois déag.[17] Mar is léir ón méid thuas, áfach, ní ar bhonn stíle amháin is féidir *SR* a chur i gcosúlacht le *CGGC*. Le réim theanga, le canúint agus fiú leis an bhfoclóir féin is mó a bhaineann a bhfuil de chosúlachtaí eatarthu. Ní gá gur le gnéithe ársa den teanga a bhaineann na cosúlachtaí sin. Cuid díobh, is foráis nua iad.[18] Léiríonn *Combrac na nGaodhal agus na nGall le Chéile* go raibh Mac Bionaid inniúil ar réim liteartha Ghaeilge a scríobh ina raibh seanfhoirmeacha áirithe liteartha ach a bhí fréamhaithe san am céanna i gcanúint Oirthear Uladh. Más áil mar sin na cosúlachtaí stíle agus teanga idir *CGGC* agus na scéalta – idir Rúraíocht agus eile – atá i lámhscríbhinní Uí Thuathail 1 & 2 a mhíniú, d'fhéadfaí a áitiú go ndearna an Bíonadach athchóiriú ar a bhfuair sé sna foinsí éagsúla de réir na stíle liteartha seo a bhí forbartha aige. Ach ón uair nach bhfuil fianaise chruinn chinnte againn ar scéalta *SR* a bheith ann roimh an am ar scríobhadh an lámhscríbhinn, agus go bhfuil eolas mearbhallach i dtaobh Arthur Brownlow tugtha i gceann de na colafain aige, tá conclúid eile a d'fhéadfaí a bhaint as an bhfianaise. Is é sin gurbh é Art Mac Bionaid féin a chum agus a scríobh *SR* agus go ndearna sé iarracht sinsearacht liteartha a bhronnadh orthu trína leagan ar sheanfhoinsí.

Bhí eolas ar roinnt seanscéalta Rúraíochta ag údar *SR*, ach ní gá go raibh léamh fada fairsing déanta aige orthu. Ba leor taithí a bheith aige ar *FFÉ* le teacht ar chuid mhaith dá bhfuil aige. Caithfidh, ina dhiaidh sin féin, go raibh foinsí eile aige. Fearacht *TGG* tá tagairtí aige a thabharfadh le fios go raibh eolas éigin aige ar thraidisiún *Oileamhain (Foghlaim) Con Culainn*, agus ar thraidisiún an dáin 'Táinig triath, an borblaoch', ach níl na tagairtí chomh beacht is atá in *TGG*.[19] Caithfidh gur ó *Táin Bó Cuailnge* a fuair sé an an leagan *mo phopa Conchubha(i)r* atá aige faoi dhó ina théacs (*SR* 1633, 6380).[20] Glacann riar de laochra Chúige Uladh páirt in *SR*, ach tá beirt ghaiscíoch a sheasann amach de bhrí nach de bhunadh Ultach iad. Is iad sin Cú Raoi mac Dáire as Cúige Mumhan atá chun tosaigh in *SR-TES* agus in *SR-ECC*, agus Oilill Fionn as Íochtar Chonnacht atá chun tosaigh in *SR-TNE*. Bíodh go luaitear Cú Raoi i roinnt seanscéalta Rúraíochta, agus go raibh insint ag an gCéitinneach ar scéal a bháis, níl ach scéal amháin ina bhfuil ról mór ag Oillill Fionn. Seo *Táin Bó Fliodhaise* nó, ba chruinne a rá, an leagan Nua-Ghaeilge de *Táin Bó Fliodhaise* a bhí ar fáil chomh luath leis an gceathrú haois déag ar a laghad.[21] Ní gá go gciallódh tagairtí d'Oilill in *SR* go raibh mioneolas ag an údar ar an téacs seo – agus go deimhin seachas an t-ainm, ní mórán eolais atá faoi Oilill in *SR* – ach gur dóigh go raibh tionchar díreach nó neamhdhíreach aige air.

Bheadh beagán eolais le fáil faoi Oilill Fionn in *Foras Feasa* an Chéitinnigh,[22] ach bhí foinse eile ar láimh is túisce a spreagfadh údar *SR* le scéalta a chumadh faoi na pearsana seo. Sin an grúpa deireanach atá le plé againn: *Eachtra na gCuradh*, *Coimheasgar an gCuradh* agus *Eachtra Mhuireadhaigh mhic Droindeirg*.

Tá dlúthbhaint ag *ENC* agus *CNC* le chéile ó thaobh ábhair. Ní hamháin go bhfuil an dá theideal cosúil le chéile, ach is iad na *dramatis personae* céanna, a bheag nó a mhór, atá i gceist iontu. I measc na laochra atá chun tosaigh sna scéalta seo tabharfar faoi deara go bhfuil ról lárnach ag laoch Íochtar Chonnacht, Oilill Fionn, mar atá ag Cú Raoi mac Dáire, rí Mumhan.[23] Nasc láidir eile atá idir na scéalta seo *ENC, CNC* agus *EDD* go bhfuil sliocht beag seanchais iontu uilig a thugann cur síos ar phríomhaicmí laochra Éireann. Mar seo a leanas atá sé in *ENC*:

> ... do bhadar isna laethibh sin trí dronga oirdheirc do chlannaibh Mílidh san ccrích so, nach raibh a samhuil air árachus a ccuirp, air chalmacht a ngníomh, agas air dhaingne a bhfocail don tsliocht sin Ghaoidhil Ghlais a nÉirinn aríamh. Budh díobh sin Clanna deágh-nósach Deaghaidh um Chon Raoí mhac Dáire san Mumhain, agus fir dhearsgneith thréan-chalma Damhnainn um Oillioll Fionn a nIorras Domhnainn a cConnacht, & an treas aicme dhíobh, .i. curadhaibh céadfadhach gníomh-iongantacha na Craobhrúaidhe um Chonchubhar mhac Fachtna Fáitheach a n-Ulltaibh (*ENC* 1-2).

Tá a mhacasmhail ag tús *CNC*:

> Agus ro bhí fón am sin trí haicmeadha do Chlanna Míli[o]dh a nÉirinn nach raibhe samhuil a ngaisgidh reompa, ná 'na ndiaigh. Budh díobh sin Clanna Deaghaidh um Chon Raoi mhac Dáire san Mumhain, agus Gamhanraoi Iorras Damhnainn um Oilioll Fionn a [c]Connacht, dá ngoirthí Gáileóin, & curaidhibh na Craobhruaidhe um Chonchubhar mac Fachtna Fáitheach a n-Eamhuin a ccrích Uladh (*CNC* 1).

Thug na cosúlachtaí seo ar Ghearóid Ó Murchadha an tuairim a thabhairt uaidh gur ón údar céanna iad *ENC* agus *CNC* (1942, ix), agus cé go bhfuil difríochtaí áirithe stíle eatarthu, is leor a bhfuil de chosúlachtaí acu le chéile le bheith ionann is cinnte gur ón gcúlra céanna murar ón bpeann céanna iad. Bíodh nár tháinig an tríú téacs i gceist sa phlé aige, tá ábhar in *EDD* a cheanglódh leis an dá cheann eile é. Léirigh Bruford (1966, 40), cuir i gcás, gurbh ionann an plé a dhéantar ar bhunús an gha bolga in *ENC* agus in *EDD*. Cosúlacht níos suntasaí ná sin, áfach, an sliocht seanchais i lár *EDD* atá ar aon dul leis na sleachta as *ENC* agus *CNC* a tugadh thuas:

> ro bhadar sa nam sin trí haicmeadh do ghaodhalabh a neirinn nach raibh a samhail ar mhead & ar crógacht gaisgaidh reompa ná na ndiaigh d'fhine gaodhal. Budh diobh clanna Deaghaidh um Conraoi mac Daire san Mumhain agus Gaileoin uma Oillioll Fionn da ngoirthigh Gamhanruigh Iorruis Damhnain a cConnacht agus curaibh na Craobh ruaidhe um Chonchubhar mac Fachtna Faitheach (ARÉ 23 a 10, lch 133).

Faoi mar atá léirithe ag Ó Murchadha (1942, xiv), tá ráiteas den chineál seo ag an gCéitinneach:

> Trí haicmeadha iomorro do bhí do thréinfhearaibh i nÉirinn i gcomhaimsir; agus ní raibhe rompa ná ó shin a leithéid do mhacaibh Míleadh ba mhó arrachta ba cródha ba cliste is ba calma i gcathláithribh is i gcleasaibh goile is gaisceadh ioná iad, ó nár comhmheasta Fian Laighean riú. An chéad-aicme dhíobh curaidh na Craoibhe Ruaidhe fá Chonchubhar; an dara haicme Gamhanruidh Iorrais Domhnann fá Oilill Fhionn, agus an treas aicme clanna Deaghaidh fa Choinrí mac Dáire i n-iarthar Mhumhan (*FFÉ* ii, 220-2).

Ráiteas polaitiúil bolscaireachta é a raibh d'aidhm leis seanbhunadh Íochtar Chonnacht na miotaseolaíochta agus a rí, Oilill Fionn, a mhóradh. An aidhm chéanna a bhí leis an gcóiriú Nua-Ghaeilge a rinneadh ar *Táin Bó Fliodhaise*.[24] Tá gach cosúlacht air gur leagan den sliocht seo is bun leis an tosaíocht a thugtar d'Oilioll Fionn agus do Chú Raoi i roinnt de na scéalta Nua-Rúraíochta.[25] Ach ní ar an sliocht seanchais seo amháin a bhí úda(i)r *ENC* agus *CNC* ag teacht i dtír maidir le heolas ar Oilill Fionn. Tá tagairtí sa dá scéal dá bhean, Fliodhais, a thabharfadh le fios go raibh *Táin Bó Fliodhaise* ar eolas aige, nó ar a laghad ar bith go raibh sé eolach ar a thraidisiún.[26] Seachas úsáid an ainm, níl fianaise ar bith go raibh eolas dá leithéid ag údar *SR-TNE*.

Taobh amuigh de thraidisiún *Táin Bó Fliodhaise* agus d'*Fhoras Feasa ar Éirinn*, léiríonn na téacsanna seo eolas ar scéalta eile Rúraíochta. Fearacht *TGG* agus *SR*, tá tagairtí ann a thabharfadh le fios go cinnte go raibh eolas aige ar *Táin Bó Cuailnge*. Tá tagairtí do thraidisiún *Oileamhain Con Culainn* agus don scéal a bhfuil dlúthbhaint aige leis, *Oidheadh Chonnlaoich mhic Con Culainn* a raibh leaganacha fileata de le fáil freisin (Ó Murchadha 1942, xiii-xix). De bhreis ar an méid sin, tabharfar faoi deara an úsáid a bhaintear as an bhfocal *deargruathar* i gcennteidil trí chaibidil de chuid *CNC*, mar atá *Dearg-ruathar na Dearg-bhuidhne air Chlanna Deaghaidh* (*CNC* lch 25), *Dearg-ruathar na Geal-bhuidhne fair Gháileóin* (*CNC* lch 29) agus *Dearg-ruathar na Dubh-bhuidhne for Ula[i]dh* (*CNC* lch 35). Is léir gurb é teideal an scéil *Deargruathar Chonaill Chearnaigh for Fearaibh Éireann* a spreag é seo, faoi mar a thugann an scéalaí féin le fios nuair a cheanglaíonn sé na heachtraí seo in *CNC* le scéal Chonaill: *is dona trí ionsaidh sin ₇ ionsaigh Chonaill Chearnaigh ar shlúagh Meidhbhe a ghoirthear Ceithre Dearg-ruathair Éireann* (*CNC* 24). Scéal é *Deargruathar Chonaill Chearnaigh for Fearaibh Éireann* a cóiríodh i dtréimhse na Nua-Ghaeilge moiche agus atá ar marthain in an-chuid lámhscríbhinní.[27] Níorbh iontas é a bheith ar eolas ag údar *CNC*. Léiríonn úda(i)r *ENC*, *CNC* agus *EDD* eolas níos fairsinge ar an Rúraíocht ná mar a léiríonn údar *SR*, fiú más é an cur chuige céanna bhí acu agus iad ag baint úsáid as ainmneacha na laochra seo chun scéalta rómánsaíochta a chumadh as an nua.

Téacsanna de chuid na Gaeilge iarchlasaicí iad *ENC*, *CNC* agus *MDD*. Is faide ón teanga chlasaiceach iad ná mar atá *TGG* (Ó Murchadha 1942, xi-xii). Ina dhiaidh sin féin, tá go leor leaganacha aonuaire agus bréagársaíochtaí liteartha tríothu. Ó thaobh an litrithe, áfach, ní hé an oiread sin fianaise canúna atá iontu, fág roinnt pointí a cheanglódh leis an leath thuaidh den tír iad, m.sh. an réaladh ortagrafaíoch a dhéantar ar na fuaimeanna /i:/ agus /u:/ deiridh, *toighe* mar ghinideach uatha ar *teach* srl., agus roinnt leagnacha Ultacha eile. Taobh amuigh de na pointí seo, seans nach mórán níos mó an léiriú ar an gcanúint a thugtar sa litriú sna scéalta seo ná mar a thugtar in *TGG*, dá shine mar théacs é sin. Is lú go mór fada an méid atá iontu ná mar atá in *SR*; bunáite mhór na ngnéithe canúna atá luaite againn thuas maidir le *SR*, ní thagann siad chun solais sna téacsanna seo ar chor ar bith. Ní úsáidtear an mhír dhiúltach *cha* iontu, ná níl an mhír *ní* ag feidhmiú mar a bheadh *cha*; is iad na forainmneacha réamhfhoclacha *uatha, d(h)áibh/ d(h)óibh* srl atá sna téacsanna seo, san áit a bhfuil *uabhtha, d(h)óibhthe* srl. in *SR*; *rogha(in)* atá in *ENC* agus *CNC* in áit an litrithe chanúnaigh *raogha* atá in *SR*. Tá seanfhoirm na haimsire caite den bhriathar téid, i.e. *luidh*, in úsáid go tréan in *ENC* agus *CNC* ach níl se le fáil in *SR* ná in *CGGC*. Ar an láimh eile, baintear an-úsáid as *d'imthidh* – foirm nach bhfuil ar chor ar bith in *ENC* ná *CNC* – in *SR*.[28] Cú Chulainn agus Conall Cearnach na hainmneacha a thugtar ar na laochra in *ENC* agus *CNC* san áit a bhfuil Cú Chuilinn agus Conall Ceithearnaigh ag *SR*. Pointe cosúlachta amháin atá eatarthu, áfach, gurb ionann foirm do roinnt ainmneacha pearsanta eile. Díol spéise gurb é *Con Raoi* foirm an ainm a úsáidtear in *ENC* tríd síos. Tá seo ar aon dul leis an bhfoirm *Conruidhe* is rogha le húdar *SR* ach réaladh éagsúil ortagrafaíoch a bheith ar an /i:/ deiridh. Chomh maith leis sin, is é an t-ainm An Fear Dia seachas Fear Dia a thugtar ar chomhdhalta agus ar chéile comhraic Chú Chulainn sa dá chnuasach ar aon.[29] Cé go gcaithfear míniú a thabhairt ar an gcosúlacht áirithe seo, ní leor í, dar liom, le hionannas údair a chinntiú.

Ó thaobh stile, tá neart difríochtaí idir na téacsanna seo. Mar shampla, is geal le húdar *SR* an leagan *mur (a) ndúil* 'in the hope ...'

agus tá an leagan seo go tiubh sna scéalta aige mar atá i scríbhinní eile Mhic Bhionaid; an mhalairt *mur dhúil* amháin atá in *ENC* agus *CNC*. Úsáidtear an frása *uair* (nó *uain*) *agus aimsir* roinnt mhaith uaireanta in *ENC* agus *CNC*, m.sh. *Dob é so uain agus aimsir dá ndearnadar na trí dronga húas aonnach mór Dhroim Leimhe* (*CNC* lch 3) ach níl teacht ar an dul seo cainte in *SR* ná in *CGGC*. Tá an-luí ag údar *ENC* leis an bhfaí chéasta móide an réamhfhocal *le* agus gníomhaí a úsáid, m.sh. *ná tromghontar leat-sa an Maine Liach* (*ENC* lch 26) ach is annamh an dul seo in *SR*. An briathar *cinnidh* is mó go mór fada a úsaidtear leis an ainmfhocal *comhairle* in *ENC* agus *CNC*, m.sh. *cinneadh air an ccomhairle sin aca CNC* lch 70. An briathar *críochnaighidh* agus an réamhfhocal *le* atá chun tosaigh in *SR* (agus *CGGC*), m.sh. *críochnaigheadh comhairle leó air sin SR* 2399. Tá cuid mhaith leaganacha eile sna téacsanna seo nach bhfuil in *SR* agus tá a mhalairt chomh fíor céanna. Ar bhunús teanga agus stíle amháin, sílim gurbh fhéidir talamh slán a dhéanamh de gur údair éagsúla a bhí ar *TGG*, na scéalta atá in *SR*, agus an grúpa beag scéalta ar a bhfuil *ENC, CNC* agus *EDD*.

Tá difríocht shuntasach amháin eile idir na scéalta deireanacha seo agus na scéalta eile atá pléite againn, is é sin, go bhfuil péire acu le fáil i níos mó ná an t-aon lámhscríbhinn amháin. Tá ar a laghad deich gcóip de *ENC* ar marthain;[30] ón mbliain 1743 an ceann is sine. Ar a laghad ceithre chóip atá againn de *CNC*[31] ach feadh m'eolais níl againn ach an t-aon chóip amháin de *EDD*.[32] Cuireann dáileadh na scéalta seo sna lámhscríbhinní leis an áitiú a rinneadh thuas go bhfuil dlúthbhaint acu le chéile, sa mhéid is nach bhfuil teacht ar *CNC* ach amháin i lámhscríbhinní a bhfuil *ENC* iontu freisin. Is léir mar sin go raibh scaipeadh agus tóir níos fairsinge ar na scéalta seo sa traidisiún liteartha – ar *ENC* agus ar *CNC* ar aon chuma – ná mar a bhí ar chuid ar bith eile den Nua-Rúraíocht. Bhí na scéalta seo fós ó gcóipeáil in Oirialla san ochtú agus sa naoú céad déag, agus ba dhóigh liom go raibh eolas éigin ag scríobhaí *SR* orthu. Ba é seo an míniú ab fhearr ar na foirmeacha An Fear Dia agus Conruidhe a bheith in úsáid sna scéalta seo, i.e. gur as *ENC* agus/nó *CNC* a bhain sé iad. Ba iad na scéalta seo, cheapfainn, a spreag é le scéalta eile Rúraíochta ar an múnla céanna a scríobh agus le tosaíocht a thabhairt i gcuid de na scéalta sin d'Oilill Fionn agus do Chú Raoi.

Sa phlé atá déanta aige ar *ENC*, tá ár n-aird tarraingthe ag Bruford (1966, 50) ar na cosúlachtaí atá idir eachtra in *ENC* agus scéal de chuid na *Arabian Nights*, téacs a aistríodh go Béarla idir 1705 agus 1708.[33] Más slán an aithint atá déanta aige ar an bhfoinse seo, d'fhágfadh sé nár cumadh *ENC* mórán roimh dháta na lámhscríbhinne is sine (1743),[34] agus más é an t-údar céanna a bhí ag *CNC* is leis an gcéad chuid den ochtú céad déag a bhainfeadh sin freisin.

Tá scríobhaí amháin as deisceart Uladh a bhí go mór chun tosaigh i seachadadh na scéalta seo. Seo é Pádraig Ó Pronntaigh, file agus grafnóir, a bhí gníomhach i gceantar Oirialla sa tréimhse c.1730-1760. Ní hamháin go bhfuil *ENC* agus *CNC* againn uaidh, ach freisin is óna pheann a tháinig an t-aon lámhscríbhinn amháin atá againn de *EDD*. Bíodh gur sa taobh thoir- theas Chúige Uladh a bhí sé ag obair, is léir go raibh baint aige freisin le ceantar níos faide siar. I gcolafan leis in ARÉ 24 p 7, ag deireadh an dara cuid de *ENC*, iarrann sé ar an léitheoir 'guidh air an ccléireach as ucht na Tríonóide, edhain, Pádruig Úa Pronntaigh mhic Néill mhic Seadháin etc. aníar ó Loch Éirne, Anno Dom. 1761.' Ní léir an dó féin nó dá shinsir atá sé ag tagairt anseo,[35] ach ba thábhachtach leis a fhréamhacha dúchais ó tá an colafan céanna seo le fáil i lámhscríbhinn eile dá chuid, mar atá, LNÉ G457. Sa lámhscríbhinn seo tá cóip óna láimh de *Táin Bó Cuailnge*, de *Foghlaim Con Culainn*, de Caoineadh Chonnlaoich agus de *Bhrisleach Maighe Muirtheimhne agus Deargruathar Chonaill Chearnaigh*. Téacsanna iad seo uilig a raibh leaganacha cóirithe Nua-Ghaeilge díobh ar fáil agus a raibh tionchar acu ar *ENC* agus/nó ar *CNC*. Ní bheidís ó thuiscint scríbhneora ar bith de chuid an ochtú céad déag, ar ndóigh, agus ní bheadh sé thar a chumas gaisneas a bhaint astu dá mba mhian leis sin. Níl lámhscríbhinn úd Uí Phronntaigh iomlán. Ag bun an leathanaigh dheireanaigh tá an treoirfhocal *Táin Bó Fliodh=*, rud a thabharfadh le fios go raibh faoi leanacht ar aghaidh le *Táin Bó Fliodhaise*, faoi mar a chuir sé roimhe sa chlár a chuir sé ar fáil i bhfíorthús an chnuasaigh. Níl a fhios againn céard a d'éirigh don chóip a bhí aige de *Táin Bó*

Fliodhaise. Bíodh go dtugann Céitinn le tuiscint go raibh teacht go réidh ar an scéal sin lena linn féin,[36] níl ach trí chóip de tagtha anuas chugainn, agus iad sin féin bearnach. An lámhscríbhinn is deireanaí de *Táin Bó Fliodhaise* atá ar fáil, is é Dáibhí Ó Duibhgheannáin a scríobh i Sligeach idir na blianta 1671-4.[37] Seans go raibh fáil ag Ó Pronntaigh uirthi seo nó ar chóip di atá anois ar iarraidh. Sa lámhscríbhinn dá chuid ina bhfuil *EDD*, is é sin, ARÉ 23 a 10, tá cóip aige de Laoi Chonnlaoich, téacs eile a d'imir tionchar ar *ENC* agus *CNC*. Is léir mar sin go raibh teacht agus eolas ag Ó Pronntaigh ar na scéalta Rúraíochta uile a raibh tionchar acu ar *ENC* agus *CNC*. Ní hé sin le rá gurbh é a chum ceann ar bith de na scéalta seo, ach murarbh é, ní dóigh liom go raibh sé i bhfad ó thaobh ama, áite nó timpeallachta liteartha ón duine nó na daoine a rinne.

I bhfianaise a bhfuil pléite agam anseo, ní móide go bhfuil aon bhunús leis an tuairim gur údar amháin a bhí ag na scéalta Nua-Rúraíochta seo go léir a bhí faoi chaibidil againn. Ní dóigh liom ach an oiread gur de dhéantús aon scoile amháin iad. Próiseas leanúnach a bhí sa cheapadóireacht seo a tháinig faoi thionchar na seanscéalta agus na seanlaoithe Rúraíochta a bhíothas a athscríobh in Oirialla idir an seachtú agus an naoú haois déag agus ní hiontas seo nuair a chuimhnítear gur sa cheantar sin féin a bhí na seanscéalta suite. Is le deireadh an seachtú haois déag (roimh 1679) a bhaineann *Toruigheacht Gruaidhe Griansholus.* Ó c.1730 d'*Eachtra na gCuradh, Coimheasgar na gCuradh* agus d'*Eachtra Mhuireadhaigh mhic Diaindeirg.* Cé gur tháinig an t-ábhar Rúraíochta atá in *Sgéalta Rómánsaíochta* faoina dtionchar siúd d'áiteoinn gur le tréimhse níos deireanaí arís a bhaineann siad.

NODA

ARÉ = Acadamh Ríoga na hÉireann
CGGC = Ó Muirí 1994
CNC = Ní Chléirigh 1942
ENC = Ní Chléirigh 1941
FFÉ ii = Dinneen 1908
LNÉ = Leabharlann Náisiúnta na hÉireann
SR = Ní Mhuirgheasa agus Ó Ceithearnaigh 1952
TBC-St. = O'Rahilly 1961
TGG = O'Rahilly 1922
(Gheofar noda do scéalta ar leith sa liosta ag tús na haiste seo)

NÓTAÍ

1 Tá teacht ar an scéal seo i lámhscríbhinn. amháin, i.e. Ó Tuathail 2 (O'Donnellan 5 roimhe seo) atá ar coinneáil i Leabharlann Choláiste Maolmhaodhóg, Béal Feirste. Is as lámhscríbhinn ghaolmhar léi, Ó Tuathail 1 (O'Donnellan 4 roimhe seo), a tharraing Ní Mhuirgheasa agus Ó Ceithearnaigh an t-ábhar eile a cuireadh i gcló in *Sgéalta Rómánsuíochta* (1952). Art Mac Bionaid a scríobh an dá lámhscríbhinn ina bhfuil siad sa bhliain 1859. Tá eagrán den scéal seo agus de na scéalta eile rómánsaíochta atá in Ó Tuathail 2 (O'Donnellan 5) le fáil in Ó Cuinneagáin (1991) mar a n-áitítear go bhfuil an cúlra liteartha céanna aige is atá ag scéalta O'Donnellan 4. Bainim leas as an nod *SR* le tagairt a dhéanamh do scéalta 2-6 ar an liosta.

2 Go bhfios dom is i lámhscríbhinn amháin, ARÉ 23 a 10, atá teacht ar an téacs seo. Níor foilsíodh eagrán de go nuige seo.

3 Féach Bruford (1966, 256-7).

4 Is slán, go pointe áirithe, an chomparáid a dhéanann Bruford (1966, 50) idir na scéalta seo agus scéalta bleachtaireachta. Ba shláine, feictear dhom, san aois ina bhfuilimid, comparáid a dhéanamh idir na scéalta rómánsaíochta seo agus, cuir i gcás, scannáin James Bond nó *Star Trek*, fág go nglacann ficsean na heolaíochta nó na teicneolaíochta áit na draíochta sna scannáin sin. Féach 'Fiannaíocht agus Ficsean Eolaíochta' le Cian Marnell sa leabhar seo. Ach ó thaobh téamaí nó struchtúir, nó go deimhin ó thaobh an charachtraithe éadomhain, is beag atá eatarthu.

5 Is é an tuairim a bhí ag Murphy os cionn deich mbliana roimhe sin nárbh ionann údar do *TGG* agus do *CNC* agus *ENC* de bharr a éagsúla is atá gnéithe teanga iontu: 'Déarfainn ... gur shia ó aimsir sgoileanna an dána

dhírigh d'údar an *Choimheasgair* agus na h*Eachtra* ná d'udar na *Tóruigheachta'* (1942, xii-xiii).

6 Ls. H.5.28 atá i Leabharlann Choláiste na Tríonóide. Féach O'Rahilly (1922, vii-viii).

7 Tá na tagairtí a bhaineann leis an Táin pléite ag O'Rahilly i nótaí an téacs. Gheofaí na tagairtí do Bhanríoghan Droichead an Allta agus don fhoghlaim a rinne Cú Chulainn le Sgáthach, Aoife agus Uathach (*TGG* 22) sa scéal *Tochmarc Emire* nó in *Oileamhain (Foghlaim) Con Culainn* ar leagan nua-chóirithe den dara cuid de *Tochmarc Emire* é agus atá in eagar ag Stokes (1908). Tá tagairtí don traidisiún seo freisin i Laoi Chonnlaoich 'Táinig triath, an borblaoch' agus in Caoineadh Chonnlaoich 'Truagh sin, a Aoinfhir Aoife', laoithe a bhí an-choitianta i lamhscríbhinní de chuid na hochtú agus na naoú haoise déag agus a chuaigh isteach sa traidisiún béil in Éirinn agus in Albain; *cf* Ó hUiginn (2002).

8 Bíodh nach bhfuil againn ach lámhscríbhinn amháin de *Tóruigheacht Gruaidhe Grianshola* seo an t-aon cheann amháin de scéalta na Nua-Rúraíochta, go bhfios dom, a chuaigh isteach sa traidisiún béil, arae bailíodh roinnt leaganacha de i dTír Chonaill le linn na haoise seo caite. Féach Bruford (1966, 95-6; Laoide 1906). Tá comparáid déanta ag O'Rahilly (1922, xv-xix) idir *TGG* agus an leagan béil a bhailigh Laoide.

9 An cúigiú scéal in eagar i dtráchtas neamhfhoilsithe Uí Chuinneagáin (1991).

10 Maidir le Arthur Brownlow, féach Ó Buachalla (1982) agus Cunningham agus Gillespie (1986).

11 Féach go n-úsáideann Mac Bionaid na leaganacha *copied, was copied, transcribed* sna colafain atá aige sa LS Ó Tuathail 2 a phléifear thíos.

12 Níor éirigh liom fianaise ar bith a aimsiú faoi na scríobhaithe eile seo a luann Mac Bionaid sna colafain. Bhí scríobhaí darbh ainm James McCardle gníomhach sa dara leath den 18ú haois i dtuaisceart Chontae Lú. Is é a bhreac an chóip de *Parrthas an Anma* atá i LS MF 10 i gColáiste Phádraig Maigh Nuad (Ó Fiannachta 1969, 126). Níos luaithe san aois chéanna bhí file ar a dtugtaí an tÚcaire Mac Ardghaile sa cheantar céanna. Tuairisc níl faighte agam, áfach, ar an *celebrated scribe* Brian Mac Ardle a chuireann Mac Bionaid mar fhoinse lena théacsanna.

13 Maidir le húsáid *cha* i nGaeilge Chúige Uladh, féach Ó Buachalla (1976, 1977), Ó Dochartaigh (1976) agus Wagner (1986).

14 Ní dhéanann scríobhaí *SR* idirdhealú leanúnach idir cáilíocht na gconsan. Is minic consan leathan aige san áit a mbeifí ag súil le consan caol agus *vice versa*.

15 Tá an mhalairt seo le fáil coitianta go leor agus téann sí siar tamall sa litríocht. Creidim gur faoi thionchar an logainm Sliabh gCuilinn a tháinig ann dó (Ó hUiginn 1996, 239 n.52).

[16] An réaladh céanna a bheadh ar an dá fhocal i nGaeilge Oirthear Uladh.

[17] Maidir leis seo, féach Ó Buachalla (1968, 288-90).

[18] M.sh. an fhoirm *mur* atá mar aidiacht shealbhach 2.p.iol. agus atá in úsáid sa dá théacs.

[19] Luaitear go ndeachaigh Connla Ceart-bhriathrach, mac do Chú Raoi mac Dáire go 'Dún Sgáthaigh a nAlba(i)n' le gaisce a fhoghlaim ón mbanríon Aoife (*SR* ll.4628, 6625). Is sa Sceitia a bhí Dún Scáithche de réir *Oileamhain Con Culainn*. Forás níos deireanaí sa traidisiún í a shuíomh in Albain (ar an Oileán Sgiathanach). Is in Albain a bhí sí in insint Shéathrúin Chéitinn (*FFÉ* ii, 216), agus tharlódh gurb é seo an fhoinse a bhí ag údar *SR* nó sin, gur as an dán faoi theacht Chonnlaoich go hÉirinn 'Táinig triath an borblaoch' a bhain sé é .

[20] Rinneadh roinnt cóipeanna de leagan nuachóirithe na Tána in Oirialla idir an seachtú haois déag agus an naoú haois déag (O'Rahilly, 1961, liiilvi), ceann acu a bhí i seilbh Airt Mhic Bhionnaid.

[21] Maidir leis an scéal seo agus a chúlra, féach Ó hUiginn 2006.

[22] *FFÉ* ii, 186, 220.

[23] Is é Con Raoí foirm an ainmnigh in *ENC* agus *CNC*. Conruidhe atá in *SR*.

[24] Maidir leis an sliocht seo féach Ó hUiginn 2006.

[25] Ní cinnte gurb é leagan an Chéitinnigh is bun leis an sliocht atá sna scéalta againne, ó tá leagan níos sine ná sin féin le fáil i Leabhar na hUidhre mar a bhfuil sé curtha isteach ag scríobhaí H sa leagan a bhreac sé den scéal Sean-Ghaeilge *Táin Bó Flidais*. Maidir leis seo, féach Ó Murchadha (1942, xiv, n.1), Ó hUiginn (2006, 152-3).

[26] Féach *ENC* 158-63, *CNC* 30, 34. Tá tagairt do Fhliodhais freisin i leagan Stowe de *Táin Bó Cúailnge* (O'Rahilly 1961, 11), téacs a bhí le fáil in Ultaibh. Ní miste a mheabhrú go raibh leaganacha de *Táin Bó Fliodhaise* i dtraidisiún béil Iorrais agus go bhfuil seans go raibh scaipeadh ní ba fhorleithne ar an traidisiún seo tráth. Féach Bruford (1966, 97).

[27] In eagar ag Van Hamel (1933). Seans go bhfuil lorg an dara téacs sin le feiceáil freisin anseo. Is mar Laoigh 'mac Rígh an Ghabhra' (seachas 'mac Rianghabhra') a scríobhtar ainm charbadóir Chú Chulainn in Deargruathar Chonaill Chearnaigh. Is mar sin freisin atá sé in *CNC* (lch 74).

[28] Baintear leas freisin as *luidh* mar mhodh ordaitheach in *CNC*, úsáid nach bhfuil ag teacht leis an stair.

[29] Bíodh go bhfuil an fhoirm Fear Dia (gan an t-alt) le fáil i mbeagán samplaí in *CNC* (m.sh. lch 61)

[30] *ARÉ*: 24 p 7 (Ó Prontaigh), 23 I 7 (1782), 23 l 18 (Seathan Ó Canchaibar 1743), Leabharlann na Breataine: Additional 18746 (1796); Ollscoil na hÉireann Gaillimh, Bailiúchán de hÍde 34, 39; Maigh Nuad Renehan 79, B1, Béal Feirste O'Laverty F, UCD 4.

[31] *ARÉ* 24 p 7, Béal Feirste, O'Laverty F; Gaillimh, Bailiúchán de hÍde 39,

Maigh Nuad, B1. Níl teacht ar an scéal seo in LNÉ G108 ná in LNÉ G123 bíodh go luann Bruford é a bheith ar fáil iontu (1966, 255). *Eachtra an Cheithearnaigh Chaoilriabhaigh* an scéal atá i gcoiteann ag an dá lámhscríbhinn sin.

[32] *ARÉ:* 23 a 10.

[33] Ceist spéisiúil atá dúisithe an athuair ag Ó Háinle (2004) an tionchar a bhí ag litríocht an Bhéarla ar na scéalta seo agus cinn nach iad.

[34] *ARÉ:* 23 l 18. Ar an drochuair, níl a fhios cérbh é an Seathan O Canchaibar úd a bhreac an lámhscríbhinn seo, ach is é is dóichí gur le deisceart Chúige Uladh a bhain sé ós leis an mball sin a bhaineann na lámhscríbhinní eile ina bhfuil na scéalta seo.

[35] Más dó féin atá an tagairt níor mhór glacadh leis go mba as ceantar Fhear Manach ó thús é agus gur thug sé a aghaidh soir ar an gceantar ba mhó saothrú litríochta agus pátrúnacht . Bíodh gur le Co. an Dúin a bhaineann an sloinne seo ó thús, de réir De Bhulbh (1923), bhí an sloinne le fáil réasúnta coitianta i bhFear Manach freisin,

[36] *FFÉ* ii, 220.

[37] *ARÉ:* B iv 1 (236).

Leabharliosta

Bruford 1966: A. Bruford, *Gaelic Folktales and Medieval Romances*, Baile Átha Cliath (=*Béaloideas* 34).

Corpas na Gaeilge 1600-1882. Acadamh Ríoga na hÉireann, Baile Átha Cliath 2004.

Dinneen 1908: P. Dinneen, eag., *Foras Feasa ar Éirinn*, II, ITS 8, London.

Cunningham agus Gillespie 1986: B. Cunningham agus R. Gillespie, 'An Ulster Settler and his Irish Manuscripts', *Éigse* 21, 27-36.

de Bhulbh 1923: S. de Bhulbh, *Sloinnte Gaedheal is Gall*, Baile Átha Cliath.

Laoide 1906: S. Laoide, *Scéal Chúchulainn ag Cuan Cárn*, Baile Átha Cliath.

Ní Chléirigh 1941: M. Ní Chléirigh, eag., *Eachtra na gCuradh*, Baile Átha Cliath.

Ní Chléirigh 1942: M. Ní Chléirigh, eag., *Coimheasgar na gCuradh*, Baile Átha Cliath.

Ní Mhuirgheasa agus Ó Ceithearnaigh 1952: M. Ní Mhuirgheasa agus S. Ó Ceithearnaigh, *Sgéalta Rómánsuíochta*, Baile Átha Cliath.

Ó Buachalla 1968: B. Ó Buachalla, *I mBéal Feirste Cois Cuain*, Baile Átha Cliath.

Ó Buachalla 1976: B. Ó Buachalla, 'Nótaí ar Ghaeilge an Tuaiscirt 1', *Éigse* 16, 265-315.

Ó Buachalla 1977: B. Ó Buachalla, 'Ní and cha in Ulster Irish', *Ériu* 28, 92-141.

Ó Buachalla 1982: B. Ó Buachalla, 'Arthur Brownlow: a Gentleman More Curious than Ordinary', *Ulster Local Studies*, 7, 24-8.

Ó Cuinneagáin 1991: L. Ó Cuinneagáin, 'Cúig Scéal Rómánsaíochta'. Tráchtas neamhfhoilsithe D.Phil. Ollscoil Uladh.

Ó Dochartaigh 1976: C. Ó Dochartaigh, 'Cha and ní in the Irish of Ulster', Éigse 16, 317-36.

Ó Dochartaigh 1987: C. Ó Dochartaigh, Dialects of Ulster Irish, Belfast.

Ó Fiannachta 1969: P. Ó Fiannachta, Lámhscríbhinní Gaeilge Choláiste Phádraig Má Nuad, fasc. VI, Maigh Nuad.

Ó Háinle 1978: C. Ó Háinle, Promhadh Pinn, Maigh Nuad.

Ó Háinle 2004: C. Ó Háinle, 'The novel frustrated: developments in 17th to 19th century fiction in Irish', in C. G. Ó Haqinle agus D. E. Meek, eag., Unity in Diversity, Dublin, 125-152.

Ó hUiginn 1996: R. Ó hUiginn, 'Cú Chulainn and Conla', in Hildegard L. C. Tristram, eag., (Re)Oralisierung, Tübingen, 223-46.

Ó hUiginn 2002: R. Ó hUiginn, 'Laoidhe Mhiss Brooc', in M. Ó Briain agus P. Ó Héalaí, eag., Téada Dúchais. Aistí in ómós don Ollamh Breandán Ó Madagáin, Indeabhán, 339-70.

Ó hUiginn 2006: R. Ó hUiginn, 'Growth and Development in the Late Ulster Cycle: the Case of Táin Bó Fliodhais' CSANA Yearbook 5, 143-61.

Ó Muirí 1994: R. Ó Muirí, eag., Lámhscríbhinn Staire an Bhionadaigh, Muineachán.

Ó Murchadha 1942: G. Ó Murchadha, 'Réamhrádh' in Ní Chléirigh 1942, viii-xx.

Ó Murchadha 1955: G. Murphy, Saga and Myth in Ancient Ireland, Dublin.

O'Rahilly 1922: Cecile O'Rahilly, eag., Tóruigheacht Gruaidhe Griansholus. The Pursuit of Gruaidh Ghriansholus. ITS 24, London 1924.

O'Rahilly 1961: Cecile O'Rahilly, eag., The Stowe Version of Táin Bó Cuailnge, Dublin.

Stokes 1908: W. Stokes, 'The Training of Cúchulainn', Revue celtique 29, 109-52, 312-4.

Van Hamel 1933: A. G. Van Hamel, Compert Con Culainn and Other Stories, Medieval and Modern Irish Series 3, Dublin.

Wagner 1986: H. Wagner, 'Iarfhocal ar Ní agus Cha sa Ghaeilge', in S. Watson, eag., Féilscríbhinn Thomáis de Bhaldraithe, Baile Átha Cliath.

Watson 1979: S. Watson, eag., Mac na Míchomhairle, Baile Átha Cliath.

Dán molta ar Eoin Mac Domhnaill, 'tiarna na nOileán' [†1503]

MÍCHEÁL B. Ó MAINNÍN

I s é *Meisde nach éadmhar Éire*, go bhfios domsa, an t-aon dán amháin
atá ar marthain de chuid Dhomhnaill mhic Bhriain Uí Uiginn.[1] Is
beag an t-eolas atá againn ar an bhfile féin agus is é a fhógra báis
faoin mbliain 1501/1502 an t-aon tagairt amháin a dhéantar dó sna
hannála:

> Domnall, mac Briain Ui Uigind, oide scol Erenn ocus
> Alban re dán d'heg (AU s.a. 1502)[2] iar dtocht o turus
> San Sém [Compostella] (ARÉ s.a. 1501).

Is féidir tuilleadh eolais a chur air ón méid a deirtear i dtaobh a
mhuintire sna foinsí céanna. Brian mac Fearghail Ruaidh ab ainm dá
athair agus cúigear mac ar fad a bhí aigesean,[3] triúr a chuaigh le
filíocht: Domhnall féin, Cairbre[4] agus Eoghan[5]. Bhí scoil filíochta ag
a sheanathair Fearghal Ruadh[6] agus ceaptar go mb'fhéidir gur i gCill
Chluaine i gCo. na Gaillimhe a bhí an scoil sin suite (Knott 1922,
xxii; Knott 1926, 243). Is sa cheantar seo a bhí cónaí ar Dhomhnall,
pé scéal é, más fíor don cholafan sa LS leighis TCD E 4. 1:

> ...an cethramha la do mi Feabra do tindsguin me an
> leabur so .i. Dignus 7 a cinn da la dég na diaig sin do
> crichnaigead lium he .i. a tigh Maghnuis hI Sgara a
> m[B]aile a[n] Muilinn .i. becan bec leth atís do baile
> Domnaill hI Uigind .i. oide aesa dana na hEirind an
> nuair sin lein .i. Domnall mac Brian hIí Uiginn 7
> tabrad gach aon leighfus an leabar so bennacht ar
> anmuin an te do sgribh .i. Domhnall mac
> Donnchadha mic Aonghais I Leighin do sgribsid
> amen (Abbott agus Gwynn 1921, 316).[7]

Bhí baint ag muintir Dhomhnaill le hÍochtar Chonnacht, chomh maith, mar is in Áth Leathan, gar do Bhéal Easa i gCo. Mhaigh Eo, a cuireadh a athair féin[8] agus deartháir a sheanathar, an file cáiliúil Tadhg Óg.[9] Beirt mhac a bhí ag Domhnall: duine amháin acu a maraíodh de thaisme le hurchar saighde (*ALC* s.a. 1499), agus an duine eile, Tomás, a chuaigh le filíocht.[10] Is léir, mar sin, go raibh dlúthcheangal ag muintir Dhomhnaill le ceird na filíochta ach, má fhágann muid Tadhg Óg as an áireamh, is beag dá gcuid saothair atá ar marthain[11] agus is luachmhar an dán seo dá réir sin.

Tá *Meisde nach éadmhar Éire* le fáil i lámhscríbhinn Uí Ghadhra nó RIA 23 F 16 (lch 178) a chuir Fearghal Dubh Ó Gadhra le chéile san Ísiltír idir na blianta 1655-60 den chuid is mó (O'Rahilly 1926, 6-7). Tá sé le fáil chomh maith in Egerton 111 (f. 50b) – go bunúsach cóip a rinne Finghin Ó Scannail de lámhscríbhinn Uí Ghadhra sa naoú haois déag (O'Grady 1926, 339-40). Is fiú a lua go bhfuil dhá leathrann den dán le fáil sna tráchtais ghramadaí, rud a léiríonn go raibh meas ar an dán.[12] Bhí Standish Hayes O'Grady den tuairim gur cumadh an dán ar Eoin Mór Mac Domhnaill (Eoin Mór Íle) a phós Sadhbh, iníon Fhéilim Uí Néill, am éigin sa cheathrú dheireanach den chúigiú haois déag ceaptar, agus shíl sé go mb'fhéidir gur in ómós don ócáid sin a cumadh é. Domhnall ab athair don Eoin seo ach 'mac Alasdair' a thugtar ar an taoiseach sa rann deiridh den dán. D'áitigh O'Grady, agus é ag cur síos ar Egerton 111, gur i bpeannaireacht eile atá an rann seo scríofa agus shíl sé, ar an ábhar sin, gur cuireadh an rann seo leis an dán níos déanaí (O'Grady 1926, 370). Ní féidir go bhfuil an ceart aige mar tá an rann le fáil i lámhscríbhinn Uí Ghadhra féin, an lámhscríbhinn as ar tógadh an chuid is mó den fhilíocht atá ar marthain in Egerton 111.

Sílim féin gur ar Eoin mac Alasdair, taoiseach mór le rá sa chúigiú haois déag in Albain, a chum Domhnall mac Briain Uí Uiginn an dán molta seo.[13] Nuair a tháinig seisean in oidhreacht an teidil *dominus Insularum* sa bhliain 1449,[14] bhí Tiarnas na nOileán i mbarr a chumhachta agus ghlac sé de chúram air féin tuilleadh neamhspleáchais a bhaint amach ón rí, Séamas IV. Rinne sé conradh le hÉadbhárd IV, rí Shasana, sa bhliain 1462, a raibh sé de chuspóir aige ríocht na hAlban a shracadh ó chéile ach ba é an Tiarnas féin a chuaigh i léig dá bharr. Fuarthas amach an t-uisce faoi thalamh a bhí ar siúl aige sa bhliain 1475 agus baineadh a chuid tailte de. Tugadh ar ais dó iad an bhliain dár gcionn cé is moite de Ros, Cinn Tíre agus Cnapadal, ach ba mhór an raic a tharraing an géilleadh talaimh seo i measc na nDomhnallach. D'éirigh a mhac Aonghus Óg amach ina éadan agus bhris sé air i gCath Bhàgh na Fola thart ar an mbliain 1481. Níorbh shin é deireadh an scéil mar dhúnmharaigh Diarmuid Ó Cairbre, an cláirseoir Éireannach a bhí ag Aonghus, a phátrún in Inbhir Nis sa bhliain 1490 (féach *AU* s.a.) agus ceaptar ón marbhna a chum Giolla Coluim mac an Ollaimh air (Watson 1937, 82-9; Ross 1939, 168-75) go raibh lámh ag Eoin i mbás a mhic (Meek 1982, 637). Baineadh a chuid tailte de arís sa bhliain 1493 agus fuair sé bás in 1503 is é i dtuilleamaí an rí (Macdougall 2001, 347-8).

Ní fios go díreach cén uair a cumadh an dán seo ar Eoin ach ní féidir go mbaineann sé leis an tréimhse i ndiaidh 1493.[15] Thabharfadh fianaise inmheánach le fios go raibh sé i gceannas na fine ag am a chumtha; tugtar 'Mac Domhnaill' air in áit amháin sa dán (31b) agus cuirtear síos air mar 'rí' i gcupla áit eile (10c, 33b). Maidir leis na tailte a baineadh de sa bhliain 1475 agus nach bhfuarthas ar ais, is fiú a lua go bhfuil tagairt d'áit amháin acu sa dán: Cinn Tíre (30d). Ní déarfainn gur fianaise láidir í sin gur cumadh an dán roimh 1475, áfach; tá Cinn Tíre – ar chúiseanna maithe tíreolaíochta – ar na háiteacha is mó i nGaeltacht na hAlban a d'aithneodh an tÉireannach, agus níorbh iontas ar bith é tagairt a bheith ann dó i ndán mar seo, fiú mura raibh sé fós i seilbh Chlann Domhnaill. Mar sin, níl de chinnteacht ann ach go mbaineann an dán leis an tréimhse 1449-93. Rud eile de, níl aon fhianaise ann gur in Albain a bhí an file nuair a chum sé an dán;[16] go deimhin, is beag áit in Albain a luaitear sa dán (féach 28d, 29c, 30cd). Chomh maith leis sin, is féidir go bhfuil leideanna beaga sa dán (féach 6b, 10cd) gur abhus in Éirinn seachas thall in Albain a bhí an file le linn dó a bheith á chumadh.

Tá timpeall is scór de dhánta clasaiceacha ar marthain a chum filí

Éireannacha ar thaoisigh 'Albanacha'.[17] Orthu sin tá trí cinn a chum
baill de mhuintir Uiginn: Domhnall seo againne, a sheanuncail Tadhg
Óg,[18] agus Tadhg Dall Ó hUiginn.[19] Ní hamháin sin ach tá tagairtí i
bhfilíocht Iriail Uí Uiginn a thugann le fios gur chaith seisean tamall in
Albain (McKenna 1951, 156, rann 9) agus is féidir, mar sin, gur chum
seisean filíocht do thaoisigh Albanacha ar an gcuma chéanna. Is fiú
cuimhneamh go dtugtar 'oide scol Erenn ocus Alban re dán' ar
Dhomhnall sna hannála agus, cé nach dtabharfaí mórán suntais dó sin
de ghnáth, is díol suime é sa chás seo. An rud is suimiúla ar fad, b'fhéidir,
ná gur chum Tadhg Óg Ó hUiginn a dhán siúd ar Alasdair Mac
Domhnaill, athair an fhir a mholtar i ndán Dhomhnaill, agus is léiriú é
sin ar an gceangal láidir a bhí idir an dá dhream. Is fiú *Meisde nach éadmhar
Éire* (in eagar thíos) a chur i gcomparáid le dánta Thaidhg Óig agus
Thaidhg Dhaill Uí Uiginn mar is í an fhealsúnacht chéanna go
bunúsach atá le haireachtáil taobh thiar de na dánta seo uile. Tá Éire nó
Banbha fágtha gan chéile (r. 3);[20] tá cuid dá síol, is é sin síol Chuinn agus
Cholla Uais (rr. 7-8),[21] ar amhsaine in Albain (§26), agus tá fear a
diongbhála aice ansin (rr. 9-10);[22] ba cheart don Domhnallach pilleadh
ar Éirinn, seilbh a ghlacadh ar oidhreacht a shinsear agus ríocht na
hÉireann a aontú le chéile (rr. 10-3; 33).[23] Cuireann Domhnall a chrot
féin ar an téama, mar sin féin,[24] agus is díol suime an t-uirsgéal aige i
dtaobh Thur Bhreoghain go háirithe (rr. 14-24).

Tá *Meisde nach éadmhar Éire* curtha in eagar thíos as lámhscríbhinn
Uí Ghadhra.[25] Tá an lámhscríbhinn glan soléite den chuid is mó ach
tá truailliú ar an téacs in áiteanna. Deibhidhe atá sa mheadaracht; níl
aon locht doréitithe ar an meadaracht mar atá sí i dtéacs na
lámhscríbhinne ach an comhardadh briste 'air' : 'Míleadh' (§21a/b).
Maidir leis an modh eagarthóireachta a chleacht mé, mé féin a
sholáthair ceannlitreacha agus poncaíocht, agus a rinne caighdeánú
os íseal ar litriú na lámhscríbhinne ar na bealaí seo a leanas: cc- > gc-
; tt- > dt-; (-)eai- > (-)ei-, (-)eaó- > (-)eó-; -o(i)-, -u(i)- neamhaiceanta
> -a(i)-; -io- neamhaiceanta > -ea-; -i neamhaiceanta > -e; sínte fada
sa lámhscríbhinn a fhágáil ar lár i gcás na ndéfhoghar ao, ia, ua;
macrain a úsáid chun sínte fada nach bhfuil sa lámhscríbhinn a chur

isteach; litir nó séimhiú atá ar lár sa lámhscríbhinn a chur isteach idir lúibíní cearnógacha. I gcás leasuithe ar bith eile tugtar léamha na lámhscríbhinne ag deireadh an eagráin.

NÓTAÍ

Tá mé an-bhuíoch de Phádraig Breatnach, d'Eoin Mac Cárthaigh, de Ruairí Ó hUiginn, agus de Phádraig Ó Macháin as dréachtaí éagsúla den eagrán seo a léamh dom agus as a gcuid saineolais a roinnt liom go fial fonnmhar. Mé féin amháin, ar ndóigh, is ciontaí le máchailí ar bith.

1 Cuirtear an dán *Esga an oinigh fan aird toir* ina leith i gcóip den *Leabhar Branach* in TCD (Abbott agus Gwynn 1921, 47), ach ní féidir gurbh eisean a chum mar baineann Fiachaidh Ó Broin, an té a mholtar sa dán, leis an dara leath den séú haois déag.

2 Féach *Domnall mac Briain hI Uiginn, .i. oide sgol Erenn re dan, dhec in hoc anno* (*AC/ALC* s.a. 1502). Tá an dáta 1501 mar chuid den cheannteideal sa chóip den dán in RIA 23 F 16 ach feictear domsa gur i lámh eile atá sé scríofa agus nach bhfuil ann ach *obit* an fhir mar a thugtar é in *ARÉ*.

3 Féach an ginealach a chuir Eleanor Knott le chéile agus an t-eolas uile a chruinnigh sí i dtaobh na fine seo (Knott 1922, xii-xiii; Knott 1926,, 305-25, 356-60).

4 *Cairpre mac Briain uí Uiccinn oide lé dán d'ecc i n-iarthar Midhe* (*ARÉ* s.a. 1505); *Cairbre mac Briain h. Uiginn d'ecc do bidhg* (*AC/ALC* s.a.).

5 *Eogan mac Briain hI Uiginn, oide fer nGaoidel re dán, dhég* (*ALC* s.a. 1510). *Oide Connacht* a thugtar air in *AU*.

6 Féach an marbhna a chum Tadhg Óg Ó hUiginn air, *Anocht sgaoilid na sgola* (Bergin 1970,147-50).

7 Níl aon leasú déanta agam ar thrascríobh na catalóige seachas feidhm a bhaint as ceannlitreacha d'ainmneacha dílse.

8 *Brian mac Ferguil Ruaid h. Uiginn, cend a fine fen & oide Erennach & Albanach, mortuus est dia Dardain Mandail & sepultus est i nAth Lethan* (*AC* s.a. 1476). *Oide sgol Ereann & Alban lé dán* a thugtar air in *ARÉ*.

9 *Tadhg Occ mac Thaidhg mac Giollacolaim Ui Uiginn priomhoide aosa dána Ereann & Alban do écc iar naithrighe i cCill Connla, & a adhnacal i mainistir Atha Leathain* (*ARÉ* s.a. 1448).

¹⁰ Tommáss h. hUiginn, .i. oide fer nErenn ocus nAlban ré dán, dhéc an bhliadain si (ALC s.a. 1536).

¹¹ Bhreathnaigh mé i gcláir an RIA, TCD, BM agus MN agus níor aimsigh mé ach an t-aon dán amháin a bhaineann go cinnte le duine de na filí seo: Cindus icthar séd suirghi a chum Brian Ó hUiginn ar Dháibhí de Róiste am éigin sa chúigiú haois déag. Féach Murphy agus Fitzpatrick 1940, 3115.

¹² Féach nótaí 18 agus 19 ar an téacs thíos.

¹³ Bhí an tuairim chéanna ag W.J. Watson a bhfuil tras-scríobh ar leagan an dáin in Egerton 111 le fáil i measc a chuid páipéar i Leabharlann na hOllscoile i nDún Éideann: Edinburgh University Library, Carmichael Watson Collection, No. 144 (xiii) ff. 24a-28a. Tá mé buíoch de Phádraig Ó Macháin as an tagairt seo.

¹⁴ Is é an teideal seo, dominus Insularum, is mó a chleachtar i gcáipéisí Laidine a bhaineann le taoisigh Chlann Domhnaill sa tréimhse seo. Maidir le teidil eile ar nós rí/tighearna Innse Gall, féach McLeod 2002, 25-48.

¹⁵ Tá dátaí éagsúla luaite leis in McLeod 2004: 'c.1480(?)' ar lch 62 (n.26), 'c.1490(?)' ar lch 224 agus 'before 1501' ar lch 274. Ní heol dom áit ar bith eile a luaitear dáta leis.

¹⁶ Tá dán Dhomhnaill curtha san aicme Bardic poems composed for Scottish patrons by Irish poets in Scotland ag McLeod (2004, 223-4), cé go n-admhaíonn sé nach fios cén áit go díreach ar cumadh é.

¹⁷ Tá Clann Domhnaill Aontroma san áireamh anseo agam.

¹⁸ 'Fuaras aisgidh gan iarraidh', McKenna 1939, 114-18.

¹⁹ 'Fada cóir Fhódla ar Albain', Knott 1922, 173-179.

²⁰ Féach McKenna 1939, 117, rann 17; Knott 1922, 174-5, rainn 12-13.

²¹ Féach McKenna 1939, 117, rainn 19-21; Knott 1922, 174, 178, rainn §§8-9, 38.

²² Féach McKenna 1939, 116, rainn 15-16; Knott 1922, 174-5, rainn 8-13.

²³ Féach McKenna 1939, 117, 118, rainn 18, 27-30; Knott 1922, 174, 177-9, rainn 10, 32-43.

²⁴ Tugann McLeod (2004, 187) suntas sa phlé atá déanta aige ar an dán seo don apparent acquiescence in the Mac Domhnaills' remaining in Scotland, so different from the statements of other poems in this vein by Irish poets.' Is fiú cuimhneamh, áfach, ar an gcomhthéacs éagsúil polaitiúil atá ag cuid de na dánta eile, m.sh., dán Thaidhg Dhaill ar Shomhairle Buí Mac Domhnaill a raibh seilbh aige ar Ghlinnte Aontroma agus a bhí sáite go smior i gcúrsaí na hÉireann.

²⁵ Cuireadh aistriú ar chuid den dán cheana: rainn 15, 25-26 (O'Grady 1926, 370-1); rainn 1-2, 6-7, 26, 29, 31-3 (Ó Mainnín 1999, 15-7); agus rainn 1-2, 5-7, 9-10, 26-32 (McLeod 2004, 185-8). Maidir le Ó Mainnín 2004, ba mhaith liom aird an léitheora a dhíriú ar na leasuithe atá déanta anseo ar chuid den aistriúchán i rainn 6, 29 agus 33.

Meisde nach éadmhar Éire
Domhnall mac Briain Í Uiginn *cecinit*

1   Meisde nach ēadmhar Ēire,
    a ciall is cúis toibhēime;
    aigneadh mnā is brēag ag Banbha,
    mā tá, créad a chomhardha?

2   A f[h]ad go n-aiseagthar dhi
    a fir fēin, is fāth tuirse;
    is é a mhēad is meisde lin*n*
    leisge bhá éad ar Ēirin*n*.

3   Ní cosmhail re ceird na mban
    (uath*adh* bean a*cht* bean ēadmhar)
    bheith banamhail a*cht* bean Chuinn
    's gan fear d'fhanamh*ain* again*n*.

4   Lór le hĒirin*n*, is é a fhíor,
    fir eile d'ēis a hairdríogh;
    's an athrogha ní hāil sead[h]
    le mnáibh carthana cēidfhear.

---

1. Alas that Éire is not envious, her reasoning is cause for reproach; it is a lie that Banbha has a woman's mind – if so, what indication is there of it?
2. How long it may be until her own men are returned to her is a cause of anguish; it is the extent of Éire's hesitation to be jealous which troubles me.
3. It bears no semblance to women's craft – a jealous woman is never alone – that [all] should be womanly save Conn's wife and that we should be without men.
4   It is true that Éire has plenty of other men [to choose from] after [the loss of] her high-king: women who loved their first husbands have no interest in choosing again.

5   Cuirthear éad, ní hiongnadh dhi,
    ar mhnaoi is īsle inā Ēire;
    dleaghar éad riamh um rīoghaibh,
    crēad nach biadh ar bainríoghai*n*?

6   Do cuireadh craobha toraidh
    uain[n] san fhiodhb*haidh* Albanaigh –
    gā hoid[h]eadh ēada dob fhearr? –
    na géaga a hoirear Ēirean*n*.

7   Síol na gColla nár chlaon breath:
    dlighid[h] Alba bheith buidheach
    d'aisgidh do Bhanbha do bhean
    gabhla gaisgidh na nGaoidheal.

8   Ō Cholla Uais an airm chuirr
    Alba go hEóin M*h*ac Domhnaill;
    ga*n* s[h]einshlio*cht* ó s[h]in a-le
    na fir darb eighrea*cht* Éire.

---

5. Jealousy may be sown (she does not wonder) in a woman more lowly than Éire; envy is always warranted in relation to kings, why should a queen not be [envious]?

6. Fruitful branches have been planted [far] away from us in the Scottish wood – what greater cure of envy could there be? – the boughs from the land of Ireland.

7. Scotland should be grateful for the gift it received from Banbha: descendants of the Collas of impartial judgements, the heroic branches of the Gaoidhil.

8. Scotland [has descended] from Colla Uais of the smooth weaponry to Eóin Mac Domhnaill; the men whose patrimony is Ireland [i.e. the Irish] have been without an ancient lineage ever since.

9   Iomard*adh* mall ag mnaoi Chuinn
fá a haontumha ar fhuil nDomhnaill;
aithreach lé a huain ag Albain –
ní[o]rbh é uair an iomard*aidh*.

10   Ó fhuighlibh ban brēagthar fir:
a-tá Banbha, bean Ēibhir,
ag guidhe a*n* rīogh 'na fhrithing –
bíom uile ina oirichill.

11   Gē[a]bh*aid* a rínéall(?) roimhe
go dturna i lios Laoghaire;
i ndeagh*aidh* an neóil a-noir
do-bhearair Eóin a hAlbain.

12   Mar shaoilios iad d'fhanmh*ain* toir,
dalta cīche chláir Fhiontai*n*,
luach a n-oileamhna u*m* iath mBreagh
'na fhiach doimheanma dāilt*ear*.

---

9. [One is] reluctant to reproach Conn's wife concerning her being unwedded to Domhnall's scion; she regrets Scotland's time [of dominance], it would not be a time for reproach.

10 Men are beguiled by the words of women: Banbha, Éibhear's wife, is beseeching the king to return – let us all be ready to receive him.

11 His royal cloud (?) will precede him, alighting at Laoghaire's fort; in the wake of the easterly cloud, Eóin will be [lit. is] brought from Scotland.

12 As they intend to remain in the east, the fosterlings of Fiontan's plain, let the price of their fostering be distributed as a depressing debt about the land of Breagha.

13 Uidhe laoi d'fhairge ní fhuil
   ō thrā*cht* Ēireann go hAlbain;
   nā hiomchr*adh* ar adhbha gCuin*n*
   a dtarla d'iomchar eadrain*n*.

14 Turas Chlann Mīleadh tar muir
   tús gabhāla ghuirt Fhiontain;
   re cois a laoidhe uaim d'Eóin
   do-chuaidh an t-aoighe uirsgeóil.

15 Do Thur B[h]reóghain (bladh dā shéan)
   samhail ē[a]nluinge d'oilé[a]n,
   an fear do bhí i mbarr a*n* tuir
   do-chí a-nall idir né[a]llaibh.

16 'Ní fheadar gā samhail soin',
   do rāidh Īoth nár ob deab*haidh*,
   'dóigh leam, gi[o]n g*ur* soiléir sin,
   g*ur*ab eang oiléin ēigin'.

---

13 There is not a day's journey by sea from Ireland's shore to Scotland; let
   him not hold all that has been borne between us against Conn's abode.
14 The journey of the offspring of Míl over the sea [was] the beginning of
   the invasion of Fiontan's field: the curious tale has been dispatched with
   his lay from me to Eóin.
15 From the top of Breóghan's Tower (famous is its omen) a man sees an
   island like a ship from beyond the clouds.
16 'I wonder what that image is,' said Íoth who did not shy from combat; 'I
   believe, although it is not clear, that that is the outline of an island.'

17 'An eang chrīche do-chí si[o]nn
a-nuas ó dhortadh díleann
is í ar ndáigh nach fac*aidh* fear',
do rāidh re macaibh Míl*eadh*.

18 Cuirthear a-noir go fiadh bhFáil
le macaibh Mīleadh Easbáin,
ón c[h]aithir ar ceann a sgé[a]l,
dream nār aithin an t-oilé[a]n.

19 Ní raibhe i luing lu*cht* b*udh* f[h]earr
sgé[a]la ionganta Ēire*ann*;
beirid laoidhing fá lán sgé[i]l
as a*n* chlár aoibhin*n* oiléin.

20 Glór na dtea*cht*adh tig tar lear:
'māsa c[h]*r*eidthe ar Chloinn Mhíl*eadh*,
a-tá clár fion*n* 'gār bhfuireach
nach nár ar chion*n* comhaidheach'.

---

17 'I believe no man has seen the land that I see since the time of the deluge,' he said to the sons of Míl.
18 The sons of Míl of Spain dispatch[ed] from the[ir] fortress to the land of Fál a party who was unfamiliar with the island, in order to bear tidings of it.
19 There was never a better cargo in any ship [than] the stories of the wonders of Ireland; they brought [lit. bring] a galley that was full of stories from the delightful island-plain.
20 The verdict of the emissaries comes over the sea: 'if it should be believed on the testimony of the offspring of Míl, a fair plain awaits us which is not shy towards aliens.'

21   Don tuarasgbhāil tugadh air
go dol d'f[h]ēachain mhac Mīleadh;
fada dhóibh dēinimh tionóil,
slóigh Ēibhir is Ēireamhóin.

22   Tāngadar, fá turus áigh
do mhacaibh Mīleadh Easbāin,
ar eachtra d'fhēaghain B[h]anbha –
ealta d'ē[a]naibh allmhardha.

23   An trial[l]s[o]in fá tuar deaghōil,
mar sin, d'eachtra Ēireamhóin;
dob eachtra dar ēirigh séan
teachta Ēibhir san oilé[a]n.

24   Aca, tar ēis a aithne,
ní raibhe dál dealaighthe;
fada ō sgaradh na ríogh rinn,
a síol d'fhanadh i nĒirinn.

---

21 From the account that was given of it [i.e. the island] …; the hosts of Éibhear and of Éireamhón were a long time assembling.

22 They came, a flock of foreign birds, on an adventure to see Ireland – it was a valorous expedition for the sons of Míl of Spain.

23 Éibhear's coming to the island was an adventure which resulted in good fortune; that trip was an omen of great celebration, therefore, for the expedition of Éireamhón.

24 Once they had become familiar with it they would not be separated from it; the parting of the kings from us [happened] long ago, their descendants remain in Ireland.

25 Mar frī[o]th a hiúl san tír thoir,
    Éire ar tús do Thur B[h]reōghain;
    iúl ar Albain do-uair si[o]nn
    ar n-uair a hardaibh Ēireann.

26 Drong do Ghaoidhealaibh ghuirt B[h]reagh,
    do fhás ō mhacaibh Míleadh,
    san aird thuaidh i dtír oile
    do shīn uain[n] ar amhsaine.

27 Mairg tír re dtugadar druim,
    aithreacha f[h]ola Domhnaill;
    triar fear gan bhrígh a mbagar,
    mo-chean tír a dtāngadar.

28 Gi[o]n go mbeith fāth oile ann
    'ma n-anfadaois ōn fhearann
    gan rún d'fheacadh tar a n-ais,
    ar Dhún mBreatan do-bhēardais.

---

25 Just as Ireland's location was originally discovered from Breóghan's Tower
    in the eastern land, we in turn, spotted Scotland from Ireland's heights.

26 A band of Gaoidhil from the field of Breagha, who descended from the
    sons of Míl, fared from us on military service to a northern region in
    another land.

27 Alas the country on which they [i.e. the three Collas] turned their backs,
    forefathers of the blood of Domhnall [i.e. Clan Donald]; fortunate the
    country to which they came, three men it were futile to threaten.

28 Though there was no other reason why they should stay away from
    Ireland [lit. the country], they would [still] have set out for Dún Breatan
    with no intention of turning (lit. bending) back.

29 Adhbhar aontumha d'ia[th] Airt
āilne a bhfuinn fad a radhairc;
fuair f[h]ochain ó Innse Gall
's ō shrothaibh millse Manann.

30 Do-gheibh Eóin ar fhanmhain thall
rogha na hAlban d'fhearann:
ní fearr ó Íle a fhosdadh,
Ceann Tíre is dā thuarasdal.

31 'Gā b[h]rosdadh ní bhiam a-noir,
Mac Domhnaill dhiúltas comhaidh;
aithnidh dham[h] nach diongnadh Eóin
ar mhagh na n-iongnadh aindeóin.

---

29 The reason for the land of Art's unwedded state [is] the beauty of their
country as far as they can see; she has found a reason [for being single]
from the Hebrides and the sweet streams of Man.

30 Eóin receives, for remaining beyond, the pick of Scottish land: Kintyre
is part of his payment, his retention by Islay is equally good [lit. not
better].

31 I will not try to entice him from the east, Mac Domhnaill who refuses
terms: I realize that Eóin would not embark for the plain of wonders
unwillingly.

32   Gi[o]n go dtí d'uaim an achaidh,
        bláth craoibhe Cuin*n* Chéadchath*aigh;*
        ní fhuil d'urr*aidh* ag crū Chuin*n*
        a*cht* cnú mull*aigh* an mhogaill.

33   Mac Alasdair nār ob cath,
        rí is uaisle d'aicme Eathach;
        fuil Eochaidh, 'ma dtarla te,
        do B[h]anbha is eochair āirmhe.

---

32 Though he may not come to unite the country [lit. field], flower of the
     branch of Conn Céadchathach; the race of Conn accepts none as leader
     but the foremost nut of the cluster.
33 Son of Alasdair who never refused battle, king most noble of the race of
     Eochu; the blood of Eochaidh, which runs through his veins [lit. because
     of which he has got warm], is a cause of fame for Banbha.

Léamha Lámhscríbhinne

Ceannscríbhinn Uigginn; 1b as; c as; 2b as; c as; 4a ré… asé; c sa nathrogha; d lé… ceaidfhir; 5b as; 6b Albhanuigh; 7a nachar; 8a Ghúais; b gú; d oighreacht; 9b haontugha; 10b Eaimhir; 11a gebaidh arínéill; b gú… a; c andeaghaidh; 12d doimhmeanma; 14d taoidhe; 15a dó; c a; 17c así… ndoigh; 18b Mhíleadh; 19a a; d cclár; 20b chlann; 21a tuarasgabhail; b gódol; d Eaimhir; 22c dfechadh; 23a deagheóil; d Eaimhir; 24c ruinn; d a; 25c dofuair; 26c thuaigh a; 28a gu; b nfanfadaois; c dfeachad[b]; 29a aontogha; 30d as; 31d ainndeaóin; 32a gú; 33b as; d as.

Nótaí ar an Téacs

4a *lór ré bÉirinn* (Ls): féach *is lór la* x 'x considers to be enough, to be competent' (*DIL s.v. lór*) agus 'its later form (*ri, re*) remains down to the end of the Early Mod. period and is recognized by the grammarians as distinct from *le* (*la*)…' (*DIL s.v. fri*). Is léir go raibh an chodarsnacht idir *le* agus *re* (*fri*) ag Domhnall mac Briain: féach úsáid cheart *le/lé* in 4d agus 18b, agus úsáid cheart *re* in 3a, 17d agus 27a. Is díol suntais gur *ré* atá sa lámhscríbhinn ag an bpointe seo, cé gur *re* atá le fáil gach áit eile, agus b'fhéidir gur leid í seo gur leis an scríobhaí seachas an file an fhoirm seo. Tá *ré* leasaithe go *le* agamsa.

4cd *sead : ceaidfhir* atá sa lámhscríbhinn ach tá an comhardadh seo lochtach. Tá *ceaidfhir* leasaithe agam go *céidfhear* (ginideach iolra) agus *sead* leasaithe go *seadh* 'heed, interest, regard, etc.' (*DIL s.v. sed/seg*). Féach *cuiridh bean éduigh eile/seadh nar séduibh suirghine* (IGT II, ex. 819).

5a *ní biongnadh dhi:* is gnách gan an forainm réamhfhoclach *do/di* a shéimhiú in éis *-dh* (Knott 1922, cv) ach tá samplaí eile den fhoirm shéimhithe le fáil i dtéacsanna (Ní Dhomhnaill 1975, §94 (iii)).

7a Tá ocht siolla sa líne seo sa lámhscríbhinn. D'fhéadfaí ceachtar den dá leasú a dhéanamh: *nachar* > *nár* nó *Síol na gColla* > *Síol gColla*.

8 Níl mé cinnte go bhfuil ciall an rainn seo scaoilte agam i gceart. Is é an míniú is fearr liom go bhfuil codarsnacht á déanamh sa dá leathrann idir cás na hAlban agus cás na hÉireann, go bhfuil sliocht Cholla Uais lonnaithe in Albain leis na glúnta agus go bhfuil fir Éireann fágtha gan 'seinshliocht' dá bharr. Bheadh ciall le *gan seainshliocht* na lámhscríbhinne a léamh mar '*gan [t]seinshliocht* agus líne c a aistriú mar '[Scotland] has been in the possession of an ancient lineage ever since,' ach thiocfadh sin salach ar an uaim. Is gá *gan s[h]einliocht ó s[h]in* a léamh mar sin. Ní miste a lua go bhfuil 'seinshliocht' Cholla Uais agus 'eighriocht' na hÉireann ceangailte le chéile faoi dhó ag Tadhg Dall in *Fada cóir Fhódla ar Albain* (Knott 1922, 174, rann 10):

> Iongna do fhuilngeadar féin,
> fir mhaordha na n-arm n-aighmhéil,
> Colla 'sa sheinshliocht ó shoin,
> a n-eighriocht orra d'easbhoidh.

[It is strange that Colla himself and his ancient race, stately men with perilous weapons, from that time suffered their inheritance to be lacking to them] (Knott 1926, 116);

> Don Cholla Uais ór fhás sibh
> má tá nár chreid Críoch Éibhir,
> do bhí sí ag seinshliocht Cholla,
> eighriocht í nách ionronna.

[Though Eber's land submitted not to that Colla Uais from whom thou art sprung, the ancient line of Colla possessed her, she is an inheritance unfit for division'] (Knott 1926, 118).

8b *Mhac*: féach Knott 1922, xcvii fá choinne an tséimhithe.

9a *immardad* 'act of reproaching, accusing, arraignment, challenge, vindication' (*DIL*). Féach *Fada cóir Fhódla ar Albain/ anois am a hiomardaidh* [Long has Fódla had a claim upon Alba,/ now is the time to urge it] (Knott 1922, 173, rann 1).

11a Tá leasú de dhíth ar an líne seo. Má léitear *aríméill* na lámhscríbhinne mar *a ríNéill* 'his royal Nialls [= his royal ancestors called Niall]', is féidir gur mheancóg de chuid an scríobhaí é an ponc sa lámhscríbhinn i gcás 'gē[a]bhaidh' (an tríú pearsa uatha). Chomh maith leis sin, d'aontódh *gē[a]bhaid* (an tríú pearsa iolra) leis an ainmfhocal iolra *ríNéill*. Pictiúr de shinsir an taoisigh ag glanadh na slí roimhe a bheadh i gceist anseo, b'fhéidir. Ach tá fadhb leis seo, dar liom, mar atá ginealach Thiarnaí na nOileán. Seo ginealach an fhir atá á mholadh anseo: Eoin (an ceathrú tiarna), mac Alasdair (an tríú tiarna), mhic Dhomhnaill (an dara tiarna), mhic Eoin (an chéad tiarna a d'éag sa bhliain 1387). Is leis an gcéad tiarna Eoin a thosaíonn an Dubhaltach Mac Fhirbhisigh (Ó Muraíle 2003-4, §341.1, II), agus rianaíonn seisean Clann Domhnaill siar chomh fada le Colla Uais. Níl aon 'Niall' sa ghinealach aige; tá 'Niallghus' amháin ann.

Má ghlactar leis go bhfuil 'gē[a]bhaidh' na lámhscríbhinne cruinn, is féidir gur cheart 'aríméill' a leasú go *a rínéall* 'his royal cloud', i bhfianaise *i ndeaghaidh an neóil a-noir* in 11c agus na malairtí *nél* agus *ne(u)ll* in IGT (II, §75) agus i dtéacsanna eile (*DIL s.v.* nél). Go deimhin, tá an leagan *né[a]ll* le fáil in áit eile sa dán seo féin (15*d*). Is díol suime í an tagairt do *nél ríogh* sa dán *Bí ad mhosgaladh, a mheic Aonghais* (Bergin 1970, 165, rann 23, c), dán Éireannach eile ar thaoiseach Albanach:

> Ná brégnaidh briathra na ndeighfhear,
> ar do dhearc bhós ná bíoth sgís:
> nél ríogh ós do chionn do-cíthear;
> do-chíodh Fionn as Fítheal fís.

[Make not vain the good men's words, moreover, let not thine eye be weary: a king's cloud is seen above thee; Fionn and Fítheal were wont to see visions] (Bergin 1970, 289).

Is i gcomhthéacs na fáistine a rinne Fionn mac Cumhaill agus daoine eile ar theacht an taoisigh go hÉirinn atá an rann seo le tuigbheáil. Tá glactha agam leis an leasú *a rínéall*, mar sin, ach tá comhartha ceiste faoi.

11d Cé gurb iad na foirmeacha *do-bearar, do-beirthear* atá ag Knott (1922, lxxix) don bhriathar *do-bheirim* san aimsir láithreach céasta, tá leagan na lámhscríbhinne *do-bhearair* le fáil i dtéacsanna eile; féach McKenna 1940, 287.

12a *shaoilios iad*: tá an forainm cuspóireach *iad* anseo mar ainmní ag an mbriathar neamhaistreach *saoilidh* (féach Knott 1922, , lxx).

12b *dalta*: baineann an focal *daltae* le tamhain *io* go stairiúil (*DIL q.v*) agus is cosúil go bhfuil sé san ainmneach iolra anseo.

14a *turas Chlann Míleadh*: is díol suime é go bhfuil séimhiú ar *Chlann* i ndiaidh an ainmnigh uatha fhirinscnigh. Féach na rialacha a bhaineann le 'slégar', (*BST*, aguisín iv, 262-70 (265-8).

14d *an t-aoighe uirsgeóil*: tá an leagan céanna in úsáid ag Tadhg Dall in *Fada cóir Fhódla ar Albain* (Knott 1922, 175, rann 18; féach *ibid.*, 266, rann 17 agus Knott 1926, 265).

15cd Is léir ón gcomhardadh deiridh *tuir : né[a]llaibh* nach 'túr' is ceart a léamh anseo; féach *DIL s.v.* ²tor.

16 Aontaíonn an *Lebor Gabála* le Domhnall sa mhéid is go ndeireann sé gurbh é Íoth an duine a fuair céadradharc ar Éirinn ó Thor Bhreóghain. Ach, murab ionann is Domhnall, áitíonn sé gurbh é Íoth féin a cuireadh anonn go hÉirinn agus gur maraíodh ann é (Macalister 1938-56, V, 11-21).

Maidir leis an ómós ar leith a thuill Tor Bhreóghain i seanchas na nGael, féach an tagairt seo a leanas don chuairt a thug Aodh Rua Ó Domhnaill air is é ar deoraíocht sa Spáinn sa bhliain 1602:

O do ruacht Ua Domhnaill i ttír isin cCruinne ro gabh for taistel an bhaile & do chóidh do dhéghain Tuir Breogain. Bá faoiligh siomh dia rochtain i ttír an dú sin ar ro badh dóigh lais gur bhó celmhaine mhór

maitheas dó a thochar gus an maighin as ar ghabhsat a shinsir neart &
cumhachta for Eirinn feacht riamh (ARÉ s.a. 1602, iml. VI, lch. 2292).

17c *ndõigh* atá sa lámhscríbhinn ach tá *dáigh* ceadaithe de réir *IGT* (II, §14)
agus déanann sé comhardadh slán le *rãidh* i líne *d*.

18 Tá comhad an rainn seo le fáil in *IGT* (II, §120): *Ón chaithir ar ceann a
sgél/dream nar aithir in t-oilén.*

18b *le macaibh Mhíleadh* atá sa lámhscríbhinn, ach ní bheimis ag súil le séimhiú
ar ainm pearsanta i ndiaidh an tabharthaigh iolra sa tréimhse seo (Knott
1922) féach ll. 17*d* agus 26*b* sa dán in eagar thuas.

19 Tá comhad an rainn seo le fáil in *IGT* (II, §35 l. 916) chomh maith: *Beiridh
(v.l. bir–, beiris) láoidhing (v.l. laighing) fa a lán sgél/as an chlár (v.l. clár, cclár)
aíbhinn oilén.*

19c *beiridh*, an 3ú pearsa uatha aimsir láithreach, atá sa leagan den chomhad
atá le fáil in *IGT*, ach tá an 3ú pearsa iolra *beirid*, mar atá sa lámhscríbhinn,
níos fearr is é ag tagairt do na teachtaí i líne 20*a*.

19d *as an cclár* atá sa lámhscríbhinn ach tá *as an chlár* in *IGT* níos cruinne, mar
leanann an tuiseal tabharthach an réamhfhocal *as* go stairiúil.

20b Tá *clann* na lámhscríbhinne (foirm an ainmnigh) leasaithe go *cloinn*
(cuspóireach/tabharthach) agamsa. Leasú eile a d'fhéadfaí a dhéanamh
ná *ar* a fhágáil ar lár agus *clann* a léamh.

21 Tá truailliú ar an gcéad leathrann anseo mar is léir ón gclaonrinn *air :
Míleadh.* Is deacair, mar sin, brí a bhaint as.

21b *go dol* an leasú atá déanta agam ar *gódol* na lámhscríbhinne. Maidir leis an
struchtúr 'go' + ainm briathartha + 'do'– m.s., *go dul don fíon fa berbadh,* 'till
the wine begins to boil' (*RIA 24 P 32*, 177.15 ex *DIL s.v.* 'dul II(b)); féach
DIL s.v. 'co §2.

22c *dfechadh* atá sa lámhscríbhinn, ach ní fheileann sé sin don chomhardadh
inmheánach. Leasaítear *fechadh* go *féaghain* (*IGT* III, §93).

23a *deagheoil : Eaireamhóin* atá sa lámhscríbhinn ach níl an comhardadh seo
slán. Leasaítear *deagheoil* go *deaghóil*, 'goodly feasting, celebration'.

23d *teachta*, malartú ar *teacht* (*IGT* III, §5).

25c *do fuair sinn* atá sa lámhscríbhinn. Tá *ní fhuaramar; ní uairseamair; ní uairseam*
le fáil in *IGT* (III, §22), ach bhí go leor saoirse ag na filí is iad ag plé leis
an mbriathar i gcásanna mar seo agus bhí cead acu foirmeacha scartha
den bhriathar a úsáid. Ní fheileann *do fuair* don uaim, ach bíonn *do-uair* in
úsáid sa 3ú pearsa uatha, aimsir chaite chomh maith (Knott 1922, lxxv).
Leasaítear *do fuair* go *do-uair* mar sin.

27b Tá 'éaguaim' sa líne seo ach is féidir túschonsain a shéimhiú uaireanta le
freastal ar an uaim, go mórmhór i gcás *f-, s-* agus *p-* (Ní Dhomhnaill 1975,
§136). Féach McKenna 1941, 54.

28b Is gá *nfanfadaois* sa lámhscríbhinn a leasú go *n-anfadaois* ar mhaithe le
huaim a dhéanamh le *fhearann*.

28c Tá *dfeachad[h]* sa lámhscríbhinn leasaithe go *d'fheacadh* (féach DIL *s.vv.* *feccad, feccaid*).

29b Is féidir léamh eile a dhéanamh ar *fad a radhairc*: 'as far as he, Mac Domhnaill, can see.'

29c *f[h]ochain*: Tabhair faoi deara an séimhiú, deimhnithe ag an meadaracht, ar chuspóir díreach briathair.

33bc Tá an dá ainm *Eochu* (gin. *Echach* > *Eathach*) agus *Echuid* (gin. *Echdach*) measctha suas ó ré na Meán-Ghaeilge i leith (Bergin 1932, 140-6), agus is mar sin atá anseo. Luaitear beirt Eochaidh i nginealas na nDomhnallach: Eochaidh Doimhléin, athair Cholla Uais, agus an dara hEochaidh, mac le Colla Uais (Ó Cuív 1984, 144).

NODA

AC = Freeman, A. M., *Annála Connacht: The Annals of Connacht* (A.D. *1224-1544*), Dublin 1944.

ALC = Hennessy, W. M., *The Annals of Loch Cé. A Chronicle of Irish Affairs from A.D. 1014 to A.D. 1590*, I-II, London 1871.

ARÉ = O'Donovan, J., *Annala Rioghachta Eireann. Annals of the Kingdom of Ireland, by the Four Masters, from the Earliest Period to the Year 1616*, I-VII, Dublin 1856.

AU = Hennessy, W. M. agus MacCarthy, B., *Annála Uladh. Annals of Ulster, otherwise Annala Senait, Annals of Senat; a Chronicle of Irish Affairs A.D. 431-1131 : 1155-1541*, Dublin 1887-1901.

BST = McKenna, L., *Bardic Syntactical Tracts*, Dublin 1944.

DIL = *Dictionary of the Irish Language: Compact Edition*, Dublin 1983.

IGT = Bergin, O., *Irish Grammatical Tracts* I-V, forlíonadh in Ériu 8 (1916); 9 (1921-23); 10 (1926-28); 14 (1946); 17 (1955).

LEABHARLIOSTA

Abbott agus Gwynn 1921; T. K. Abbott, agus E. J. Gwynn, *Catalogue of the Irish Manuscripts in the Library of Trinity College, Dublin*, Dublin.

Bergin 1932: O. Bergin, 'Varia', Ériu 11, 140-6.

Bergin 1970: O. Bergin, *Irish Bardic Poetry*, eag., D. Greene agus F. Kelly, Dublin 1970.

Knott 1922: E. Knott, *The Bardic Poems of Tadhg Dall Ó hUiginn (1550-1591)*, I, Irish Texts Society 22, Lúndain.

Knott 1926: E. Knott, *The Bardic Poems of Tadhg Dall Ó hUiginn (1550-1591)*, I I, Irish Texts Society 23, Lúndain.

Macalister 1938-56, R. A. S. Macalister, *Lebor Gabála Érenn*, I-V, Irish Texts Society 34, 35, 39, 41, 44, Dublin. 1938-56.

Macdougall 2001: N. Macdougall, 'Isles, Lordship of the', in M. Lynch, *The Oxford Companion to Scottish History*, Oxford, 347-8.

McKenna 1939: L. McKenna, *Aithdioghluim Dána*, I, Irish Texts Society 37, Dublin.

McKenna 1940: L. McKenna, *Aithdioghluim Dána*, II, Irish Texts Society 40, Dublin.

McKenna 1941: L. McKenna, 'Initial Eclipsis and Lenition, Use of Nominative for Accusative in Early Modern Irish (Based Mainly on Magauran MS. and Duanaire of Y.B.L.)', *Éigse* 3, 52-66; 54.

McKenna 1951: L. McKenna, *The Book of O'Hara. Leabhar Í Eadhra*, Dublin.

McLeod 2002: W. McLeod, 'Rí Innsi Gall, Rí Fionnghall, Ceannas nan Gàidheal: Sovereignty and Rhetoric in the Late Medieval Hebrides', *Cambrian Medieval Celtic Studies* 43, 25-48.

McLeod 2004: W. McLeod, *Divided Gaels. Gaelic Cultural Identities in Scotland and Ireland c.1200–c.1650*, Oxford.

Meek 1982: D. Meek, The Corpus of Heroic Verse in the Book of the Dean of Lismore, tráchtas Ph.D., Ollscoil Ghlaschú.

Murphy agus Fitzpatrick 1940: G. Murphy agus E. Fitzpatrick, *Catalogue of Irish Manuscripts in the Royal Irish Academy*, XXV, Dublin.

Ní Dhomhnaill 1975: C. Ní Dhomhnaill, *Duanaireacht*, Baile Átha Cliath.

Ó Cuív 1984: B. Ó Cuív, 'Some Irish Items Relating to the MacDonnells of Antrim', *Celtica* 16, 139-156.

O'Grady 1926:, S. H. O'Grady, *Catalogue of Irish Manuscripts in the British Museum*, I, London.

Ó Mainnín 1999: M. B. Ó Mainnín, '"The Same in Origin and in Blood": Bardic Windows on the Relationship between Irish and Scottish Gaels, c.1200-1650', *Cambrian Medieval Celtic Studies* 38, 1-51.

Ó Muraíle 2003-4: N. Ó Muraíle, *Leabhar Mór na nGenealach. The Great Book of Irish Genealogies Compiled (1645-66) by Dubhaltach Mac Fhirbhisigh*, I-V, Dublin.

O'Rahilly 1926: T. F. O'Rahilly, *Catalogue of Irish Manuscripts in the Royal Irish Academy*, I, Dublin.

Ross 1939: N. Ross, *Heroic Poetry from the Book of the Dean of Lismore*, Edinburgh.

Watson 1937: W. J. Watson, *Scottish Verse from the Book of the Dean of Lismore*, Edinburgh.

SEOIRSE MAC GIOLLA AN CHLOIG AGUS A CHUID LÁMHSCRÍBHINNÍ

NOLLAIG Ó MURAÍLE

I s é is ábhar don pháipéar seo fear ó cheantar Chlár Chlainne Mhuiris, Contae Mhaigh Eo, nach mbíonn mórán iomrá air na laethanta seo ach gur féidir a rá faoi go mba dhuine suimiúil, agus sách eisceachtúil, é lena linn féin, agus go mba cheart dúinn a chuimhne a bhuanú mar gheall ar an gcomaoin nach beag a chuir sé ar chúis athbheochan na Gaeilge breis bheag is céad bliain ó shin. George William Bell ab ainm dó as Béarla ach chum sé féin leagan suntasach Gaeilge don sloinne sin, nuair a bhaist sé Seoirse Mac Giolla an Chloig air féin agus é ag scríobh i nGaeilge. Agus sin é an fáth go baileach gur ábhar spéise dúinn é – gur fhág sé roinnt ábhair i nGaeilge ina dhiaidh i bhfoirm lámhscríbhinní, ábhar a bhfuil cuid de, ar a laghad, fíorshuimiúil.

Is eol dúinn óna chuid nótaí féin gur rugadh Seoirse ar an 6 Lúnasa 1816,[1] agus fuair sé bás in aois a naoi mbliana déag agus trí scór ar 16 Feabhra 1896. Deir sé linn go mba 'as an mBó-bhaile Beag' é – sin an Bhuaile Bheag, baile fearainn i bparóiste Theach Chaoin, tuairim is trí mhíle siar ó bhaile Chlár Chlainne Mhuiris.[2] Ach níl aon fhianaise chinnte againn ar cén fhaid a chaith sé ina chónaí sa bhaile fearainn sin, óir nuair a thagaimid ar an gcéad tagairt chomhaimseartha dó, sa bhliain 1856 (i *Luacháil* Griffith), is i mbaile fearainn eile taobh thoir den Bhuaile Bheag – an Cheathrú Chaol – a bhí cónaí air, agus is ansin a bhí sé go dtí an bhliain 1863 ar a laghad (Ó Colchúin 1979, 9). Tamall éigin i ndiaidh na bliana sin bhog sé isteach go Clár Chlainne Mhuiris, agus is ann a bhí cónaí air, ar an mBóthar Garbh [Mount St], go dtí lá a bháis. Tá an teach ann i gcónaí; bhí sé in úsáid mar shiopa, Henry's Mini-Market, go dtí tamall de bhlianta ó shin (*ibid.*, 11).

Is fiú a lua go ndeir Seoirse linn in áit amháin[3] go mba as Cnoc an

Liagáin a mhuintir – sin baile fearainn eile atá suite cúpla céad slat laisteas den Bhuaile Bheag, i bparóiste Chill Chomáin agus i mbarúntacht Chill Mheáin.

Sa tagairt do George Bell atá le fáil i Luacháil Ghinearálta na hÉireann le Sir Richard Griffth (Griffith 1856, 79) luaitear go raibh cónaí air i mbaile fearainn *Carrowkeel* – an Cheathrú Chaol thuasluaite – agus léas aige ar *land, house, offices* agus *one cottage*, mar aon le tuairim is leathchéad acra talaimh i gcomhar le cúigear eile ó fhear darbh ainm Patrick C. Lynch.[4]

Muintir Bell i gcomharsanacht Chlár Chlainne Mhuiris

Tá go leor tagairtí i Luacháil Griffith do dhaoine dar sloinne Bell[5] i gceantar Chlár Chlainne Mhuiris: mar *immediate lessor* ar na céadta acraí i bparóistí Chrois Bhaoithín agus Chill Cholmáin ainmnítear Edward Gonne Bell, agus i gcás baile fearainn amháin i bparóiste Chill Cholmáin luaitear George G. Bell (Griffith 1856, 11-2, 23, 29, 31-2, 40-2). Tagann an sloinne Gonne Bell ó dhuine dar shloinne Bell a phós duine de mhuintir Gonne a chónaigh sa teach mór i mbaile fearainn Brookhill – is uathusan a shíolraigh Maud Gonne (1866-1953) a phós Seán Mac Giolla Bhríde ó Chathair na Mart agus a spreag W.B. Yeats chun filíochta.

Mar fhianaise go raibh stádas suntasach ag muintir Bell i gcomharsanacht Chlár Chlainne Mhuiris, tá an baile fearainn Bellfield i bparóiste Chill Cholmáin.[6] Léirítear doimhneacht phréamhacha an teaghlaigh sa cheantar i saothar tábhachtach ón seachtú haois déag, an Leabhar Suirbhé is Dáilte; de réir na foinse sin, fuair péire darbh ainm Robert agus Thomas Bell tailte fairsinge sa dara leath den aois sin i bparóistí Chill Chomáin, Chill Cholmáin, Theach Chaoin, Bhalla agus Mhaigh Eo (Simington 1956, 37-8, 61, 69-70, 74, 78). De réir údair amháin,[7] ba dheartháireacha an bheirt acu le Sir Michael Bell, *Colonel of Foot* agus gobharnóir Bhaile Átha Luain, a throid i gcath na Bóinne agus ar phós duine dá shliocht, Arthur Bell Nicholls, an t-úrscéalaí Sasanach Charlotte Brontë (*ibid.*). I rith an ochtú haois déag phós daoine éagsúla de mhuintir Bell isteach i dteaghlaigh mheasúla ar fud Chúige Chonnacht, idir Phrotastúnaigh agus Chaitlicigh – muintir Swanick, Bingham, Uí Chonchúir Dhoinn agus Uí Ghadhra. I gcás an tsloinne dheiridh acu sin, is amhlaidh a phós fear óg de mhuintir Bell gariníon le Fearghal Ó Gadhra, an té a bhí mar phátrún ag na Ceithre Máistrí; bhí beirt deartháireacha ag an iníon sin, Brian agus Mícheál, a bhí ina n-ardeaspaig ar Thuaim, idir 1723 agus 1748.

Tá fianaise ón ochtú haois déag freisin ar dhuine de shinsir Sheoirse Mhic Giolla an Chloig a bheith bainteach leis an gceantar céanna: i mbailiúchán de pháipéir eastáit tá cáipéis dar dáta 1716 ina luaitear *a mortgage by Robert Bell of Paranes, Co. Mayo, Esq., of the lands of Knocklegan* ... (Nicholls 1980, 186) Is cosúil go mba shin-sinseanathair le Seoirse é an Roibeard seo. Is ionann 'Knocklegan', ar ndóigh, agus Cnoc an Liagáin thuasluaite, baile fearainn i bparóiste Chill Chomáin, agus seasann 'Paranes' do bhaile fearainn eile sa pharóiste céanna, Na Porráin, a scríobhtar anois sa Bhéarla mar 'Purrauns' agus atá suite tuairim is míle soir ó Chnoc an Liagáin. Faoin am seo is beag dá gcuid tailte a bhí fágtha ag an gcraobh de mhuintir Bell ar bhain Seoirse léi, agus ba Chaitlicigh iad muintir na craoibhe céanna.

Scéal an fhir féin
Mar a dúradh thuas, rugadh Seoirse Mac Giolla an Chloig ar 6 Lúnasa 1816. I nóta suimiúil dár bhreac sé sa bhliain 1892 – níos lú ná ceithre bliana roimh a bhás féin – sa lámhscríbhinn is tábhachtaí óna láimh (féach Aguisín 1, thíos), insíonn sé don saol gur Michael Joe ab ainm dá athair agus Nainsí Bhreathnach ab ainm agus ba shloinne dá mháthair; ina theannta sin, deir sé gur i lár na bliana dorcha úd, 1847 – i bhfíorlár an Drochshaoil – a cailleadh an bheirt acu: eisean ar 14 Meitheamh agus ise naoi lá ina dhiaidh sin. Bhí an t-athair sa dara bliain seascad dá aois, agus an mháthair deich mbliana níos óige.

De réir an traidisiúin i measc a ghaolta atá fós ina gcónaí in aice le Clár Chlainne Mhuiris (agus de réir a ndeirtear ina uacht), ba shuirbhéir talaimh é Seoirse. 'Inneáltóir' a thugann Tomás de Bhaldraithe (1955, 24) air, áfach, in alt breá leis a foilsíodh breis is leithchéad bliain ó shin, agus – ar chúis éigin nach dtuigim – tugann

Ciarán Ó Coigligh 'maor cánach' air ina eagránsan de shaothar Reaftaraí (Ó Coigligh 1987, 240.) In alt leis an gCraoibhín, Dúghlas de Híde, a foilsíodh sa New Ireland Review i Márta na bliana 1901 (agus ar cuireadh athchló air ina dhiaidh sin sa leabhar Abhráin Diadha Chúige Connacht [=de Híde 1906] II, 162), deirtear an méid seo faoi Sheoirse:

Nuair a bhí sé óg do chaith sé mórán dá shaoghal i n-Iar-gConnacht agus i n-áiteachaibh iar-gcúlacha eile ag tarraingt cáirte na tíre ar pháipéar agus 'gá mapál do'n Uachtaránacht [is é sin le rá, ag déanamh léarscáileanna don rialtas]

Ní léir, áfach, cé acu roinn den rialtas a raibh Seoirse ag obair di agus ní fios cá bhfuair sé oiliúint in obair shuirbhéireachta. Mar shampla, bheadh sé ag tarraingt ar lár na dtríochaidí dá aois faoin am ar bunaíodh Coláiste na Banríona, Gaillimh, sa bhliain 1849, agus níl a fhios agam an raibh ranganna ar bith i gcúrsaí suirbhéireachta sa choláiste seo ag an am. Tharlódh, ar ndóigh, go bhfuair sé fostaíocht leis an tSuirbhéireacht Ordanáis – a bhí faoi lán seoil in iarthar na hÉireann nuair a bhí sé sna luathfhichidí, ach, ar an láimh eile, is dócha go mbeadh air a bheith ina bhall den reisimint úd d'Arm Shasana, na hInnealtóirí Ríoga – na Sappers, mar a thugtaí orthu i measc an phobail – le hoiliúint fhoirmeálta a fháil mar shuirbhéir. Ar ndóigh, níl aon fhianaise againn nár chaith Seoirse seal san arm. Óir caithfear a admháil go bhfuil réimsí móra de shaol Mhic Giolla an Chloig nach bhfuil fianaise ar bith againn ina dtaobh. De réir an tseanchais i measc a mhuintire, d'oibrigh sé ar Chanáil Chonga (idir Loch Measca agus Loch Coirib – nár críochnaíodh riamh mar gheall ar fhadhbanna teicniúla), bhí baint aige le tógáil an bhóthair iarainn sa cheantar agus le hobair dheisiúcháin ar Chaisleán Áth na Fuinseoige (P.J.K. 1997, 17). Níor mhiste a lua freisin go dtugann sé féin le fios i nóta i gceann de na scríbhinní Gaeilge a d'fhág sé ina dhiaidh gur chaith sé tamall éigin i gcathair Luimnigh. Ag trácht dó ar an amhrán 'An Maidrín Ruadh le Píobaire Caoch Luimnigh' deir sé: I have often he[a]rd the poor *old 'Limerick Piper' sing the foregoing song on the militery [sic] walk in Limerick* (Ls de Híde 67, 386).

Fillfidh mé ar ball ar chúpla gné de shaol agus de chúlra Sheoirse a bhfuil eolas éigin againn orthu, ach ar dtús ba mhaith liom díriú ar an bhfáth ar cheart dúinn, dar liom, a chuimhne a choimeád beo. Is é sin go bhfuil againn óna láimh roinnt saothar Gaeilge i bhfoirm lámhscríbhinní – rud a bhí an-neamhghnách i Maigh Eo sa naoú haois déag. Ní thig liom cuimhneamh ach ar dhá lámhscríbhinn Ghaeilge eile ar cosúil gur ó Chontae Mhaigh Eo iad ón ochtú agus ón naoú haois déag ar fad: an Ls Phroinsiasach A 56 a raibh baint éigin aici le Baile an Róba, agus Ls 40 i mbailiúchán Gaeilge Óstaí an Rí [King's Inns], cóip de *Trí Biorghaoithe an Bháis* le Seathrún Céitinn a scríobh beirt shagart, An tAthair Diarmuid Mac Conmara agus An tAthair Séamus Ó hInnéirí, i bparóiste Eadargúil i dtuaisceart Mhaigh Eo ag fíorthús an ochtú haois déag (Dillon *et al.*, 1969, 126-8; de Brún 1972, 70-1)

Lámhscríbhinn sa Leabharlann Náisiúnta

Is í an lámhscríbhinn is luaithe dá bhfuil againn ó láimh Mhic Giolla an Chloig an ceann ar a dtugtar anois Leabharlann Náisiúnta G 758 (Ó Macháin agus Ní Shéaghdha 1996, 97) a bhí tráth i seilbh Sheáin Mhig Fhloinn (1843-1915), eagarthóir ceannródaíoch an *Tuam News* a bhí ag foilsiú colúin Ghaeilge chomh luath leis an mbliain 1868 (Breathnach agus Ní Mhurchú 1992, 53-4). Níl sa lámhscríbhinn ach beagán le cois tríocha leathanach, ina bhfuil cóip de thrí dhán: dhá leagan de *Na Críocha Déanacha* (nó *Críoch Dhéanach an Duine*) agus leagan amháin de *Tuireadh an Bháis*, mar aon le cúpla rann eile. Deir nóta ar an leathanach teidil gurb é 'Seorsa Giolla an Chloig as an mBhuaile-Bheag' a scríobh an saothar 'don Athair Seamus Mhaldron' sa bhliain 1863, agus tá nóta i mBéarla ag an deireadh a deir:

These poems were written by me for my very sincere and esteemed friend, The Very Revd James Canon Waldron, PP, Annagh – Geo. W. Bell.

Is sa bhliain 1870, nó tamall éigin ina dhiaidh, a breacadh an nóta sin óir is sa bhliain sin go baileach a rinneadh sagart paróiste an Eanaigh (.i. Béal Átha hAmhnais) den Athair Waldron; d'fhan sé i mbun an pharóiste go dtína bhás sa bhliain 1892. Bhí sé i ndiaidh a bheith ina shagart paróiste in Achadh Ghobhair ar feadh ceithre bliana roimhe sin (1866-70), agus roimhe sin arís bhí sé i dTuaim (1858-66), ach chaith sé sé bliana – ó 1852 go 1858 – ina shagart cúnta ar Chrois Bhaoithín agus Teach Chaoin, agus is ródhócha gur le linn na mblianta sin a chuir Seoirse Mac Giolla an Chloig aithne air (Ó Colchúin 1979, 64-5).

Mórlámhscríbhinn i Leabharlann Uí Argadáin, Ollscoil na hÉireann, Gaillimh

An dara lámhscríbhinn atá againn ó láimh Mhic Giolla an Chloig is í gan amhras an ceann is tábhachtaí dár bhreac sé. Tá sí anois ar coimeád i Leabharlann Shéamuis Uí Argadáin, OÉ, Gaillimh; áirítear í mar Uimh. 67 i mbailiúchán An Chraoibhín. Is é atá inti Bolg an tSoláthair, mar atá, ollbhailiúchán de dhánta Gaeilge ina bhfuil go maith os cionn cúig chéad leathanach agus beagnach naoi scór mír éagsúil (dánta den chuid is mó). Tosaíonn sí le dán mór Bhriain Merriman, *Cúirt an Mheán Oíche;* ansin tagann *An Caisideach Bán*, *An Sutach is a Mháthair*, *Eachtra an Amadáin Mhóir*, *Comhrá an Bháis leis an Duine Tinn*, an dá leagan de *Na Críocha Déanacha*, an dá mhórdhán úd ón seachtú haois déag, *An Síogaí Rómhánach* agus *Tuireamh na hÉireann;* suas le scór mír Fiannaíochta, idir laoithe agus scéalta próis ar nós *Eachtra agus Imeachta Bhodach an Chóta Lachtna*. Tá dánta le filí mar Sheán de hÓra – agus dhá bharántas dá chuid ina measc – Mícheál Cuimín, Seán Clárach Mac Domhnaill, Seán Ó Tuama, Aodh Mac Dónaill, Mícheál Mac Suibhne, Riocard Bairéad, Cormac Ó Comáin, Peadar Ó Doirnín agus, thar gach aon duine eile, Raiftearaí, a bhfuil aon dán déag dá chuid sa leabhar – agus i measc na ndánta deiridh sin tá an saothar conspóideach úd *Mise Raifterí*.

Ar na gnéithe is suimiúla den lámhscríbhinn seo tá an méid míreanna a bhaineann le tús ré na hathbheochana atá le feiceáil inti:

mar shampla, seacht ndán nó amhrán de chuid An Chraoibhín
Aoibhinn agus aistriúcháin ó Bhéarla go Gaeilge ar suas le dosaen
bailéad náisiúnta nó tírghrá ar nós *God Save Ireland!* (dhá leagan), *O
Donnell Abu!*, *The Shan-Van Vocht*, *Fontenoy*, *The Rising of the Moon* (dhá
leagan), *The Death of Conor MacNessa*, *Gougaune Barra*, agus a leithéidí
(Ó Muraíle 2004, 80, nn 206-11).[8] Is é an rud atá fíorspéisiúil faoin
ábhar seo gur amach as foinsí clóbhuailte a tógadh iad go léir – mar
aon, is dócha, leis an dán *Mise Raifterí* – is é sin le rá, irisí agus páipéir
mar *An Gaodhal* i Nua-Eabhrac agus an *Tuam News* sa bhaile.[9] Maidir le
foinsí an ábhair eile sa leabhar, ní thugtar na sonraí ró-mhinic, ach
luann Mac Giolla an Chloig faoi dhó 'leabhar Uilliam Uí Oisín ón
gCumar' (lgh 283 agus 356). Duine aithneadúil go maith ab ea Uilliam
Ó hOisín, ó pharóiste an Chumair nó, de réir leagain eile, ó Bhaile na
Creige i bparóiste Chora Finne (tá an dá pharóiste sin ar an taobh ó
dheas de Thuaim); ba chomharsa é le Seán Mag Fhloinn, eagarthóir
an *Tuam News*, agus dealraíonn sé go raibh sé gníomhach mar scríobhai
idir na blianta 1825 agus 1871.[10] Saothar clóbhuailte eile a luaitear
(lch 359) is ea *Irish Minstrelsy* le James Hardiman (1830).

Ar ámharaí an tsaoil, tugann Mac Giolla an Chloig a lán colafon ina
luaitear an dáta ar breacadh a leithéid seo nó a leithéid siúd de
shaothar. Tá le feiceáil uathu seo gur scríobhadh cuid mhór den
lámhscríbhinn i mí Aibreáin agus mí Lúnasa 1870, agus gur scríobhadh
tuilleadh i mBealtaine na bliana 1873 (lgh 356, 407, 410-1). Tá mír
amháin – *Cill Liadáin* le Raiftearaí – a bhfuil an dáta 'An 31 do Mhí an
Fhóbhair 1878' léi (lch 415), agus tamall ina dhiaidh sin (lch 446)
tugtar feartlaoi an Ardeaspaig Seán Mac Éil a cailleadh sa bhliain 1881.
Agus tá rudaí níos déanaí ná sin sa lámhscríbhinn, mar shampla,
amhrán 'Do Chumann na Gaedhilge – cumann úr atá curtha air bun i
Nuadh Eabhrach, chum cúraim a thabhairt do theangain, ceol,
nósaibh, agus stair na h-Eireann', a bhfuil an dáta 'mí na Béilteine,
1885' luaite leis. Ansin tá an cuntas fíorspéisiúil ar aois a athar agus a
mháthar a bhreac Seoirse ar 'An fichmheadh lá dó Mhí na Béaltinne
[1892]' (féach Aguisín 1, thíos).

Maidir le stair na lámhscríbhinne tar éis bhás Sheoirse sa bhliain

1896 – fuair sé bás ar an 16 Feabhra agus cuireadh é i reilig Theach
Chaoin – deir An Craoibhín san alt úd leis a foilsíodh sa *New Ireland
Review* i Márta na bliana 1901 go bhfuair seisean an leabhar ón Dr
Conchubhar Mag Uidhir tamall roimhe sin:

> ... leabhar do sgríobh Seóirse Giolla-an-chloig nó Bell
> i mBéarla, do chómhnuigh i gClár-cloinne-Mhuiris, i
> gcondaé Mhuigh Eó, agus do bhí ina Ghaedhilgeoir
> cliste. Fuair sé bás go déigheannach, agus tháinig an
> leabhar so ar sheilbh mo charad an Dochtúir
> Conchubhair Maguidhir ann san mbaile céadna, agus
> is uaidh-sean do fuair mise é. Is dóigh gur sgríobh
> Seóirse Giolla-an-chloig é ó bhéal duine éigin, san
> mbliadhain 1892, óir budh ghnáth leis gach nidh do
> casadh air agus do thaithnigh leis do chur síos ann a
> leabhar (de Híde 1906, II, 160-2).

Dochtúir leighis i gClár Chlainne Mhuiris ab ea Mag Uidhir (*c.*
1861-1944) a rugadh ar an gCeathrú Rua agus arbh as Fear Manach dá
athair; thuill sé cáil dó féin as leagan Gaeilge a sholáthraigh sé den
amhrán breá úd le Willie Rooney, *The Men of the West* (Breathnach agus
Ní Mhurchú 1994, 75-6). Bhain An Craoibhín leas as ábhar i Ls 67 in
dhá leabhar dá chuid: in *Abhráin atá Leagtha ar an Reachtabhrach* a tháinig
amach sa bhliain 1903 tá tagairtí do Sheoirse Mac Giolla an Chloig
ar cheithre leathanach éagsúla, agus ar thrí leathanach déag eile san
eagrán méadaithe a foilsíodh sa bhliain 1933,[11] agus tagraítear dó
freisin ar sheacht leathanach in *Abhráin Diadha Chúige Connacht* (de Híde
1906, II, 160, 162, 170, 174-5nn, 292, 296).

Dá mbeadh an chaoi agam chuige, d'fhéadfainn dul isteach níos
mine i ngnéithe éagsúla eile den lámhscríbhinn – go háirithe na
míreanna éagsúla agus a ngaol le leaganacha i lámhscríbhinní eile.
Agus dúisíonn an saothar ceisteanna suimiúla – mar shampla, cá
bhfuair Mac Giolla an Chloig oiliúint mar scríobhaí? Go deimhin cár
fhoghlaim sé léamh agus scríobh na Gaeilge? Cuirim an dara ceist
acu sin toisc go raibh traidisiún an léinn imithe i ndísc go mór, go

háirithe san Iarthar, sa tréimhse seo – cuir i gcás Uilliam Ó hOisín ón gCumar, a luadh ar ball, chleacht sé litriú barbartha leath-fhoghrúil bunaithe ar litriú an Bhéarla, ach chlóígh Mac Giolla an Chloig le peannaireacht Ghaeilge agus le litriú a bhí gar go maith do cheartlitriú na Gaeilge, ach gan a bheith lánchruinn. Is suimiúil freisin leithéid Mhic Giolla an Chloig a fheiceáil ina chónaí i gClár Chlainne Mhuiris sa cheathrú deiridh den naoú haois déag agus é i dteagmháil leis an mbeagán foilseachán Gaeilge a bhí á gcur ar fáil ag an am sin, sa bhaile agus i gcéin – idir an *Tuam News*, a bhí lonnaithe sách gar dó, agus *An Gaodhal* a bhí á chur amach ag an nGaillimheach Mícheál Ó Lócháin (1836-99) i Nua-Eabhrac.[12]

Aon phointe beag amháin eile nár mhiste a lua mar gheall ar Sheoirse – sin an ráiteas seo a leanas ag an gCraoibhín; tar éis dó trácht ar an 'mórán dá shaol' a bhí caite ag Mac Giolla an Chloig in Iar-Chonnacht, deir sé:

> Níl aon áit a rachadh sé nach mbeith sé ar thóir na sean abhrán, agus do sgríobh sé iad so ann a leabhar do réir mar fuair sé iad. Budh bheag de scoláiribh na Gaedhilge i gConnachtaibh do b'fhearr 'ná é. Ní bréag a rádh go mbudh chlú é d'á chineadh. Go gcúitighidh Dia é (de Híde 1906, II, 162).

Mar fhocal scoir, is fiú a lua go bhfuil peannaireacht Mhic Giolla an Chloig sa lámhscríbhinn seo, agus ina shaothar fré chéile, go hálainn ar fad, idir Ghaeilge agus Bhéarla.

Trí shaothar i gColáiste Cholmáin, Clár Chlainne Mhuiris

Tá trí shaothar eile de chuid Mhic Giolla an Chloig ar marthain, iad uilig ar coimeád faoi láthair i gColáiste Cholmáin, Clár Chlainne Mhuiris. Cuireadh ansin iad ar mhaithe le slándáil tuairim is fiche bliain ó shin nuair a cailleadh an bheirt deirfiúracha a raibh siad ina seilbh acu; b'in Máire agus Sailí Ní Bhraonáin, a shíolraigh ó Sheoirse (duine de shin-seanaithreacha na beirte ab ea Seoirse).

An chéad saothar díobh seo, is léarscáil d'Éirinn é, déanta go slachtmhar ag Seoirse féin, ar a dtugann sé *Cairt na hÉirenn*. Ar an léarscáil seo tá na mílte logainmneacha breactha isteach i mionpheannaireacht (amanta *fíor*-mhionpheannaireacht) go rícháiréiseach ag Mac Giolla an Chloig. Caithfear a admháil go bhfuil na logainmneacha i bhfad níos flúirsí sa chuid den léarscáil a léiríonn tuaisceart Chonnacht agus lár na hÉireann ná mar atá, abair, i lár Chúige Uladh.

Thart timpeall ar imill fhairsinge na léarscáile tá na hainmneacha (nó sciar díobh, ar chaoi ar bith) breactha síos ina liostaí agus iad curtha i 'mboscaí' de réir na seantuath agus na seancheantracha a bhí in úsáid in Éirinn anallód.

Is rud an-neamhghnách é an léarscáil chéanna, óir ní heol dom gur cuireadh le chéile mórléarscáil lánGhaeilge den tír ar fad go dtí gur foilsíodh an léarscáil balla d'Éirinn a d'ullmhaigh An tAthair Pól Breathnach agus An Seabhac sa bhliain 1938.

De réir nótaí a bhreac Mac Giolla an Chloig ar an léarscáil, is cosúil gur tosaíodh an obair uirthi sa bhliain 1869 agus gur críochnaíodh í i Lúnasa na bliana 1875:

> Cairt na hÉirenn: Fecit le Seoirse mac Mhicheal mhic Ioseph mhic Sheoirse mhic Roibeard mhic Sheoirse mhic Roibeard mhic Sheoirse Bell: ó Chnoc-an-liagain[13] a Magh Chuile Toladh, a nOl nEgmacht, no Connacht. Eire 1869. 6 Augt. 1875. Born 6 Augt. 1816.

Agus é ag tabhairt an eolais seo, féach go dtugann Seoirse freisin a ghinealach féin, ag rianú a shinsearachta siar go dtí deireadh an séú haois déag, tríd an Roibeard Bell úd a fuair talamh i Maigh Eo aimsir Chromail: 'Seoirse [1816-96] mac Mhicheal [1785-1847] mhic Ioseph ... mhic <u>Roibeard</u> mhic Sheoirse Bell.'

An dá shaothar eile le Seoirse Mac Giolla an Chloig atá ar coimeád i gColáiste Cholmáin, eascraíonn siad araon as an léarscáil sin, 'Cairt na hÉireann'. An chéad lámhscríbhinn díobh, a dtugaim Ls CC 1 mar nod uirthi (féach nóta 1 thuas), tá breis is 300 leathanach inti. Insíonn an teideal go beacht céard atá sa chéad chuid di: *Eoluidhe Gaoidhilge 's Sacs-Bheurla do Cairt-na-h'Eireann. Irish-English Index to the Map of Ireland by George W. Bell, 1875.* Téann an méid sin chomh fada ar aghaidh le lch 227, agus críochnaíodh sin ar 16 Deireadh Fómhair 1875; uaidh sin go dtí lch 317 tá innéacs Béarla-Gaeilge, a críochnaíodh ar 18 Nollaig 1875. An dara lámhscríbhinn – Ls CC 2 – is ollsaothar ceart í, ina bhfuil breis is naoi gcéad leathanach. *Áit-Chunntas air Eire* is teideal di agus tá sí inchurtha le saothair mar Lewis's *Topographical Dictionary* (1837) nó an *Parliamentary Gazetteer of Ireland* (1846). Is é atá inti mar a bheadh ciclipéid do phríomháiteacha na hÉireann, agus aiste ghearr faoi gach aon cheann acu. Úsáidtear an leagan Gaeilge de logainm mar cheannfhocal – agus foirm an ainm ar aon dul lena bhfuil sa lámhscríbhinn eile agus ar an léarscáil – ach is i mBéarla atá an tráchtaireacht. Go hiondúil ní bhíonn ach nóta gairid ag an údar mar gheall ar áit, ach amanta, i gcás áite ar bhraith sé tábhacht ar leith a bheith léi, scríobh sé aiste réasúnta fada ar an áit. Mar shampla, tá breis is dhá leathanach de chur síos aige ar Chonga, an láthair mhainistreach rístairiúil i ndeisceart Mhaigh Eo. Téann an saothar ar aghaidh chomh fada le lch 737, agus deir nóta i nGaeilge gur críochnaíodh é ar 12 Lúnasa 1879. Sa chuid eile den lámhscríbhinn, lgh 739-926, tá innéacs de na hainmneacha a thagann i gceist sa chuid tosaigh den leabhar, agus an méid seo a leanas mar mhíniú air: *Áit-Chunntas air Éire, nó Eoluidhe Sacs-Bheurla 's Gaoidhilge. An English-Irish Index or Topography of Ireland.* Deirtear ar an leathanach deiridh gur críochnaíodh an saothar ar 21 Meitheamh 1879.

Ar cheann de leathanaigh thosaigh an leabhair tugtar liosta de na foinsí ar bhain Seoirse leas astu agus é ag cur an tsaothair le chéile. Tá ocht saothar déag luaite sa liosta – eagráin léannta Sheáin Uí Dhonnabháin atá ina bhformhór: *Cath Muighe Rath, Leabhar na g-Ceart, Tribes and Customs of Hy-Many, Tribes and Customs of Hy-Fiachrach, Annála na gCeithre Máistrí, Tribes of Ireland*; chomh maith leo sin tá eagrán Eoghain Uí Chomhraí de *Cath Muighe Léana*, an chéad dá imleabhar de *Irish Names of Places* le P.W. Joyce, *Topographia Hibernica* le Seward, agus mar sin de. Tá teideal amháin eile sáite isteach sa liosta i ndúch gorm atá difriúil go maith leis an dúch dubh atá in úsáid tríd an leabhar – sin *Beatha Aodha Ruaidh* (an t-eagrán le Denis Murphy a tháinig amach sa bhliain 1893).

Tá cúpla nóta sa leabhar sa dúch gorm céanna sin agus gabhann an dá dháta seo a leanas leo: 28th Oct^r *1895* agus 9th Nov^r *1895* – léiríonn an tagairt sin do *Beatha Aodha Ruaidh* agus do na dátaí sin go raibh Seoirse fós ag obair ar an leabhar, ag cur isteach leasuithe agus ceartúchán, go dtí (ar a laghad) trí mhí roimh a bhás.

Mar fhocal scoir ar a shaothar scríofa, níor mhiste a lua go bhfuil tagairt do Sheoirse ag Seán Mag Fhloinn i nóta a bhreac sé sa bhliain 1873 i lámhscríbhinn ar a dtugtar anois Leabharlann Náisiúnta G 752 (lch 29(b)):

> (18 lá ... d'Oibreán 1873) Chuireas aniudh 's a' b-posta a d-Tuaim chuig S. M. na seanphápéir so: ... Laoidh na mna móire [= OÉG Lsí Gaeilge De Híde Ls 67, 127-42 – 126 rr] lé Seórsa Bell a g-Clár-Clainne-Muiris ...

Focal buíochais agus roinnt nótaí breise

Sula gcríochnaím an páipéar gearr seo, ba mhaith liom a lua go bhfuilim faoi chomaoin ag daoine agus ag institiúidí éagsúla faoin eolas atá bailithe anseo. Gabhaim buíochas leo siúd a bhfuil lámhscríbhinní éagsúla Mhic Giolla an Chloig faoina gcúram:

- Údaráis na Leabharlainne Náisiúnta i mBaile Átha Cliath, áit ar phléigh mé le Ls G 758 (an chóip de *Na Críocha Déanacha*) le linn dom a bheith ag cabhrú le Nessa Ní Shéaghdha i réamhchlárú na lámhscríbhinní ansin i bhFómhar na bliana 1972.

- Lucht Leabharlann Uí Argadáin in Ollscoil na hÉireann, Gaillimh, a lig dom féachaint ar Ls 67 – cé go gcaithfidh mé a admháil go raibh clár sách mion déanta agam den lámhscríbhinn cúig bliana is tríocha ó shin; rinneas é sin ón gcóip ar mhionscannán le linn dom a bheith ag obair sa Leabharlann Náisiúnta i 1972-3. Ní clár lom a bhí ann, mar is amhlaidh a d'athscríobhas ina n-iomláine cuid de na píosaí is mó a raibh spéis agam iontu ag an am (m.sh., na haistriúcháin ar na bailéid – cuid acu i bhfíor-dhroch-Ghaeilge!).[14]

- Muintir Choláiste Cholmáin Chlár Chlainne Mhuiris a thug gach cúnamh dom nuair a chuaigh mé ag féachaint ar na trí shaothar le Seoirse atá faoina gcúram.[15] Ba cheart a lua go bhfuil an léarscáil iontach úd a rinne Seoirse i bhfráma pictiúir agus í clúdaithe le gloine agus ar crochadh i seomra na Foirne i gColáiste Cholmáin.

- Mac Dara Ó Colchúin a rinne tráchtas MA ar *George Bell agus a Chuid Lámhscríbhinní* i gColáiste Phádraig, Maigh Nuad (Ollscoil na hÉireann, Maigh Nuad, anois), sa bhliain 1979 – saothar a bhfuil an t-alt seo go mór faoi chomaoin aige. Faoi stiúir Phádraig Uí Fhiannachta agus mo chomhghleacaí Pádraig Ó Héalaí a rinneadh an tráchtas. D'fhéadfaí cur leis, ar ndóigh, ach tá a lán rudaí fíorshuimiúla ann agus a lán tochailte déanta ag an údar leis an sciar beag fíricí atá ar fáil faoi Sheoirse Mac Giolla an Chloig a aimsiú.

  Ar na rudaí a thug Mac Dara chun solais, tá cuntas ar bhás Sheoirse a foilsíodh sa *Connaught Telegraph*. Ina theannta sin fuair sé eolas spéisiúil ó Mháire agus Sailí Ní Bhraonáin: mar shampla, gur thairg an tArdeaspag Seán Mac Héil £200 – suim ollmhór airgid ag an am – do Sheoirse ar an léarscáil a bhí déanta aige. Theastaigh ón ardeaspag go mbeadh sí ar crochadh i gColáiste Iarlatha i dTuaim, ach cé go raibh Seoirse sách bocht ag an am, ní raibh sé sásta é a scaoileadh uaidh.

  D'aimsigh Mac Dara sonraí i dtaobh Sheoirse ina uacht, ina luaitear 'George W. Bell, late of Mount Street, Claremorris, County Mayo, Land Surveyor', agus a bhaintreach, Margaret, agus a insíonn nár fhág sé ina dhiaidh ach £32.4s.

  Ní luaitear clann le Seoirse san achoimre den uacht atá i gClárlann na nGníomhas, Baile Átha Cliath, ach tá a fhios againn go raibh mac agus iníon aige féin agus Margaret. D'imigh an mac chun na hAstráile, agus phós an iníon fear dar shloinne Thornhill; bhí iníon aicise ach cailleadh í ag breith a hiníne féin; phós an iníon sin fear dar shloinne Ó Braonáin agus ba iadsan tuismitheoirí na beirte deirféaracha, Máire agus Sailí. ('Thornhill' ab ainm don teach ar Bhóthar Chaisleán an Bharraigh, Clár Chlainne Mhuiris, ina raibh cónaí ar an mbeirt sna blianta deiridh dá saol.)

• Fuair mé eolas fiúntach freisin ó Joe Keane ó Mhaolla, a raibh a bhean, Ann, nach maireann, gaolmhar le Seoirse Mac Giolla an Chloig; scríobh Joe litir chugam ar an 4 Feabhra 1992, inar thug roinnt sé pointí eolais dom i dtaobh Sheoirse. Dúirt sé gur cosúil gur ó Albain a tháinig na Bells go hÉirinn agus gur chaitheadar seal in oirthear Uladh sula bhfuaireadar talamh i Maigh Eo aimsir Chromail. Duine de shliocht Major Thomas, a fuair talamh an t-am sin, phós sé isteach i dteaghlach Gonne in Brookhill. Maidir le mac Sheoirse (Michael ab ainm dó), a chuaigh ar imirce chun na hAstráile, bhí iarmhó leis fós beo ansin sa bhliain 1992 agus í bliain is céad d'aois. Tá go leor sonraí suimiúla eile faoi Sheoirse Mac Giolla an Chloig sa litir chéanna sin ag Joe Keane, agus táim fíorbhuíoch de as í a chur chugam. (Bhí comhrá fada teileafóin agam leis tamall ó shin inar éirigh liom roinnt pointí breise a raibh mé in amhras fúthu a shoiléiriú.)

Ina theannta sin, ba é Joe Keane – faoi na hinisealacha 'P.J.K.' – a scríobh an t-alt úd, 'George William Bell, 1816-1896' in *Crossboyne: A Parish Magazine*, 2 (1997). San alt sin deirtear gur fhág Seoirse cailís órga le huacht ag teach pobail Bhaile Uí Fhiacháin agus pictiúr péinteáilte ag an nGailearaí Náisiúnta, agus luaitear mar léiriú ar a sheasamh i measc an phobail an ráiteas i gcuntas iarbháis air a foilsíodh i nuachtán áitiuil: *Local farmers attending a fair in the town, upon hearing of the death and burial of George Bell, left the fairgreen and proceeded to the cemetery.*

Ar an iomlán, más ea, duine fíorspéisiúil – agus sách neamhghnách – ab ea Seoirse Mac Giolla an Chloig. D'fhéadfaí a rá go mba 'Réamhchonraitheoir' é a d'fhéach le blúirí de léann agus de litríocht

na Gaeilge a bhailiú, a chaomhnú agus a shaothrú i gcoirnéal
d'oirdheisceart Mhaigh Eo i dtréimhse thar a bheith mí-ámharach ó
thaobh shláinte na teanga de. Ar a laghad ar bith, ba cheart gan a
chuimhne a ligint i ndearmad ina chúige dúchais.

AGUISÍN I

LS OÉG, DE HÍDE 67, LCH. 44

Léiríonn an nóta seo a leanas ina pheannaireacht féin cuid de chomharthaí
sóirt na Gaeilge, ó thaobh litrithe, gramadaí agus canúna de, a scríobh
Seoirse Mac Giolla an Chloig.

Aois m'athar 's mo mhathar, Mícheal Joe Bell
agus Nainsidh Bhétidh Bhréanach

Aois ar d-Tíghearna réir mar deir na úghdair,
Cuirím sías é ameul a chéil go dubhrachdach
Míle, seacht gceud 's caogad go beacht,
Tríochad 'na dhiaigh 's cuig ann uchd:
An naomhadh mí don bhliaghain deigheana,
'San naomhadh-lá-fithchiod dón mhí ceadna,
A rugadh m-Athair a gcriachaibh bréagh Eirinn,
[29.09.1785–]
Comhair thú féin é, mar is féidir a dhéanamh.
D'éug sé an ceathramhadh lá déag dó mhí Méadhon
Samhraidh,
Míle, ochd g-ceud, dhá fithchiod 'san seacht gó áirighthe,
[–14.06.1847]

'S d'éug mó mhathair naoi lá 'na dhiaigh sín,
Deith m-bliaghain dí-b'óige na mar bhí ésean,
[1795–23.06.1847]

Do chaith siad a saogal gó cáoin, cóir, a measg a ndhaoine.

A g-chara, 'sa g-chomharsana, gó húile anna d-tiompoll; Cuír túise beannacht lé n-a n-anam, go bhfaigh siad aoibhinos A n-glóir shíoruidhe, a bhflaithios an Día-Mhíc. Amen. Sgríobhtha le mise, a mac, Seoirse Mac Ghiolla an Chloig as an m-Bó-Bhaile-Bhéag, a m-baile Chlair-Chlanna-Mhúirris, a Contae Mháigheó, a n-Eirinn.
An fichmheadh lá dó mhí na Béaltaine. MDCCCXCII.
[20.05.1892]

LEAGAN DEN TÉACS CÉANNA I LITRIÚ CAIGHDEÁNACH

Aois m'athar 's mo mhathar, Mícheal Joe Bell
agus Neainsí Bheití Bhreathnach

Aois ár dTíarna de réir mar deir na húdair,
Cuirím síos é i mbéal a chéile go dúthrachtach
Míle, seacht gcéad is caoga go beacht,
Tríocha ina dhiaidh is cúig ina ucht:
An naoú mí den bhliain dhéanach,
Is an naoú lá fichead den mhí chéanna,
A rugadh m'athair i gcríocha breátha Éireann,
[29.09.1785–]
Comhair tú féin é, mar is féidir a dhéanamh.
D'éag sé an ceathrú lá déag de mhí Mheáin Samhraidh,
Míle, ocht gcéad, daichead is a seacht go háirithe,
[–14.06.1847]
Is d'éag mo mháthair naoi lá ina dhiaidh sín,
Deich mbliana ní b'óige ná mar a bhí seisean;
[1795–23.06.1847]
Do chaith siad a saol go caoin, cóir, i measc a ndaoine,
A gcairde is a gcomharsana go huile ina dtimpeall;
Cuir tusa beannacht lena n-anam, go bhfaighidh siad aoibhneas

I nglóir shíoraí, i bhflaitheas an Dia-Mhic. Amen.
Scríofa liomsa, a mac, Seoirse Mac Ghiolla an Chloig
as an mBuaile Bheag, i mbaile Chlár Chlainne Mhuiris,
i gContae Mhaigh Eo, in Éirinn.
An fichiú lá de mhí na Bealtaine. MDCCCXCII.
[20.05.1892]

AGUISÍN II

DÁTAÍ ÉAGSÚLA I LS 67

Lch 43: 30th April 1870; 20th Dec. 1870

 44: An fichmheadh lá dó mhí na Béaltaine.
 MDCCCXCII [=1892]
 55: 28th April 1870
 83: 22^{ond} April 1870
 85: 28 April 1870
 88: 3 Aug. 1870
 105: 11 April 1870
 127: 13 April 1870
 145: 24 April 1870
 163: 15th April 1870
 187: 24th April 1870
 217: 28th April 1870
 228: 27 August 1870
 237: 30 August 1870
 356: An naomhadh lá do mí na Beal-teíne
 MDCCCLXXIII, no 1873
 405: An deachmhadh lá do mhí na Beultuínne
 MDCCCLXXIII
 409: 10 Beultuinne 1873
 411: 12 Beultuinne 1873
 414. An 31 do mhí an Fhóbhair 1878
 514: Nuadh Eabhrac, mí na Béilteine 1885.

AGUISÍN III

AN LEAGAN DEN DÁN 'MISE RAIFTEARAÍ' ATÁ AG MAC GIOLLA AN CHLOIG, LS OÉG, DE HÍDE 67, LCH 403

Air fhiarrthuigh de dhuine a láthair Raibhtrighe, Cé shé an ceoltóir?, d'fhreagair sé é mar seo:

Mise Raibhtrighe an file, lán dóchuis 's grádh,
le súile gan solus, ciuinis gan cradh;
dul síos air m'aistir le solus mo chroidhe,
fann agus tuirseach go deire mo shlighe.
Tá me anois le m'aghaidh air bhalladh,
'seinm cheoil do phócaidhe follamh.

G.W. Bell.[16]

NÓTAÍ

[1] Ar an léarscáil a rinne sé féin, 'Cairt na hÉirenn', agus i Ls Choláiste Cholmáin, i gClár Chlainne Mhuiris (CC), 1, 227 (féach thíos).

[2] I nótaí éagsúla i Lsí Gaeilge OÉG de Híde 67 a thugtar an t-eolas sin.

[3] I nóta ar an léarscáil, 'Cairt na hÉirenn'.

[4] Beirt darbh ainm Ephraim agus George Anderson a bhí ina gcónaí i mbaile fearainn Boleybeg – .i. an Bhuaile Bheag – ag an am sin, Griffith, 78.

[5] Tá cuntas ar an sloinne in Bell (1988), 15, áit a dtugtar this mainly Scottish surname air; deirtear faoi gur tháinig sé go hÉirinn ar dtús leis na Normannaigh, ach gur tháinig slua mór den sloinne anseo aimsir Phlandáil Uladh. Luaitear gur shíolraigh roinnt daoine den sloinne ó dhuine le hainm Francach, Gilbert le fitz Bel, ach freisin gur féidir leis an sloinne a bheith ina leagan Béarlaithe den sloinne Mac Ghille Mhaoil ó iarthar na hAlban.

[6] Is í an tagairt is luaithe dár aimsíos don logainm seo an ceann atá – mar 'Bellfield' – ar léarscáil William Bald de Chontae Mhaigh Eo (c.1812).

[7] Féach P.J.K. (1997), 17. Is é seo an cuntas is faide ar Sheoirse Mac Giolla an Chloig dár cuireadh i gcló go dtí seo. Tá gearrchuntas ar Sheoirse le fail freisin in Ó Muraíle (1985), 80-1.

8 Tá cuntas gearr ar shaothar Mhic Giolla an Chloig san alt sin, lgh. 79-80.

9 Ní miste a lua, áfach, go bhfuil anailís déanta ag Mac Dara Ó Colchúin (1979), 43, 74-7, ar 'Mise Raifteirí', agus go soláthraíonn sé fianaise go mb'fhéidir nach ó fhoinse chlóbhuailte a fuair Mac Giolla an Chloig an leagan atá aigesean. Féach Aguisín 3, thíos, agus cuir an téacs ansin i gcomparáid leis an leagan atá i gcló in de Híde (1933), 26.

10 Tá cur síos ar Ó hOisín in Mahon (1996), 639-40; maidir le Mag Fhloinn, tá nóta gearr faoi san alt céanna (lgh 631-2). Féach freisin Breathnach agus Ní Mhurchú (1992), 53-4.

11 De Híde (1933), 56, 126, 128nn, 130n, 184, 187-9nn, 226, 235n, 236, 238n, 252n, 362 & n, 364-6nn. Athchló ar théacs Gaeilge an leabhair *Abhráin atá Leagtha ar an Reachtabhrach* (1903) atá i lgh 9-166 de leabhar 1933.

12 Is é a bhí sa *Tuam News* páipéar áitiúil a raibh Seán Mag Fhloinn ina eagarthóir air, a fuair beannacht ón Ardeaspag Seán Mac Héil agus arbh é an t-aon pháipéar nuachta in Éirinn é ag an am ina mbíodh colúin agus ailt rialta i nGaeilge. Maidir le *An Gaodhal*, féach an leabhar suimiúil le hUí Fhlannagáin (1990).

13 Deir an scríobhaí faoin áit seo, Cnoc an Liagáin, i nóta a bhreac sé sa saothar eile ar a dtugaim Ls CC 2 (Áit-Chunntas air Éire): 'the ancestral home of my family.'

14 Tá clár le fáil freisin in Ó Colchúin (1979), 16-57.

15 Féach *ibid.*, 58-62, mar a bhfuil gearrchuntas ar na saothair chéanna le linn dóibh a bheith i seilbh ghaolta Sheoirse, Máire agus Sailí Ní Bhraonáin.

16 Cuir i gcomparáid leis sin an leagan den dán céanna in de Híde (1933), 26:

> Mise Raifteri an file,
> Lán dóchais agus grádh',
> Le súilibh gan solus
> Le ciúineas gan chrádh.
>
> Dul siar ar m'aistear
> Le solus mo chroidhe,
> Fann agus tuirseach
> Go deireadh mo shlighe.
>
> Féach anois mé
> Agus m'aghaidh ar bhalla
> Ag seinm ceóil
> Do phócaibh falamh'.

Leabharliosta

Bell 1988: R. Bell, *The Book of Ulster Surnames*, Belfast.

Breathnach agus Ní Mhurchú 1992: D. Breathnach agus M. Ní Mhurchú, eag., *1882-1982 Beathaisnéis a Trí*, Baile Átha Cliath.

Breathnach agus Ní Mhurchú 1994: D. Breathnach agus M. Ní Mhurchú, eag., *1882-1982 Beathaisnéis a Ceathair*, Baile Átha Cliath.

de Bhaldraithe 1955: T. de Bhaldraithe, 'Mise Raifterí', *Éigse* 8, 21-9.

de Brún 1972: P. de Brún, *Catalogue of Irish Manuscripts in King's Inns Library, Dublin*, Dublin.

de Híde 1906: D. Hyde (An Craoibhín Aoibhinn), *Abhráin Diadha Chúige Connacht*, I-II, London.

de Híde 1933: D. de h-Íde, *Abhráin agus Dánta an Reachtabhraigh*, Baile Átha Cliath.

Dillon *et al.* 1969: M. Dillon, C. Mooney agus P. de Brún, *Catalogue of Irish Manuscripts in the Franciscan Library, Killiney*, Dublin.

Griffith 1856: Sir R. Griffith, *General Valuation of Ireland*, Union of Claremorris, Dublin.

Mahon 1996: W. Mahon, 'Scríobhaithe lámhscríbhinní Gaeilge i nGaillimh', in G. Moran agus R. Gillespie, eag., *Galway: History and Society*, Dublin,, 623-50.

Nicholls 1980: K. W. Nicholls, eag., 'The Lynch Blosse Papers', *Analecta Hibernica* 29, 113-218.

Ó Coigligh 1987: C. Ó Coigligh, *Raiftearaí: Amhráin agus Dánta*.

Ó Colchúin 1979: M. Ó Colchúin, 'George Bell agus a chuid lámhscríbhinní'. Miontráchtas don chéim MA, Meán Fómhair, 1979, Ollscoil na hÉireann, Maigh Nuad.

Ó Macháin agus Ní Shéaghdha 1996: P. Ó Macháin agus N. Ní Shéaghdha, eag., *Catalogue of Irish Manuscripts in the National Library of Ireland*, Fasc. XIII, Dublin.

Ó Muraíle 1985: N. Ó Muraíle, *Mayo Places: Their Names and Origins*, Dublin.

Ó Muraíle 2004: N. Ó Muraíle, 'Athchuairt ar lámhscríbhinní Chonnacht', in *Oidhreacht na Lámhscríbhinní: Léachtaí Cholm Cille* 34, 28-104.

P.J.K. 1997: J. Keane, 'George William Bell, 1816–1896', *Crosboyne, The Parish Magazine*, 2, 17.

Simington 1956: R. C. Simington, *Books of Survey and Distribution, 1636-1703*, II. Co. Mayo, Dublin.

Uí Fhlannagáin 1990: F. Uí Fhlannagáin, *Mícheál Ó Lócháin agus An Gaodhal*, Baile Átha Cliath.

an t-athair peadar

an 'aigne ghaelach' agus 'caint na ndaoine'

CAITRÍONA Ó TORNA

Is éard a bheidh san alt seo staidéar ar dhá réimse faoi leith d'fhealsúnacht an Athar Peadar Ó Laoghaire, mar atá, an 'aigne Ghaelach' agus 'caint na ndaoine'. Meabhraítear an tAthair Peadar dúinn aon uair a luaitear feachtas chaint na ndaoine i rith bhlianta na hAthbheochana, ach creidim féin go bhfaighimid léargas breise agus tuiscint níos fearr ar an spreagadh a bhí ag an Athair Peadar i leith an fheachtais seo ach an chloch mhór eile sin ar a phaidrín, an 'aigne Ghaelach', a chíoradh.

Is chun an 'aigne Ghaelach' a mhúnlú an athuair in Éirinn a thug an tAthair Peadar faoi chaint na ndaoine a chur chun tosaigh, seachas caighdeán liteartha a bhí bunaithe ar Ghaeilge Chéitinn nó ar chaighdeán éigin eile. Cad é go díreach a thuig an tAthair Peadar leis an 'aigne Ghaelach' seo? Go bunúsach, ba í an 'aigne Ghaelach' an bealach smaointeoireachta, an modh coincheapaithe agus cumarsáide, ba dhual do na Gaeil. Chaoin an tAthair Peadar imeacht an chultúir dhúchais agus luachanna an chultúir sin, na luachanna a tharraing baill na sochaí isteach i dtreo an láir agus a rinne sochaí nó pobal díobh.

Dar leis go raibh cultúr dúchasach mhuintir na hÉireann, an modh smaointeoireachta agus maireachtála ar a dtugadh sé an 'aigne Ghaelach', imithe i léig agus nach mór caillte faoi dheireadh an naoú haois déag. Thug sé faoi deara nach raibh an modh maireachtála seo forleathan i measc lucht an Bhéarla – sa Ghalltacht ná san iarGhaeltacht – agus thuig sé dá réir sin gurbh í an Ghaeilge féin a chuir ar dhaoine iompar de chineál áirithe a chleachtadh. Ba sa Ghaeilge amháin a bhí an 'aigne Ghaelach' seo le fáil, dar leis. Dá gcaillfí an Ghaeilge agus lucht a labhartha ó dhúchas, go háirithe, bheadh deireadh leis an 'aigne Ghaelach'. Ba thrua mór leis go raibh umhlaíocht agus diagacht na nGael imithe i laghad – agus b'ar Ghaeil, is é sin, pobal labhartha na Gaeilge, a bhíodh sé ag trácht.

De bhrí gur chreid an tAthair Peadar gur trí mheán na Gaeilge amháin ab fhéidir teacht ar an 'aigne Ghaelach', chuir sé roimhe an teanga a athbheochan mar mheán cumarsáide. An aidhm a bhí aige sa tseift seo muintir na hÉireann a mhealladh an athuair chuig an mbealach smaointeoireachta a bhí á chailliúint ag na Gaeil, agus a bhí caillte ar fad acu siúd nach raibh an Ghaeilge ón gcliabhán acu. Shíl an tAthair Peadar gurbh í caint na ndaoine ba chóir a bheith mar bhunús do theagasc agus do nualitríocht na Gaeilge. Chreid sé chomh maith, dá mbunófaí caighdeán na teanga ar leagan éigin di nach raibh beo, nach bhféadfaí na heilimintí luachmhara eile dá cuid – an cultúr a mhair sa teanga – a shlánú. Níorbh é féin a cheap an coincheap seo, ar ndóigh, agus tá rian fhealsúnacht leithéidí Herder agus Fichte ar na tuairimí go bhfuil dlúthbhaint ag teanga dúchais agus cultúr agus náisiún lena chéile.

Maidir le bunús agus forás na 'haigne Gaelaí' seo, tá léargas le fáil ar thuiscint an Athar Peadar air sin i sraith aistí dá chuid a foilsíodh in *Timthire Chroidhe Naomhtha Íosa* in imeacht 1911 agus 1912. Mhaígh sé sna hailt seo gur léirigh Dia cion faoi leith ar na Gaeil nuair a lonnaigh sé Pádraig Naofa agus na naoimh eile ina measc. As an léiriú seo ar ghrá Dé a d'éirigh spioradáltacht dhaingean na nGael, dar leis an Athair Peadar. Mar chruthúnas ar dhoimhne a spioradáltachta agus ar shainiúlacht a gcultúir, luaigh an tAthair Peadar iompar na nGael agus iad faoi bhagairt ar bhonn creidimh ón séú haois déag i leith. In ainneoin na géarleanúna seo, níor thréig na Gaeil a gcreideamh, cé gur fágadh beo bocht gan talamh gan mhaoin iad mar thoradh air seo (Ó Laoghaire 1911, 3-4). Bhronn creideamh na nGael tuiscint ar leith ar an tsíoraíocht orthu agus 'Do tháinig as san go léir, do Ghaedhealaibh Éirean, béas áirighthe aigne, an béas aigne a dheinean neamhnídh de'n tsaoghal so seachas an saoghal eile' (Ó Laoghaire 1912, 6).

Ní hamháin go raibh tuiscint shainiúil ag 'Gaedhealaibh Éirean' ar an saol agus ar an tsíoraíocht, ach ba phobal iad a raibh leibhéal spioradáltachta ar leith bainte amach acu – i gcodarsnacht, is dócha, le pobal labhartha an Bhéarla amháin. Spioradáltacht seo na ndaoine ba bhunús leis an 'mbéas áirithe aigne,' an 'aigne Ghaelach' sin, nár éirigh leis an ngéarleanúint a dhíbirt. Scrios cultúrtha nár baineadh amach leis an ngéarleanúint sin, áfach, d'éirigh leis an gcóras oideachais a chur i gcrích faoi dheireadh an naoú haois déag. Cás ab ea é seo a bhíodh ag dó na geirbe ag an Athair Peadar. In alt dá chuid dar teideal 'Sgoil gan Sgoluigheacht', a foilsíodh ina cholún rialta sa *Leader* (agus a athfhoilsíodh i ndiaidh a bháis i gcnuasach dar teideal *Cómhairle ár Leasa*), bhí cur síos aige ar an athrú mór a bhí tagtha ar iompar na leanaí ó bunaíodh na scoileanna náisiúnta seasca bliain roimhe sin:

> I n-inead sgata de bhuachaillíbh agus de chailíníbh a
> bheadh géarchúiseach, tuisgionach, deagh-labhartha
> deagh-eóluis, múinte, béasach, d'fheisgint ag eirighe
> suas 'n-a dtímpal, chonacadar paca de dhallachánaibh
> ná raibh aon fhocal Gaedhluinne acu agus ná raibh
> acu ach drabhuíol Béarla a chuirfadh náire ar dhuine
> (Ó Laoghaire g.d., 22).

B'olc agus ba thromchúiseach, dar leis, an tionchar a bhíodh ag an scolaíocht náisiúnta ar na leanaí. Léiríodh sé an dearg-ghráin a bhí aige ar an gcóras oideachais sna comhráití a chumadh sé idir an dá charachtar 'Donchadh' agus 'Tadhg' a d'fheictí go rialta ina cholún. Is léiriú an méid seo a leanas ar dhearcadh Thaidhg:

> Téidhean an leanbh ar sgoil chómh luath agus bhíon
> sí ábalta ar shiubhal. Is é céad rud a mhúinean an sgoil
> do'n leanbh 'ná droch-mheas ar a h-athair agus ar a
> máthair. Ní deirtear leis an leanbh, lom díreach, gur
> ceart di droch-mheas a bheith aici ar a hathair agus ar
> a máthair, ach cuirtear 'n-a luighe ar aigne an leinbh,
> go daingean, gur daoine dalla a h-athair agus a
> máthair, toisg gan tabhairt suas Béarla bheith ortha
> (Ó Laoghaire g.d., 59).

Tionchar ón iasacht a bhí á imirt ar aigne na leanaí, mar sin, rud a chuir isteach ar na gnáthphatrúin dúchasacha smaointeoireachta. Is é toradh an tionchair seo 'galántacht' i measc an aosa óig – náire agus drochmheas ar an dúchas – ábhar a bhíodh ina chúis imní agus cáinte ag an Athair Peadar. Chuir sé síos ar thionchar na galántachta seo ar an gcaoi seo a leanas:

> Tagan fuath agus droch-mheas acu go léir ar an seana thigh, agus ar an seana líntighe, agus ar an seana thínteán, agus ar an seana úrlár. [...] Leathan an t-olc. An dúil i ngalántacht nách féidir fhághail, tugan sé droch-mheas do'n líntighe ar a chéile. Tugan sé droch-mheas do mhuinntir an bhaile ar an mbaile. Tugan sé droch-mheas do mhuinntir na paróiste ar an bparóiste. Agus fé dheire thiar thall, tugan sé droch-mheas do mhuinntir na hÉireann ar Éirinn (Ó Laoghaire g.d., 166).

Ba iad na scoileanna ba chúis leis an drochstaid seo, gan amhras ar bith:

> [...] sgoileana gan sgoluigheacht; múine gan meabhrú; glór gan éifeacht; léighean agus gan ann ach fuaim focal; leabhair agus gan ionta dhúinn ach páipéur breac; cainnt agus gan inti dhúinn ach mar bheadh cainnt na ngéanna (Ó Laoghaire g.d., 14).

D'éirigh leis na scoileanna gallda, mar sin, aigne na leanaí a mhúnlú agus a iompú in aghaidh a dtraidisiúin féin. Feictear an ghéire chéanna seo i leith an chórais oideachais i scríbhinní agus i ngníomhartha Phádraig Mhic Phiarais. Ní mór gur imir rachtanna seo an Athar Peadar tionchar ar an bPiarsach agus ar a thuairimí i leith an *Murder Machine*, a theideal féin ar an gcóras oideachais gallda ar chuir sé ina choinne go teoiriciúil agus go praiticiúil le bunú Scoil Éanna i mblianta tosaigh an fichiú haois.

D'airigh an tAthair Peadar codarsnacht shuntasach idir Éire a óige féin agus an tír i dtús an fichiú haois. In ainneoin na bochtaineachta agus na neamhlitearthachta, bhain géarchúis aigne le Gaeil a óige, dar leis:

> Bhí an Ghaeluinn acu go h-áluinn, agus an t-é go mbíon sí sin go maith aige tugan sí éirim aigne dhó a bhainean léi féin, agus an t-é go mbeidh an éirim aigne sin aige labharfidh sé go maith agus go bríoghmhar, pé teanga 'n-a labharfidh sé. [...] Na daoine óga so atá fásta suas againn anois ar fuid na h-Éireann agus gan aon fhocal Gaeluinne 'n-a mbeul, níl aon leus machtnaimh 'n-a n-aigne. Tá a n-aigne 'n-a codla, 'n-a codla go sámh. [...] Is baoghal liom nách 'n-a codladh atá an aigne acu ach gur b'amhlaidh nár fhás sí riamh chucha. Táid siad gan aigne gan éirim agus níl fios a n-easnaimh acu. Táid siad díreach mar a bhíonn an lethamadán, fios a mháchaile ag gach aoinne agus gan aon phioc d'á fhios aige féin.(Ó Laoghaire g.d., 114-5).

D'fhonn an éirim aigne sin a mhúnlú an athuair, mhaíodh an tAthair Peadar gur ghá an córas oideachais a athrú ó bhonn agus an Ghaeilge a chur i mbéal an phobail arís. Ar ndóigh, tá an méid seo ar aon dul le ráitis phoiblí Dhubhghlais de hÍde agus Eoin Mhic Néill faoin ngá a bhí le díghalldú na tíre, an prionsabal agus an riachtanas ar ar bunaíodh Conradh na Gaeilge in 1893 (Ó Conaire 1986, 153-70).

Bhí baint ag an Athair Peadar le Conradh na Gaeilge ón uair a bunaíodh é agus baint éigin aige le Cumann Buan-Choimeádta na Gaeilge roimhe sin chomh maith (Ó Súilleabháin 1998, 327). Toghadh é ar Choiste Gnó an Chonartha ag comhdháil na bliana 1899 (cé gur éirigh sé as oifig seacht mí dár gcionn) agus bhí sé ina Leas-Uachtarán ó 1900 go 1908. Ba mhinic é ag easaontú, ina ainneoin sin, le cur chuige an Chonartha. Bhí tuairimí láidre dochta ag an Athair Peadar faoi threo ghluaiseacht na Gaeilge agus ní fhanadh sé ina thost nuair nach raibh an Conradh ag díriú ar na réimsí ba thábhachtaí, dar leis. Le ceannasaíocht Bhaile Átha Cliath a bhíodh sé míshásta den chuid is mó i ngeall ar chúrsaí caighdeánaithe agus eagarthóireachta ach go háirithe (Ó Súilleabháin 1998, 335). De bhrí gur ghá, de réir thuiscint an Athar Peadar, filleadh ar chaint na ngnáthdhaoine chun teacht ar an 'aigne Ghaelach' seo, chuireadh sé go tréan i gcoinne iarrachtaí chun caighdeán liteartha a fhorbairt. Ba é a bharúil go raibh athbheochanóirí Bhaile Átha Cliath ar son an chaighdeáin liteartha, toisc nár mhaith leo aon bhaint a bheith acu le muintir na tuaithe a raibh an Ghaeilge fós mar theanga phobail acu. Chuir sé a chuid carachtar, Tadhg agus Donchadh, ag comhrá faoin gceist áirithe seo. Sa sliocht seo a leanas, is iad atá ag trácht ar luach an chainteora ó dhúchas don té a bhí ag foghlaim na Gaeilge agus a luachmhaire a bhí sé do lucht foghlama tréimhsí a chaitheamh i gcomhluadar na gcainteoirí dúchais:

> *Donchadh:* Cad é an chúis go bhfuil sé chomh deacair a chur isteach 'na gceann do mhuíntir B'l'ath Cliath go bhfuil san fíor?
> *Tadhg:* Ní fheadar an tsaoghal, a Dhonchadh, murab é an seana sgéal i gcómhnuidhe é, 'sé sin go bhfuil scorn ortha aon bhaint i n-aon chor a bheith acu le caint na ndaoíne, mar 'dh eadh go bhfuil caint na ndaoíne brúite síos sa lathaigh agus gur dóich leis na sgoláiríbh nách fiú an chaint sin í thógaint as an lathaigh. Dhéanfadh Gaeluinn Chéitinn an gnó dhóibh, nú aon tsaghas Gaeluinne ná beadh le fághail ach i leabhar éigin; ach caint na ndaoíne, an chaint atá fé n-a gcosaibh sa lathaigh, preit! ní dhéanfadh sí sin an gnó i n-aon chor! (Ó Laoghaire 1904, 13).

Is léir ón méid sin barúil an Athar Peadar faoi Ghaeilge Chéitinn agus Gaeilge na leabhar a bheith ina mbunús do chaighdeán teagaisc agus liteartha na Nua-Ghaeilge. 'Caint na ndaoíne' a d'fheilfeadh i bhfad Éireann níos fearr, dar leis féin, ainneoin ardnósmhaireacht Ghaeilgeoirí Bhaile Átha Cliath.

Tá sé ríthábhachtach, áfach, go meabhróimis nár theastaigh ón Athair Peadar go mbunófaí nualitríocht na Gaeilge go díreach ar ábhair cainte na ndaoine, ar 'phrátaí agus poitín'. Thuig sé nach raibh an t-ábhar cainte seo feiliúnach ar fad don saol nua-aoiseach. Mar sin féin, de bhrí gurbh í Gaeilge mhuintir na tuaithe meán na 'haigne Gaelaí', bhí sé riachtanach go mbunófaí nualitríocht na Gaeilge ar an urlabhra sin. Theastaigh uaidh go n-úsáidfí foclóir agus struchtúr chaint na ndaoine, ach thuig sé gur ghá forbairt a dhéanamh ar úsáid na teanga chun í a chur in oiriúint don domhan nua-aoiseach. Béarlachas agus bréagchanúint lucht na gramadaí a bheadh in aon leagan eile den Ghaeilge, dar leis.

Ba nós leis an Athair Peadar a mholadh don té a thabharfadh faoin nGaeilge a scríobh a bheith dílis do chaint na ndaoine ó thaobh struchtúr na n-abairtí, na gramadaí agus nathanna cainte de. Níorbh ionann Gaeilge chaighdeánaithe agus an fhíortheanga in aon chor don Athair Peadar: *The man who 'avoids provincialisms' simply avoids the language. Hence what he writes is not Irish of any description* (Ó Laoghaire 1902, 16).

Rinne an tAthair Peadar iarracht a chur ar a súile do lucht foghlama na Gaeilge gur bhain modh inste iomlán éagsúil leis an teanga nárbh ionann agus an Béarla. Buntáiste a bhí ag pobal na Gaeilge, dar leis, go raibh meán cumarsáide díreach soiléir acu mar thoradh ar stair thubaisteach an phobail sin le trí chéad bliain anuas:

> The living Irish speech of to-day has passed through the same centuries flowing in the *single* channel. It has had no accompanying literature during those centuries. It has developed as a spoken language, and as such alone, during those centuries. Its present characteristics must, therefore, be different from what they would be if a literature had grown side by side

with the spoken speech during the time. [...] That state of things has had, for Irish speakers at all events, one single good result. It has kept the speech close to nature and kept it strong and accurate. The thoughts are clear and well defined, and the words express them with rigid exactness. It is now the bounden duty of those who write Irish to write exactly the thing which exists (Ó Laoghaire 1902, 27).

I gcodarsnacht leis an nGaeilge úr shoiléir seo, b'ídithe an meán é an Béarla faoin tráth sin, dar leis:

The English of the present age is essentially weak. It is worn out. English writers of this age, in order to appear original, have to become quaint, or, what some of them find easier, they have to become vague. The paths of plain common-sense are so beaten that it is impossible to do anything original upon them (Ó Laoghaire 1902, 5).

Modh inste díreach a bhí ag an nGaeilge, mar sin, a bhí tráthúil don litríocht nua-aimseartha. D'admhaigh an tAthair Peadar, áfach, nár bhunús don litríocht iad smaointe mhuintir na tuaithe, pobal nach raibh oideachas ná oiliúint intleachtúil ag roinnt leo. Is éard a dúirt sé i dtaobh an ábhair seo:

Of course those Irish speakers themselves are not able to write Irish prose. Their minds are not educated. They have the words and the constructions, but they have not the thoughts. And whatever thoughts they have, they do not know how to analyse nor how to arrange them, nor how to make them flow and lead on to some ultimate purpose. But the speech itself, which comes out of their mouths, is eminently capable of being used for the most subtle and discursive operations of a mind which *has* been educated (Ó Laoghaire 1902, 8-9).

Ba ghá, mar sin, teacht ar bhealach éigin chun tuairimí agus coincheapa nua-aimseartha a nochtadh i nGaeilge, ach comhréir agus foclóir leathan na ndaoine a úsáid chuige sin. Léiriú maith ar an bpróiseas seo is ea tuairimí an Athar Peadar ar chúrsaí aistriúcháin. Thug sé mar threoir don duine a thabharfadh faoi théacs a aistriú go Gaeilge go rachfaí i ngleic leis an mbunsmaoineamh, ach nach focal ar fhocal a d'aistreofaí sliocht ar bith. B'fhearr i bhfad cuimhneamh ar an mbunsmaoineamh a chur in iúl faoi mar a déarfadh an cainteoir dúchais Gaeilge é, dá mbeadh smaoineamh dá leithéid ina cheann aige:

> We must *not* translate the English *language*. We must bring with us all that is good and wholesome in the *thoughts*, taking care to leave the *words* behind. When we have made the thoughts our own we must go to our model, the native Irish speaker, and express those thoughts in Irish, exactly as that Irish speaker would express them if they were his own thoughts. The result of that operation, if it is well performed, will have a fair claim to be called Irish literature (Ó Laoghaire 1902, 20).

De bhrí gur bhain comhréir agus gontacht leis an nGaeilge, níorbh fholáir leagan amach eile ar fad a chur ar shliocht a bhí le haistriú ó Bhéarla go Gaeilge, an t-eolas nó an scéal a mhíniú ar bhealach eile agus, gach seans, farasbarr focal a fhágáil ar lár. Tá tuairimí an Athar Peadar faoi seo agus faoi chaighdeán litríocht an Bhéarla le sonrú ar an méid seo a leanas:

> If you wish to turn an English story into an Irish story you must recast it. You must brush out of it all this

namby-pamby phraseology, whose sole purpose is to
feed affection. [...] You must discard the order
which affection has given to the incidents, and
place them in their natural order. Then you must tell
the story exactly as it would be told by a native Irish
speaker to an audience of native Irish speakers (Ó
Laoghaire 1902, 31).

Léiriú is ea é seo ar an mbunús a bhí le mana an Athar Peadar, caint
na ndaoine, agus nach rómánsachas agus súil chumhach siar a bhíodh
ar bun aige. Cé nár shíl an tAthair Peadar go raibh smaointe mhuintir
na tuaithe go hiomlán feiliúnach don nualitríocht, níorbh fholáir an
teanga mar a labhraíodar í a úsáid mar bhunús don litríocht sin. Mar
sin féin, ba thábhachtaí an teanga labhartha dó ná an nualitríocht –
cad ab fhiú litríocht gan teanga bheo? *The language must be fostered and
cultivated where its roots are still living in the soil. That is its only chance of
continued life* (Ó Laoghaire 1902, 10).

Ba mhó ná cion ar urlabhra na ndaoine amháin a ghríosaigh an
tAthair Peadar agus é ag troid ar son caint na ndaoine a úsáid mar
bhunús d'fheachtas na Gaeilge i dtús an fichiú haois. Ba í caint na
ndaoine an meán a chuirfeadh ar chumas mhuintir na hÉireann a
gcultúr dúchais a athghabháil agus a chothú, dar leis, rud a chinnteodh
nach mbeadh an lámh in uachtar ag an bpróiseas galldaithe. Sa chultúr
dúchais sin, san 'aigne Ghaelach', a bhí tréithe bunaidh na nGael ar
fáil, dar leis, mar aon le leibhéal spioradáltachta nach bhfeictí sna
ceantair sin nach raibh an Ghaeilge beo iontu. Níor leor an Ghaeilge
a chur chun cinn in Éirinn chun an 'aigne Ghaelach' a leathnú an
athuair. Ba ghá Gaeilge dhúchais na ndaoine a theagasc chun cultúr
dúchais na nGael a athbhunú in Éirinn, d'fhonn a chinntiú nach Béarla
trí mheán na Gaeilge a bheadh á labhairt feasta.

LEABHARLIOSTA

Ó Conaire 1986: B. Ó Conaire, eag., *Language, Lore and Lyrics: Essays and Lectures*, Dublin.

Ó Laoghaire 1902: P. Ó Laoghaire, *Irish Prose Composition: a series of articles including several upon the Irish autonomous verb*, Dublin.

Ó Laoghaire 1904: P. Ó Laoghaire, *Sgothbhualadh*, Baile Átha Cliath.

Ó Laoghaire 1911: P. Ó Laoghaire, 'Eagla Déi', *Timthire Chroidhe Naomhtha Íosa* 4-9; 25-31; 49-54; 74-81.

Ó Laoghaire 1912: P. Ó Laoghaire, 'Grádh Déi', *Timthire Chroidhe Naomhtha Íosa*, 2-8.

Ó Laoghaire g.d.: P. Ó Laoghaire, *Cómhairle ár Leasa*, Baile Átha Cliath.

Ó Súilleabháin 1998: D. Ó Súilleabháin, *Athbheochan na Gaeilge: Cnuasach Aistí*, Baile Átha Cliath.

an modh coinníollach neamhchoinníollach

dátaí agus smaointe i dtaobh mhodhanna briathartha na gaeilge

ARNDT WIGGER

Réamhrá

Bhí spéis mhór ag Máirtín Ó Briain i dtéacsanna ó ré dheiridh thraidisiún liteartha na Gaeilge, agus scil mhór aige á n-eagrú. Casadh ar a chéile muid nuair a bhí orm ábhar a eagrú a bhfuil cuma beagnach chomh seanaimseartha anois air agus a bhí ar na laoithe agus na finscéalta a raibh seisean ag plé leo. Pé scéal é, chuaigh muid i gcomhar le chéile, agus murach Máirtín, ní dóigh liom go gcríochnóinn an obair thrascríofa ar bhailiúchán Hans Hartmann (Wigger 2000). Bhí a fhios ag Máirtín cén luach agus cén tábhacht a bhain leis na téipeanna sin, agus go deimhin, chaith sé féin seal i Hamburg ar an obair sin ag tús na seachtóidí.

Sa pháipéar seo, ba mhaith liom cuid de thoradh na hoibre sin a chur i láthair na comhdhála, is é sin, ceist thábhachtach a bhaineas le mianach, nádúr agus úsáid na Gaeilge a chíoradh, agus fianaise ó chorpas Hartmann mar bhunsraith ar an staidéar. Beidh mé ag caint faoi aicmí gramadúla an bhriathair, agus cén coibhneas idir deilbh agus feidhm, a bheas i gceist nuair a bhreathnós muid ar an deighilt a dhéantar idir aimsir agus modh, agus ar limistéar an mhodha choinníollaigh go háirithe.

Is cinnte go bhfuil ceist seo an mhodha, agus an chaoi a bhfuil sé nasctha leis na haicmí, aimsir agus gné, faoi chaibidil go mór inniu féin, tar éis dhá mhíle go leith bliain i stair na gramadaí agus na fealsúnachta. Tá díospóireacht ar siúl i dtaobh mhórtheangacha na hEorpa féin, tar éis go bhfuil a gcuid struchtúr cíortha go maith, shílfeá. Tá ceisteanna nua á gcur arís agus arís eile, agus tá sé in am ag an nGaeilge a bheith páirteach sa díospóireacht seo.

Tá an méid seo le rá ag Suzanne Fleischman, a rinne staidéar tábhachtach ar ábhar comhghaolmhar:

... analysis of function should explain distribution of form ... the modal categories we operate with do not lead an autonomous existence in some abstract logical or semantic space; rather, they correspond to – indeed are determined by – (a) the formal distinctions made in particular languages, (b) documented pathways of language change, and (c) prominent cross-language patterns of form-function correlation (1995, 3).

Aontaím leis an bprionsabal seo, agus beidh mé ag iarraidh cloí le bunsraith dhaingean na deilbhíochta seachas teoiric righin loighiciúil a bhualadh ar na sonraí. Ní bheidh i gceist anseo ach (a) de réir an ráitis thuasluaite, agus beidh réimse na ndátaí cúng go maith sa mhéid nár scrúdaigh mé foinsí eile go mion seachas cuid de *Caint Chonamara* (Wigger 2000 = CC).

Deir Fleischman freisin:

As a cross-language category of grammar, irrealis constitutes a decidedly untidy can of worms, given the extent to which languages differ over what they classify as realis and what they classify as irrealis (1995, 522).

Beidh mé ag iarraidh a thaispeáint go bhfuil a socrú féin ag an nGaeilge sa deighilt seo, nó go deimhin, nach bhfuil tábhacht na deighilte seo le sonrú go soiléir má chuirtear na meáin ghramadaí i gcomórtas leis an úsáid a bhíos á baint astu. Beidh an chosúlacht mhór idir dhá shraith foirmeacha faoi chaibidil .i. modh coinníollach agus aimsir ghnáthchaite, agus an meascadh coitianta a bhíos eatarthu, agus scrúdófar an forás seo ó thaobh úsáide agus feidhme de. Ní gá dom a rá nach féidir, i bpáipéar gearr mar seo, cur síos cruinn a thabhairt ar na pointí teoirice bunúsacha a bhaineas leis an ábhar seo ach ar bhealach an-gharbh.

1. Modh agus Aimsir i nGramadach na Gaeilge

Tá muid cleachtaithe go maith le haicmí gramadúla an bhriathair, seachas pearsa, a bheith scartha go soiléir thar dhá chineál faoi leith .i. aimsir agus modh. Cuirtear lipéid ar na múnlaí deilbhíochta dá réir, aimsir (caite, láithreach, fáistineach) agus modh (táscach, foshuíteach, coinníollach, ordaitheach). Is léir gur córas gramadaíochta teibí, nó b'fhéidir fealsúnacht de chineál éigin, atá mar bhunús ag an téarmaíocht seo.

Is léir freisin go bhfuil lorg soiléir ghramadach na Laidine sa rangú seo; ach is leor a rá anseo nach bhfuil moirféim faoi leith ag seasamh amach do 'aimsir' ná do 'mhodh'; tá an struchtúr deilbhíochta ag seasamh leis féin, gan aon choibhneas soiléir leis na haicmí feidhmiúla sin.

Maidir le haimsir, deirtear go mbaineann an aicme seo leis an gcoibhneas ama atá idir am gnímh agus am cainte, nó go deimhin, am léargais, agus is iondúil go nglactar leis sin mar choibhneas oibiachtúil. Ina aghaidh sin, ceaptar gur cáilíocht shuibiachtúil atá á cur in iúl trí aicmí modha .i. dearcadh an chainteora i dtaobh fianaise, fírinne, nó go deimhin, tréithe a bhaineas leis an gciall phraiticiúil. Níl spás ar bith sa deighilt seo idir aimsir agus modh don aicme eile sin a dtugtar 'gné' air, mar níor tugadh aitheantas di sa leagan clasaiceach de theoiric na gramadaí, cé go bhfuil sé de nós againn roinnt foirmeacha a rangú mar ghné seachas aimsir. Déarfaí freisin gur gné atá san aimsir ghnáthchaite (agus gnáthláithreach), cé go gcumtar iad le deirí speisialta, agus ní le leaganacha scartha, mar is gnáth le gnéithe gramadúla bhriathair na Gaeilge. Beidh mé ag cur síos ar ball ar an gceist seo a bhaineas leis an aimsir ghnáthchaite, i gcomhthéacs mhodhanna an bhriathair, agus is í an cheist is mó a bheas á plé ná nádúr na bhfoirmeacha sin ó thaobh aimsire de, go háirithe i gcomórtas leis an modh coinníollach.

Seasann an modh coinníollach (MC) amach i measc modhanna eile i dtaobh minicíochta agus seasmhachta. Ó thaobh an struchtúir dheilbhíochta de, caithfear na foirmeacha sin a mhiondealú mar chomhnascadh idir aimsir fháistineach agus aimsir ghnáthchaite (GC). Ó thaobh feidhme de, is aisteach an chaoi a ndéantar modh as dhá aimsir. Ach tá an miondealú sin ceart, gan amhras; is iad na lipéid aimsir agus modh a bhféadfadh amhras a bheith ag roinnt leo.[1]

Tá an deighilt idir an MC agus ceann de na foirmeacha a bhfuil sé bunaithe air, an GC, míshoiléir go maith de bharr próiséis neodraithe atá bunaithe sa struchtúr fóineolaíochta: má chríochnaíonn an fhréamh le consan díghlórach, ní féidir an dá fhoirm a scaradh óna chéile, ach amháin sa scríbhinn. Is mar a chéile an scéal beagnach i bhfréamhacha a chríochnaíos le sondach (ach amháin i gcanúintí a scaras sondacha díghlóracha ó na gnáthchinn ghlóracha) (Ó Siadhail agus Wigger 1975, 113). Tá foirmeacha ar nós *ní stop[ʃ]adh sé, an dtit[ʃ]eadh sí, ní bhac[ʃ]ainn leis, bhain[ʃ]eadh sibh, chuir[ʃ]inn as é* neodraithe ar an gcaoi sin, mar d'fhéadfadh MC nó GC, nó go deimhin, foshuíteach caite (FC) a bheith i gceist.

Dála an scéil, sin ceann de na deacrachtaí a bhaineas le trascríobh cainte: sa scríbhinn, caithfear a thaispeáint i gcónaí an coinníollach atá ann nó nach ea, cé nach gcloistear é. Shíl mé féin (Wigger 2004, xvi.; breathnaigh faoi 3. thíos) gur féidir i gcásanna mar sin, brath ar an gcomhthéacs .i. ar fheidhmeanna na bhfoirmeacha atá i gceist. Ach ní dóigh liom anois gur sásúil an réiteach é sin, mar ní léir céard é limistéar feidhmiúil an MC i gcomórtas le ranganna eile atá i ngar dó .i. GC agus, ar ndóigh, an foshuiteach caite (FC). Is fáinne fabhtach ceart atá ansin.

Cheapfaí nach bhfuil sa neodrú seo ach doiléireacht cainte a d'éireodh anois is arís, gan aon athrú ar an bpictiúr atá againn cheana féin. Ach chomh fada is atá minicíocht i gceist, ní hamhlaidh atá an scéal. Seo sampla as CC:

Trascríobh ó Loch Conaortha (LC), 150,000 focal (= 12.75 uair cainte), 7 gcainteoir

	Coinníollach	Gnáthchaite/ Fosh.Caite	Neodraithe	Iomlán
Líon teagmhas	2244	732	729	3705
%	60,5668	19,7571	19,6761	100

Taispeánann an coibhneas seo 3:1:1 go bhfuil líon na bhfoirmeacha GC (nó b'fhéidir FC) chomh mór le líon na bhfoirmeacha 'doiléir' .i. beagnach 20% i ngach cás. Tá minicíocht an mhodha choinníollaigh i bhfad níos airde, b'fhéidir suas le 75%, má shocraíonn muid gur coinníollach bunáite na bhfoirmeacha neodraithe. Ar ndóigh, tá an FC istigh leis an gcomhaireamh seo, mar is ionann na foirmeacha agus an GC. Ó thaobh feidhme de, tá sé i gcoimhlint leis an MC sa mhéid nach bhfaightear ach i gclásal fo-ordaithe áirithe é. Ach ar cheart sraith foirmeacha a bhunú sa ghramadach nach bhfuil cruth faoi leith acu ? Ní féidir leaganacha mar *dhá bhféadainn é, dhá dtagtá* 7rl. (in áit *dhá bhféadfainn é, dhá dtiocfá*) a chur faoin MC, mar bheadh díghlórú ann (agus fréamh eile freisin amanna). Bheadh drogall orainn freisin ag rá gur GC atá ansin – ach cén fáth ? Nach féidir gurb í an téarmaíocht atá ár gcur amú? Pé scéal é, teastaíonn léargas cruinn ar na feidhmeanna éagsúla atá ag na foirmeacha sin ar fad, agus b'fhéidir go n-éireodh pictiúr nua as an gceo atá anois ann.

2. Saintréithe Feidhmiúla an Choinníollaigh

Mar is léir ón gcur síos a fhaightear ar an MC go hiondúil,[2] agus go deimhin ón téarma coinníollach féin, cheapfá gurb í príomhfheidhm na foirme sin ná coinníoll de shaghas éigin a chur in iúl. Agus más nádúr an choinníll é fírinne ráitis eile a theorannú, nó go mbeadh an coinníoll féin fíor, ní fhéadfadh aon mhodh coinníollach a bheith ann gan coibhneas den sórt sin. Theastódh ráiteas eile i gcónaí i dtimpeallacht abairte a chuireas coinníoll in iúl le go bhféadfaí ciall a bhaint as an gcoinníoll sin. Tugadh aitheantas don choibhneas sin i dteoiric loighiciúil na gramadaí clasaicí nuair a cruthaíodh na téarmaí *protasis* agus *apodosis*. Is é an fochlásal coinníollach (*protasis*) mar sin a bheadh mar réimse nádúrtha don MC. Ina dhiaidh sin, ní chuirfeadh sé iontas orainn an MC céanna a fheiceáil sa phríomhchlásal (*apodosis*) freisin, comhréiteach modhúil a tháinig chun cinn i dteangacha go leor (e.g. Comrie 1986, 77-99).

Ach is dona a fheileas leagan amach den chineál sin don Ghaeilge, agus don MC go háirithe. Fadhb (1): tá dhá chineál fochlásail choinníollaigh ann, ceann le *dá* mar chónasc, agus ceann eile le *má*. Ní hiondúil go bhfaightear an MC, ná go deimhin an FC, ach sa chéad chineál, cé go dtugann an Cadhlach samplaí den MC i gclásail le *má*.[3] Maidir leis an difríocht idir an péire (*dá* vs. *má*), léitear go minic go mbaineann sé le *irrealis* agus *realis*, sé sin go gcuirtear in iúl fíoras nó féidearthacht ag an am céanna, ach gan é a rá go díreach, ach mar impleacht a thuigtear as foirm an bhriathair.

Fadhb (2): Is rímhinic a sheasas an MC leis féin .i. i bpríomhchlásal, nó abairt shimplí, agus gan cónasc coinníollach dá réir. Is féidir, ar ndóigh, le nasc loighiciúl a bheith ann le cuid áirithe den chomhthéacs, ach ní gá, ná ní léir, go gciallódh sé sin coinníoll; nó má chiallaíonn, níl sé curtha in iúl.

Seo roinnt samplaí den MC 'aonraic' .i. gan clásal coinníollach a bheith ann, ná a bheith intuigthe.

(a) tagarthóir éiginnte:
Ach cé a dhéanfadh anois an obair sin? B: Ní dhéanfadh is dóigh. (LC)
Tá sé [tinneas] uirthi le seachtain, agus, níl a fhios agam beo céard a bheadh go maith le haghaidh é. (LC)

(b) comórtas ama:
Is cam a bhreathódh buachaill óg nó cailín óg anois air. (LC)
Ach ní dhéanfadh mná anois é, agus buíochas le Dia nach bhfuil sé sin sa saol anois. (LC)

(c) comórtas eile:
Tá sé i gcosúlacht le creathnach ceart go leor ach go bhfuil sé sin an-mhín ar nós mar d'fheicfeá éadach síoda nó mar sin ann. (LC)
Agus bhí sé ag dul thar an teach, agus chonaic sé duine, mar a bheadh sunda ann ina sheasamh taobh amuigh. (LC)

Maidir le minicíocht MC i gclásail fho-ordaithe, taispeánann an clár seo nach é an gnáthchás é ar chor ar bith. As an iomlán (3705) a luaigh mé thuas, níl ach 203 le fáil i gclásail le *dhá, mura* nó *sula* .i. níos lú ná 10%. Agus níl ann ach 20 sampla den fhíor-*irrealis*.

	Coinníollach	Gnáthchaite/ Fosh.Caite	Neodraithe	Iomlán
dhá	148 (16 irr.)	36 (3 irr.)	19 (1 irr.)	203 (20 irr.)
mura	33	5	1	39
sula	6	0	5	11

Is cosúil mar sin go bhfuil an *communis opinio* faoi nádúr an MC contráilte. Mar is léir nach bhfuil coinníoll de chineál ar bith i gceist nuair a úsáidtear an MC, ach anois is arís nuair atá an cónasc *d(h)á* i láthair. Agus má tharlaíonn sé sin, ní léir go bhfuil impleacht dhiúltach ann (*irrealis*) ach corruair. Ní eisceacht é mar sin an coinníollach neamhchoinníollach, ach a mhalairt: is úsáid speisialta é an *irrealis* clasaiceach de réir an mhúnla si tacuisses, *philosophus mansisses* [is saoi gach neach go labhraíonn]. D'fhéadfaí i gcónaí argóint a dhéanamh ar son na húsáide sin a bheith ina *prototype* – ach cén chaoi agus cén fáth, ó tharla is go bhfuil sé chomh himeallach sin ó thaobh minicíochta de amháin ?

Réiteach amháin lena dhéanamh, sin *ellipsis*, is é sin a áiteamh gur leagan maolaithe nó giorraithe é gach uair a bheadh MC in abairt leis féin, agus go bhféadfaí codanna báite nó ceilte na habairte a athchumadh. Is contúirteach an cluiche é seo, mar níl mórán fianaise ann faoi na codanna ceilte sin. Tá sé ceart go leor i gcás mar *Ní cheannóinn an gadhar sin* (le duine atá ag smaoineamh ar ghadhar áirithe a cheannach). Tá sé ag luí le reasún gurb é *dhá mbeinn in t'áit* atá le líonadh isteach anseo. Ach cén fáth nach ndeirtear é, agus céard eile a d'fhéadfaí a chur ann, nó an gcaithfí rud ar bith a chur ann? Caithfear a bheith cúramach le réasúnú mar sin.

Déarfaí freisin gur úsáid speisialta, leagan sioctha, nó foirmle chumarsáide atá ann, nach bhféadfaí a mhíniú de réir ghnáthrialacha na teanga. Is féidir cinnte a leithéid a bheith i gceist anois is arís, chomh fada is a bhaineas le húsáidí an MC, ach ní mhíneodh sé an mhinicíocht ard atá ag an gcoinníollach neamhchoinníollach. Ag breathnú air go fuarchúiseach, chaithfeadh go bhfuil mianach eile ar fad sa mhodh briathartha sin, seachas *irrealis*.

Tá aon rud amháin i gcoitinne ag na húsáidí ar fad a bhaintear as an MC: níltear ag caint faoi ghníomhartha nó toscaí atá teoranta ó thaobh ama agus spáis de, agus a bhfuil fianaise áirithe an chainteora ag gabháil leo. Níl ráitis den sórt seo fíorasach, cé go bhfuil tábhacht éigin len iad a shamhlú agus a rá, ar ndóigh, nó i mbéarlagair na teangeolaíochta, tá siad neamhthagarthach *(non-referential)*. Arís, ní i gcónaí a thitfeas sé amach mar sin. Teastaíonn míniú faoi leith ar an MC i gcaint bhéasach, mar shampla: *An dtabharfá iasacht €10 dom / An bhféadfá a thabhairt dom ?* – nó focla faichill / maolaithe mar *Ní bheinn róchinnte de sin. Déarfainn …* Ar ndóigh, tá muid istigh go domhain i bpragmataic na Gaeilge, sa mhéid gurb ionann iad na leaganacha sin, i stíl dhíreach agus *Tabhair iasacht €10 dom / nó Ní chreidim é sin.* Arís, tá foirmlí cumarsáide an-choitianta mar *déarfainn, mar a déarfá, shílfeá* 7rl., ina bhfuil úsáid na pearsan spéisiúil freisin. Is léir as seo ar fad go leathnaíonn réimse an choinníollaigh amach ón gcaint neamhthagarthach nó hipitéiseach i dtreo na cainte tagarthaí, ach go bhfuil dathú áirithe ann ó thaobh ghnéithe sóisialta na cumarsáide.

Arís, tá an MC an-choitianta sa gclaoninsint, ar ndóigh. Shílfeá go mb'fhéidir gur marcáil foinse éigin atá mar fheidhm leis, mar a tharlaíos i dteangacha go leor (Gearmáinis ina measc) .i. go léirítear nach bhfuil fianaise ag an gcainteoir féin ach go bhfuarthas an t-eolas i gcomhrá éigin. Ach ní mar sin atá; ní húsáidtear an MC sa chlaoninsint ach ag cur síos ar chaint a tharla san am atá caite, agus má bhí an aimsir fháistineach á húsáid sa chaint sin (10a thíos). Ní bheadh an MC i gceist i gcás ar bith eile sa chlaoninsint (10b/c thíos). Níl ann ach go nasctar an aimsir chaite (AC) agus an aimsir fháistineach (AF), mar atá san fhoirm féin, agus níl aon cháilíocht mhodhúil ag baint leis.

(10a) Dúirt sí: 'Ní phógfaidh mé é!'   > Dúirt sí nach bpógfadh sí é.
(10b) Dúirt sí: 'Níor phóg mé é!'   > Dúirt sí nár phóg sí é.
(10c) Deir sí: 'Ní phógaim é!'   > Deir sí nach bpógann sí é.

Ar an taobh eile den scéal, caithfear a thabhairt faoi deara nach i gcónaí a bheas an coinníollach ann i ráitis neamhthagarthacha ach san aimsir láithreach, san aimsir fháistineach, nó san aimsir chaite féin:

> Má dhéanann tú é sin …
> Dhá ndéarfadh sí, Dia agus Muire agus a sláinte linn', bhí sise ceart. (LC)
> Agus dhá mbeinn ann go ceann trí oíche nó cheithre lá tá mé a cheapadh ina dhiaidh, níor airigh mé aon bhlas níos mó. (LC)

Dúirt mé ar ball nach é an *irrealis* príomhréimse an choinníollaigh, ach go mbaineann sé le bealaí éagsúla cainte ar leibhéal hipitéiseach. Ach níl aon choibhneas díreach ann idir foirm agus feidhm, pé ar bith cén chaoi nó treo a mbreathnaíos muid air.

3. An Modh Coinníollach agus an Aimsir Ghnáthchaite

Má chuimhníonn muid ar an gcaoi a bhfuil foirmeacha an MC agus na haimsire gnáthchaite (GC) deacair a scaradh óna chéile, bheadh sé spéisiúil a dhéanamh amach cén chaoi a bhféadfaí na feidhmeanna a scaradh óna chéile. Scríobh mé féin (i gcomhthéacs trascríofa):

> … ní hannamh go bhfaightear foirm shoiléir an choinníollaigh i dtimpeallacht a d'fheilfeadh don aimsir ghnáthchaite. Ar ndóigh, níor cheart cásanna den tsórt sin a 'cheartú'. I gcás éiginnteachta, de bharr easpa codarsnachta, cuirtear síos foirm an choinníollaigh ach amháin má tá foirm shoiléir na haimsire gnáthchaite sa timpeallacht láithreach. Ach tá go leor amhrais ag baint leis an scéal seo agus ní

ceart a bheith ag súil le socrú daingean nó go
ndéanfar staidéar iomlán ar an gcuid sin de ghraiméar
an bhriathair (Wigger 2004, xvi).

Ach níl sé chomh héasca sin, agus is gearr go mbeifí sáite i bhfáinne
fabhtach. Seo roinnt samplaí eile, agus is úsáid spéisiúil den
choinníollach atá anseo, agus is í an úsáid is coitianta i bhfad í, de réir
mo chuid fianaise:

> An lá a bheadh lag, bheadh anró orainn, chaithfeadh
> muid a bheith ag iomramh. Bhoil dhá bhfaigheadh
> muid beagán gaoithe ansin, bheadh áthas orainn.
> Agus thiocfadh misneach dhúinn, agus bheadh muid
> in ann a bheith ag comhrá le chéile ina suí síos agus
> ag breathnú ar a chéile, agus bheadh an bád ag
> déanamh an bhealaigh. Ach dhá dtigeadh an ciúineas
> arís, chaithfeadh muid na maidí a tharraingt, agus ba
> mall a gcuid siúil ná an ghluaiseacht a dhéanfadh
> muid an uair sin (Wigger 2000).

Tá deich gcinn d'fhoirmeacha an MC sa ghiota gearr seo (níl mé
rochinnte de *dhéanfadh*, ná de *ba*, áit a mbeifeá ag súil le séimhiú; thairis
sin, tá an foshuiteach caite ann faoi dhó: *dhá bhfaigheadh muid, dhá
dtigeadh muid*, agus tagann sé tar éis *dhá*, mar ba cheart dó a theacht. Is
léir nach bhfuil *irrealis* i gceist anseo; is éard atá ann ná cur síos ar
mhodhanna gluaiseachta ag brath ar an aimsir, agus ar áthas nó
míshástacht na mbádóirí dá réir. Tá an cur síos suite i bhfráma ama atá
caite, agus tá gné ghnáthach le tuiscint as .i. níltear ag caint faoi
ghníomh singil agus cinnte, ach faoi líon éiginnte toscaí cosúla.
Feileann sé sin go maith don fheidhm a bhíos ag an aimsir
ghnáthchaite. Má athraítear na foirmeacha, tá an toradh spéisiúil:

> An lá a bhíodh lag, bhíodh anró orainn ... Má
> bhfuigheadh muid beagán gaoithe, bhíodh áthas

orainn. Agus thagadh misneach dhúinn, agus bhíodh muid in ann …

Thuigfeá an rud céanna as an gcur síos seo sa GC, ach ní bheadh sé ceart, ar bhealach. Is éard atá sa difríocht ná cuma hipitéiseach, sa mhéid go bhféadfaí 'cuir i gcás' a chur leis an ráiteas. Tá an MC neodrach i dtaobh fíorais, cé gur léir sa chás seo gurb amhlaidh a bhí. Dá n-úsáidtí an GC, bheadh fíoras intuigthe; ach arís ní bheadh an ráiteas tagarthach sa méid gur líon éiginnte toscaí a bheadh i gceist ag líon éiginnte pointí ama roimh am na cainte.

Tá an deighilt seo idir fíorasach agus hipitéiseach mar dhifríocht loighiciúil idir an dá shraith foirmeacha. Ach tá siad ar aon dul amháin chomh fada is a bhaineas sé le neamhthagarthacht, agus sin é an fáth a bhfuil siad chomh gar dá chéile sa chaint bheo: mar rogha don chainteoir, agus mar neodrú deilbhe. Ní tharlódh an neodrú sin ach an t-ualach feidhmiúil a bheith éadrom. Is minic a fheictear neamh-chinnteacht, nó díreach malartú idir an dá aicme seo: GC agus MC ag athrú agus ag malartú in aon timpeallacht amháin, bíodh sé i gcaint leanúnach duine amháin nó sa chomhrá. Seo roinnt samplaí as CC:

> **Bhínn** ag obair thoir i mBaile Átha an Rí turn eile, agus _d'éireoinn_ ar maidin mar is Dé Domhnaigh ansin a _bheifeá_ do do _hire_áil ag an margadh. **D'éirínn** ar maidin Dé Domhnaigh is **chuirinn** amach an luatha. Is nuair a d'éirigh bean an tí bhí sí ag ceapadh go raibh siad scriosta faoi gur _chuir_ mé amach an luatha Dé Domhnaigh. (CR)
> Ach fadó, sé an chaoi a **mbuailtí** é, istigh i stábla, go leor leor dhó, **buailtí** é, **tugtaí** stumpa de chloch mhaith isteach b'fhéidir a _bheadh_ tuairim's cúig clocha nó sé clocha meáchain, agus _leagfaí_ ar áit é, agus _bheifí_ dhá bhualadh, go **mbaintí** an grán dhó, dhá bhualadh ar an gcloch, chuile dhornán acu. (LC)
> Sén chaoi a _rabhadar_ dhá gcur fadó, nuair a _bhí_ mise

ag tíocht suas i mo leaid óg, **chuiridís** na gruanna dúbailte. **Thógaidís** an grua, agus *dhathóidís* achaon iomaire ar achaon taobh díobh. (LC)

Agus lá ansin ... nuair a **thagadh** maidin bhreá ansin **bhreathnaíodh** muid amach ... *D'éireodh* bádóir amach *bhreathódh* sé siar, "Ní ghabhfaidh aon bhád siar inniu." *Bheadh* daoiní eile ag réiteach le haghaidh seoil an t-am sin. (LC)

P: Agus ansin, nuair a **thugadh** sibh siar, go Cill Chiaráin déarfaidh muid í, cén sórt déileáil a **bhíodh** agaibh le muintir na háite sin ? PM: Bhoil ní *bheadh* déileáil againn léi, ach [...]. **Bhíodh**, b'fhéidir, míle tonna ceilpe, le taobh a chéile leagtha ansin. B'fhéidir go *mbeadh* soitheach ann anall as Glasgow, léir mar a *bheadh* sí dhá meáchan. (LC)

P: Óh agus anuas ó na *binns* a **thosaidís** ag cur an chraicinn uirthi ? PS: Anuas ó na binns ansin a *thosóidís* ag cur an chraicinn uirthi. (LC)

P: Ach an **óltaí** an leann ar chor ar bith ? PN: *D'ólfaí* an leann, ,chuile dhuine a *thiocfadh* go dtí é, deoch dhe. (LC)

Míniú: *líne faoi agus cló iodáileach* = MC soiléir; **líne faoi agus cló rómhánach trom** = GC soiléir; ***líne faoi agus cló iodáileach trom*** = foirm neodraithe; líne faoi, cló rómhánach = aimsir chaite.

Cibé is cúis leis an rogha foirm a rinneadh i ngach briathar sna samplaí seo, tá sé soiléir gur beag an difríocht idir GC agus MC. Níl sé ciallmhar, i bhfianaise den chineál seo, a bheith ag labhairt ar aon aimsir ghnáthchaite ná ar aon mhodh coinníollach. Is míthuiscint agus neamhaird atá anseo ar intinn an chainteora Gaeilge, agus tá dallamullóg á cur ar intinn lucht foghlama na Gaeilge dá réir.

4. Conclúid agus Forléargas

I measc ceisteanna go leor atá fanta tar éis an phlé seo, tá ceist mhór amháin ag seasamh amach: cén chaoi a bhféadfaí na foirmeacha éagsúla atá le fáil i mbriathra na Gaeilge (agus comhairím go bhfuil ocht sraith acu ann) a rangú de réir critéir a bhfuil réasún agus tábhacht ag baint leo?

(a) Ar an gcéad dul síos, sílim go bhfuil tábhacht ag baint leis an gcomhdhéanamh atá le sonrú sa deilbhíocht bhriathartha .i. tá céimeanna ann a bhaineas le 'meáchan' na ndeiseanna deilbhíochta: ó náid (MO, AC) suas go dtí an runga is airde, mar atá sa MC. Tá an MC ag seasamh amach ó thaobh soiléire, mar is ann atá na foirmeacha is 'troime' le fáil sa mhéid go bhfuil siad comhdhéanta as dhá mhoirféim. Agus d'fhéadfadh sé gurb shin ceann de na fáthanna a bhfuil an MC chomh tréan sin sa chaint.

(b) Ó thaobh feidhme de, níl ann ach dhá shraith a bhfuil ciall thagarthach acu (AC, AL), cé go bhfuil an AL neamhthagarthach freisin (nuair a bhíos ciall ghnáthach léi). Is neamhthagarthach iad na sraitheanna eile ar fad, mar ní léirítear staid nó gníomh teoranta ó thaobh áite agus ama iontu.

(c) Tá pictiúr eile le sonrú chomh fada is a bhaineas sé leis an gcritéar 'fíorasach', atá modhúil amach is amach. Tá an dá shraith thagarthach (AC agus AL) i gceist anseo chomh maith le AF agus GC.

(d) Tá coibhneas ama á chur in iúl go rialta trí AC agus AF, chomh maith le GC ach tá an MO marcáilte le haghaidh ama freisin, chomh maith leis an FL, sa mhéid nár tharla an gníomh nó staid fós. Ní fheicim luach ama bunúsach san AL, ná sa MC.

(e) Tá teorannú comhréire i gceist le 'spleáchas' sa mhéid go bhfuil na foirmeacha sin (foshuiteach) faoi réir clásal eile.

	MO	AC	FL	AL	AF	AGC	FC	MC
Deilbhíocht	1	1	2	3	3	3	3	4
Tagarthacht	-	+	-	(+)	-	-	-	-
Fíoras	-	+	-	+	+	+	-	-
Am	+	+	+	-	+	+	-	-
Spleáchas	-	-	+	-	-	-	+	-

Tá clár mar seo róshimplí, go háirithe nuair nach bhfuil ann ach dhá luach le haghaidh gach tréith. Ach tá roinnt eolais le baint as atá níos cruinne ná an dá lipéad 'aimsir' agus 'modh', sílim, go háirithe nuair nach léir céard atá i gceist leis an dá aicme thraidisiúnta sin i ngramadach na Gaeilge. Ag filleadh ar an MC féin, is é an príomhbhall é i ngrúpa foirmeacha gaolmhara ó thaobh deilbhe agus feidhme de. Míníonn sé sin an méid neodraithe agus malartaithe a tharlaíos anseo i ngnáthúsáid an lae inniu, agus is gá a aithint go bhfuil an GC páirteach san fhorás seo. Tá réimse feidhmiúil an-leathan ag an MC, ach níl mórán tábhachta leis an gcás 'clasaiceach' .i. irrealis le príomhchlásal agus fochlásal (apodosis agus protasis). Is é is dóichí gurb é an modh neamhthagarthach neamhfhíorasach par excellence atá sa MC.

Teastaíonn tuilleadh oibre le go bhfaighfí pictiúr níos cruinne agus tuiscint níos doimhne ar na pointí a raibh mé ag trácht orthu thuas. Is cinnte go bhfuil spéis faoi leith ag baint le cúrsaí modha sa Ghaeilge thar theangacha eile na hEorpa, ar a laghad ar bith Gaeilge Chonamara mar a bhí sí leathchéad bliain ó sin. B'fhéidir go raibh sí níos gaire do Ghaeilge na laoithe Fiannaíochta, ar bhealaí áirithe, ná don Ghaeilge mar atá sí anois – ach sin scéal eile. Is cinnte go mbeadh rud nó dhó le rá ag Máirtín faoi, dhá mbeadh sé inár measc fós.

Nótaí

1 Tá éiginnteacht spéisiúil i dtaobh na ceiste seo ag an gCadhnach, nuair a deir sé: 'is mar cheann de sna "haimsiribh" ins an mhodh thásgach a háirmhighthear í; agus, cé gur mhinic a léirigheann sí "modh" agus "coinnghíoll", is annamh ná bíonn innti comhartha fíor "aimsire", is é sin, trácht ar ghníomh uaire áirithe, agus, uaireanta, féin, ní bhíonn aon rian, d'á luighead, de mhodh ná de choinghíll innti' (Ó Cadhlaigh 1940, 23).

2 Tá cur síos níos leithne ar an MC ag Ó Cadhlaigh 1940, 22-38, agus ag na Bráithre Críostaí 1960, 198-200.

3 Ó Cadhlaigh 1940, 479 (claoninsint!). Féach freisin Ó Siadhail 1989, 1 320; ó Chúige Mumhan na samplaí sin ar fad.

Leabharliosta

Comrie 1986: B. Comrie, 'Conditionals: a typology', in Elizabeth C. Traugott, *et alii*, eag., *Conditionals*, Cambridge.

Fleischman 1995: Suzanne Fleischman, 'Imperfective and Irrealis', in J. Bybee agus S. Fleischman, eag., *Modality in Grammar and Discourse*, Amsterdam.

Bráithre Críostaí 1960: *Graiméar Gaeilge na mBráithre Críostaí*, Baile Átha Cliath.

Ó Cadhlaigh 1940: C. Ó Cadhlaigh, *Gnás na Gaedhilge*, Baile Átha Cliath.

Ó Siadhail 1989: M. Ó Siadhail, *Modern Irish*, Cambridge.

Ó Siadhail agus Wigger 1975: M. Ó Siadhail agus A. Wigger, *Córas Fuaimeanna na Gaeilge*, Dublin.

Wigger 2000: A. Wigger, *Caint Chonamara*. Bailiúchán Hans Hartmann. CD-ROM. Bonn.

Wigger 2004: A. Wigger, *Caint Ros Muc*, Baile Átha Cliath.

foilseacháin mháirtín uí bhriain

Leabhar

Téada Dúchais: Aistí in Ómós don Ollamh Breandán Ó Madagáin, in M. Ó Briain agus P. Ó Héalaí, eag., Indreabhán 2002, 580 lch.

Ailt

'An Bás sa Bhéaloideas', *Dáiríre: Irisleabhar ó na Forbacha* (1980) 7-8.

'Cluasa Capaill ar an Rí', *Macalla* 1982, 39-56.

'Mícheál Coimín agus Oisín i dTír na nÓg', *Macalla* 1984, 156-75.

'Cluasa Capaill ar an Rí: AT 782 i dTraidisiún na hÉireann', *Béaloideas* 53 (1985), 11-74.

'Some Material on Oisín in the Land of Youth', in D. Ó Corráin et al., eag., *Sages Saints and Storytellers: Celtic Studies in Honour of Professor James Carney*, Maynooth 1989, 181-99.

'The Horse-eared Kings of Irish Tradition and St. Brigit', in B.T. Hudson agus V. Ziegler, eag., *Crossed Paths: Methodological Approaches to the Celtic Aspect of the European Middle Ages*, London 1991, 83-113.

'Migratory Legends in Medieval Irish Literature', *Béaloideas* 60-1 (1992-93), 81-8.

'Oisín's Biography: Conception and Birth', in H. L. C. Tristram, eag., *Texte und Zeittiefe*, ScriptOralia 58, Tübingen 1994, 455-86.

'Suirghe Fhinn', *Léachtaí Cholm Cille*, XXV (1995), 69-95.

'An Fhiannaíocht', in M. Ó hOibicín, eag., *Réaltra: Filíocht, Prós agus Stair na Gaeilge don Ardteistiméireacht*, Ardleibhéal , Baile Átha Cliath 1995, 284-8.

'The Conception and Death of Fionn mac Cumhaill's Canine Cousin', in A. Ahlqvist et al., *Celtica Helsingiensia: Proceedings from a Symposium on Celtic Studies*, Helsinki 1996, 179-202.

'*Laoi Cholainn gan Cheann*: Oisín's Headless Bride in Gaelic Tradition', in R. Black et al., *Celtic Connections: Proceedings of the Tenth International Celtic Congress*, Edinburgh 1999, 233-50.

'*Créacht do Dháil me im Árthach Galair* agus Baisteadh Oisín', *Éigse* 31 (1999), 60-72.

'Seán Mac Mathúna agus Blúire Fiannaíochta as Tuamhain', *Béaloideas* 69 (2001), 115-20.

'Snáithín san Uige: "Loisc agus Léig a Luaithe le Sruth" ', in M. Ó Briain agus P. Ó Héalaí, eag., *Téada Dúchais: Aistí in Ómós don Ollamh Breandán Ó Madagáin*, Indreabhán 2002, 45-72.

'Duanaire Finn XXII: Goll and the Champion's Portion', in J. Carey, eag., *Duanaire Finn: Reassessments*. Irish Texts Society, Subsidary Series 12. London 2003, 51-78.

'Satire in Seventeenth- and Eighteenth-Century Gaelic Poetry,' in J. Nagy, eag., *Memory and the Modern in Celtic Literatures*. CSANA Yearbook 5, Dublin 2006, 118-42.

'Ginealach *Ginealach Oisín*', in D. Ó hAodha agus D. Ó Baoill, eag., *Féilscríbhinn Ghearóid Mhic Eoin*, le teacht.

Ailt i gciclipéidí

'Eachtra Bhodaigh an Chóta Lachtna' agus 'Cináed úa hArtacáin' in R. Welch, eag., *The Oxford Companion to Irish Literature*, Oxford 1996.

'Acallam na Senórach', 'Duanaire Finn', 'Eachtra Bhodaigh an Chóta Lachtna', 'Oisín', 'Ossianic Poems and Tales', 'Úa Lothcháin, Cúán', in B. Lalor, eag., *The Encyclopaedia of Ireland*, Dublin 2003.

'Oisín', *The New Dictionary of National Biography* Oxford 2004.

Léirmheasanna

Léachtaí Cholm Cille XIV, in *Béaloideas* 52 (1984), 173-6.

Tomás Ó Cléirigh [athchóirithe ag Tomás de Bhaldraithe], *Aodh Mac Aingil agus an Scoil Nua-Ghaeilge i Lobháin*, in *Comhar*, Bealtaine 1986, 3-4.

Daithí Ó hÓgáin, *Fionn mac Cumhaill: Images of the Gaelic Hero*, in *Béaloideas* 57 (1989), 174-83.

Zeitschrift für celtische Philologie 42 (1987), in *Éigse* 24 (1990), 175-9.

Zeitschrift für celtische Philologie 44 (1991), in *Éigse* 26 (1992), 193-6.

M. Herbert agus P. Ó Riain, eag., *Betha Adamnáin: The Irish Life of Adamnán*. Irish Texts Society 54, in *Studia Hibernica* 27 (1993), 154-8.

Léirmheasanna: Raidió na Gaeltachta

P. de Barra, eag., *Foras Feasa ar Éirinn: Athnua 1*, Iúil 1983.

P. de Barra, eag., *Agallamh na Seanóirí 1*, Lúnasa 1984.

Eagarthóireacht

Eagarthóireacht chúnta, *Béaloideas* 54-63 (1986-95).

Réamhrá agus obair eagarthóireachta (os íseal), H. Becker, *I mBéal na Farraige*, Indreabhán 1997.

Réamhrá, aistriúcháin go Béarla agus obair eagarthóireachta (os íseal), H. Becker, *Seaweed Memories: In the Jaws of the Sea*, Dublin 2000.

ÚDAIR NA nALT

Anders Ahlqvist Iarollamh Pearsanta le Sean- agus Meán-Ghaeilge, Scoil na Gaeilge, Ollscoil na hÉireann, Gaillimh; nuacheaptha mar Ollamh na Ceiltise, Ollscoil Sydney.

Bo Almqvist Ollamh Emeritus, Roinn Bhéaloideas Éireann, An Coláiste Ollscoile, Baile Átha Cliath.

Gearóid Denvir Ollamh Pearsanta le Nua-Ghaeilge, Roinn na Gaeilge, Ollscoil na hÉireann, Gaillimh.

Benjamin Hudson Ollamh le Stair agus Léann na Meánaoise, Pennsylvania State University.

Graham R. Isaac Léachtóir le Breatnais agus Ceann Roinn na Gaeilge, Ollscoil na hÉireann, Gaillimh.

Peadar Mac an Iomaire Príomhfheidhmeannach, Acadamh na hOllscolaíochta Gaeilge, Ollscoil na hÉireann, Gaillimh.

Nollaig Mac Congáil Ollamh Pearsanta le Nua-Ghaeilge, Roinn na Gaeilge, Ollscoil na Éireann, Gaillimh.

Mícheál Mac Craith Ollamh na Nua-Ghaeilge, Roinn na Gaeilge, Ollscoil na Éireann, Gaillimh.

Ríóna Ní Fhrighil Léachtóir, Roinn na Gaeilge, Coláiste Phádraig, Droim Conrach.

Róisín Ní Ghairbhí Léachtóir, Roinn na Gaeilge, Coláiste Phádraig, Droim Conrach.

Cian Marnell Léachtóir le Gaeilge, Institiúid Teicneolaíochta na Gaillimhe agus Mhaigh Eo.

Joseph Falaky Nagy Ollamh le Béarla, University of California, Los Angeles.

Lesa Ní Mhunghaile Léachtóir i Roinn na Gaeilge, Coláiste Mhuire Gan Smál, Ollscoil Luimnigh.

Noelle Ní Uigín Léachtóir le Dlí Idirnáisiúnta, Scoil Dlí agus Rialtais, Ollscoil Chathair Bhaile Átha Cliath.

Feargal Ó Béarra Léachtóir Cuarta, Ollscoil Montreal.

Séamas Ó Catháin Ollamh Emeritus agus Iarstiúrthóir, Cnuasach Béaloidis na hÉireann, Lárionad Uí Dhuilearga do Bhéaloideas na hÉireann, An Coláiste Ollscoile, Baile Átha Cliath.

Caitríona Ó Dochartaigh Léachtóir le Sean- agus Meán-Ghaeilge, Coláiste na hOllscoile, Corcaigh.

Mícheál Ó Flaithearta Léachtóir le Ceiltis, Ollscoil Utrecht.

Cathal Ó Háinle Ollamh Emeritus le Gaeilge, Ollscoil Átha Cliath.

Donncha Ó hAodha Léachtóir le Sean- agus Meán-Ghaeilge, Ollscoil na hÉireann, Gaillimh.

Pádraig Ó Héalaí Iarléachtóir le Nua-Ghaeilge, Scoil na Gaeilge, Ollscoil na hÉireann, Gaillimh.

Ruairí Ó hUiginn Ollamh na Nua-Ghaeilge, Ollscoil na hÉireann, Maigh Nuad.

Mícheál B. Ó Mainnín Ceann Taighde agus Ceann Roinne, An Ghaeilge agus an Léann Ceilteach, Ollscoil na Banríona, Béal Feirste.

Nollaig Ó Muraíle Léachtóir le Nua-Ghaeilge, Ollscoil na hÉireann, Gaillimh.

Caitríona Ó Torna Rannóg an Aistriúcháin, Teach Laighean.

Arndt Wigger Iarléachtóir le Teangeolaíocht, Bergische Universität Wuppertal.